SOUVENIRS
DU
COMTE DE SEMALLÉ

PAGE DE LOUIS XVI

PUBLIÉS

POUR LA SOCIÉTÉ D'HISTOIRE CONTEMPORAINE

PAR

SON PETIT-FILS

PORTRAIT EN HÉLIOGRAVURE

PARIS
ALPHONSE PICARD ET FILS
LIBRAIRES DE LA SOCIÉTÉ D'HISTOIRE CONTEMPORAINE
Rue Bonaparte, 82

1898

SOUVENIRS

DU

COMTE DE SEMALLÉ

Jean-René-Pierre
Comte de Semallé
1773-1863

SOUVENIRS

DU

COMTE DE SEMALLÉ

PAGE DE LOUIS XVI

PUBLIÉS

POUR LA SOCIÉTÉ D'HISTOIRE CONTEMPORAINE

PAR

SON PETIT-FILS

PORTRAIT EN HÉLIOGRAVURE

PARIS
ALPHONSE PICARD ET FILS
LIBRAIRES DE LA SOCIÉTÉ D'HISTOIRE CONTEMPORAINE
Rue Bonaparte, 82

1898

BESANÇON. — IMP. ET STÉRÉOT. DE PAUL JACQUIN.

EXTRAIT DU RÈGLEMENT

Art. 14. — Le Conseil désigne les ouvrages à publier et choisit les personnes auxquelles il en confiera le soin.

Il nomme pour chaque ouvrage un commissaire responsable, chargé de surveiller la publication.

Le nom de l'éditeur sera placé en tête de chaque volume.

Aucun volume ne pourra paraître sous le nom de la Société sans l'autorisation du Conseil et s'il n'est accompagné d'une déclaration du commissaire responsable, portant que le travail lui a paru digne d'être publié par la Société.

Le commissaire responsable soussigné déclare que l'ouvrage Souvenirs du comte de Semallé *lui a paru digne d'être publié par la* Société d'histoire contemporaine.

Fait à Paris, le 15 mai 1898.

Signé : Cte Boulay de la Meurthe.

Certifié :

Le Secrétaire de la Société d'histoire contemporaine,

Albert Malet.

SOUVENIRS

DU

COMTE DE SEMALLÉ

AVANT-PROPOS

Jean-René-Pierre de Semallé naquit à Mamers, place des Grouas, dans l'hôtel où ses parents passaient l'hiver.

Sa famille, qui tirait son nom de la paroisse de Semallé, située dans la Normandie, sur les confins du Maine, se composait uniquement de la descendance de son grand-père. Lui-même n'avait que deux sœurs.

Son père, Jean-René, avait épousé Marie-Louise-Henriette de Récalde, d'une famille basque, venue, au temps de Henri IV et avec ce prince, se fixer dans le duché d'Alençon, apanage de Jeanne d'Albret.

Peu de temps avant sa naissance, comme sa mère s'était arrêtée sur la place pour écouter les boniments d'une somnambule et paraissait s'en moquer, cette femme l'apostropha et lui dit qu'elle avait beau rire, son fils ne serait jamais que colonel. L'enfant vint au monde peu après, et la prédiction entière se trouva réalisée par la suite. Il fut baptisé dans l'église Notre-Dame de Mamers, le 4 février 1772 [1].

L'été, ses parents habitaient, dans la partie du Maine relevant de la baronnie du Saônois, la terre de la Gastine, qui était venue dans la famille deux générations auparavant, par le mariage de Jacob de Semallé avec Julienne-Anne de Barville de la Gastine.

Au commencement du règne de Louis XVI, existait à Mortagne un vieux professeur d'humanités, M. Landais, qui devait être bien vieux, car il avait eu autrefois pour écolier, pensionnaire ou autrement, je ne sais, Jean-René de Semallé. Ce dernier mit, vers l'âge de sept ans, son fils chez son ancien instituteur, et c'est là qu'il fit sa première communion.

A sa sortie de chez M. Landais, vers onze ou douze ans, l'enfant fut placé par ses parents au collège militaire de Vendôme, dirigé par les oratoriens. Fouché, Isabeau, Lecomte, Joseph Lebon, faisaient partie du personnel religieux enseignant de cet établissement; Decazes figurait parmi les élèves.

Le jeune de Semallé devint « colonel de la petite chambre », et ses professeurs lui ont répété plus tard que dès lors ils le croyaient destiné à une position supérieure. Ils regrettèrent donc ce bon écolier, quand on le leur enleva pour l'envoyer à la cour. Au nombre des parents de son père, se trouvait le marquis de Poret de Boisandré, premier écuyer du duc d'Orléans, qui voulut le faire entrer comme page aux écuries d'Orléans ; mais ses bons offices ne furent point agréés. Une autre proposition fut mieux accueillie.

La famille de Perrochel, du greffe du parlement de Paris, possédait dans le Saônois de grandes propriétés. Il y avait les Perrochel de Grands-Champs, les Perrochel

---

[1]. Son parrain fut messire Abraham de Semallé, écuyer, seigneur de la Mare-Bonneval, son oncle paternel; et sa marraine, dame Perrine de La Boissière, épouse de messire Henri-Raymond de Récalde, écuyer, chevau-léger de la garde du Roi, belle-sœur de sa mère, tous deux absents et représentés.

de Saint-Aubin, les Perrochel de Combres [1]. M. de Perrochel de Combres venait chaque année passer ses vacances chez ses parents du Maine. Il était très lié avec la famille Joly de Fleury, aujourd'hui éteinte, mais qui a laissé une si grande notoriété dans l'histoire des deux derniers règnes de l'ancienne monarchie. Cette famille comptait alors un ministre, un procureur général au parlement de Paris, etc. L'un d'eux était l'ami et le conseil de Mme de Brionne, mère du prince de Lambesc, grand écuyer de France [2].

M. de Combres offrit de faire entrer le jeune Jean-René-Pierre comme page à la grande écurie. Sa proposition fut acceptée ; mais comme il vint à mourir peu après, elle était presque oubliée, quand arriva de la cour l'avis d'admission du jeune homme au cas où il pourrait produire les preuves nécessaires.

Elles n'étaient pas difficiles à établir, ayant été faites plusieurs fois : sous M. Voysin de la Noiraye, intendant de la généralité de Tours; sous M. de Marles, intendant de la généralité d'Alençon, lors du fameux édit de Louis XIV sur la recherche des nobles en son royaume, et, plus récemment encore, vers 1717, quand fut reçue à Saint-Cyr une des filles de Jacob de Semallé.

Les parents conduisirent eux-mêmes leur fils à Paris. C'est à ce moment que commence le récit de mon grand-père, qui avait quatorze ans révolus depuis le mois de février.

Il resta près de quatre ans à la cour; fut témoin, en 1789, des scènes sanglantes des 5 et 6 octobre, et accompagna aux Tuileries la famille royale, dont il partagea les angoisses et les dangers. Plusieurs fois lui-même échappa presque miraculeusement à la mort, et enfin, ne voyant

---

[1]. M. de Perrochel de Grands-Champs choisit Jean-René de Semallé pour le représenter à l'assemblée de la noblesse du Maine, réunie au Mans pour nommer ses délégués aux États généraux de 1789.

[2]. Marie-Louise-Constance de Rohan-Rochefort avait épousé un prince de la maison de Lorraine ; mais comme à la cour de France on ne voulait pas reconnaître les droits souverains de cette maison, elle y portait le titre de comtesse de Brionne. — Son fils aîné était le prince de Vaudemont; le cadet, le prince de Lambesc.

aucun moyen de se rendre utile en France, où la violence et la terreur avaient remplacé l'ordre et la loi, il prit, en 1790, le chemin de l'émigration et se dirigea vers Bruxelles.

Il ne fut porté sur aucune liste d'émigrés, ayant quitté sa famille vers l'âge de sept ans. Il passait pour achever son éducation à Paris, et ni lui ni ses parents ne furent inquiétés de ce chef.

Des travaux récents ont été publiés sur ces malheureuses années : ils ont rectifié bien des erreurs et fait disparaître bien des légendes. Néanmoins, les mémoires et les souvenirs particuliers peuvent encore éclairer l'histoire et lui fournir quelques documents nouveaux. C'est dans cet espoir que sont publiés ceux que mon grand-père avait écrits pour sa famille, récits que je l'ai moi-même entendu raconter bien des fois.

Il n'a pas voulu préparer un tableau complet de son temps ni un monument littéraire; mais seulement préserver de l'oubli les souvenirs qui lui étaient personnels. Ce ne sont donc pas, à proprement parler, des mémoires qu'il a laissés; c'est plutôt un récit anecdotique, rempli d'épisodes, dans lesquels il a joué un rôle, ou qui se sont passés autour de lui.

Le texte n'est pas de sa main. Il a été dicté par lui à son second fils René, entre 1848 et 1852, et c'est à cette période qu'il faut se reporter, toutes les fois que le mot maintenant, ou un mot analogue, se rencontre. Mais il ne s'ensuit pas que rien n'ait été écrit par l'auteur auparavant. Bien au contraire, et sur presque tous les principaux épisodes, il avait rédigé des notes antérieures. Elles se trouvent pour la plupart parmi les documents à l'appui de ses souvenirs, dont la partie véritablement historique a trait à la Restauration de 1814 et aux Cent-jours.

Une chose étonnera peut-être le lecteur : c'est le rôle important rempli par l'auteur à cette époque, rôle dont les historiens, pour la plupart, ne parlent pas. Il est facile d'expliquer ce silence.

Toutes les personnes qui ont étudié l'histoire du premier Empire ont pu constater quelle était alors la puissante organisation de la police; quelle était sa vigilance, et combien il était difficile d'échapper, même dans l'intérieur des familles, à la surveillance intéressée de ses agents.

Les royalistes le savaient mieux que personne. Aussi est-ce avec une extrême prudence, avec des précautions qui peuvent paraître exagérées, bien qu'elles fussent à peine suffisantes, que mon grand-père parvint en 1814, sans se faire arrêter, à conférer le 27 février, à Vesoul, avec le comte d'Artois, à rentrer le 17 mars à Paris et à y préparer pendant treize jours, dans le plus grand mystère, la manifestation du 31.

Comment le public aurait-il pu savoir quelque chose, quand le ministre de la police, le duc de Rovigo, si zélé et si dévoué à l'Empereur, ignorait tout? Il l'avoue dans ses mémoires (t. VII, p. 35). Je copie : « Aucun symptôme, aucun adminicule d'intérêt ou de souvenir d'intérêt n'ayant eu lieu nulle part dans l'intérieur ou à Paris, mon étonnement fut extrême lorsque je vis, dès le lendemain du 31 mars, proclamer par tous les journaux cette antique dynastie, et les murailles de la capitale tapissées d'actes et de proclamations au nom de S. M. Louis XVIII. »

Plus tard, un autre fonctionnaire de l'Empire, Réal, eut partiellement connaissance des moyens qui avaient assuré le rappel inattendu des Bourbons; mais ce ne fut qu'après les Cent-jours. S'il n'a rien laissé signé de son nom, son neveu, M. Musnier-Desclozeaux, a comblé cette lacune, et, dans un ouvrage intitulé : *Indiscrétions, 1798-1830, Souvenirs anecdotiques et politiques tirés du portefeuille d'un fonctionnaire de l'Empire*, il a consacré le premier chapitre de son second volume au « Mouvement royaliste en 1814 ». Voici comment il s'exprime : « Le mouvement royaliste en 1814 fut un coup dans le genre de celui de Mallet; voilà ce que je puis dire et prouver. »

Puis il continue : « Vers le mois de décembre 1813, un M. de Semallé, ancien page de Louis XVIII (*sic*), avait été envoyé par ce prince à Paris avec mission de lier des relations avec d'anciens partisans des Bourbons. M. de Semallé s'adressa d'abord aux sommités du parti; il fut éconduit. Force lui fut de descendre l'échelle et d'arriver aux hommes qui, n'ayant rien à perdre, avaient tout à gagner. Ceux-ci prêtèrent l'oreille, et un comité royaliste, bien timide, bien effrayé, s'organisa dans Paris. On convint de se réunir chez l'un des membres du comité, nommé Lemercier, rue de l'Échiquier, n° 36. Ce Lemercier avait été banquier et, ses affaires ayant mal tourné, il s'était fait homme de lettres. M. de Semallé avait eu le rare bonheur de ne s'adresser à aucun agent, à aucun *ami* de la police. Les réunions du comité furent tenues secrètes. »

Réal fut préfet de police pendant les Cent-jours. Mieux que personne il a été à même de savoir d'où sont partis les coups qui ont renversé l'Empire, et de pénétrer le secret qui avait été si bien gardé. Ce secret suffirait à lui seul pour expliquer l'ignorance et le silence de la plupart des écrivains; mais l'étonnante réussite de ce mouvement lui-même en est également une cause. Quand on voit un ouvrage terminé, un terrassement achevé, surtout s'il a été bien exécuté, l'état actuel paraît si simple, si naturel, qu'on se demande comment il pouvait en être autrement, et que ceux-là mêmes qui y ont coopéré ne se rendent plus compte de tout ce qu'il a fallu faire.

Pour tous les spectateurs du 31 mars, pour tous ceux surtout qui, entraînés par les initiés, ont acclamé Louis XVIII, cette acclamation avait été si facile qu'elle paraissait avoir été toute naturelle; chacun s'en attribuait une part, et beaucoup de ceux qui avaient paru sur les boulevards, même à la dernière heure, ne doutaient pas qu'ils n'eussent joué un rôle prépondérant dans la restauration des Bourbons.

Mon grand-père, qui avait obtenu un résultat aussi complet, voyait les efforts qu'il faisait depuis vingt-cinq ans couronnés de succès par le rappel au trône de Louis XVIII.

Mais pendant les premiers jours, il ne put avoir ni trêve ni repos; car la manifestation était un feu de paille et son rôle n'était pas terminé. Il fallait défendre la royauté contre tous les partis qui l'avaient tenue en exil, et débattre pied à pied le terrain contre Talleyrand et le gouvernement provisoire.

Quand le Roi fut rentré dans Paris, les serviteurs de

la monarchie accoururent en foule, et il ne manquait pas de dévouements à récompenser. Depuis 1790, que de royalistes ruinés ; d'émigrés réduits à la misère ; de Vendéens et de Chouans qui avaient tout sacrifié pour le Roi, etc.! Puis, il y avait tous les fonctionnaires supérieurs à se concilier. La liste des solliciteurs et des besogneux était immense.

Convenait-il alors à un homme aussi dévoué d'aller réclamer la part qui lui revenait de ce triomphe ? Il ne le pensait pas. Il savait que les princes n'avaient aucun intérêt à ce que la lumière fût faite, et à ce que tout le monde sût que la manifestation, à laquelle ils devaient leur rappel et le trône de France, était le résultat d'une sorte de complot, tenu secret jusqu'à la dernière heure.

Il était utile et même nécessaire que le mouvement royaliste continuât à passer aux yeux de tous comme ayant été, dès le premier moment, populaire, universel et spontané. Peu importait que la mise en train eût été périlleuse et difficile, puisque l'enthousiasme avait fini par entraîner ceux mêmes qui en paraissaient le moins susceptibles.

Par la suite, mon grand-père, désolé de voir comment on refusait de rétribuer les services des hommes intelligents et dévoués dont il avait utilisé le concours, et comment les bureaux des ministères, encombrés des créatures de Fouché et de Decazes, leur étaient hostiles, prit la résolution de parler. C'était en 1826. Il le dit formellement dans un document cité dans l'appendice. Mais la crise finale de la Restauration ne lui en laissa pas le loisir, et sous Louis-Philippe il était trop tard. Il faut avouer que les circonstances, dès le début, ne furent guère favorables. — Les Cent-jours survinrent bien vite, avec la fuite à Gand et le retour après Waterloo. Un milliard deux cents millions avaient été dépensés dans cette aventure, qui avait fait périr tant de monde et amené une seconde occupation, bien plus désastreuse que la première. C'est elle qui a ravivé les haines des partis et les espérances des Jacobins, et la Restauration ne s'en est jamais complètement relevée.

La rentrée de Louis XVIII dans sa bonne ville avait été des plus pénibles, et Fouché avait imposé presque toutes ses conditions, grâce à la faiblesse, aux hésitations du Roi.

La nomination de Decazes à la préfecture de police, puis son entrée dans le cabinet, où il sut se rendre maître absolu, avaient enlevé à mon grand-père tout moyen d'action et, j'ajouterai, toute ambition personnelle. Aussi ne le verrons-nous reparaître à la cour que lorsqu'un nouveau danger viendra menacer la famille royale. C'est un ami des mauvais jours, qui se retrouvera toujours à la peine.

Son rôle actif s'est terminé en 1830, et depuis lors il a vécu presque toujours dans la retraite.

Quant à la publication qu'il avait promise en 1826, elle n'a jamais eu lieu que partiellement, et sous forme d'extraits de ses mémoires, dans le second volume de l'*Histoire de la Restauration*, de Lubis.

Après la publication du premier volume, en 1837, mon grand-père y avait constaté des erreurs ayant trait au mouvement de 1814. M. Lubis s'empressa, à titre de rectification aussi bien qu'à titre de document intéressant, de publier en appendice, dans le volume suivant, les notes que mon grand-père avait mises à sa disposition.

Une partie de ces mêmes notes fut publiée une seconde fois, en 1853, par L.-G. Michaud, à la suite de l'*Histoire politique et privée de Charles-Maurice de Talleyrand*; mais ces deux ouvrages n'ayant pas obtenu une très grande notoriété, bien peu de personnes en ont eu connaissance.

Le comte de Semallé a terminé paisiblement sa vie à Versailles, à l'Ermitage, dans l'ancienne propriété de Mme de Pompadour, devenue, sous Louis XVI, maison de campagne de Mesdames, tantes du Roi, dont il avait fait l'acquisition en 1835, en souvenir de la famille royale.

Il avait coutume de faire dire tous les ans, dans la chapelle de son parc, une messe à l'anniversaire du 21 janvier. Malgré son grand âge, il voulut encore y assister en 1863. Il y prit froid et s'éteignit doucement, huit jours après, à l'âge de quatre-vingt-onze ans. — Il repose dans le cimetière de la commune de Semallé.

A l'appui de ses souvenirs se trouve annexé un appendice, comprenant un certain nombre de pièces et de documents qui m'ont paru de quelque utilité pour l'histoire.

Il renferme également un fragment des mémoires de ma grand'mère, que j'ai cru devoir offrir au lecteur pour lui faire bien comprendre les sentiments qu'inspiraient encore en 1814, à mes grands-parents, la Révolution, ses auteurs, ses complices, et en général tous ceux qui lui devaient leur élévation et leur fortune.

Ma grand'mère, nièce par sa mère de M. de Mandat, massacré le 10 août sur les marches de l'Hôtel de ville, n'avait que cinq ans quand ses parents périrent à leur tour sur l'échafaud de la place Louis XV, et il n'est pas jusqu'à ses poupées qui ne lui aient été arrachées et qui n'aient été mises en vente au nom de la nation. Aussi avait-elle horreur de cette *nation*, qu'elle ne connaissait pas encore, mais qui ne cessait de la faire souffrir.

Elle raconte, dans ses mémoires, qu'à toutes les personnes qu'elle voyait en larmes, et qui étaient si nombreuses à cette époque, elle demandait ingénument : « Vous avez donc une nation chez vous, puisque vous pleurez ? Nous, nous en avons une qui nous a fait tant de mal ! »

Étaient-ce les victoires de Napoléon, arrosées de tant de sang français ? Etait-ce l'élévation au pouvoir de Talleyrand, de Fouché, des régicides, qui pouvaient calmer ces cœurs qui avaient tant souffert, ces âmes si profondément ulcérées ? — Non. — Elles attendaient en ce monde une autre manifestation de la justice éternelle, une réparation du 21 janvier et le retour de la famille de Louis XVI.

Ce sont leurs efforts pour l'obtenir qui font l'objet principal du récit qui va suivre.

Comte DE SEMALLÉ.

CHAPITRE PREMIER

LES PAGES.

Entrée aux pages. — Je suis présenté au Roi. — Comédies. — M. Joly de Fleury. — Service des pages. — Suppression de la petite écurie. — Accident grave et bonté du Roi à mon égard. — Retour de Necker. — Hiver 1788-1789. — « Les nouveautés. » — Joséphine de Beauharnais. — Réunions politiques chez M. Joly de Fleury. — Suppression de la fauconnerie. — Service de Madame Royale. — Maladie et mort du Dauphin. Ouverture des États généraux. — M. de Servan et le marquis de Mirabeau. — Fête des gardes du corps, le 1er octobre 1789. — Journées des 5 et 6 octobre. — Retour du Roi à Paris. — Voyage du duc d'Orléans en Angleterre. — Les tricoteuses et Théroigne de Méricourt. — Dangers courus dans Paris. — Je me rends à la Gastine, au Fayel. — La famille de Rouhault-Gamache et l'abbé Maury. — Je pars pour l'émigration.

Ce fut dans les derniers jours de l'année 1785 que mes parents reçurent avis de mon admission aux pages de la grande écurie du Roi. Ils me conduisirent à Paris à la fin de l'hiver, me présentèrent à MM. de Boisandré et Joly de Fleury, et s'occupèrent de la vérification des titres de noblesse et de l'accomplissement des formalités requises. Tout fut terminé pour le mois d'avril 1786, date fixée pour mon entrée ; mais je dus attendre jusqu'à l'automne, parce que M. de Montdort, un ancien, obtint, contrairement à la coutume, de ne partir qu'au mois d'octobre. Le nombre de quarante-huit ne pouvant être dépassé, on me mit provisoirement en pension à Versailles chez un M. Guy, chef d'institution, au quartier Saint-Louis. Après le départ de M. de Montdort, je fus installé à la grande écurie.

Au moment de ma présentation au Roi, M. de Romainville, gouverneur des pages, balbutia mon nom, et le brouilla avec celui de M. de Mallet, qui, peu de temps auparavant, était premier page de la grande écurie ; mais Louis XVI reprit : « Non ; non. C'est de Semallé ; une de « mes bonnes familles de Normandie. » Il me reçut avec des témoignages de bienveillance toute paternelle, en me disant de bien me conduire, et que je lui avais été recommandé par des personnes en qui il mettait une entière confiance et pour qui il avait une parfaite estime. Il voulait parler de MM. Joly de Fleury.

Peu de jours après mon entrée aux pages, eut lieu le dernier voyage à Fontainebleau. Pendant l'absence de la cour, les pages qui ne faisaient pas partie du service restèrent à Versailles, où ils s'amusèrent à jouer la comédie ; le théâtre des Menus-Plaisirs prêta les décors nécessaires pour l'appropriation de la salle d'escrime ; il prêta aussi les costumes. — Comme au plus jeune et au plus petit, on me fit apprendre les rôles de femmes. Beaucoup de personnes de Versailles assistèrent à ces représentations, et on trouva généralement que les pièces étaient bien jouées.

Du reste, l'habitude de jouer la comédie était assez répandue à la fin du règne de Louis XVI. Lorsque j'allais en vacances dans le Maine, on y donnait des fêtes fort gaies, qui duraient plusieurs jours et où venaient tous les châteaux d'alentour. La famille de Maupeou me recevait alors de la façon la plus affectueuse, et je faisais partie de la troupe du château de la Davière [1].

Protégé tout particulièrement par M. Joly de Fleury,

---

1. Voir à l'appendice.

l'ancien ministre des finances, j'obtenais, quand je n'étais pas de service, la permission d'aller chez lui, soit à Paris, soit à Auteuil. M. et Mme de Fleury me traitaient comme leur fils. Pendant l'absence de la cour, étant plus libre, je fréquentais plus souvent leur maison. Je me souviens d'y avoir assisté à la visite de noces de Mlle Cabarrus, qui avait d'abord épousé un conseiller au parlement de Bordeaux, M. Devin de Fontenay, et qui depuis est devenue Mme Tallien. J'y rencontrais fréquemment M. Lepelletier de Saint-Fargeau, mari, en premières noces, d'une des nièces de M. de Fleury, ainsi que M. le marquis de Poret de Boisandré, chez lequel se réunissaient tous les partisans bien connus de la famille d'Orléans, ainsi que les amis de Mme de Montesson. A l'occasion d'une fête, je fus même présenté à cette dame [1]. Quelque temps après, je lui rendis visite, et depuis je ne l'ai retrouvée qu'en 1806, à son convoi à Saint-Roch, d'où elle sortait par une porte, quand, singulière coïncidence, une ancienne maîtresse de M. le duc d'Orléans, Mme de V...., sortait par l'autre.

Le Roi revenu de Fontainebleau, son service se régularisa. Les pages de la grande écurie, appelés pages de la couronne, ne faisaient que les services d'apparat, particulièrement celui des grandes chasses.

Les pages de la petite écurie existaient encore. Ils étaient au nombre de quarante, et faisaient le service intérieur du château, celui de Mesdames, tantes du Roi, de Madame Élisabeth, du duc d'Angoulême et du duc de Berry. Ils avaient, en outre, le service du tiré du Roi. Chaque fusil, chargé par les arquebusiers, passait des

---

[1]. Mme de Montesson demeurait alors dans un hôtel dont l'entrée était au carrefour des rues Taitbout et du Helder, et dont le jardin allait jusqu'à la rue de la Chaussée d'Antin.

mains des Suisses dans celles des pages, au nombre de huit, et le premier page le remettait aux mains du Roi.

A la petite écurie se trouvaient tous les chevaux d'attelage et de trait, les mules, etc.; à la grande écurie, tous les chevaux de grand service, de selle et de manège. Ils étaient superbes et fort nombreux.

Tous les pages, sans exception, prenaient leurs leçons d'équitation à la grande écurie, avec les pages de la couronne, sous la haute surveillance du prince de Lambesc, excellent cavalier : il en résultait entre nous tous une grande camaraderie.

Le père du général Hoche était alors palefrenier en chef à la grande écurie et, comme il était fort estimé, c'était lui qui donnait les *gaules* aux pages qui allaient monter à cheval. Son fils servait alors dans les gardes-françaises.

Notre gouverneur était M. du Duit de Romainville, ancien colonel d'artillerie et un des juges du marquis de Lally-Tollendal. Nous avions aussi à notre tête le chevalier du Theil et le chevalier de Servan, qui avaient le grade de lieutenant-colonel, ce dernier, frère du premier président du parlement d'Aix et ami intime de Mirabeau, de fâcheuse mémoire.

Dans les premiers six mois de mon entrée aux pages, je fus trouvé trop faible pour monter à cheval, et ce ne fut qu'en 1788 qu'on me permit cet exercice.

Alors arriva une réforme réalisée par le cardinal de Loménie de Brienne. Les pages de la petite écurie, ceux de la chambre du Roi et ceux de la chambre de ses frères furent supprimés. Les livrées les plus âgées de la grande et de la petite écurie entrèrent dans l'armée, et les plus jeunes de la petite écurie remplirent les cadres des pages de la grande, qui restèrent fixés au chiffre de quarante-huit.

Avant cette réforme, il m'arriva une aventure qui montre le bon cœur du Roi. Un jour, nous nous glissâmes le long du mur qui séparait alors le petit parc du bois de Satory, et nous avions ramassé une bonne provisoin d'œufs de faisans et de perdrix, lorsque les gardes nous poursuivirent. Il ne restait qu'à passer par-dessus le mur. J'en donnai l'exemple ; mais le mur s'étant écroulé sous moi, j'eus la jambe droite percée jusqu'à l'os par une pierre pointue. Mes camarades, me voyant sans connaissance, improvisèrent un brancard avec des branches d'arbres pour me porter à notre « garde-malade », infirmerie dirigée par un chirurgien distingué qu'on appelait Carrelet. Cet accident fit du bruit. Il vint un valet de pied du château pour avoir de mes nouvelles, et on appela aussitôt le chirurgien en chef de l'école militaire et des pages, M. Garre, qui posa le premier appareil sur la blessure, avec défense de le lever jusqu'à sa visite du lendemain.

Le soir, souffrant horriblement, je suppliai M. Carrelet de défaire l'appareil. Celui-ci n'y consentit que sur la réquisition des deux premiers pages qui se trouvaient là ; mais il ne put échapper à la colère de M. Garre, qui porta plainte auprès du prince de Lambesc.

Les deux premiers pages et M. du Theil eurent beau affirmer que M. Carrelet était innocent, rien ne put modérer le ressentiment de M. Garre. On parlait de me renvoyer lorsque je serais guéri, ainsi que les pages qui avaient forcé la main à M. Carrelet. Cette affaire devint assez sérieuse pour être soumise à Louis XVI, qui dit, avec sa bonté ordinaire : « Garre a tort. J'en aurais fait autant que le petit page et que ses camarades. Quand il s'agit de perdre un membre, on s'occupe peu des convenances. »

Tous les jours un homme venait du château s'informer de mon état, et les princes de la famille royale manifestèrent de l'intérêt pour moi. Ce ne fut qu'au bout de deux mois qu'il me fut permis de marcher avec des béquilles.

Quelque temps après ma guérison, M. Carrelet, qui en était resté seul chargé, remercia mon père d'un présent anonyme qu'il venait de recevoir. C'était une boîte d'argenterie, valant au moins cent louis. Mon père répondit que sa fortune ne lui aurait pas permis d'offrir un pareil cadeau. Étonné, M. Carrelet fit des recherches et sut, mais longtemps après, que c'était Louis XVI qui lui avait fait envoyer la boîte, avec ordre de garder le silence sur son origine.

Ce trait de bonté m'impressionna vivement et, témoin journalier des vertus du Roi et de toute sa famille, je leur vouai cet attachement inaltérable qui a servi de règle à toutes mes actions.

L'année 1788 se passa tranquillement : quelques réformes financières furent opérées ; le projet qu'on avait d'assembler les Notables faisait espérer la fin prochaine des troubles qui se manifestaient déjà. Mais la propagande révolutionnaire faisait tous ses efforts pour ruiner le trône, et bientôt on put entrevoir les catastrophes où il devait disparaître. Necker avait été rappelé au ministère des finances, et son arrivée à Versailles devint un triomphe pour les ennemis du Roi. Presque tous les corps allèrent le féliciter ; on n'épargna même pas les pages, qui durent lui envoyer une députation. J'étais du nombre des délégués ; nous fûmes conduits par M. Du Theil, et ce fut Mme de Staël qui nous reçut au nom de son père.

Après le retour de M. Necker, on parla de nouveau

d'assembler les Notables, pour remédier au désordre des finances, qu'on exagérait d'ailleurs beaucoup.

Survint l'hiver de 1788-1789, hiver si rigoureux, et où Louis XVI montra tant d'humanité et tant de charité. On allumait des feux dans tous les carrefours, à Versailles et à Paris. Le Roi allait lui-même en faire l'inspection, ses poches pleines d'or, qu'il répandait avec abondance sur tous ceux qu'éprouvait la rigueur de la saison. Le tableau du musée de Versailles qui représente le Roi visitant des malheureux est réellement d'une rare exactitude. Je puis l'affirmer, car deux fois, lorsque j'étais de service, j'ai fait partie de ces promenades bienfaisantes.

La Reine avait fait venir d'Italie, à ses frais, une troupe de « Bouffes » qui s'était installée à Versailles. Tout Paris accourait à ces représentations, qui distrayaient la cour pendant que les artisans de la révolution s'occupaient à ébranler la monarchie.

A cette occasion, voici ce qui m'arriva. Comme nouveau, j'étais aux ordres des anciens, dont nous devions subir les fantaisies et les exigences, parfois dures et de mauvais goût. On appelait cela de la *nouveauté*. L'obéissance immédiate était de rigueur pour les jeunes.

Un jour qu'on donnait au théâtre du château « Le roi Théodose à Venise », pièce où se trouvaient représentées sous un jour plaisant et prophétique les tristes vérités dont la France et l'Europe allaient bientôt voir la triste réalisation, un premier page m'enjoignit, à titre de « nouveauté », de porter une affiche de la comédie à Mme de Beauharnais, logée alors à Ville-d'Avray avec la chanoinesse de Toulouse-Lautrec, sœur d'un ancien, qui avait deux ans de plus que moi. Le froid étant excessif, je pris, pardessus mes habits, une veste de ratine, qui nous servait tous les matins pour nous faire coiffer. Je n'osai louer un cheval à cause du verglas, et, sous ce vêtement de domestique, je me rendis, à pied, à Ville-d'Avray, par le nouveau chemin de Saint-Cloud, que des soldats étaient en train de construire. Je fus introduit dans une vaste cuisine, où un grand feu était allumé. La transition subite du froid à l'extrême chaleur me fit perdre connaissance. Les domestiques qui se trouvaient là, en ouvrant le vêtement qui me déguisait, aperçurent ma veste galonnée d'or et reconnurent le costume des pages. Je restai un grand quart d'heure à me remettre, et, après des soins empressés, je me trouvai en état de repartir dans une voiture, que Mme de Beauharnais avait fait atteler, et qui me déposa à la porte des grandes écuries.

Cet événement fit disparaître ce genre de « nouveautés, » Mme de Beauharnais et Mlle de Toulouse-Lautrec s'étant plaintes amèrement qu'on pouvait ainsi les compromettre. Le soir elles ne manquèrent pas de venir au spectacle, et un peu plus tard je retournai leur faire une visite de remerciements.

J'ajouterai ici que le souvenir conservé de moi par Joséphine de Beauharnais faillit, dans la suite, me devenir funeste. C'était sous le Directoire, quand, rentré en France, je craignais sans cesse d'être recherché par la police, et où je circulais sous le nom emprunté de Dujardin, sujet belge, négociant en dentelles. A une des grandes revues passées par Bonaparte au Champ-de-Mars, Mme de Tilly m'avait donné un billet pour la tribune d'honneur, où elle se trouvait elle-même à côté de Joséphine. Cette dernière fixa sur moi ses regards et demanda qui j'étais. « C'est un Belge, répondit la générale, il est de mes amis. — Mais que fait-il à Paris ? Sa figure ne m'est pas inconnue », répétait Joséphine, cherchant à rappeler ses souvenirs. Et comme elle chargeait un officier de prendre des informations sur moi, Mme de Tilly me fit avertir qu'il était urgent de m'éloigner; ce que je fis aussitôt.

Le jour où j'étais allé remercier ces dames, je me rendis à Auteuil, chez M. Joly de Fleury, avec M. de Lastic, un de mes camarades très amateur de musique, qui désirait assister, au Grand Opéra de Paris, à la première représentation de « Démophon. » Il y avait ce jour-là un grand nombre de membres de l'assemblée des Notables chez M. de Fleury, qui était doyen des conseillers d'État et chez qui se rencontraient les hommes politiques du temps. Ils se décidèrent devant moi à se déclarer incompétents pour arrêter un mal qui s'aggravait chaque jour, et ils adoptèrent la résolution de faire comprendre au Roi que la convocation des États généraux était désormais le seul remède efficace. Je me rappelle même que je dus remplacer, à la table de whist de Mme de Fleury, M. de Malesherbes, qui quitta le jeu pour prendre part à la discussion.

Parmi les réformes qui furent faites à la cour, je dois mentionner la suppression de la Fauconnerie. Avant qu'elle disparût, il y eut une dernière chasse du vol, où tout le luxe de la cour fut déployé. On ne peut se faire une idée de l'affluence de la foule, accourue de Paris et des villes voisines pour assister à cette chasse vraiment royale. Il semblait qu'on cherchât à cacher sous les dehors les plus majestueux les malheurs qui étaient sur le point de fondre sur nous.

Quelques détails sur cette dernière chasse peuvent montrer à quelle perfection l'art de la fauconnerie avait été poussé. Ainsi, chaque faucon était porté sur le poing par un fauconnier, et avait sur les yeux un chaperon qu'on ôtait au moment de le lancer sur le gibier; à un coup de sifflet particulier, il retournait sur le poing de son fauconnier. Les différentes espèces d'oiseaux de proie attaquaient, selon leur force et l'éducation qu'ils avaient reçue, le gibier à poil ou à plume. Les perdrix étaient si effrayées, qu'elles venaient se réfugier jusque sous les pieds des chevaux et s'y faisaient prendre à la main.

On chassa d'abord le menu gibier; puis on entra dans des réserves, où il y avait des chevreuils et des sangliers. L'oiseau destiné à la chasse de la grosse bête se plaçait sur la tête de sa victime et y faisait promptement un trou rond et parfaitement régulier : l'animal tombait foudroyé. Pour le sanglier, la lutte était des plus intéressantes, parce que les bonds prodigieux de son adversaire empêchaient l'oiseau de se cramponner solidement sur son cou et le forçaient à voltiger autour de la tête, de peur d'être écrasé lorsque le sanglier se roulait par terre en écumant. On ne prit qu'un sanglier, et la lutte acharnée entre les deux animaux ne dura pas moins de trois quarts d'heure.

En 1789, Madame Royale ayant atteint sa onzième année [1], on lui désigna un service composé d'un écuyer, d'un page et d'un porte-manteau. Jusqu'alors la jeune princesse accompagnait sa mère comme une petite fille. Son service une fois organisé, elle marchait seule, vêtue du costume de cour, et devant ses gens. Comme étant le plus petit, je fus choisi pour la première semaine. Je conduisis la princesse, avec M. de Saint-Pardon, son écuyer, à la messe, à travers la grande galerie; mais, pour les

---

1. Marie-Thérèse-Charlotte de France était née le 19 décembre 1778. Elle épousa, le 10 juin 1799, le duc d'Angoulême et mourut en 1851, en exil, à Frohsdorf.

vêpres, je manquai de quelques minutes, ainsi que M. de Saint-Pardon, le service nouveau, et nous ne retrouvâmes le cortège royal que dans la salle qui précédait la chapelle [1]. La jeune princesse, ayant paru fâchée de ce retard, le témoigna par quelques marques d'impatience qui déplurent beaucoup à la Reine, et celle-ci ordonna de supprimer son service.

Le dauphin de France, Louis-Joseph-Xavier-François, étant tombé malade, avait été transporté à Meudon, où l'air passait pour très salubre. La Reine allait tous les jours voir son fils. Quelque temps après, M. du Dressier, page du dauphin, devint à son tour souffrant, et je le remplaçai à Meudon pendant plusieurs semaines. On faisait faire beaucoup d'exercice au jeune malade, dont la santé s'affaiblissait tous les jours, et il jouait aux quatre coins, quand les princes des maisons d'Orléans, de Bourbon, ou des fils de dignitaires de la cour venaient le visiter avec leurs parents. Le duc d'Enghien y paraissait très souvent ; je n'y ai vu que deux fois le duc de Chartres. Quant à la Reine, elle arrivait régulièrement tous les matins, et ne quittait son fils que les larmes aux yeux.

Enfin, le prince mourut le 4 juin 1789, précisément un mois après la convocation des États généraux. Il était né à Versailles, le 22 octobre 1781. Il succomba à une maladie de langueur, qu'on attribua, dans le temps, à un poison lent. On fit l'extraction de son cœur pour le déposer au Val-de-Grâce, et je fus de service, avec trois autres

---

[1]. Nous avions, ce jour-là, dîné chez M⁻ la marquise de Payzac, née Chapt de Rastignac, moi et un de mes camarades qui était son parent. A ce dîner, j'avais vu pour la première fois M. et M⁻ de Favras. — M⁻ de Payzac a été guillotinée le 17 pluviôse an II, et l'abbé de Rastignac, son frère, fut un des prêtres massacrés aux Carmes en septembre 1792.

pages, pour cette triste cérémonie. La réception dans cette abbaye royale eut lieu le soir, et se fit aux flambeaux : M. de Roquelaure, évêque de Senlis, officiait. Mon cheval, effrayé par les torches, prit peur, se renversa sur moi, et j'échappai comme par miracle à cet accident qui eût pu me coûter la vie. Le corps du prince fut ensuite porté à Saint-Denis.

Je me trouvai de service également à l'ouverture des États généraux.

En revenant de l'assemblée, nous fûmes témoins d'un spectacle bien affligeant, donné par M. de Servan, notre sous-gouverneur, qui pérorait et excitait le peuple contre le comte d'Artois. Cette scène affecta beaucoup le Roi, et le détermina à faire partir M. le comte d'Artois dans la nuit même.

Deux jours plus tôt, les pages, sortant de la salle d'armes par le vestibule d'entrée, avaient rencontré M. de Mirabeau, venu faire visite à M. de Servan, que celui-ci reconduisait jusqu'au bas du perron. On sait que les chaises à porteurs étaient alors les véhicules employés dans l'intérieur de la ville. Un des porteurs demanda l'adresse où il fallait conduire le personnage : « A la voirie ! » s'écria l'un de nous, le chevalier de Bournazel. M. de Servan, irrité, lui donna l'ordre de monter immédiatement à la prison des pages. Nous fîmes mine de nous y opposer, mais notre premier page, M. d'Ordières, nous engagea vivement à ne mettre aucune entrave à l'exécution de l'ordre donné. Plusieurs pages, dont je faisais partie, se rendirent chez M. le prince de Lambesc pour lui exposer l'affaire, et celui-ci en référa au Roi, qui leva la peine prononcée contre Bournazel.

M. de Servan, s'il m'en souvient bien, quitta dès lors

sa situation aux écuries du Roi. Il jeta le masque, devint ministre de la guerre en 1792, sous le ministère girondin, et mourut en 1808, président du Conseil des revues.

Malgré le mauvais exemple et même les tentatives de séduction de M. de Servan, les pages ne furent jamais plus exacts dans leur service que dans ces malheureuses années, et je n'oserais dire jusqu'où eût pu se porter notre indignation contre cet homme, s'il n'avait quitté la place. Il est à remarquer que bien peu des pages donnèrent dans la Révolution, tandis que l'École militaire lui a fourni beaucoup d'adeptes. Les premiers pouvaient apprécier la bonté de la famille royale, et étaient élevés d'une manière chevaleresque ; les autres, au contraire, dirigés par des maîtres imbus de la philosophie du temps, sont tombés dans ce libéralisme qui a amené la subversion générale.

Les agents de la maison d'Orléans se déclarèrent alors ouvertement contre le Roi. Tout annonçait une crise prochaine.

On avait fait venir à Versailles des régiments de hussards et celui de Flandre-infanterie. Ces régiments, au début, étaient animés d'un bon esprit, mais bientôt celui de Flandre fut travaillé par les bourgeois, avec lesquels il entretenait de fréquents rapports.

Les gardes du corps eurent, eux aussi, un moment de faiblesse, qu'ils ont bien noblement expié depuis. Trois de leurs officiers, MM. Le Doulcet de Pontécoulant, de Grouchy et le chevalier de la Tour-Maubourg, avaient déterminé les gardes à offrir à l'assemblée un piquet d'honneur. La pièce était libellée ainsi : « A nos seigneurs de l'assemblée des États généraux. » Elle fit un grand effet ; mais ces messieurs, s'apercevant de l'inconvenance de leur démarche, voulurent se rétracter de la façon la plus éclatante. Pendant une fête donnée par eux aux officiers du régiment de Flandre, dans la salle de grand opéra du château, le 1er octobre 1789, les gardes du corps jurèrent de mourir pour défendre le Roi et soutenir le trône de saint Louis. La famille royale y assistait, et j'étais du nombre des pages de service. Il est impossible de décrire, sans en avoir été témoin, l'enthousiasme excité par la présence des princes.

Le parti hostile à la cour parut d'abord atterré de cette démonstration; mais, plus tard, il en fit un chef d'accusation contre Louis XVI et contre plusieurs autres assistants qui furent traînés devant les tribunaux révolutionnaires.

Quatre jours après, le 5 octobre 1789, le Roi, accompagné de son service, se rendit à la chasse dans les bois de Meudon. Nous laissâmes nos habits au rendez-vous, et nous prîmes les vestes de petite tenue en coutil, bordées d'un galon d'or. Beaucoup de braconniers tiraient à tort et à travers sur le gibier : le Roi me dit : « Allez dire à ces hommes qu'ils aillent plus loin, car ils pourraient blesser quelqu'un de ma suite. » Ces braconniers reçurent respectueusement les ordres du Roi. Quelques instants après, arriva à pied, de Paris, un chevalier de Saint-Louis, dont j'ai oublié le nom, venant prévenir Louis XVI qu'on dirigeait des bandes d'assassins sur Versailles, et le supplier de mettre le château en état de défense. « Je vous remercie bien, Monsieur, répondit le Roi, de votre acte de dévouement; mais je n'ai pas peur. Vous devez être bien fatigué; il faut monter dans une de mes voitures et vous faire conduire à Versailles. » Au moment où le Roi finissait cette phrase, M. le marquis de Salvert, écuyer de la Reine, arriva au galop avec une lettre de celle-ci, suppliant Sa Majesté de revenir au plus vite auprès d'elle. Nous ne prîmes pas le temps de retourner au rendez-vous. Le Roi monta en voiture, et nous sautâmes à cheval pour le suivre. Mais Louis XVI, qui avait fait forcer l'allure, rentrait au château quand nous n'étions encore qu'au tournant de l'avenue de Paris.

Là nous aperçûmes, à cinq cents pas au plus de la place d'armes, cette effroyable avant-garde de brigands qui marchait sur Versailles. Les deux côtés de l'avenue étaient remplis d'hommes et de femmes, qui poussaient des vociférations affreuses et nous jetaient des pierres et des bâtons. Quoique nous fussions en veste, nous entendions dire : « Ce sont des pages : il faut les tuer ! » Je reçus une pierre dans le coude gauche, qui me fit tant de mal que je lâchai la bride. Mon cheval s'emporta, et l'animal effrayé me mena directement dans la cour des grandes écuries.

Nos habits nous furent apportés par une voiture de service, et nous pûmes monter au château avant l'arrivée de la horde, qui s'était arrêtée quelque temps devant la petite maison appelée « pavillon de Vergennes, » demeure du duc d'Orléans, et quartier général des meneurs de cette horrible bande.

Le régiment de Flandre fut mis en bataille sur la droite de la place d'armes, et un détachement de gardes du corps lui fit face, devant la ci-devant caserne des gardes suisses. Ces troupes étaient les seules forces présentes à Versailles ; car le Roi, par excès de bonté, avait consenti à ce que les régiments de hussards, casernés antérieurement à l'orangerie, en fussent retirés.

La horde arriva en hurlant sur la place. A sa tête était un ouvrier, modèle pour académies, à longue barbe. Il avait une hache à la main et un fusil en bandoulière ; il remplissait à la fois le rôle de tambour-major et celui de sergent de l'insurrection.

J'avais reçu, comme mes camarades, un mousqueton pour défendre les écuries si elles étaient attaquées, — ce qui n'eut pas lieu, le château étant le but des assaillants. Alors je pris des habits civils et je me rendis, par une voie détournée, sur l'avenue de Paris, en face de l'hôtel de Vergennes, à la maison du lieutenant de Tilly.

Je ne trouvai personne, car Mme de Tilly, effrayée, venait de conduire sa fille Caroline, âgée de trois ans, dans la maison de Vergennes, croyant, avec raison, être préservée de tout danger sous le toit qui abritait le duc d'Orléans. Je retournai donc, sans perdre de temps, à la grande écurie, par le même chemin de Montreuil, et je fus désigné, avec trois autres pages, pour monter au château et y prendre le service.

L'écuyer qui commandait les petites écuries avait eu la précaution d'envoyer deux voitures attelées sur la terrasse du château, en leur faisant faire le tour par la pièce d'eau des Suisses. Ces deux carrosses laissaient au Roi la possibilité de se retirer avec sa famille à Rambouillet, ou plus loin si c'était nécessaire. Beaucoup de personnes étaient là réunies, et le Roi était résolu à partir, quand, sur la représentation que son départ serait le signal de grands malheurs, il se laissa persuader et remonta dans ses appartements.

Peu après, on entendit une décharge; le peuple tirait sur les gardes du corps, qui avaient reçu l'ordre de ne pas défendre le château. M. de Savonnière, qui les commandait, eut le bras cassé; plusieurs chevaux furent blessés. Un de mes camarades, plus âgé que moi, M. de Lastours, fut envoyé pour voir si, comme on le disait, il arrivait encore des brigands du côté de Buc. Avant qu'il eût traversé la place d'armes, M. de Lastours fut renversé de cheval et manqua périr. Il ne fut sauvé que par l'intervention de groupes moins hostiles.

Cet événement fit encore insister auprès de Louis XVI pour l'engager à partir; mais les mêmes individus que la première fois firent échouer les efforts des vrais amis de la famille royale. Parmi eux se trouvaient le commandant de la garde nationale de Versailles, M. de Lusignan, colonel du régiment de Flandre, Berthier, officier de la garde nationale, le même qui devint plus tard prince de Neuchâtel, etc. Le Roi, sur le point de monter en voiture, se décida finalement à rester. La Reine, au désespoir, lui dit : « Vous vous perdez et vous sacrifiez toute votre famille. — C'est un devoir pour moi, répondit-il, de me sacrifier pour éviter de plus grands malheurs. »

On nous renvoya aux écuries, conduits par M. du Theil, et toujours armés de nos mousquetons. Nous prîmes un passage qui menait du château au théâtre de la ville, ensuite la rue de la Paroisse, et nous entrâmes par la porte des écuries donnant sur l'avenue de Saint-Cloud [1].

Exténué, je me jetai tout habillé sur mon lit et n'entendis rien de l'horrible bruit qui se faisait sur la place. Lorsque je me réveillai, j'aperçus par ma fenêtre les têtes de deux gardes du corps piquées sur les fers de lance de la grille. Ces deux malheureux étaient MM. de Varicourt et des Huttes [2], qui avaient été massacrés par le peuple, et décapités par l'homme à la grande barbe dont j'ai parlé plus haut.

Nous apprîmes par des cris répétés que Louis XVI avait consenti à partir pour Paris. Ce fut une effroyable

---

1. Les grandes écuries étaient entre l'avenue de Saint-Cloud et l'avenue de Paris; les petites écuries, entre l'avenue de Paris et l'avenue de Sceaux.
2. M. des Huttes était le neveu de Voltaire.

nuit que celle du 5 au 6 octobre, pendant laquelle la Reine dut la vie au courage du garde du corps M. du Repaire, qui, passant son mousqueton en travers de la porte confiée à sa garde, lui donna le temps de se rendre, par une communication dérobée, dans l'appartement du Roi. Ce brave officier fut assommé de coups et tomba inanimé [1].

Dès le matin du 6 octobre, on prépara tout pour le voyage du Roi : je fus nommé de service auprès de Madame Élisabeth. Les brigands, auteurs de toutes ces horreurs, nous servaient d'avant-garde, et portaient au bout de piques les têtes de ceux qu'ils avaient assassinés. D'autres gardes du corps, prisonniers, étaient au milieu de gardes nationaux, qui, pour les protéger contre les fureurs et les insultes, leur avaient mis leurs bonnets à poil sur la tête.

Le Roi avait dans sa voiture toute sa famille, la Reine et Madame Élisabeth. Nous marchâmes dans un lugubre cortège, à travers les huées les plus atroces : les plus modérés se bornaient à crier : « Nous emmenons le boulanger, la boulangère et le mitron. » Nous traversâmes Sèvres, rempli d'une hideuse population venue de la chaussée du Maine. Nous arrivâmes à la barrière des Bonshommes, où il partit un coup de carabine dirigé vers la voiture du Roi. J'entendis le sifflement de la balle : le Roi mit la tête à la portière et demanda : « N'y a-t-il personne de blessé ? » Nous fûmes arrêtés à la grille ; on nous fit crier « Vive la nation ! » et prendre la cocarde tricolore pour entrer à Paris ; puis nous allâmes droit à l'Hôtel de ville.

---

1. Il n'est mort néanmoins que sous la Restauration, commandant aux gardes du corps. Il avait émigré et n'était rentré en France qu'avec Louis XVIII.

Le Roi y passa la nuit, et le lendemain s'établit aux Tuileries. Pour nous, on nous logea dans la maison des pages, située là où se trouve aujourd'hui la place des Pyramides, au centre d'un passage donnant dans la rue Saint-Honoré d'une part, et de l'autre vis-à-vis de la grille du jardin des Tuileries. Nous n'avions que quelques pas à faire pour nous rendre au château.

Huit pages choisis restèrent à Paris et y firent alternativement le service. Je fus de ce nombre, étant un des plus anciens. Le Roi était logé au centre du palais, Madame Élisabeth au pavillon de Flore, Mesdames au pavillon de Marsan.

L'Assemblée nationale fut transférée à Paris et installée dans le manège, contigu à la terrasse actuelle des Feuillants, et que le percement de la rue de Rivoli a fait depuis disparaître.

C'est à cette date que se place le séjour de huit mois que le duc d'Orléans fit en Angleterre. Son parti perdait du terrain, car la présence du Roi et de la Reine à Paris et leur grande bonté produisaient un excellent effet sur le peuple. La cour y reprenait les habitudes de Versailles; il y avait jeu au château. La confiance semblait renaître. Pour l'augmenter encore, on avait modifié le service, et le capitaine des gardes avait été remplacé par l'un des commandants de la garde nationale de Paris.

Le duc d'Orléans, inquiet, demanda au Roi la permission de faire un voyage. Beaucoup crurent que c'était un exil; mais il n'en était rien. Le prince n'avait demandé à se rendre en Angleterre que pour aller s'y entendre avec les instigateurs qui, de l'étranger, fomentaient notre malheureuse révolution. Tant qu'on ne soulevait pas le peuple avec l'argent et qu'on ne l'excitait pas par les mauvais journaux, il était parfaitement tranquille, et souvent il venait des gens sous les balcons des Tuileries crier : « Vive le Roi ! vive la Reine ! vive la famille royale ! »

Nous jouissions nous-mêmes de cette sorte de popularité ; tous les théâtres nous étaient ouverts gratuitement et, comme pages, nous recevions des marques d'intérêt et des témoignages de bienveillance.

Vers la fin d'octobre, l'Assemblée reprit ses travaux dans sa nouvelle salle et les mouvements populaires recommencèrent. Les plus mauvais journaux se lisaient au coin des rues. Des chanteurs répétaient les chansons les plus obscènes et les plus séditieuses, attaquant toute la famille royale. Des bandes de femmes, à la tête desquelles se trouvait une Liégeoise, la fameuse Théroigne de Méricourt, assiégeaient l'Assemblée. On les appelait « les tricoteuses. » Quand on avait besoin d'une démonstration hostile, on les trouvait toujours prêtes à la soutenir ; quelquefois, cependant, ces malheureuses revenaient à de bons sentiments.

Ainsi, je dois raconter comment ces mégères, un jour, me sauvèrent la vie. Une bande était allée aux Tuileries crier « Vive le roi ! vive la Reine ! » et il y avait eu une très grande exaltation en l'honneur de la famille royale. Rassuré par cette manifestation, j'eus l'imprudence, après mon service de la messe, de traverser les Tuileries pour me rendre, par la rue Saint-Florentin, chez la marquise de Marigny, née de Choiseul, et sœur de la première femme de M. de Walsh-Serrant. Elle demeurait rue de la Chaussée d'Antin, au coin de la rue Saint-Lazare [1].

---

1. M. de Walsh avait eu deux enfants de Mlle de Choiseul : un garçon qui mourut jeune, au château de Serrant, et une fille fort jolie, qui épousa un Hongrois et mourut sans postérité.

Pendant l'émigration, il épousa en Angleterre Mme de Valadi, née de Vaudreuil, dont le premier mari, officier aux gardes-françaises, con-

Arrivé à l'entrée de la rue Caumartin, je me trouvai dans le voisinage immédiat de chantiers situés rue Basse du Rempart. Les ouvriers de ces chantiers me prirent pour un garde du corps, parce que j'avais un surtout galonné d'or, que les « anciens » seuls des pages avaient le droit de porter. Ils voulurent m'entraîner et me pendre à une lanterne. A ce moment, débouchaient, par la rue Neuve des Capucines, où demeurait Bailly, ces mêmes femmes conduites par Théroigne de Méricourt. Encore dans l'enthousiasme de la réception qu'elles avaient reçue aux Tuileries et qui les avait comme électrisées, elles reconnurent que j'étais un page, m'arrachèrent des mains des ouvriers, et me choisirent parmi elles une escorte pour me conduire jusqu'à la maison de Mme de Marigny. En arrivant à la porte, j'embrassai mes libératrices, au nombre desquelles se trouvait Théroigne elle-même. Ce soir-là, il y avait jeu au château ; Mme de Marigny m'y ramena dans sa voiture.

Ce danger ne nous rendit pas plus prudents. Quelque temps après, je sortis avec un de mes camarades, M. de Swinburn, d'origine irlandaise, protégé de la Reine, et nous nous rendîmes ensemble au nouveau théâtre du Palais-Royal. On y donnait une pièce intitulée « La Rico. » Un grand seigneur vaurien, et son valet qui se compromettait en toute occasion pour son maître, formaient le fond de la pièce. Le valet répétait sans cesse : « Mon maître, lui, s'en tirera ; c'est moi qui serai pendu [1]. »

tribua fortement à la défection de ce corps ; il était ami de Saint-Just, et périt avec lui sous la Terreur. De Mme de Valadi, M. de Walsh eut deux fils, dont l'un épousa Mlle d'Héricy, que j'ai beaucoup connue. Rentrée en France, la seconde Mme de Walsh devint dame d'honneur de Joséphine.

[1]. Le rôle du valet avait été rempli longtemps par Bordier, qui, coïncidence étrange, venait justement d'être pendu à Rouen le 21 août 1789.

En sortant du spectacle, nous nous trouvâmes au milieu d'un groupe d'agitateurs, et comme nous longions une des galeries du Palais-Royal, on frappa M. de Swinburn, qui était très grand. Il tomba sous les coups; mais un marchand de la galerie m'entraîna dans son arrière-boutique, me fit changer d'habits et me reconduisit à notre domicile. D'autres personnes relevèrent M. de Swinburn, lui firent donner des soins chez un apothicaire, et de là il fut transporté à l'hôtel des pages, où il resta longtemps malade [1].

J'accompagnais le Roi le jour où il s'engagea devant l'Assemblée à maintenir la constitution, le 4 février 1790 : ce sont des dates qui ne s'oublient pas.

Vers ce même temps, je pris le service auprès de Madame Élisabeth, à la personne de qui je demeurai désormais attaché. Parmi les choses dont je me souviens, il est resté dans ma mémoire que le duc de Brissac refusait alors d'émigrer.

Au moment de ma sortie des pages, à la fin d'avril 1790, Mme de Marigny me demanda ce que j'allais faire; car le Roi avait décidé que les pages sortants auraient un délai de dix ans, qui leur serait compté comme service actif, à moins qu'ils ne voulussent entrer de suite dans l'armée. Je répondis que j'étais porté à écouter les propositions que M. l'ambassadeur d'Espagne me faisait faire par Mme la marquise de Rouhault-Gamache, née de Choiseul, dont le mari était grand d'Espagne de première classe, du

---

[1]. Lorsqu'il fut rétabli, son père vint le chercher et le ramena dans son pays. C'est par erreur que M. d'Hézecques, dans ses *Souvenirs d'un page de la cour de Louis XVI*, p. 348, indique M. de Laroque comme accompagnant M. de Swinburn ce jour-là, à moins que ces messieurs ne fussent plus de deux ensemble dans cette circonstance. — Il est à remarquer que M. d'Hézecques, qui s'est trouvé aux pages trois années entières avec mon grand-père, ne fait nulle part mention de son nom.

chef de sa mère, Mlle de la Motte-Houdancourt, fille du maréchal de ce nom. Il s'agissait alors de me faire recevoir dans la garde wallonne du roi d'Espagne.

Madame Élisabeth eut, sans doute, connaissance de ce projet, car elle me fit remettre une lettre à l'adresse du duc de Villequier, qui était émigré à Bruxelles, et un cœur de fleurs d'oranger. Je reportai la lettre aux Tuileries, en disant que je ne pouvais prendre aucune détermination pour mon avenir avant de m'être concerté avec mes parents, et je partageai le cœur de fleurs d'oranger avec mes compagnons : puis je me rendis à la Gastine.

En revenant du Maine, je ne fis que traverser Paris et allai près de Pont-Sainte-Maxence, au château du Fayel, dont le propriétaire était le marquis de Rouhault-Gamache.

Ses parents, qui n'avaient qu'un fils et une fille, passaient toute l'année au château du Fayel, et le duc d'Aumont leur avait procuré comme précepteur l'abbé Siffrein, originaire du Comtat Venaissin, bien connu plus tard sous le nom de Maury. — M. de Rouhault le père, forcé d'être souvent à Paris, avait une très grande confiance dans l'abbé, qui donnait des leçons à la fois aux deux enfants, mais qui bientôt commença à maltraiter le fils, dont l'intelligence laissait beaucoup à désirer, tandis qu'il s'attachait à flatter la jeune fille, qui approchait de dix-huit ans. Il poussa si loin ces prévenances, que Mlle de Rouhault crut devoir en avertir sa mère. Le vieux marquis, habitué à ne voir que par l'abbé, ne voulut d'abord rien croire; pourtant il se décida à exercer une surveillance rigoureuse. L'abbé, se voyant découvert, s'esquiva, sauta par une fenêtre dans la cour et gagna, à travers le parc, Pont-Sainte-Maxence et de là Paris. Il alla se réfugier chez le duc d'Aumont, son protecteur. Le duc, bien connu plus tard sous le nom de Jacques Aumont, qui devint un des quatre commandants de la garde nationale de Paris, avec Mandat, Courtomer, etc., menait alors une vie des moins régulières et accueillit l'abbé, qui, sans doute, lui avoua l'affaire sans convenir de tous ses torts. Il conta l'histoire dans le monde, avec d'autant moins de discrétion qu'il venait de se brouiller avec le marquis de Rouhault, et nuisit ainsi à Mlle de Rouhault, qui était charmante, mais qui, avec sa grande fortune, finit par épouser un homme déjà âgé, M. de B...., attaché à la maison de Monsieur. Elle n'en eut pas d'enfants.

Tout ceci se passait plusieurs années avant la Révolution, et je retrouvai au Fayel l'ancien domestique et tous les gens du village qui avaient été témoins de cette fâcheuse aventure. Je restai quelque temps dans la famille de Rouhault, et ne rentrai à Paris qu'en juillet, dans les jours qui précédèrent les fêtes de la Fédération. J'appris alors que je n'irais pas en Espagne, et que Madame Élisabeth désirait donner suite à sa commission, qui n'avait été ajournée qu'en raison de mon voyage dans ma famille.

Effectivement, Mme de Marigny me confia une lettre, me disant de prendre les plus grandes précautions pour me rendre à Bruxelles; que j'avais tout le temps nécessaire pour fixer mon voyage; qu'on avait toute confiance en moi; mais qu'on désirait que cette lettre fût remise à M. le duc d'Uzès en personne, ou, en cas d'absence, à M. le duc de Villequier.

J'étais jeune; je me sentis inquiet, me voyant chargé d'une mission qui paraissait importante, et, comme je craignais de partir seul pour Bruxelles, sur une route particulièrement surveillée, je me rendis à Évreux, chez un de mes camarades, sorti en même temps que moi des pages, et nommé de Franqueville. Il me mena chez sa mère, au château de Galitrelle, où je fis part au fils et à la mère du dessein que j'avais d'émigrer, sans leur parler de la mission secrète dont j'étais chargé.

Mme de Franqueville approuva mon projet, permit à son fils de m'accompagner ; mais elle ne voulut pas que nous prissions la voiture publique. Elle nous donna un vieux cabriolet avec lequel nous gagnâmes d'abord Rouen, où nous restâmes quelques jours. Nous y vîmes Mme la marquise de la Heuze [1], M. de Frébourg [2], mon beau-frère, encore officier au régiment de Navarre, enfin M. Heude, avocat fort dévoué à la famille royale, qui nous fournit les moyens d'aller à Amiens, et de là à Valenciennes, avec les passeports qu'il s'était procurés.

Après deux journées de séjour à Valenciennes, nous prîmes la poste pour Bruxelles, par Mons. On rencontrait sur la route beaucoup de voitures qui sortaient de France, et tout le monde nous signalait aux relais comme des jeunes gens qui émigraient; néanmoins, on ne nous demanda de passeports qu'au premier poste autrichien.

---

[1]. Mme la marquise de la Heuze, mère de M. le président de La Londe. Le nom patronymique des La Londe et des La Heuze est Le Cordier: c'est une famille parlementaire de Normandie.

[2]. Et non Fribourg, comme il est nommé dans le *Journal des Débats et lois*. — Cf. V. Pierre, *Le 18 fructidor*, p. 195. (*Éd.*)

CHAPITRE II

ÉMIGRATION.

Séjour à Bruxelles. — Formation des corps d'émigrés à Coblenz. — Les « chevau-légers et les gendarmes réunis » à Neuwied. — Campagne de 1792. — Licenciement. — Séjour chez M. de Tilly, à Grivegnée. — Retraite sur Düsseldorf. — Je reviens à Liège et à Bruxelles. — Le prince de Lambesc à Onnaing. — Le duc de Richelieu à Peruwelz. — Essen. — La légion de Steerenbach. — Voyage émouvant d'Essen à Delft. — La Haye, embarquement du prince d'Orange. — Amsterdam. — Je traverse le Zuyderzée et reviens à Essen. — Le colonel Breit. — M. de Rainneville. — Retour en Belgique avec le baron de Rickholdt. — Émigrés recherchés à Bruxelles. — Le perruquier Lépée. — Vérification des passeports à Ath. — La princesse de Béthune à Tournay.
Le Fayel. — Arrivée à Paris. — Le 13 vendémiaire. — Comment je m'échappe par Saint-Denis. — Exécution de Joseph Lebon à Amiens. — Retour en Belgique.

Arrivés à Bruxelles, à la fin de février 1791, nous descendîmes à l'hôtel de Brabant. Notre chaise de poste vermoulue avait failli nous laisser en route : nous la vendîmes quarante-cinq francs.

Je n'avais pas fait part à M. de Franqueville de ma mission, à cause du secret qui m'était imposé ; je me rendis donc seul à la place Royale, où demeurait M. le duc d'Uzès, et lui remis la lettre qui m'avait été confiée ; puis nous cherchâmes un logement, en attendant que notre dévouement pût être mis à l'épreuve.

Pendant mon séjour dans cette ville, passa S. A. R.

Monsieur, depuis Louis XVIII, qui me connaissait fort bien, mais auquel je fus présenté de nouveau comme émigré par le duc de Villequier.

Nous étions à Bruxelles beaucoup de jeunes gens oisifs, émigrés comme nous et venus de toutes les provinces. On nous accueillait dans la meilleure société. Dans le parc il y avait une salle où l'on donnait des fêtes, et l'association qui les organisait, appelée « le Club des dames, » était présidée par Mme Lindon. Nous y fûmes présentés, et nous passâmes ainsi fort agréablement quelques mois. Étant convaincus de notre prochain retour dans la patrie, les sinistres décrets qu'on rendait contre les émigrés nous laissaient indifférents.

M. d'Autichamp arriva aussi à Bruxelles. Le billard, une de nos principales distractions, était de tous les plaisirs celui qu'il affectionnait le plus. D'Autichamp passa une fois la nuit entière à jouer, et perdit tout l'argent qu'il avait apporté. Dans cette extrémité, il pensa à retourner en France. Le duc d'Uzès lui prêta la somme nécessaire pour ce voyage, et il rentra sans difficulté. Les événements qui suivirent l'entraînèrent dans le mouvement de la Vendée, où il a rempli un si beau rôle.

J'avais renoncé à regret à ma place aux gardes wallonnes. J'ai su depuis, par Mme de Rouhault, qu'un de mes anciens camarades, d'une famille du Midi, le comte d'Espagne, l'avait obtenue [1]. Enfin, nous reçûmes avis qu'on allait former différents corps autour de Coblenz. Je m'y rendis et m'offris à Leurs Altesses Royales Monsieur et le comte d'Artois, pour servir dans leur armée.

Comme page, j'avais droit à une place dans une compagnie de surnuméraires des gardes du corps; mais mon

---

[1]. Une fin tragique a terminé sa carrière à l'armée carliste de Catalogne.

oncle de Récalde, ancien chevau-léger, en passant par Bruxelles, m'avait décidé à choisir avec lui la brigade qui se formait sous le nom de « chevau-légers et gendarmes réunis, » et j'y fus admis dans la première compagnie noble d'ordonnance. On nous forma à Neuwied, sous le commandement du marquis de Clarac et de M. du Dresnoy. Les mousquetaires furent organisés par le marquis de Montboissier à Andernach : les autres corps le furent dans diverses places aux environs de Coblenz. L'armée du prince de Condé était du côté du haut Rhin, dans le cercle de Souabe.

Rien à signaler pendant cette période, si ce n'est quelques duels causés par des rivalités de corps, ou par des propos blessants contre des émigrés arrivés trop tard. J'ai entendu raconter à Coblenz que Carnot y était venu avec plusieurs autres officiers d'artillerie, mais que, découragés par une mauvaise réception, ils étaient tous retournés en France; ce dont on se félicitait.

Nous travaillâmes tellement, pendant notre séjour à Neuwied, que le corps des gendarmes et des chevau-légers pouvait rivaliser avec les meilleurs régiments de cavalerie. L'uniforme des chevau-légers était l'habit rouge avec agréments d'or ; la veste et la culotte blanches en grande tenue, grises en petite ; les bottes à l'écuyère et le chapeau galonné d'or. L'armement consistait en sabre, pistolets et mousqueton.

Chose remarquable, ce furent les frères Moraves qui nous fournirent ce dont nous avions besoin pour nous équiper. Un des chefs, entre autres, m'avait pris en grande affection et me força d'accepter un prêt de trente louis, la veille de mon départ, me disant que notre campagne pourrait être beaucoup plus longue que nous ne le croyions, et qu'en cas d'insuccès, sa maison me serait toujours ouverte. Il pleurait d'attendrissement. Ce Morave, nommé Wahl, était un des plus influents dans sa secte.

Nous nous mîmes en marche au commencement d'août 1792, pour rejoindre les Prussiens, déjà entrés en France. L'armée dont je faisais partie était celle des princes, commandée par le comte d'Artois et dirigée par le maréchal de Broglie, qui agissait au nom du Roi. En droit, nous étions la principale armée, et les étrangers n'étaient, à nos yeux, que nos auxiliaires dans la lutte contre la Révolution et l'anarchie. Et au fond, quel a été le but des étrangers, sinon de se servir de nous pour démembrer la France? Mais ils ont été pris dans leurs propres filets : la Révolution victorieuse a sauvé l'intégrité de notre territoire et s'est implantée chez eux.

Nous formions six mille hommes de la plus belle cavalerie qu'on pût voir, et nous marchions à la suite des Prussiens. Le pays avait été dévasté par eux de telle manière, que nous nourrissions, pour ainsi dire, nos chevaux avec les avoines éparpillées à terre. Nous manquions de vivres : les champs plantés de pommes de terre nous furent d'un grand secours pour notre ordinaire de soldats.

Les chevau-légers assistèrent au siège de Thionville. Dans nos corps d'émigrés se trouvaient un grand nombre de gentilshommes qui n'avaient pas servi ; les plus âgés étaient souvent sous les ordres des plus jeunes. C'est ainsi que comme page, comptant cinq années de service réel, je conduisais presque toujours les détachements envoyés à la découverte. Un jour, je m'avançai si près de la ville, que nous faillîmes être coupés par une patrouille de la garnison ; mais comme nous avions de bons chevaux, nous nous tirâmes de ce mauvais pas, où un épais brouillard nous avait engagés.

Le général de Wimpffen, qui commandait la place, n'avait point pour nous d'intentions malveillantes. Au fond du cœur, il eût souhaité voir la ville sérieusement attaquée pour la rendre ; mais ce siège, de la façon dont il était conduit, était presque une trahison de nos alliés. Nos projectiles arrivaient à peine sur les glacis. J'ai pu le constater par moi-même, dans différentes reconnaissances ; et ce que je dis du général de Wimpffen, je le tiens d'un officier sorti de la ville et qui fut dirigé par moi sur le quartier général.

Le siège fut levé : après plusieurs marches et contremarches, nous arrivâmes à Vouziers. Là, le marquis de Clarac, ayant besoin d'un second aide de camp, me choisit pour le reste de la campagne.

C'est moi qui, sur le refus des habitants de Voncq-en-Ardennes de nous livrer les vivres nécessaires, donnai l'ordre d'occuper de vive force. Ce gros bourg fut tourné, pendant que M. de Chambrun, qui commandait une brigade de chevau-légers et gendarmes, s'avançait en droite ligne. Les habitants ne s'aperçurent pas du mouvement que nous faisions pour les prendre à revers. Ils avaient mal barricadé les chemins, avec des chariots et des instruments de culture. Un représentant du peuple, habitant ce bourg, avait décidé la population à la résistance, puis s'était sauvé à travers les vignes, abandonnant les défenseurs. Le feu fut mis à sa maison, et comme toutes les autres étaient en bois, et que les récoltes venaient d'être rentrées, tout fut consumé [1] ; l'incendie éclairait la nuit à deux lieues à la ronde. Il paraît que des habitants, qui s'étaient enfermés dans les granges pour tirer sur nous, furent en partie brûlés ou asphyxiés par la fumée ; les au-

---

1. Voir Chuquet, *la Retraite de Brunswick*, p. 223; cf. *Valmy*, p. 262. (*Éd.*)

tres, pour échapper aux flammes, se jetèrent dans les vignes avec leurs femmes et leurs enfants.

Je faillis périr dans cette affaire. Ma jument, atteinte par une balle dans la crinière, se cabra et me renversa juste au moment où le pignon d'une grange s'abattait sur la place. Je ne fus point blessé; ma jument, entourée de feu de tous côtés, resta tremblante sans bouger, jusqu'à ce que j'aie pu me remettre en selle.

Comme nous étions sans infanterie, nous rentrâmes dans la nuit à Étain, puis à Vouziers. Nous n'avions perdu personne; seuls quelques chevaux avaient été blessés. Cette triste affaire nous fit un profond chagrin, d'autant que nous nous apercevions déjà du mauvais vouloir des Prussiens.

De Vouziers nous allâmes sur Verdun. Le général de Clarac m'avait confié la garde de tous les effets du corps, et j'essayai d'introduire mes fourgons à Verdun pour les y mettre en sûreté. Le commandant prussien m'en fit refuser la porte. Cependant j'entrai seul et me présentai chez lui. Je lui fis observer que l'indiscipline qui régnait parmi ses troupes me faisait un devoir, ou de faire entrer les fourgons en ville, ou de lui demander un poste d'infanterie pour les garder, les chevaux et les hommes du piquet de cavalerie que je commandais étant trop fatigués. Il reçut fort mal ma réclamation, et me demanda comment je pouvais être là, contrairement à ses ordres. Néanmoins, sur les instances de la dame chez qui il était logé, il me donna un détachement, et je fus rejoindre mes fourgons et mes camarades où je les avais fait arrêter.

Nous fîmes dans ce village un court séjour, et, sans entrer dans Verdun, nous continuâmes notre route pour rejoindre le quartier général des princes, autour desquels nous nous trouvâmes tous réunis. Là, nous apprîmes la retraite des Prussiens, et nous fûmes obligés de la suivre, sans savoir quels en étaient les motifs. N'ayant éprouvé aucune perte, nous nous considérions comme fort capables de tenir la campagne. Ce mouvement se fit avec peu d'ordre, faute de trouver des vivres sur la route ; nos bagages furent pillés par nos alliés, et nous fûmes forcés de les défendre les armes à la main.

A la fin de l'automne, on nous licencia corps par corps, dans les environs de Luxembourg. Ce fut un désespoir affreux pour tous : nous ne savions où porter nos pas. Il fallut vendre les chevaux et les céder pour rien. Tous nous voyions une trahison dans cette inexplicable retraite.

Plusieurs de mes compagnons prirent la route pour rejoindre l'armée de Condé ; d'autres furent obligés de s'engager dans des corps anglais. Y eut-il jamais plus triste position pour des gentilshommes pleins de cœur et de dévouement ?

J'avais l'intention de passer en Angleterre, et me rendis à Liège avec ce projet. J'y trouvai M. de Tilly, l'ancien officier au régiment de Bretagne, dont j'ai déjà parlé. J'avais fait à Versailles sa connaissance et celle de sa jeune femme, quand il y était comme sous-lieutenant, parce qu'il y avait comme camarade et ami M. de Brunet de la Jubeaudière, parent de mon père par les Barville, et très proche voisin de la Gastine [1]. Il y avait un an que

---

1. Les excellents rapports que j'ai entretenus depuis lors avec les Tilly n'ont pris fin qu'à leur mort.

La famille de Tilly était normande et originaire des environs de Caen. Une branche était venue se fixer à Semallé et une autre auprès de la Gastine, à Contilly dans le Maine.

A cette dernière appartenait le Tilly qui fut garde du corps et qui mourut à la suite de blessures reçues le 10 août; à la première, celui qui fut page de la Reine, émigra après le 10 août, devint aide de camp du roi de

M. de Tilly avait quitté le régiment, après avoir été reçu chevalier de Saint-Louis par M. de Sombreuil, gouverneur des Invalides, et il vivait à Liège, dans la famille de sa femme. Je lui parlai de mon désir d'aller à Londres : il me détourna de ce projet, et m'engagea à venir réfléchir quelques jours chez lui, à Grivegnée.

J'y rencontrai deux autres anciens officiers du régiment de Bretagne : M. de Caffarelli du Falga, dont les frères, restés en France, ont joué un rôle sous l'Empire [1], et M. du Bousquet de Caubert, qui vit encore. — Mme de Tilly me reçut avec beaucoup d'affabilité. M. de Caffarelli partit au bout d'une quinzaine de jours, et je demeurai avec M. du Bousquet. Je reçus alors quelques secours de ma famille, et pensais à rejoindre l'armée de Condé, quand, un matin, M. de Tilly vint me trouver dans ma chambre : « Je suis décidé, me dit-il, à aller en France ; le résultat de votre campagne de 1792 consolide cette résolution. Tant qu'il y a eu de l'espoir, je n'ai voulu servir personne, et j'ai tenu à rester le maître de ma conduite. Je

---

Prusse, écrivit les *Mémoires de Tilly*, et finalement se donna la mort à Bruxelles en 1816.

Celui dont il est question ici n'était d'aucune de ces deux branches. Pendant que le régiment de Bretagne était à Thionville, il avait épousé une demoiselle Arendts, fille du bourgmestre de Liège et petite-fille par sa mère d'un gros négociant en dentelles d'Aix-la-Chapelle : ses parents habitaient en été une propriété tout à côté de Liège, à Grivegnée.

Mme de Tilly avait alors une fille, Caroline, dont il a été parlé à l'occasion du 5 octobre, et qui a épousé un M. Dumouriez du Perrier, parent du général Dumouriez. Elle eut en 1792, à Grivegnée, une seconde fille, Virginie, qui est devenue la générale Bonnemains. Son troisième enfant fut un fils, M. Édouard de Tilly. — Elle mourut avant la première Restauration, qu'elle avait appelée de tous ses vœux.

1. Je trouve six frères Caffarelli du Falga : Max, général de division du génie de l'armée d'Égypte, mort en 1799 devant Saint-Jean-d'Acre. — Philippe, officier au régiment d'Anjou, fusillé à Quiberon. Je pense que c'est de lui qu'il s'agit ici. — Charles, préfet sous l'Empire. — Joseph, officier de marine, plus tard préfet maritime. — Jean, évêque de Saint-Brieuc. — Auguste, général de division, aide de camp de Napoléon Ier, pair de France. (*Éd.*)

connais beaucoup Dumouriez, Barras et d'autres personnages du ministère de la guerre, et mon intention est de partir demain pour retourner à Paris. Vous n'ignorez pas les décrets rendus contre les émigrés; vous êtes très jeune: il vous sera facile de dissiper les soupçons et d'entrer dans l'armée. » Je répondis que j'étais trop attaché à Louis XVI depuis mon enfance pour ne pas suivre la fortune de la famille royale. Il fit encore quelques instances, et me rappela ma propre famille, mais sans rien obtenir de moi. Mme de Tilly fut de mon avis.

Son mari partit le lendemain, comme il l'avait dit, et bientôt nous apprîmes qu'il avait été nommé aide de camp de Dumouriez, et qu'il marchait avec lui sur la Belgique [1].

Peu de jours après, cette armée était aux portes de Liège, et ce n'est que lorsque nous entendîmes, du village de Grivegnée, la musique et le mouvement des troupes, que M. du Bousquet et moi fîmes notre retraite à pied pour gagner Aix-la-Chapelle par la traverse.

Obligés peu après de quitter Aix-la-Chapelle, à l'approche de l'armée française, nous nous retirâmes de l'autre côté du Rhin, à Düsseldorf. Je logeai au palais de l'électeur Palatin, chez la gouvernante de ce prince, Mme Huntschberg, pour laquelle on m'avait donné une lettre de recommandation.

De nombreux émigrés se réfugièrent à Düsseldorf, refoulés, comme nous, par le progrès des Français. Parmi eux se trouvaient le maréchal de Broglie avec sa famille, et M. de Miron, commissaire des princes. Je restai à Düsseldorf jusqu'à la retraite des Français, qui, à la fin

---

[1]. M. de Tilly devint très rapidement général de brigade, et c'est lui qui, à la retraite des Pays-Bas, commandait Geertruidenberg, et y fit la capitulation honorable dont il est parlé dans l'histoire.

de novembre 1793, essuyèrent plusieurs échecs auprès de Francfort, Juliers, etc., et se replièrent jusqu'aux frontières. Mon retour à Liège eut cela de particulier que, parti de Juliers à pied, mon sac sous le bras, avec M. de Mesnil-Simon, depuis porte-étendard dans les gardes du corps, j'atteignis Aix-la-Chapelle en une seule étape. Mon camarade fut tellement fatigué, qu'il ne put, le lendemain, reprendre la route avec moi, et que je dus continuer seul sur Liège.

J'y fus logé rue Sur-Meuse, et c'est là que je connus la fameuse Oliva, de l'affaire du collier. Elle était alors avec un M. de La Tour, qu'elle avait épousé et qui était originaire des environs de Sedan. Le ménage de La Tour était envoyé de Londres sur le continent par des ennemis de la république, pour faire passer en France de faux assignats et discréditer ainsi les véritables. Mme de La Tour m'assura plusieurs fois qu'elle ne se doutait point du rôle odieux qu'on lui avait fait jouer dans l'affaire du collier, et qu'elle-même avait été dupe et victime de Mme de La Motte. Sa ressemblance avec la Reine était vraiment frappante. Un matin, j'appris par les gens de la maison qu'elle et son mari avaient décampé précipitamment.

Je me réunis à plusieurs émigrés qui, pour attendre les événements, prirent à loyer de M. le comte de Berlaymont le château de Bormenville, meublé, et avec la jouissance du parc de chasse.

Trois semaines après, je fus appelé à Bruxelles. En y arrivant, j'appris que M. le prince de Lambesc commandait une brigade autrichienne, dont le quartier général était à Onnaing, près Valenciennes [1]. Je m'y rendis pour

---

[1]. Charles-Eugène de Lorraine, prince de Lambesc, dont nous avons parlé dès le début de ces souvenirs, était issu d'une branche cadette de la maison de Lorraine. Né le 25 septembre 1751, il succéda, à l'âge de dix ans, à la

le prier de m'obtenir du service en Autriche, dans le régiment de Ligne-infanterie, où servaient déjà comme cadets MM. de Béranger. J'aurais préféré la cavalerie, les dragons de La Tour, par exemple; mais, éloigné de ma famille et sans ressources, je ne me sentais pas en état de faire les frais de l'équipement. Le prince de Lambesc me reçut avec une bonté extraordinaire : c'était pendant le siège de Valenciennes. Il me conseilla d'entrer dans la cavalerie, à cause de mon habitude du cheval, me fit entendre qu'il pourvoirait à cette dépense, et il me garda auprès de lui, où j'étais traité en quelque sorte comme un de ses aides de camp. Mais il remettait toujours le moment de me présenter au prince de Ligne pour être admis dans son régiment.

Un jour, à déjeuner, le prince de Lambesc venait d'être instruit de la reddition de Valenciennes; il me dit d'un air soucieux : « Décidément, vous ne pouvez pas entrer au service de l'Autriche; il n'y aurait là rien à

---

charge de grand écuyer de France, qui, depuis Louis XIV, était comme héréditaire dans sa famille. Parent de Marie-Antoinette, sa situation était devenue tout exceptionnelle depuis le mariage de Louis XVI. Colonel propriétaire du régiment de cavalerie Royal-Allemand, il fit, en cette qualité, partie du camp que la cour avait formé auprès de Paris en juillet 1789. — Le 12 de ce mois, il était à la tête de son régiment sur la place Louis XV, quand une bande d'agitateurs vint provoquer les soldats. Il refoula la multitude jusqu'au delà du pont Tournant dans le jardin des Tuileries, mais sans frapper. Il n'y eut qu'un vieillard renversé par la foule, et le régiment se retira, l'ordre étant venu de le faire rentrer au camp. Le 14, après la prise de la Bastille, le prince fut accusé d'avoir ourdi une conspiration contre le peuple. Poursuivi devant le tribunal du Chatelet, il fut acquitté. Mais, peu après, il émigra avec tout son régiment et se retira à Vienne. Feld-major en 1793, feld-maréchal lieutenant en 1796, il ne rentra plus au service de la France.

Louis XVIII le nomma, après la Restauration, pair de France sous le titre de duc d'Elbeuf; toutefois il ne quitta pas la cour d'Autriche, où il était premier capitaine des gardes et où il avait le premier rang après les archiducs. Il mourut à Vienne, le 21 novembre 1825 : en lui s'éteignit la branche de la maison de Lorraine, descendant de Claude, premier duc de Guise.

faire pour vous. » Voyant que le prince ne voulait pas me seconder de ce côté, et partageant enfin sa manière de voir, je sollicitai la permission de le quitter. Quand je pris congé, il montra une grande sensibilité et me dit que je pourrais toujours me réclamer de lui.

Je lui demandai d'aller à la ville voir les ravages produits par la lutte finale, et j'y pus juger par moi-même des dégâts que les bombes y avaient causés; puis je partis pour Peruwelz, gros bourg près de Condé, où je trouvai mon beau-frère, M. de Frébourg, qui venait de faire la campagne de 1792, et M. de Récalde, un de mes cousins.

Quand le prince de Lambesc sut mes projets, il me donna un mot pour le duc de Richelieu, entré au service de Russie, et qui était présentement au château de l'Ermitage, chez la princesse de Croüy, sa cousine. « Vous verrez, me dit-il, avec lui ce que vous aurez de plus avantageux à faire. »

J'allai donc à Peruwelz, et comme l'Ermitage en était tout proche, au bout de quelques jours je m'y rendis avec la lettre du prince de Lambesc. Le duc de Richelieu, qui avait été gentilhomme de la Chambre, m'avait connu aux pages. Il me reçut avec bonté, et me présenta à sa cousine ; mais il me fit envisager que le service de Russie était très dur; que je m'éloignerais ainsi beaucoup de ma famille; il ajouta néanmoins que je pouvais compter entièrement sur lui. Depuis, en 1814, il s'est parfaitement rappelé tous ces détails. Nous parlâmes ensemble de plusieurs Français qui servaient dans l'armée russe, entre autres de M. de Langeron, que j'avais vu plusieurs fois lorsqu'il était officier aux gardes-françaises, et il me donna son adresse au cas où je me déterminerais à entrer dans les troupes impériales. Je restai peu à Peruwelz, car les Français ayant repris l'offensive, nous fûmes contraints de faire retraite sur Bruxelles, où je retrouvai mon ancien camarade, M. de Lastic, qui avait pris du service en Autriche. Il avait eu la poitrine effleurée et le bras gauche cassé par une même balle, et on ne savait pas encore le degré de gravité de sa blessure; mais comme les Français étaient à peu de distance de Bruxelles, et que les troupes autrichiennes évacuaient cette ville, je le fis embarquer pour Anvers. Sa blessure, heureusement, n'était pas grave, et il fut remis promptement [1].

De Bruxelles je retournai à Liège, Aix-la-Chapelle et Düsseldorf, et enfin je me retirai à Essen, en Westphalie. Toute la Belgique avait été conquise en moins d'un mois. L'armée autrichienne était en pleine désorganisation, la Hollande serrée de près, et les relations entre ce pays et Essen par Utrecht presque interceptées. Nous touchions à l'hiver 1793-1794.

Alors se créèrent des légions au service de la Hollande, dont la plus importante était celle de Steerenbach, composée d'infanterie et de cavalerie.

J'avais une lettre de recommandation pour le comte de La Tour, resté avec sa femme à Düsseldorf. Après avoir failli être assassiné sur la route, en me rendant chez lui, je reçus du comte une lettre pour le colonel Breit, commandant l'infanterie de la légion et frère d'un gros banquier d'Elberfeld. Le colonel me reçut très courtoise-

---

[1]. Plus tard, M. de Lastic ayant épousé une de ses cousines, Mlle de Lastic, parente des Montesquiou, fut admis, ainsi que sa femme, dans la maison de Joséphine. Sous la Restauration, l'abbé de Montesquiou, membre du gouvernement provisoire, lui donna la place d'inspecteur général des haras, qu'il conserva ensuite.

ment à Essen et me nomma capitaine dans sa légion, grade qui devait être confirmé à La Haye par le stathouder et par le général Steerenbach.

L'avant-veille de Noël 1793, il reçut avis qu'une compagnie, recrutée dans les prisons et parmi les déserteurs, allait lui arriver à Essen, et qu'il devait la diriger de suite sur la Hollande. Il me fit venir, ainsi qu'un sous-lieutenant émigré, fils d'un conseiller au parlement de Bordeaux, et nous envoya prendre le commandement de ce détachement, pour le conduire à Delft, où était le dépôt de la légion. Il manquait, disait-il, d'argent pour le transport de ces troupes, et m'engageait à m'en procurer.

Essen était alors rempli d'émigrés. Ainsi je citerai mon oncle de Récalde, qui y vivait avec son aumônier, l'abbé Loisel; beaucoup d'habitants de Lille; la famille de Vaudreuil; Mme de Valadi, née de Vaudreuil, qui devait devenir plus tard Mme Walsh de Serrant; Mmes de Fournès et de Marcieu, nées de Broglie; enfin de nombreux amis. On sut parmi eux que la proposition du colonel me semblait inacceptable, parce que je n'avais pas l'argent nécessaire. Tous se réunirent pour m'en faire l'avance.

Le 24 décembre 1793, il y eut une matinée de printemps: je me souviens même qu'après le déjeuner, Mme de Valadi, qui était jolie, quoiqu'un peu contrefaite, m'emmena cueillir des violettes dans les jardins des environs. Mais vers cinq heures le temps changea et une neige épaisse se mit à tomber. Le lendemain matin, jour de Noël, malgré un demi-pied de neige et un froid excessif, je partis à la tête de cent vingt hommes et me dirigeai en toute hâte vers la Hollande. Je marchais à pied; une charrette portait les effets de la troupe et recueillait les éclopés.

Dans ce moment de presse, on donnait à chaque homme un florin de Hollande par jour, sur lequel le commandant gardait la moitié pour la nourriture. Il y avait encore d'autres petites retenues pour le renouvellement des souliers et des capotes. Le commandant était responsable de ses hommes, sauf le cas de mort, qui devait être constaté par procès-verbal. Chaque manquant lui occasionnait une retenue de dix ducats, somme égale à celle qu'il touchait par homme engagé. J'avais converti en ducats de Hollande la somme destinée pour la route, et je l'avais placée dans une ceinture autour de mon corps.

Dans ma troupe, je comptais trois déserteurs autrichiens qui m'avaient été livrés les fers aux poings et aux pieds. Je leur fis ôter les fers, le froid rigoureux ayant amené l'enflure de leurs membres. Avant d'arriver à Borken, à la troisième journée de marche, un de ces hommes me fit dire que ses deux camarades et lui avaient déserté du régiment de cavalerie de Kinsky, cantonné précisément à Borken. Inquiet sur le sort de ces trois hommes, craignant moi-même d'être pris pour un embaucheur s'ils venaient à être reconnus par leurs officiers, je résolus de tourner la ville avec eux et de faire marcher le gros de la troupe sur Borken, sous les ordres du sous-lieutenant.

Gêné par ma ceinture pleine d'or, j'avais remis mon sabre et mes pistolets à mon domestique, et je marchais seul avec mes trois déserteurs, quand, à la tombée de la nuit, je les vis se jeter dans un bois et y couper des bâtons. J'avais heureusement dans la main un bâton ferré, et comme l'un des déserteurs, celui qui avait été le plus blessé par les fers, revenait vers moi pour m'attaquer et voulait franchir un fossé, je l'étendis au fond d'un coup de bâton. Les deux autres accoururent; mais, me croyant armé, ils hésitèrent. Tout à coup, celui qui paraissait le moins hostile fit un signe aux deux autres, et les trois déguerpirent avec toute la vitesse de leurs jambes.

Je regardai d'où me venait le salut : un homme armé d'un fusil se dirigeait vers moi, me tenant en joue. Je le priai en mauvais allemand de me conduire à Borken. Il s'y refusa, sous prétexte que le pays était rempli de malfaiteurs. Toutefois il me montra à l'angle du bois la direction de la ville. Après trois quarts d'heure de marche, j'aperçus les lumières de Borken et je retrouvai le sous-lieutenant avec ma troupe, qui étaient fort inquiets de mon sort. Je fus chez le maire faire dresser procès-verbal de ce qui s'était passé, pour me justifier de la disparition de mes trois fugitifs.

Ce magistrat voulut me retenir à coucher chez lui. Après souper, il me raconta qu'il y avait à Borken beaucoup de prisonniers français, très malheureux ; qu'enfermés dans une église, ils y mouraient de froid et de faim. Il connaissait, disait-il, un sergent qui pourrait me procurer des hommes, simplement pour la nourriture et le vêtement. Ce sergent, originaire d'Alençon, proposa de me fournir, moyennant une faible rétribution, douze hommes, retenus à Bochold, à quelques lieues de là, sur la frontière de Hollande, et de me suivre lui-même avec ses recrues. Le lendemain, au rendez-vous, je ne trouvai que trois soldats, les seuls qui eussent pu s'échapper, les autres et le sergent avaient été ou repris, ou trop bien gardés. Je les habillai et leur donnai la solde restée disponible par le départ de mes trois Autrichiens.

Je traversai Arnheim. A Utrecht, j'appris que l'armée française faisait des progrès très rapides et que la route de Delft allait être incessamment interceptée. J'installai ma troupe au corps de garde sur la place ; je fis marché avec des juifs pour sa nourriture, et songeai à me procurer à prix d'argent des moyens de transport rapides pour le lendemain.

En Hollande, les villes ne fournissaient rien aux troupes : c'était un privilège dont elles étaient fort jalouses. Aussi le bourgmestre ne voulut-il pas m'accorder les chariots dont j'avais besoin. C'est en vain que je lui exposai la responsabilité qui pesait sur moi, et ma qualité d'émigré, qui exposait ma vie si je venais à tomber dans les mains de l'armée française. Je voulus au moins tirer de lui un certificat constatant que, dans ce moment de détresse, j'avais fait le possible pour sauvegarder les intérêts qui m'étaient confiés. Il exigea une heure de réflexion, et j'employai ce temps à visiter mes hommes et à voir si rien ne leur manquait. Quand je retournai chez le bourgmestre, le conseil s'y était réuni et m'avait accordé, « par exception et vu l'urgence, » ce que je demandais, et cela par pure bonne volonté. Le bourgmestre me força à descendre chez lui et à y prendre mes repas.

Je retrouvai chez ce digne magistrat un de mes cousins fort éloignés, M. de Barville de Nocé, vieillard qui s'était retiré à Utrecht. Il contribua à me faire sortir d'embarras [1]. Je rencontrai également dans la ville MM. de Vaudreuil et de Changé, officiers au régiment du duc de Laval. Ils me proposèrent, de la part de ce dernier, d'entrer avec mes hommes, dont je conserverais le commandement, dans le corps que le duc formait alors pour le service an-

---

[1]. Il y avait encore dans notre pays, à la fin du dernier siècle, deux familles de Barville : les Barville de la Gastine au Maine, et les Barville de Nocé au Perche. Toutes deux descendaient sans aucun doute des Barville de Barville, petite paroisse au Perche, à environ deux lieues de la Gastine et à dix lieues de Nocé.

On trouve au cartulaire de Perseigne les Barville déjà seigneurs de la Gastine en 1307 ; et c'est par le mariage de Bertin de Barville avec Perronelle de Beaumont, dame de Nocé (morte en 1389), que fut fondée la branche des Barville de Nocé.

Une demoiselle de Barville de Nocé avait épousé, en 1540, Léonard de Semallé de la Giroudière ; mais mon grand-père ne descendait pas de cette

glais ; ils ne pensaient pas que l'invasion de la Hollande me permît d'arriver à Delft. Je crus devoir refuser cette offre.

Le lendemain, j'eus à ma disposition quatre grandes voitures, attelées chacune de quatre bons chevaux. Dans l'une d'elles furent mises nos provisions. Ces voitures nous firent faire en peu de temps la moitié du chemin qui nous séparait de Delft. Je les renvoyai, et nous poursuivîmes à pied notre route, nous faisant suivre d'un nouveau chariot, loué pour les provisions et pour les infirmes de la compagnie.

La terreur régnait sur toute la route. Il gelait très fort, et la glace cassée autour des petits forts qui défendaient le pays devenait en quelques heures si épaisse, qu'on pouvait la franchir en toute sûreté.

Pendant le trajet d'Utrecht à Delft, nous eûmes des alertes continuelles, entendant souvent des canonnades assez vives, échangées entre les Français et les Hollandais.

En arrivant à Delft, je remis au dépôt les hommes dont j'étais chargé. C'est là que se faisait le triage des soldats et leur répartition dans l'artillerie, la cavalerie et l'infanterie de la garde stathoudérienne. Tout y était désorganisé, et j'appris que le stathouder allait partir pour l'Angleterre. On me donna reçu de mes hommes, mais, lorsque je réclamai le traitement et les frais de route, on me ré-

---

branche, et sa parenté avec un Barville de Nocé devait être uniquement de tradition et de pure courtoisie.

Le vieillard dont il est ici question était Louis-Auguste de Barville de Nocé, né le 12 novembre 1727, marié à Marie-Marguerite de Rosnivinen. Il mourut à Brunswick le 1er juin 1798, et en lui s'est éteinte la famille des Barville de Nocé, qui avait possédé ce fief pendant treize générations.

Les Barville de la Gastine portaient d'argent à deux bandes de gueules ; les Barville de Nocé portaient d'or au sautoir engrêlé de gueules, cantonné de quatre lions de sable armés et lampassés de gueules. — Ces dernières armoiries devaient être celles des Beaumont de Nocé. *(Éd.)*

pondit que l'argent avait été envoyé au colonel Breit et qu'on n'avait plus rien à me donner.

J'étais à peu près au bout de la somme que j'avais emportée d'Essen, ayant fait le prêt jour par jour aux soldats et aux sous-officiers. Le chef du dépôt, à qui je me plaignis, m'assura que, comme comptable, il ne pouvait me faire que de faibles avances, pour aller rejoindre mon colonel.

Dans ce désarroi, mon lieutenant et mes trois sous-officiers ne voulurent pas rester au dépôt, et me suivirent à La Haye, où le stathouder était sur le point de s'embarquer. Je parlai à un des officiers supérieurs, lui exposai ma situation et celle de mes quatre compagnons, et j'obtins d'accompagner le prince à Scheveningen, où il devait prendre la mer, avec promesse de nous transporter en Angleterre et de nous incorporer dans un régiment qu'on comptait y organiser. Le bâtiment qui devait nous prendre n'avait pas pu approcher de terre à cause des glaces ; nous fûmes obligés de marcher à pied assez loin sur la mer gelée. Mais quel ne fut pas notre désappointement en apprenant qu'on ne pouvait nous recevoir à bord, le navire étant trop petit. Nous n'étions pas les seuls à qui on refusait le passage : des Hollandais de distinction furent obligés de revenir à La Haye.

Le général auquel je m'étais adressé me témoigna tout le chagrin qu'il avait de ce contretemps, et me dit que si je ne pouvais pas regagner Essen, je n'avais qu'à me diriger sur Brunswick, où se réunissaient des troupes hollandaises, et que là nous toucherions demi-solde si les circonstances le permettaient.

De La Haye je me rendis donc à Amsterdam, avec les quatre compagnons dont la destinée était, pour quelque temps encore, liée à la mienne. Je trouvai la ville dans une inquiétude extrême ; j'y vis beaucoup d'émigrés consternés de l'avenir qui les attendait. On disait les Français maîtres d'Amersfoort.

Je rencontrai un compatriote des environs d'Alençon, M. de Caignou [1], qui était logé chez un médecin renommé. Ce dernier m'offrit de me garder à Amsterdam, où je pouvais facilement me cacher ; mais d'autre part, des juifs, qui avaient déjà convoyé deux fois des fugitifs dans la Hollande du nord, en traversant le Zuyderzée glacé, me proposèrent de m'adjoindre à une autre troupe qui allait suivre le même chemin sous leur conduite.

J'acceptai, dans la crainte d'être pris par les Français et de subir le sort rigoureux réservé aux émigrés par les décrets de la Convention ; mais j'engageai fortement mon sous-lieutenant et les trois sous-officiers à profiter de l'hospitalité qui leur était offerte. Tous refusèrent et voulurent me suivre. Je fis provision de clous à glace et d'un marteau, que je remis à un des sous-officiers, qui avait été garçon maréchal ; car il fallait entretenir la ferrure de mon cheval, qui devait porter le sous-lieutenant, que des engelures empêchaient absolument de marcher. M. de Caignou resta chez le médecin hollandais, et celui-ci me fit acheter un bonnet noir, qu'il enduisit d'une couche assez épaisse de suif ; il me recommanda par-dessus tout de m'abstenir d'eau-de-vie, et d'avoir toujours quelque chose à mâcher dans la bouche. J'avais mon bâton ferré pour me retenir sur la glace. Avant de partir, nous achetâmes des couvertures pour bien entourer le malheureux sous-lieutenant.

---

[1]. Probablement François-Louis-Jean-Jacques de Caignou, qui figurait, en 1789, à l'assemblée de la noblesse du Maine ; car la Sarthe formait alors la séparation des deux provinces, et le faubourg de Monsort et toute la rive gauche de la rivière faisaient partie du Maine. *(Éd.)*

A peine eûmes-nous fait un quart de lieue sur le Zuyderzée, qu'il s'éleva un vent du nord si violent, que nous étions obligés de nous courber pour n'être pas renversés. Puis, le temps devint si âpre, que nos conducteurs envoyèrent demander l'hospitalité pour la nuit dans une des petites îles de la mer. Mais la peur des Français nous fit repousser : on braqua des canons contre nous; il fallut continuer notre route, au clair de lune. Il y avait, dans le Zuyderzée, certains parages qui n'étaient pas suffisamment gelés : nos guides nous les firent éviter.

Pendant cette nuit, j'eus le malheur de perdre un sergent-major, qui m'avait été d'un grand secours depuis mon départ d'Essen. Il se baissa comme pour raccommoder quelque chose à un soulier, et ne se releva plus. Malgré les conseils du médecin, le malheureux avait pris, pour lui et ses camarades, une fiole d'eau-de-vie; il en avait bu, et c'est, je crois, ce qui fut cause de sa mort. Je le fis porter pendant un bon quart d'heure, non pour lui sauver la vie (car je le regardais bien comme perdu), mais pour combattre, par cette activité forcée, l'effet de l'eau-de-vie dont les survivants avaient pris eux-mêmes une certaine quantité. De temps en temps aussi je faisais remettre au cheval des clous à glace, parce que le pauvre sous-lieutenant, effrayé par les glissades, entr'ouvrait machinalement ses couvertures, et le froid lui causait de très vives souffrances.

Enfin, le matin, nous abordâmes à une plage de bruyères, sur laquelle nous trouvâmes des bergers nomades, comme il en existe un grand nombre dans cette contrée. Pour entrer dans les bergeries, il faut franchir successivement deux portes qui défendent les moutons contre le froid. Un de nos compagnons de voyage se jeta précipitamment dans une bergerie, dont une des portes était déjà ouverte : suffoqué par la différence de température, il tomba sans connaissance. Nous eûmes beaucoup de peine à le ranimer.

Nous gagnâmes un gros bourg, non loin de Leeuwarden, où je trouvai, établi dans l'auberge, un émigré qui nous reçut de la manière la plus hospitalière. J'étais abîmé de froid et de fatigue, de même que mes compagnons. Le jeune sous-lieutenant avait la figure comme brûlée : à peine pouvait-il articuler un mot, et nous eûmes beaucoup de peine à le descendre de cheval. Notre compatriote fit allumer un grand feu de tourbe, fit coucher le pauvre jeune homme entre deux lits de plume pour lui rendre la flexibilité de ses membres, puis il nous fit chauffer du vin avec de la cannelle, et nous en donna à tous avant de nous coucher.

Dans la soirée, comme je m'entretenais avec lui de mes projets, je lui exposai que j'hésitais entre aller à Brunswick pour m'y trouver en demi-solde, ou retourner à Essen. Il me conseilla ce dernier parti. Il me représenta la Hollande comme perdue, et le stathouder comme hors d'état de faire face à ses engagements ; il me dit que journellement il passait par là des soldats de l'armée hollandaise qui cherchaient à entrer au service de l'Allemagne, de la Russie ou de l'Angleterre. Je couchai dans le même lit que le sous-lieutenant, qui avait repris des forces ; mais au bout d'une demi-heure, la fatigue et le vin chaud sans doute me causèrent une transpiration inquiétante. Notre hôte me fit envelopper de couvertures chaudes, dans un fauteuil au coin du feu. Je suis persuadé que ma vie menacée n'a été préservée que par ces bons soins. Le lendemain, mes deux sous-officiers prirent la route de Brunswick, tandis que je prenais celle d'Essen avec d'autres émigrés qui se retiraient devant l'armée française.

A Essen, je me rendis chez le colonel Breit, et lui remis le reçu des hommes que j'avais conduits à Delft, avec la note de la solde et des frais de route. Il me répondit que l'argent ne lui était point parvenu; mais qu'avec son frère, le banquier d'Elberfeld, il réglerait tous ces comptes.

Les fugitifs de l'armée de Hollande encombraient alors Essen. Ils allaient tous chez le colonel, qui les recevait, et les vendait aux différents agents qui parcouraient le pays et recrutaient pour l'Angleterre.

Peu après mon arrivée, j'y fis la connaissance de M. le baron de Rickholdt, un Belge qui avait émigré aussi au moment de l'invasion des Français dans les Pays-Bas, et de M. de Rainneville, aide de camp de Dumouriez, qui avait livré les commissaires de la Convention à M. de Clerfayt, général en chef de l'armée autrichienne. Les camarades de M. de Rainneville, en quittant l'armée avec Dumouriez, avaient été dirigés sur Constance et y avaient formé ce qu'on appelait la « légion de Bourbon. » Mais lui-même avait préféré rejoindre la première émigration. Le colonel Breit l'avait gardé avec lui, à Essen, pour l'aider à diriger les déserteurs hollandais, dans les corps de nouvelle formation que l'Angleterre prenait à sa solde.

M. de Frébourg, mon beau-frère, qui habitait avec M. de Récalde, à Kettwig, à quatre lieues d'Essen, vint me trouver dès qu'il eut appris mon arrivée. Il me croyait mort, parce que les gazettes du pays m'avaient porté comme assassiné par mes soldats.

Le colonel Breit n'ayant point reçu les fonds, interceptés par les Français, et ayant contracté des dettes assez considérables, fut obligé de recourir à son frère, le banquier d'Elberfeld. Celui-ci envoya un commis à Essen et fit payer toutes les dettes, sauf ce qui était dû au sous-lieutenant et à moi. M. de Rainneville demanda la raison de cette exception : le banquier, qui se trouvait à Gemarke, répondit que, n'ayant pas reçu l'argent du gouvernement hollandais, il ne devait rien aux officiers de la légion. Cependant, étant allés le trouver, nous finîmes par obtenir de lui, et non sans peine, la promesse que si son frère me donnait un certificat conforme à ma demande, il ferait honneur à ses engagements. Nous retournâmes de suite à Essen; mais en entrant en ville, au petit jour, nous aperçûmes, sans être vus de lui, le commis qui avait liquidé les affaires du colonel. Nous devinâmes l'objet de sa venue, et nous le devançâmes chez M. Breit, où M. de Rainneville me fit obtenir la pièce en question. Sans prendre le temps de déjeuner, nous revînmes auprès du financier, qui, étonné de voir son stratagème déjoué, fit honneur à la signature de son frère. Dans son trouble, il se trompa à son désavantage : je lui renvoyai la somme reçue en trop; je payai mon sous-lieutenant; je remboursai à mes compagnons d'émigration ce qu'ils m'avaient avancé, et il me resta environ cinq cents francs. Pour ordre, je laissai au colonel un reçu en règle, destiné à valoir ce que de droit auprès du gouvernement hollandais.

A la suite de cette campagne et de toutes ces émotions, je tombai assez gravement malade. Les princesses du chapitre d'Essen m'envoyèrent le médecin de l'abbaye et les secours dont je pouvais avoir besoin; j'étais en outre entouré de mon beau-frère, du baron de Rickholdt et de M. de Rainneville. Au bout de six semaines, je pus aller remercier les personnes qui avaient eu la bonté de s'intéresser à moi. Je vis alors Mme de Crénolles : elle était malade de la poitrine et mourut peu de jours après, assistée par son beau-frère, M. de Colbert de Maulevrier, l'ancien ambassadeur [1].

Un autre événement contrista beaucoup notre petite colonie française d'Essen. Un jeune homme émigré, d'une famille de la haute noblesse, eut le malheur de commettre un assassinat sur un juif, qu'il dépouilla ensuite. Le territoire d'Essen appartenait moitié à la commune d'Essen, et moitié à la juridiction de l'abbesse du chapitre princier : ces deux autorités ne relevaient que de l'Empire. L'arrestation du jeune homme eut lieu précisément à la limite des deux souverainetés, indépendantes l'une de l'autre et souvent rivales. La ville, qui le regardait comme son justiciable, le fit emprisonner. Cependant le *maïeur*, homme d'ailleurs très honnête, se prêta à ce qu'on fît élever un conflit entre la ville d'Essen et la princesse Clémentine de Hesse-Rottenbourg, abbesse du chapitre. L'instruction commencée se trouva donc momentanément suspendue.

Je connaissais l'accusé, ayant fait avec lui la campagne de 1792. Pressé par un compatriote, je fus le trouver dans sa prison, et après une conversation d'une heure, je sortis convaincu de sa culpabilité. Je fis part de ma manière de voir à nos compagnons d'émigration, qui, d'un commun accord, décidèrent de lui envoyer du poison : il refusa obstinément de le prendre. M. Korten, le maïeur, était un homme d'une éducation au-dessus de l'ordinaire, et très bienveillant pour les émigrés. Un matin, il vint dans ma chambre m'avertir que le prisonnier s'était évadé sans qu'on sût comment. On fit des recherches inutiles, et j'ai toujours été convaincu que cet excellent homme, touché de notre affliction, avait fermé les yeux sur l'évasion. Ce

---

[1]. Elle était née de Pâris et sœur de Mme la comtesse de Mandat-Grancey.

qui semblerait le prouver, c'est que le geôlier conserva sa place. Il est probable que M. de Rainneville a été pour beaucoup dans ce dénouement.

C'est vers ce moment que Monsieur, lieutenant général du royaume, nomma des commissaires pour faire le recensement des émigrés et désigner ceux qui pouvaient être employés, soit auprès des princes, soit en missions.

Un de ces commissaires vint à Essen, où chacun de nous alla se faire inscrire et donner son âge et le nom du corps dans lequel il avait fait la campagne de 1792. M. de Rainneville se présenta; mais on refusa d'inscrire sa soumission, à moins qu'il n'eût un répondant connu. Il s'adressa à plusieurs émigrés d'un certain âge et de grades élevés, qui n'osèrent pas lui servir de caution et lui en témoignèrent tous leurs regrets. L'ayant appris, je me rendis chez le commissaire et je me proposai. Il me répondit que j'étais bien jeune; que cependant, par égard pour ma bonne réputation et mes services, il le porterait sur sa liste, sous ma responsabilité. Je courus me proposer à M. de Rainneville, qui, en raison même des soins dont il m'avait entouré, avait eu la délicatesse de ne point recourir à moi. Mon beau-frère voulut également l'obliger, et tous les deux nous signâmes la garantie demandée. On me sut gré d'avoir répondu pour ce brave officier, qui, après avoir donné dans la Révolution, s'était rallié à nous d'une manière si franche et si loyale. Peu après, M. de Rainneville quitta Essen et se rendit en Angleterre [1].

---

[1]. Plus tard, il passa à Altona, où il fonda le célèbre établissement qui porte son nom. En 1832 il eut l'honneur d'y recevoir le roi Charles X, quand ce prince se rendit d'Écosse en Bohême.

Sur ces entrefaites, la Convention rendit un décret autorisant les Belges émigrés à regagner leurs foyers. Mon ami de Rickholdt songea à en profiter et à rentrer dans ses propriétés auprès de Ruremonde et de Maëstricht. Pour moi, j'étais du nombre de ceux qu'on avait classés comme disponibles, et je m'étais engagé à exécuter les ordres qui me seraient transmis de la part des princes. M. de Laqueille et le comte d'Antraigues me firent savoir qu'on serait bien aise de voir quelques jeunes gens, que leur âge mettait plus que d'autres à l'abri du soupçon, se rendre en France pour y soutenir les mouvements royalistes qui se préparaient. Je fis part au baron de Rickholdt de la destination que je venais de recevoir : il me répondit que pour rentrer sur le sol de la République, je ne pouvais trouver une occasion meilleure que de l'accompagner dans son retour. « Vous serez mon cousin, me dit-il, et originaire du pays de Liège, où on ne parle que le français. Une fois la frontière passée, vous irez où vous voudrez. » Il devait partir dans une huitaine de jours.

Il y avait également à Essen un de mes camarades, M. Bérand de Courville, ancien page du comte d'Artois, qui avait épousé en émigration une demoiselle de Folleville, d'une famille française, fixée en Westphalie depuis la révocation de l'édit de Nantes. Il était neveu de M. de Muiron, l'ancien fermier général, et depuis son mariage il avait établi en Westphalie une tannerie importante. Ayant appris mon prochain départ pour la France, il désira s'y rendre pour y étudier le nouveau procédé de tannage de Séguin, et pour intéresser à son entreprise sa mère et son oncle de Muiron. Il me pria instamment de demander en son nom à M. de Rickholdt la faveur de l'accompagner, comme j'allais le faire moi-même. Je par-

ÉMIGRATION. 63

lai au baron de ce désir, et il accueillit ma démarche, mais sous la condition que M. de Courville passerait pour son domestique et conduirait ses chevaux en main.

Avant mon départ, plusieurs des princesses du chapitre me firent des observations bienveillantes, et m'engagèrent à ne pas entreprendre un voyage périlleux, au moment où toutes les nouvelles de France étaient si mauvaises; mais elles ne purent ébranler ma résolution. Nous quittâmes Essen et nous traversâmes Wesel, où le baron prit avec lui un de ses cousins, officier au service de Prusse, pour franchir le Rhin, et nous arrivâmes sans encombre à Ruremonde.

Ruremonde, place frontière, avait une assez nombreuse garnison française. Des soldats ivres passant dans la rue insultèrent l'officier prussien, qui portait une cocarde étrangère. Celui-ci mit le sabre au clair et jura bien haut qu'il allait faire respecter son uniforme, qui était celui d'une puissance amie depuis la conclusion de la paix entre la Prusse et la France [1]. Le tapage fit arriver la garde; et comme au premier bruit M. de Courville s'était caché, je dus accompagner l'officier prussien, pour lui servir d'interprète, chez le général français commandant à Ruremonde. Nous obtînmes pleine satisfaction, et ordre fut donné d'arrêter les auteurs de l'insulte. Bientôt une députation de soldats français vint porter des excuses à l'officier étranger, au nom du corps, et le prier d'intercéder pour leurs camarades punis. Le général, chez qui nous retournâmes, fit droit à cette demande.

Il observa alors que je parlais très bien français, et parut s'en étonner. Je répondis qu'originaire du pays de Liège, le français était ma langue maternelle. L'explica-

[1]. La paix de Bâle, du 5 avril 1795.

tion parut suffisante. Toutefois, autour de moi, j'entendais dire : « Cet homme-là n'est pas Liégeois ; il est Français. — C'est un émigré, disait un autre. — Quand cela serait ? ajoutait un troisième. » Je fus frappé de la bonhomie des soldats et des officiers ; l'humanité et l'honnêteté de la plupart contrastaient avec la barbarie de leur gouvernement. Nous fûmes donc quittes pour la peur ; nous retrouvâmes M. de Courville dans un grenier à foin, et nous partîmes un peu à la hâte. Le soir, nous étions à Gratheim, un des châteaux du baron, près de Thorn.

M. de Courville prit la route de Paris : avant de le suivre, je restai quelques jours à me reposer. M. de Rickholdt, ne voulant pas me laisser quitter seul Gratheim, me mena à son château de Rickholdt, chez sa mère.

Peu après, nous allâmes ensemble à Bruxelles.

Là se trouvaient trois représentants du peuple, occupés à rechercher les émigrés. Le jour de notre arrivée, on en avait fusillé trois, dont un prêtre. J'appris que le général de Tilly était à Bruxelles, comme inspecteur des troupes. Effrayé par les exécutions qui venaient d'avoir lieu, et connaissant son attachement pour moi, je priai le baron de lui parler de moi, sans cependant lui dire que j'étais dans la ville. M. de Rickholdt ayant abordé le général pendant qu'il se trouvait avec les représentants du peuple, celui-ci répondit : « Oui, citoyen, je me suis intéressé à celui dont vous me parlez ; mais depuis qu'il est devenu l'ennemi de mon pays, s'il me tombait entre les mains, je le livrerais à la justice. Si vous êtes à même de le voir ou de lui écrire, rendez-lui la réponse que je vous ai faite. » Le baron fut terrifié ; craignant de s'être compromis, il repartit pour Liège et me laissa à Bruxelles, comme c'était convenu. N'osant me loger à l'auberge, je me rendis chez un ancien perruquier, nommé Lépée, qui nous avait servis pendant la première année de mon émigration, et chez qui j'avais pris le domestique dont j'ai parlé plus haut et qui se nommait Joseph. Lépée le père était mort : le fils aîné lui avait succédé dans son état. Il était absent; mais je trouvai Joseph, qui était rentré comme garçon chez lui. Quand il m'aperçut, il fut d'abord comme pétrifié. « Ah! Monsieur, s'écria-t-il, que venez-vous faire ici ? Vous savez qu'on vient de fusiller des émigrés. Le fils Lépée ne pense pas comme son père ; il a même bien de la peine à me garder. C'est lui qui coiffe les trois représentants qui sont en ce moment à Bruxelles. » Effrayé de cette confidence, je le priai de me trouver un logement pour passer la nuit. Il prit mon portemanteau et me conduisit sur le canal, dans une auberge où il était connu.

L'auberge était pleine de soldats et d'officiers français. Il était nuit quand nous y arrivâmes. Je me couchai tout habillé, ayant placé mes pistolets à portée et décidé à en faire usage. Vers minuit, on heurte à ma porte : je ne réponds pas; mais comme on continuait à frapper plus fort, je saisis mes pistolets et j'ouvre. Je me trouve en face d'un homme tenant une petite lanterne, qui, me voyant prêt à faire feu, me crie : « Ne tirez pas, je suis Lépée. » Il me raconta qu'étant chez les représentants du peuple pour les coiffer, il avait entendu dire qu'il y aurait, vers les onze heures du matin, une battue pour arrêter des émigrés qu'on savait cachés à Bruxelles. Rentré chez lui, il avait trouvé Joseph, et celui-ci lui avait conté comment, pour m'empêcher de me fier à qui que ce fût, et de les faire soupçonner, lui et son maître, il m'avait trompé sur leurs propres sentiments.

Lépée me ramena chez lui. Le lendemain matin il y eut effectivement une battue générale, dans laquelle deux émigrés furent arrêtés. L'épée ne voulut pas me laisser partir avant le surlendemain, disant qu'il y avait des instructions données sur toute la route, jusqu'à Tournay, pour y exercer une surveillance rigoureuse. De crainte de se compromettre, il me conduisit dans une petite voiture, à deux lieues de la ville, où je pris la diligence, qui arriva à Ath d'assez bonne heure.

On avait signalé aux représentants du peuple la présence, à Ath et dans les environs, de nombreux émigrés, et il paraît qu'ils avaient renouvelé des ordres sévères à la poste de cette ville. Des sentinelles conduisirent les diligences à l'hôtel de ville pour y faire visiter les passeports des voyageurs. Cette mesure me fit une vive émotion. Mon passeport de Gratheim était en flamand, sous le nom de Dujardin : ce nom me venait de papiers que j'avais eus, à Bruxelles, d'un jeune homme qui y était mort. Je craignais un interrogatoire ; néanmoins je montai à l'hôtel de ville avec tout le monde.

Nous étions seize ou dix-sept, dans les deux voitures. On nous fit entrer dans la salle, où se tenait le commissaire. La table était en forme de potence et les employés étaient échelonnés jusqu'à l'angle le plus éloigné de la porte. J'étais le dernier des voyageurs entrés dans la salle : pendant que les premiers parlaient au commissaire, j'allai droit devant moi pour montrer mon passeport au dernier employé, qui me renvoya comme trop pressé. Au moment où je retournais près de la porte, pour regagner ma place, assez inquiet de la tournure que prenait l'affaire, deux jeunes soldats qui la gardaient s'écartèrent pour me laisser passer. Ils croyaient sans doute que mon passeport était visé ; peut-être devinaient-ils dans quelle position critique je me trouvais. Je descendis précipitamment l'escalier et prévins le conducteur qu'ayant affaire sur le chemin, il me prendrait sur la route. Je filai si vite que la diligence ne me rattrapa que près de Tournay. Un de mes compagnons de voyage avait été arrêté.

A l'entrée de Tournay, on ne demanda pas les passeports ; du reste, j'avais pris la précaution de descendre dans le faubourg, de telle sorte qu'entre Ath et Tournay, je ne fus pas plus de trois quarts d'heure en voiture.

Je me rendis à l'hôtel de Béthune pour y donner des nouvelles du prince de Béthune, que j'avais vu quelque temps avant de partir d'Essen. Mme de Béthune, qui me reçut, était Mlle de Hatzfeld, seconde femme du prince [1]. Je lui dis que je devais me rendre à Paris, et elle me donna, pour m'accompagner, un de ses beaux-fils, nommé Bernard, et un certain Tournay, homme de confiance de la maison. Nous partîmes pour Arras, où nous logeâmes chez l'homme d'affaires de Mme de Béthune : le jeune Bernard, s'étant trouvé indisposé, y resta. M. Tournay et moi continuâmes en voiture jusqu'à Roye, d'où nous nous rendîmes au château d'Achier, près d'Amiens. Je savais que Mme et Mlle de Bouvet de Louvigny [2] s'y étaient retirées, après avoir été détenues à Abbeville avec les propriétaires, M. et Mme de Carvoisin.

De là nous allâmes au château du Fayel, près Compiègne, chez le marquis et la marquise de Rouhault.

Là, comme ailleurs, les cinq années et demie de la Ter-

---

[1]. Il n'en avait pas d'enfants. Les enfants de sa première femme, excepté les deux aînés, qui étaient émigrés, se trouvaient avec leur belle-mère.

[2]. Mme de Louvigny était Mlle de la Goupillère de Dollon, mariée en 1767 à François de Bouvet, comte de Louvigny. Sa fille épousa M. Dupuits de Marconneix, dont elle eut deux filles : Mmes de Montgon et de Meyronnet. Elle avait également un fils dont il sera question par la suite. Lieutenant au régiment du roi en 1789, il avait émigré et fait, dans l'armée de Condé, les campagnes de 1791 et 1792. Pendant l'émigration il épousa Mlle d'Havrincourt. — Le château de Louvigny est dans la Sarthe, à quatre lieues de la Gastine.

reur avaient apporté de grands changements. Le marquis de Rouhault étant assez faible d'esprit, ses parents lui avaient donné, avant son mariage, un conseil judiciaire qu'ils lui avaient conservé depuis [1]. Pendant la Révolution, des intrigants, voulant profiter de l'état de M. de Rouhault, obtinrent la levée de son interdiction et s'emparèrent ainsi de son esprit et de sa fortune. La personne chargée par sa famille de gérer ses biens fut alors renvoyée et remplacée par un ancien garde du corps du comte d'Artois, qui s'établit au Fayel et y devint maître absolu. Il amena au château sa femme et ses trois filles, et sut se rendre favorable le frère de Mme de Rouhault, l'abbé de C., ancien grand vicaire de Mgr l'archevêque de Rouen. Ce prêtre, oublieux de tous ses devoirs et de son caractère sacré, avait épousé la fille d'un ancien premier commis au ministère de la marine, Mlle de la R., et habitait à Riencourt, chez son beau-frère. Le nouveau régisseur s'était aussi concilié Mme Paultre de Marigny, née de Choiseul, également peu fortunée.

M. de Rouhault parut très effrayé de notre présence, et nous fit reconduire le lendemain, avant le jour, à Pont-Sainte-Maxence. Je ne fus aperçu que par la femme de chambre, qui me connaissait du temps des pages, et par le nouveau régisseur. Néanmoins le bruit courut dans le pays qu'un M. Dujardin, avec une autre personne, avaient passé une nuit au château.

A Pont-Sainte-Maxence, je pris une petite voiture pour nous conduire à Louvres, d'où M. Tournay et moi gagnâmes Paris à pied. Nous descendîmes hôtel de Tours, rue des Vieux-Augustins.

---

1. Le marquis de Rouhault avait eu deux filles de Mlle de Choiseul : l'une était morte en bas âge ; l'autre, élevée par une tante abbesse, avait été rendue à ses parents lors de la suppression des abbayes.

ÉMIGRATION.

Le mouvement contre la Convention, que nous savions préparé, allait éclater bien plus tôt que nous ne le pensions. Les rendez-vous furent donnés pour le surlendemain, 13 vendémiaire an IV (5 octobre 1795). Nous devions nous trouver au Palais-Royal, sous les ordres de chefs que je ne connaissais pas. Le principal était Danican [1], un homme de trente-cinq à quarante ans, qu'on appelait « général. » On nous délivra des fusils et des cartouches.

A peine arrivés dans la rue des Moulins, vers midi et demi, nous entendîmes une forte détonation : c'était la fameuse canonnade des marches de Saint-Roch, ordonnée par Bonaparte, à qui Barras avait confié le commandement en chef du petit nombre de troupes chargées de la garde de la Convention.

Nous étions une douzaine d'émigrés dans notre groupe. On fit circuler le bruit que nous étions trahis par Danican et par une partie des officiers qui commandaient la section. A peine cette rumeur se fut-elle répandue, que tous s'enfuirent dans différentes directions. Je déposai mon fusil et ma giberne au coin de la rue Thérèse, pour gagner le plus vite possible la porte Saint-Denis; puis je sautai dans une petite voiture, qui me conduisit à la Chapelle : de là j'arrivai à Saint-Denis à travers champs.

---

1. Danican était, en 1783, simple soldat au régiment de Barrois; en 1792, il était colonel de hussards; en 1793, il servait contre les Vendéens comme général de brigade. Forcé de se réfugier dans Angers, il défendit cette place avec une certaine énergie : accusé d'avoir voulu livrer la place, il perdit son commandement.
En 1795, il en reçut un à Rouen. Lors du 13 vendémiaire, il était en congé à Paris. Ayant des sujets de plainte contre le gouvernement, il accepta la proposition qui lui fut faite de se mettre à la tête des sections qui voulaient renverser la Convention. Mis en jugement et condamné par contumace, il se retira d'abord à Hambourg, puis finalement en Angleterre, où il reçut une pension annuelle de 300 l. st.

Sur le point d'être arrêté, je me faufilai sous une porte cochère ouverte, et me réfugiai dans l'escalier de la cave, qui donnait sur la cour. J'y étais depuis cinq minutes, quand entra un vieux domestique qui allait chercher du vin et demanda ce que je faisais là. Je lui répondis que j'étais Belge; que je m'étais trouvé à Paris lors de la bagarre; que j'avais peur de la réquisition et que je cherchais à regagner mon pays. Il m'apprit que j'étais chez Mme la baronne d'Erlach, qui sortait de prison, et m'invita à chercher un gîte ailleurs, de peur de la compromettre. Voyant qu'il fallait partir, je le priai de ne pas me renvoyer sans quelque nourriture, parce que je mourais de faim. Le digne homme eut pitié de moi. Il y avait beaucoup de mouvement à Saint-Denis et plusieurs arrestations eurent lieu sur la place.

Heureusement, il se trouva là une file de voitures retournant en Flandre, d'où elles avaient amené de la farine pour l'approvisionnement de la capitale; car il y avait alors disette presque complète. Je me jetai précipitamment dans une des voitures, qui se trouvait à peu près au milieu du convoi. Ces véhicules, couverts en osier, avaient une porte de chaque côté entre les deux paires de roues. Je m'établis dans l'un d'eux, et commençai par prendre le repas qui m'avait été si charitablement donné chez la baronne d'Erlach.

Je venais de l'achever, quand le conducteur du chariot ouvrit une des portes de sa voiture pour y entrer. Il ne fut pas peu surpris d'y trouver un compagnon de route sur lequel il ne comptait pas. Je lui répétai ce que j'avais dit au domestique de Mme d'Erlach, et le priai de me laisser faire, dans sa voiture, au moins une partie du chemin. Ce voiturier, qui avait des formes très polies et qui, — je l'ai su depuis, — n'avait pris cet état que pour éviter lui-même la réquisition, m'autorisa à rester, à condition que je descendisse quelque temps avant Pont-Sainte-Maxence, où il devait s'arrêter. Là, en effet, la visite d'un inspecteur qui menait le convoi pouvait nous compromettre. J'acceptai avec reconnaissance, bien décidé à faire ce qu'il me demandait.

Mais, accablé de fatigue, je m'endormis profondément, et il était nuit quand, arrivés à Pont-Sainte-Maxence, l'inspecteur procéda à la visite des fourgons. Me réveillant, il me demanda qui j'étais. Je répétai pour la troisième fois mon récit. Il m'interrompit en disant : « Descendez, citoyen; je parierais bien que vous n'êtes pas plus Belge que moi. Mais comme vous ne me paraissez ni coupable ni dangereux, nous allons souper ensemble; nous repartirons demain, et dans deux jours nous serons à Douai. » Je soupai parfaitement; je couchai à l'hôtel où demeurait l'inspecteur, le tout aux frais de la République, et fus enchanté de mon nouveau compagnon de route et de sa générosité. Je lui dis seulement qu'ayant des affaires à Amiens, je m'y arrêterais un jour avant de me rendre à Douai.

L'inspecteur, qui avait deux ou trois ans de plus que moi, se montra très confiant. Il me laissa entendre qu'il appartenait à une famille parlementaire de Bordeaux, et qu'il n'avait pris une place dans les transports de farine que pour éviter le service militaire.

Nous partîmes le lendemain, à cinq heures du matin, et le soir nous arrivâmes à Amiens. Je regrette vivement de ne pouvoir donner ici le nom des deux hommes qui m'ont traité avec tant d'obligeance ; mais à cette époque néfaste, on se devinait, on se sentait, en quelque sorte, entre honnêtes gens; jamais on n'osait se demander son nom. Je quittai l'inspecteur ainsi que le voiturier.

qui ne voulut rien accepter. Nous ne nous sommes jamais retrouvés depuis.

Je me rendis directement chez M. Morgan, avocat, qui, après avoir vainement défendu à Arras le marquis de Béthune, une des victimes de Joseph Lebon, avait épousé sa fille, celle-ci l'ayant choisi en reconnaissance de son courage et de son dévouement à son père. Il avait su mon premier passage avec M. Tournay et me reçut avec beaucoup d'égards, sous mon véritable nom. Il me raconta qu'on allait guillotiner le lendemain Joseph Lebon, que j'avais connu lorsqu'il était oratorien au collège de Vendôme. On n'avait pas osé le juger sur le théâtre même de ses forfaits, parce que la populace l'aurait mis en pièces avant la sentence. C'est pourquoi on l'avait transféré à Amiens. Le jour de l'exécution, ses anciens amis lui firent boire une bouteille d'eau-de-vie : il était ivre-mort, et on fut obligé de le porter sous le couteau comme une masse inerte. J'assistai à ce spectacle d'une des fenêtres de M. Morgan.

Le jour qui suivit, je pris la diligence pour Tournay, où je descendis à l'hôtel de Béthune. J'y restai deux jours pour faire viser mon passeport, et après avoir promis à Mme la princesse de Béthune de lui faire parvenir des nouvelles de son mari, je repartis pour Rickholdt, où j'arrivai sans avoir été aucunement inquiété en chemin ; car la surveillance avait cessé en Belgique, depuis que son territoire, récemment annexé [1], avait été réparti en neuf départements, et que les troupes s'étaient portées sur les nouvelles frontières.

---

[1]. Le 9 vendémiaire an IV (1er octobre 1795).

Je passai quinze jours à Rickholdt, puis allai m'établir à Gratheim, pour y continuer, avec les commissaires du Roi, une correspondance qui se faisait par l'intermédiaire du gouverneur prussien de Wesel, parent du baron de Rickholdt. J'y devins très souffrant, à la suite des fatigues et des émotions que j'avais éprouvées. Le médecin m'ordonna des bains d'eau glacée, dans les fossés du château. Ce traitement rigoureux dura trois semaines. Je restai seul presque tout l'hiver, mon hôte ne venant à Gratheim que par intervalles et quand il se rendait à Wesel. J'allais de temps à autre passer quelques jours au château de Rickholdt, et à Maëstricht où le baron avait des parents.

J'étais à Rickholdt quand arriva un événement que je n'ai vu mentionné nulle part. On avait établi à Maëstricht un magasin d'effets militaires très considérable. Beaucoup d'habillements pour les troupes, des draps de toute espèce, bottes, souliers, chapeaux, confections, etc., y étaient entassés. Les gardes-magasins en chef étaient Lucien Bonaparte et son oncle Fesch, autrefois prêtre [1]. Le feu prit à ces approvisionnements et tout fut porté sur un état de pertes; ce qui n'empêcha pas que, pendant plus de six semaines, on vendit à vil prix, dans toute la Belgique, des vêtements et des marchandises provenant, disait-on, de ce dépôt. On assurait qu'avant l'incendie, on avait fait sortir tout ce qui était d'une vente facile. Les deux chefs de magasin étaient le frère et l'oncle du jeune général qui, le 13 vendémiaire, venait de rendre un si grand service à la République. Ils quittèrent le pays peu après.

Je profitai de l'occasion pour acheter, au prix dérisoire de trente francs, un vêtement complet, une redingote, des bottes, un chapeau et une pièce de drap suffisante pour

---

[1]. Voir Masson, *Napoléon et sa famille*, p. 163. *(Éd.)*

faire un autre vêtement complet. Tout le monde sait, au reste, quelles dilapidations furent commises aux armées à cette époque.

Cependant d'importants événements se succédaient à Paris, et le 26 octobre 1795, la Convention déposait ses pouvoirs.

CHAPITRE III

DU 13 VENDÉMIAIRE AU CONSULAT.

Constitution du Directoire. — Je reviens à Paris. — M⁻ᵉ de Courville et sa fille. — Muiron et Bonaparte. — Mariage de Muiron ; sa mort et celle de sa femme. — Retour en France de MM. de Courville et de Vitrolles. — Barali, barbier puis gérant de l'hôtel de Tours. — Nouveau voyage à Gratheim. — Les certificats de non-émigration : M. de Frébourg, revenu en France, en obtient un à Rouen. — Je me rends à Paris. — La police cherche à arrêter le « sieur Dujardin. » — Je pars pour Rouen et y obtiens un certificat de résidence, puis un passeport à Alençon, sous mon nom véritable.

Mécontentement des principaux généraux contre le Directoire. — Les « doctrinaires. » — Je suis chargé de faire parvenir à Londres les adhésions des généraux et de porter à Francfort des passeports pour faire rentrer des émigrés. — Séjour à la Haye. — Voyage par Wesel et Cassel. — Séjour à Francfort. — Retour par Rouen avec M. Humbert (Michaëlis). — Préparation du 18 fructidor. — Je suis recherché à la Gastine. — J'arrive à Paris.

M. de Frébourg est arrêté et traduit devant une commission militaire. — Je parviens à le sauver. — Procès des naufragés de Calais. — Mon arrestation au Fayel. — Je suis relâché à Beauvais et je regagne Paris.

Le 5 brumaire an IV (27 octobre 1795), le Directoire avait été constitué. La correspondance royaliste fut alors très active, et dès que ma santé le permit, je revins à Paris avec des papiers importants.

J'allai rendre visite à la mère de mon ami de Courville, qui, après avoir obtenu de M. de Muiron, beau-frère de sa mère [1], une somme de 20,000 fr., et avoir pris connaissance du secret de Séguin pour la tannerie, avait regagné la Westphalie. Sa mère, remariée à M. d'Aston, de la Chambre des comptes, demeurait à Paris avec sa fille du premier lit, Mlle de Courville.

Elle me confia que M. de Muiron, son neveu, désirait épouser cette jeune fille, mais que celle-ci, malgré son inclination pour son cousin, y mettait la condition expresse qu'il quitterait le service. M. de Muiron, ami intime et aide de camp de Bonaparte, avec qui il s'était trouvé à l'école de Brienne [2], objectait qu'on était sur le point d'entrer en campagne, et qu'aux yeux de ses camarades il ne voulait point passer pour lâche. Il promettait formellement qu'aussitôt de retour, il saisirait la première occasion de donner sa démission.

Bonaparte, nommé au commandement de l'armée d'Italie (2 mars 1796), grâce à l'influence de Mme de Beauharnais sur Barras, qui ne savait rien lui refuser, se rendait souvent avec son ami Muiron chez Mme d'Aston, et parvint à faire décider le mariage. Mme d'Aston m'invita à dîner avec lui. J'avais déjà déjeuné deux fois avec le général, à qui Mme d'Aston m'avait présenté comme M. Dujardin, Belge fort riche, dont la famille avait été très utile à son fils. Elle savait cependant mon vrai nom. Bonaparte, d'un naturel observateur, avait demandé si elle était certaine de mon origine, parce que j'avais bien plus l'air d'un Français que d'un étranger. Lors du dîner, il parut persuadé que je pouvais être Belge. Il avait, en effet, cons-

---

1. Mme de Courville et Mme de Muiron étaient deux demoiselles Grossard de Virly.

2. Muiron, né à Paris le 11 janvier 1774, a pris part au siège de Toulon comme capitaine d'artillerie, et s'est trouvé peu après en compétition pour un grade avec Bonaparte; mais il ne paraît pas avoir été son camarade à Brienne. (*Éd.*)

taté que j'étais très lié avec le général de Tilly et avec sa femme, grands amis de Bernadotte; or Mme de Tilly, née Arendts, était Liégeoise, et je passais pour son parent. Avant qu'on se mît à table, nous nous promenâmes ensemble dans le jardin du petit hôtel ; et après quelques propos sur la Belgique, Bonaparte me dit : « La Belgique doit nécessairement rester toujours réunie à la France. A votre place, je voudrais être quelque chose. En révolution, quand on n'est rien, on ne peut rien. Au contraire, quand on est quelque chose, on peut se défendre. Il n'y a rien de pire que de se trouver écrasé entre les partis. La fortune seule ne met à l'abri de rien. »

Le mariage se fit le 9 germinal an IV (29 mars 1796) [1]. Bonaparte venait de partir huit jours avant pour l'armée d'Italie. Muiron, âgé alors de vingt-deux ans, ne tarda pas à l'y rejoindre, et la jeune femme alla demeurer chez son oncle, devenu son beau-père, dans une maison de campagne à Sceaux. Cette union allait avoir un bien triste dénouement.

Un matin, M. d'Aston vint me trouver et me dit que le pauvre Muiron avait été tué à l'attaque du pont d'Arcole.

---

1. « Section des Champs-Élysées. — Du 9 germinal an 4. — Acte de mariage de Jean-Baptiste Muiron, militaire, âgé de vingt-deux ans, né à Paris, département de la Seine, section Lepelletier, et de Euphrasie Béraud de Courville, âgée de vingt ans, née à Versailles, demeurant quai de Chaillot, n° 34, fille de Louis-Denis-François Béraud de Courville, et de Marie-Anne-Thérèse Grossard-Virly, lui décédé, elle domiciliée avec sa fille présente et consentante.

« En présence de Charles-François Cancel, âgé de soixante-quatorze ans, pensionnaire de la nation, demeurant rue Croix des Petits-Champs, n° 45 ; de Basile-Guy-Marie-Victor Baltus, capitaine d'artillerie, rue Basse du Rempart, n° 12 ; de Charles-François Cost, âgé de cinquante-quatre ans, inspecteur général du service de la santé, rue Richelieu, n° 678 ; d'Edme-Claude-Brice-Gauthier Vomarillon, âgé de cinquante-sept ans, ancien administrateur des postes, rue Basse d'Orléans, n° 225 ; et de Prudent-Joseph Gillerond, officier d'état civil, qui a signé avec les époux et les témoins après lecture faite. »

Il me montra la lettre que le général Bonaparte adressait à la pauvre petite femme. Il ajouta qu'il était obligé d'aller à Sceaux, la préparer doucement, ses couches étant imminentes. Il me demanda de me trouver chez lui, le soir, pour essayer de calmer Mme d'Aston, qui perdait la tête. Quand je me rendis rue Saint-Lazare, Mme d'Aston était en effet dans un état difficile à décrire. Son mari arriva fort en retard. A Sceaux, la jeune Mme de Muiron, qui attendait son mari d'heure en heure, s'était arrangée avec un maître de café, qui lui procurait les journaux du matin, sans que personne dans la maison s'en doutât ; elle avait appris ainsi la terrible nouvelle. Quand son beau-père était arrivé, il l'avait trouvée au plus mal. L'enfant, qui naquit peu après, accompagna sa mère dans la tombe.

Au milieu de ces malheurs de famille, je conseillai à M. d'Aston de profiter de la sympathie du général Bonaparte pour lui demander la radiation du jeune de Courville, et nous composâmes ensemble une lettre en ce sens : M. d'Aston la signa pour sa femme. Nous nous fondions sur ce que le jeune homme était sorti de France pour achever son éducation. Je portai aussitôt la supplique à Mme de Tilly, qui la fit parvenir en Italie par le ministère de la guerre. Bonaparte écrivit au Directoire ; il obtint la radiation du jeune de Courville, et envoya copie de la réponse des Directeurs, de son quartier général de Milan, en date du 8 nivôse an V [1]. Plus tard, il fit donner à M. de Courville une place dans les droits réunis, et nomma M. d'Aston à la recette générale d'Épinal.

---

[1]. Voir *Moniteur* du 19 frimaire an V, et *Corr. de Napoléon*, n°s 1199, 1323 et 1324. — Bonaparte avait écrit à la veuve : « Si je vous puis être bon à quelque chose, à vous ou à son enfant, je vous prie de compter entièrement sur moi. » *(Éd.)*

Ce ne fut point tout. M. de Courville avait un soi-disant beau-frère, M. de Vitrolles. Ce jeune homme, dont le nom patronymique était d'Arnauld, était fils d'un conseiller au parlement d'Aix. Pendant l'émigration, après le licenciement de l'armée des princes, comme il n'avait aucun goût pour la carrière militaire, il avait essayé de faire un peu de commerce. Son esprit insinuant l'avait fait apprécier dans beaucoup de maisons ; il avait été particulièrement bien reçu dans celle du baron, plus tard duc de Dalberg [1], et dans celle du comte de Nesselrode, car, quoique ministre de Russie, ce dernier était Westphalien d'origine. M. de Vitrolles avait fait connaissance d'une jeune fille, qui passait pour une demoiselle de F., mais qui était fille naturelle de la duchesse de B., et il l'avait épousée. Voyant le crédit de M. d'Aston, il le pria d'intercéder pour lui. Il réussit ainsi à rentrer en France, où il se retira dans son département.

Lorsque Bonaparte fut nommé empereur, M. de Vitrolles fit partie des délégués envoyés pour le complimenter. Il fut ensuite créé baron, et la faveur impériale lui valut une petite place. Étant venu se fixer à Paris, son intimité avec Mme Étienne de Durfort, née de Montsauge, qui avait beaucoup connu Joséphine, lui fut d'un grand secours. C'est par elle qu'il fréquenta Talleyrand. Vers la fin de l'Empire, ses rapports avec ce personnage et les bonnes relations qu'il avait conservées avec MM. de Dal-

---

1. Emerich-Joseph-Wolfgang Héribert, baron de Dalberg, d'une très ancienne famille du duché de Bade, se rapprocha de Bonaparte, qui, en 1810 (3 mars), le créa duc de Dalberg. — Après la Restauration, le 13 mai 1814, il fut nommé par Louis XVIII ministre d'État et siégea au conseil privé. Puis il accompagna Talleyrand au congrès de Vienne. Dans de nouvelles lettres patentes de duc, expédiées le 1er février 1817, Sa Majesté, pour reconnaître les services qu'il avait rendus à l'époque de la Restauration et au congrès de Vienne, a fait ajouter à ses armes six fleurs de lis d'argent.

berg et de Nesselrode l'amenèrent à entreprendre, en 1814, le voyage dont je parlerai plus loin, et auquel il dut, sous la Restauration, sa fortune politique. Mais je reviens à mon récit.

Je passai peu de temps à Paris après le mariage Muiron. Je demeurais hôtel de Tours, rue des Vieux-Augustins, chez un nommé Barali, qui, de son premier état, était barbier. Sa boutique était au coin de la rue Saint-Florentin et de la rue Saint-Honoré, et le voisinage lui avait fait avoir Robespierre pour client. Tous les jours, Barali allait le raser et le coiffer en présence de deux témoins. Pendant une de ces séances, une femme entra présenter une requête pour un de ses parents : Robespierre la rejeta avec dureté. Barali eut alors un mouvement d'indignation, et un sentiment irrésistible le poussa à couper la gorge au tyran. Dans son émotion, il se trouva mal et tomba à terre avec son rasoir. Les personnes présentes le firent transporter chez lui; mais il ne fut plus demandé par Robespierre, et on comprendra que lui-même sentit la nécessité de changer de quartier et de profession. Comme gérant du petit hôtel de Tours, il eut l'occasion de rendre de nombreux services.

Dans l'attente de nouveaux ordres, je partis pour Gratheim. Là, j'étais connu de tous, et n'inspirais aucune défiance. Le maire, qui était fermier de la terre, n'ayant aucune instruction, je le suppléais dans ses fonctions; ce qui me donnait de grandes facilités, sans que rien en parût. Je pus ainsi assurer la rentrée en France, par Wesel, Ruremonde, Gratheim et Rickholdt, de plusieurs émigrés, dont le prince de Béthune.

M. de Rickholdt m'envoya, un jour, un homme qu'il avait rencontré à Huy. Ce voyageur arrivait à Gratheim à pied, et paraissait très fatigué. Il était Polonais, et disait avoir un frère colonel au service de la Prusse. Sans me donner son nom, il finit par m'avouer qu'il était compromis dans la conjuration de Grenelle [1], et très pressé de passer la frontière. Cet aveu m'avait inspiré pour lui une grande répulsion. Je n'en entendis plus parler; mais on voit par ce fait que des étrangers se trouvaient mêlés aux agents qui fomentaient le désordre à Paris.

Cependant la réaction commençait en France. Plusieurs villes, Rouen notamment, accueillaient les émigrés qui, moyennant quelques signatures, se faisaient délivrer des certificats de non-émigration, reçus presque partout sans difficulté. J'engageai mon beau-frère de Frébourg à se rendre à Rouen, et comme moi-même j'étais rappelé à Paris, nous fîmes route ensemble jusqu'à Amiens. Cette fois je logeai à Paris, rue Vivienne, chez une dame Baudouin, dont la fille, Mme Nampon, avait été élevée avec une de mes sœurs aux Ursulines, à Saint-Germain. On parlait d'une nouvelle conspiration dirigée par des généraux, et on recommençait à sévir contre les émigrés. Sur le conseil de mes hôtesses, je jugeai nécessaire de reprendre mon nom et de me mettre en règle, pour n'avoir plus rien à redouter des lois contre l'émigration.

Mme de Tilly m'avait procuré, dès le 12 brumaire an IV, un certificat de la commission des revenus nationaux, constatant que je n'étais inscrit sur aucune liste d'émigrés. Muni de cette pièce, j'allai prendre à Rouen (29 nivôse an V) un certificat de résidence. Je l'envoyai au département de l'Orne, qui l'accepta et m'en donna

---

[1]. Le complot des Jacobins qui attaquèrent le camp de Grenelle en septembre 1796. (*Éd.*)

reçu; puis je me rendis à Alençon pour faire établir un passeport comme secrétaire du général de Tilly, que j'accompagnai ensuite à Paris.

Je faisais bien de régulariser ma situation, car depuis mon dernier passage au château du Fayel, le nom de Dujardin avait été signalé à la police. Des commissaires étaient allés interroger le marquis et la marquise de Rouhault sur l'individu portant ce nom. La police attachait tant d'importance à le saisir que, bien que je ne fusse resté que deux ou trois jours chez Mme Baudouin, rue Vivienne, dans la nuit même qui suivit mon départ pour Rouen, on fit cerner la maison et arrêter M. Huet, principal locataire de l'immeuble, Mme Baudouin et Mme Nampon, à qui on demanda des renseignements sur Dujardin. Le lendemain j'en fus averti par un exprès, qui me conseilla de changer de nom à l'instant et de quitter Rouen, si je n'avais pas pu m'y procurer un certificat de résidence. J'eus soin, sur mes papiers nouveaux, de ne rien laisser écrire qui pût faire constater mon identité avec Dujardin, et les anciennes pièces furent placées en lieu sûr, à l'abri des recherches.

Je me rendis alors chez mes parents, afin que dans le pays on s'accoutumât à me voir; et comme la terre de la Gastine est située dans le canton de la Fresnaye, département de la Sarthe, je me fis inscrire sur le tableau de la population de ce canton.

Tout annonçait une réaction dans les idées, et la nation entière espérait un retour à l'ordre. Plusieurs généraux, Pichegru, Hoche, Pétiet, ancien ministre de la guerre, Bernadotte, Moreau, etc., fatigués d'être menés par des rhéteurs, étaient décidés à secouer ce joug honteux. Tilly partageait ce sentiment, et, comme eux, comptait sur le concours de beaucoup de députés. En même temps, et dans le plus grand mystère, d'autres députés aussi influents, qu'on appelait alors « les doctrinaires, » étaient en correspondance avec Louis XVIII. Royer-Collard était leur chef; mais aucun rapport n'existait entre eux et les généraux.

Je reçus avis de me rendre à Paris pour y attendre une direction. Ces instructions, apportées par des jeunes gens dévoués, comme je l'étais moi-même, venaient des commissaires du Roi, MM. d'Antraigues, de Miron, des Cars, de Laqueille, etc. Elles étaient souvent déposées chez Mme de Perdriel, née de Frotté, cousine de l'infortuné Frotté.

On m'apprit que je devais retourner en Allemagne, en passant par la Hollande, et séjourner à Francfort. Je devais correspondre avec l'armée de Condé, et faire revenir en France le plus grand nombre possible d'émigrés, afin de soutenir le mouvement royaliste qui se préparait. A cet effet, on me remit quantité de passeports en blanc, destinés aux personnes qui rentreraient de cette manière. Je quittai donc Paris pour me rendre par Bruxelles à la Haye, où était le général de Tilly.

Ce dernier, qui jouait un grand rôle dans cette affaire, n'avait jamais cessé d'être dévoué à la famille des Bourbons; mais il n'était pas le seul qui songeât à les rappeler. Parmi les papiers importants que j'emportais cette fois, se trouvaient les soumissions ou adhésions aux Princes, de plusieurs officiers généraux, au nombre desquels je crois devoir citer Hoche et Bernadotte.

Il était défendu de passer la frontière avec plus de 150 fr. en numéraire ; mais il s'était établi une maison de banque, à laquelle on remettait à Anvers les sommes qu'on emportait, et elles étaient rendues à Breda, sous déduction des frais de courtage et d'assurance.

A la Haye, je fis viser ma feuille de route par l'ambassadeur de France, M. Lombard de Langres, qui venait souvent, avec plusieurs officiers généraux français et bataves, passer la soirée chez Mme de Tilly. C'est là que je fis la connaissance de la future duchesse de Bellune et du frère du général Augereau, revenu de Gênes. On y parlait librement du gouvernement de la France, et ni l'ambassadeur ni les généraux ne paraissaient s'en préoccuper.

L'hiver, qui était des plus rigoureux, et les glaces qui rendaient les moyens de transport difficiles, me firent rester près de cinq semaines en Hollande. J'y remis moi-même, entre les mains de M. Crawford [1], consul d'Angleterre à Rotterdam, le pli contenant les adhésions des généraux, pour qu'elles fussent transmises à Londres.

Lorsque les communications furent moins difficiles, je partis pour Francfort en traversant Wesel, où je retrouvai les parents du baron de Rickholdt, mes anciens amis, entre autres le gouverneur de la ville. Il m'engagea à y rester deux jours, pour assister à une fête donnée au landgrave de Hesse-Cassel par les officiers du régiment de Koetten, dont il venait de prendre possession comme colonel-propriétaire. J'étais au dîner ainsi qu'au spectacle de gala offerts au prince, et j'eus l'honneur d'être placé à côté de Son Altesse, qui eut pour moi infiniment d'égards et causa beaucoup avec moi. Sachant que je revenais de Paris, elle me fit compliment d'avoir pu rentrer dans ma patrie et d'avoir retrouvé mes biens. Je répondis au prince que ce qui me flattait le plus, c'était d'avoir toujours été fidèle et dévoué à mon Roi légitime. Il m'engagea à passer par Cassel ; le lendemain, il m'en-

---

[1]. Voir Fitzpatrick, *Secret service under Pitt*, p. 73, note. (Éd.)

voya une lettre de recommandation pour le gouverneur de cette ville, qui m'accueillit avec tous les égards que pouvait désirer son souverain.

Quelle différence entre cette réception et celle qui m'y avait été faite jadis, quand j'étais venu à pied, comme émigré, avec M. du Bousquet de Caubert, pour retourner en France! Alors on lisait, aux portes de Cassel, une inscription en français et en allemand, conçue à peu près en ces termes : « Il est défendu à tous juifs, vagabonds ou émigrés, de séjourner dans la ville; » ce qui fit qu'on nous conduisit d'une porte à l'autre, et que nous fûmes obligés de loger dans un taudis, recel habituel des bateleurs, bohémiens et mendiants.

Je continuai ma route le surlendemain pour Francfort, où j'arrivai pendant une suspension des hostilités [1].

A peu de distance de la ville, je fus au quartier du général Lefèvre, depuis duc de Danzig, qui me reçut comme parent et ami du général de Tilly, et m'invita à déjeuner avec son état-major. Pour m'éviter tout ennui, il visa lui-même mon passeport, et je retournai coucher à Francfort.

Le soir, en vertu de l'armistice, les cafés et spectacles étaient remplis d'officiers des deux armées, qui fraternisaient ensemble.

Il y avait en ville des troupes autrichiennes et prussiennes, entre autres un régiment de uhlans, où servaient M. d'Orsay, père de Mme de Guiche, et M. Titon, fils d'un ancien conseiller au parlement de Paris, que je connaissais depuis longtemps. C'étaient les plus beaux hommes du régiment. Il y avait aussi le prince Louis de Rohan,

---

[1]. Il doit s'agir d'une suspension d'hostilités spéciale à l'armée du Rhin. (Éd.)

dont M. de Trogoff[1] était aide de camp. J'y retrouvai également M. Crawford et Mme Sullivan qui, depuis la mort de M. de Fersen, vivait avec lui ; le baron et la baronne de Montmorency, les Montluc et une foule d'émigrés qui, pleins d'espoir dans la réaction qui se préparait, attendaient le moment favorable pour rentrer en France. C'est ainsi que MM. d'Orsay et Titon allaient quitter le service autrichien et revenir à Paris.

Je m'établis à Francfort, et j'envoyai à Constance une personne chargée de ramener les émigrés qui s'y trouvaient, et de les faire profiter des passeports que j'avais apportés. Le premier qui en fit usage fut M. de Vareilles, ancien officier aux gardes-françaises. Il se rendit de Francfort auprès du général Lefèvre, qui avait servi autrefois dans sa compagnie. Le général le reçut avec beaucoup d'égards, et fit viser la pièce. M. de Vareilles m'en informa tout de suite ; ce qui rassura ceux qui craignaient de se servir de mes passeports. Peu après, les demandes affluèrent, et je n'en eus bientôt plus à donner, ayant remis le dernier disponible à M. Odoard, ancien page d'Orléans, dont la fille vient d'épouser le marquis de Mailly-Nesle. Un seul me restait, et je voulais le garder pour ma propre utilité ; mais je dus le donner à M. de Louvigny, un de mes amis et voisins de la Gastine.

Obligé de faire partir à l'avance pour Rouen mon domestique, un nommé Hocquart, avec des lettres destinées à M. de Frotté, et n'ayant plus de passeport à lui donner, j'imaginai, pour le tranquilliser, de lui en composer un sur une feuille de grand papier en forme de feuille de route, et ainsi conçu : « Je prie les autorités civiles et militaires de laisser passer le cit. Hocquart,

---

1. M. de Trogoff appartenait à une famille noble de Bretagne. *(Éd.)*

mon homme de confiance, âgé de.... (son signalement); se rendant à Rouen, par Mayence, Cologne, Bonn, Aix-la-Chapelle, Liège, Bruxelles, Tournay, Valenciennes et Amiens, et de lui prêter aide et assistance en cas de besoin. — Signé SEMALLÉ. » Je lui indiquais cette route, connaissant une partie des officiers et commandants, que j'avais vus chez le général de Tilly, en Hollande, et au quartier du général Lefèvre.

Hocquart fut arrêté à Mayence, avec sa feuille de route, et conduit comme suspect chez le général commandant. Après avoir lu la pièce, le général demanda où j'étais, comment je me portais, si je repasserais bientôt; puis il enjoignit à son secrétaire de viser le passeport, en recommandant au porteur de ne point s'écarter de la voie qui lui était tracée. Ce général, nommé Margaron, me connaissait beaucoup, ayant été aide de camp du général de Tilly. Mon homme arriva sans difficulté à Rouen, où je devais le rejoindre.

Quand j'eus reçu les nouvelles que j'attendais à Francfort, je partis moi-même, accompagné de M. Humbert, avocat à Nancy, émigré à la suite d'une affaire où M. le baron de Coëtlosquet, colonel du régiment de Bretagne, avait été compromis. En récompense du dévouement de M. Humbert à leur colonel, les officiers de ce régiment lui avaient fait faire avec eux la campagne de 1792; depuis le licenciement, il travaillait à la *Gazette de Francfort*, et en était un des meilleurs rédacteurs. Malade de la poitrine, il soupirait après son retour en France, et me conjurait de le prendre avec moi. Autrefois très lié avec M. Jacqueminot, son collègue au barreau de Nancy, nommé au conseil des Anciens, il espérait obtenir par lui sa radiation. Il passait pour un homme très intelligent.

Nous arrivâmes ensemble à Rouen, d'où je renvoyai mon domestique chez mes parents, dans le Maine, avec des dépêches pour MM. de Frotté, de Bourmont et d'Autichamp. Pour moi, je me rendis à Paris, ainsi que mon compagnon, dont le passeport était au nom de Michaelis.

Le mouvement réactionnaire se préparait avec beaucoup d'imprudence : les chefs se croyaient sûrs du succès; les jeunes gens royalistes se distinguaient par un collet noir sur un habit gris.

Le Directoire, qui voyait le danger sans trouver le remède, et qui manquait d'argent, s'adressa à plusieurs maisons de banque, entre autres à celle des Michel, pour se procurer des fonds. Ces banquiers répondirent que leurs caisses étaient vides, mais qu'ils avaient tout récemment remis aux Petit Val des fonds considérables venant d'Amérique, et qui devaient être encore en possession de cette famille, au château de Vitry, où elle demeurait. Dans une nuit obscure, des affidés du Directoire s'introduisirent dans le château, égorgèrent les habitants et enlevèrent, dit-on, un million, somme indiquée par MM. Michel. Ce serait avec cet argent que, profitant de la désunion qui existait entre les réactionnaires, le Directoire aurait fait le mouvement dit du 18 fructidor, où se trouvèrent compromis deux Directeurs, plusieurs généraux, beaucoup de députés.

Je fus moi-même inquiété à ce moment. J'avais suivi de près Hocquart, mon domestique, à la Gastine. Le château fut cerné à quatre heures du matin : j'eus la chance d'échapper, mais Hocquart fut emmené à Mamers. Là on lui fit subir un interrogatoire, et on saisit sur lui le fameux passeport, qui fut envoyé à Sotin, ministre de la police, comme charge contre moi. Il paraîtrait que la perquisition avait été ordonnée à l'instigation d'un des nouveaux magistrats de Mamers, nommé Hardouin Révery, acharné contre les royalistes.

La Gastine venait d'être évacuée, quand mes parents reçurent la visite de M. de Perrochel de Grandchamps, qui, me voyant dans une position critique, voulut m'accompagner. Après hésitation, nous nous rendîmes à cheval à Champthierry, château près de Saint-Maurice, appartenant à un de mes amis intimes, M. de Charencey. Celui-ci me mena le lendemain à Évreux, où je trouvai l'hospitalité chez M. de Bernès, ancien camarade des pages et ancien officier général de la première Vendée, rentré dans ses foyers. Par ses soins, je fus conduit à Rouen.

Là, apprenant l'arrestation à Paris de M. de Frébourg, malgré son certificat de résidence signé de neuf témoins [1], je repartis pour Paris, où l'on me confirma cette triste nouvelle.

Toutes les personnes arrêtées alors devaient être traduites devant une commission militaire, qui siégeait à l'Hôtel de ville, sous la présidence du général Cathol. Déjà plusieurs émigrés jugés par cette commission avaient été passés par les armes, entre autres M. Guillaume d'Oilliamson et le colonel du régiment Royal-marine, où avait servi Soult ; mais on disait, à la décharge de ce dernier, qu'il n'avait pas été averti assez tôt pour obtenir la grâce du colonel.

A ma demande, plusieurs officiers généraux, avec qui j'étais en relations pour la cause royale, et d'autres membres du gouvernement intervinrent en faveur de M. de Frébourg, auprès de Sotin. Le ministre fut inexo-

---

[1]. En date du 14 frimaire an V (4 décembre 1796).

rable. Sur le conseil de mes amis, je retournai à Rouen, où je réunis les neuf témoins qui avaient signé le certificat de résidence de mon beau-frère. C'étaient les mêmes qui avaient signé le mien. Voyant leur effroi, je leur déclarai que s'ils se dédisaient, je les dénoncerais pour avoir signé à prix d'argent ; mais que s'ils maintenaient leur dire, je doublerais la somme qu'ils avaient déjà reçue. Ils entrèrent dans le bureau de M. Duval, président du directoire du département, depuis ministre de la police, homme au fond bienveillant, et ils certifièrent leur déclaration première. Le soir même les pièces furent envoyées au ministre de la police, et j'en obtins un duplicata, que, rentré à Paris, je remis à M. Marion : c'était l'ami intime de Sotin, qu'il avait cautionné jadis pour être nommé receveur des impositions de Paris. Déjà, le général Cathol avait retardé de deux ou trois jours l'interrogatoire de M. de Frébourg, et il n'en fixa la date que lorsqu'il sut que les pièces étaient arrivées au ministère. Il fit plus : il écrivit au ministre de la police que le citoyen Frébourg n'étant point sur la liste des émigrés, il regardait la commission comme incompétente. Quand M. Marion porta à Sotin la lettre du général, avec le duplicata des pièces, le ministre, poussé dans ses derniers retranchements, alla chercher un registre, et à la lettre F il lut : « Frébourg, capitaine au régiment de Navarre, est parti tel jour pour émigrer. Il a fait la campagne de 1792 dans l'armée dite de Bourbon. » Il alla chercher un autre registre, et à la même lettre il trouva : « Frébourg : après le licenciement de l'armée de Bourbon, s'est retiré à Londres ; il a logé dans tel quartier, telle rue, tel numéro. » Enfin, dans un troisième registre, il trouva : « Frébourg, parti de Londres pour se rendre en Westphalie, est rentré en France par la Belgique, s'est rendu à Rouen, où il a obtenu son certificat de résidence. »

Aux instances de M. Marion, Sotin répondit en citant les instructions du directeur Merlin, et le texte de la loi qui portait que tout individu, arrêté comme prévenu d'émigration, serait traduit devant une commission militaire, et jugé militairement. Là-dessus, il lui tendit sa réponse pour le général Cathol, sans la lui lire, mais en lui serrant amicalement la main.

M. Marion, tout bouleversé, revint me trouver dans le fiacre où je l'attendais ; il hésitait s'il devait ou non remettre la lettre au général Cathol. Je fus d'avis de le faire. Le général ouvrit la lettre de Sotin, qui contenait le texte de la loi, et lui disait que le citoyen Frébourg était justiciable de la commission militaire. Mais il y avait en post-scriptum : « Je vous ai envoyé, ce matin, des pièces concernant ce prévenu, d'après lesquelles son émigration ne serait pas constante. » La lecture achevée, le général m'embrassa en me disant de faire préparer, demain matin, à déjeuner pour moi, et aussi pour mon beau-frère. « Dès qu'il n'est pas constant, dit-il, qu'il ait émigré, pour nous il n'a pas émigré. » Et en effet, le lendemain, M. de Frébourg fut acquitté à l'unanimité [1].

Sur ces entrefaites, le ministre de la police accusa réception du fameux passeport, fabriqué par moi et envoyé de Mamers; mais donna simplement l'ordre de remettre mon domestique en liberté.

Ce fut surtout après le 18 fructidor, et après l'acquittement de mon beau-frère, que je pus m'occuper activement des naufragés de Calais, dont le procès a été trop long pour que je puisse le rapporter dans tous ses détails.

[1]. Voir, à l'Appendice, copie du jugement de la commission militaire.

On sait que M. le duc de Choiseul, qui commandait, au service de l'Angleterre, un régiment appelé « les hussards de Choiseul, » s'était embarqué à Hambourg, le 14 octobre 1795, pour se rendre aux Indes, en passant par l'Angleterre, avec deux cents hommes de son régiment et plusieurs officiers, parmi lesquels le chevalier de Montmorency, le marquis de Vibraye, M. de Kérognon, gentilhomme de la Mayenne, etc. Un mois après, dans la nuit du 13 au 14 novembre, ils furent jetés, par une effroyable tempête, sur les côtes de Calais, et furent faits prisonniers. On les enferma d'abord à Calais, puis à Lille, dans la prison dite des « Bons fils. »

Mme la duchesse de Choiseul, née de Crozat, femme de l'ancien ministre de Louis XV, me connaissait particulièrement et m'honorait de sa confiance. A tout prix, elle voulait sauver son neveu et ses malheureux compagnons, et elle m'avait écrit de venir la voir. J'étais alors en rapports très suivis avec M. Louis de Frotté, mon parent [1], qu'on cherchait à associer aux projets des généraux, réunis pour renverser les Directeurs et principalement Merlin de Douai, le plus influent d'entre eux. J'inspirais une grande confiance à Louis de Frotté, qui con-

---

[1]. La parenté dont il est ici question paraît être de pure courtoisie. Henriette de Récalde, mère de l'auteur de ces souvenirs, avait bien pour arrière-grand-père Pierre Ardesoif, dont la sœur Madeleine avait épousé M. de Frotté de Couterne. Elle était ainsi proche parente de presque tous les Frotté. Mais précisément Louis de Frotté, d'une branche cadette, dite de « la Rimblière, » ne descendait pas de Madeleine Ardesoif. — Cette branche s'est éteinte avec lui. Elle remontait à Jean de Frotté, seigneur de la Rimblière, page du roi Charles IX, mort en 1634, fils de Jean de Frotté, premier seigneur de Couterne, chancelier de Henry d'Albret, roi de Navarre.

De ce Jean de Frotté de la Rimblière descendait Pierre-Jean de Frotté, né en 1713, qui eut pour enfants Marie-Anne de Frotté, épouse du vicomte de Chabot, et Pierre-Henri, comte de Frotté, maréchal de camp, qui épousa Marie de Clérambault et eut pour fils le chef royaliste. *(Éd.)*

naissait mes relations avec le parti militaire et avec le général de Tilly, commandant alors à Bruxelles.

J'avais répondu à l'appel de Mme de Choiseul, qui avait pour conseil un véritable ami, M. Jurien, juge à Paris, homme de beaucoup d'esprit et de prudence. Elle m'avait chargé de surveiller la composition de la commission militaire qui devait juger les prisonniers. Je m'étais adressé au général de Tilly et, ainsi que nous l'espérions, la commission avait été favorable au duc et à ses compagnons. Elle avait décidé que des naufragés ne pouvaient être assimilés à des émigrés rentrant de plein gré, et qu'il fallait les rendre à la mer qui les avait jetés sur les côtes de France. Mais Merlin voulait la condamnation à mort du duc et de ses principaux officiers, et il en avait appelé de ce jugement.

Je fis alors plusieurs fois de suite la route de Paris à Lille et à Bruxelles [1], et je mis M. de Tilly au courant de ce dont j'étais convenu avec Frotté. Celui-ci devait tenter de se rendre avec ses officiers dans le commandement militaire de Bruxelles, en traversant la Picardie, la Flandre et la ville de Lille, où nous avions de nombreux partisans.

Au bout de quelque temps, les prisonniers furent enfermés dans la citadelle et mis au secret dans les casemates. Un nouveau jugement fut rendu en leur faveur. Mais Merlin, toujours acharné, le fit de nouveau casser, et en appela au conseil des Cinq-Cents.

Voyant ces dénis de justice et cette véritable persécution, nous songeâmes à faire évader les prisonniers. Cette tentative était concertée avec la duchesse de Choiseul et M. Jurien, dont j'ai toujours suivi les instructions.

---

[1]. Dans un de ces voyages, je fis la connaissance des deux enfants de M. de Choiseul : une fille, qui est devenue Mme de Marmier, et un fils, qui est mort à Vienne, officier d'ordonnance de Napoléon.

Le général de Tilly m'avait donné une lettre de recommandation pour le commandant de la citadelle. L'honneur s'était réfugié dans l'armée : ce brave officier, qui blâmait la conduite du Directoire, se prêta à toutes nos manœuvres. Il me laissa pénétrer plusieurs fois dans les casemates, et, pour bien prouver la sincérité de sa conduite, il me fit un soir souper chez lui avec le duc. Cette nuit-là, je couchai à la citadelle. Le lendemain, je partis pour Bruxelles afin d'y préparer la fuite des naufragés, ou plutôt de trois d'entre eux : le duc, M. de Montmorency et M. de Vibraye, qui devaient seuls profiter de l'évasion. Je comptais leur faire gagner directement Aix-la-Chapelle.

Par malheur, le général Pille, qui commandait à Lille, eut vent de nos projets. Il envoya des agents dans la citadelle pour épier ce qui s'y passait. Lui-même y vint souvent, et un jour il se fit ouvrir les portes pendant que j'étais dans les casemates. Je me blottis dans un renfoncement, et restai quatre heures dans le couloir obscur par lequel on donnait à manger aux prisonniers. Le général, convaincu que le commandant de la citadelle était complice, lui retira son commandement : il était capitaine et avait une nombreuse famille.

Merlin, pendant ce temps, pressait les Cinq-Cents de s'occuper des prisonniers. Or, quand M. Humbert, dit Michaelis, et moi avions voyagé ensemble, dans la voiture publique, de Lille à Paris, nous y avions fait la connaissance d'une Mme Leclerc, dont le mari, gros négociant de Lille, siégeait dans ce conseil et y avait de l'influence [1]. Je ne négligeai pas les avantages de cette

---

[1]. Probablement Leclerc (Edme-Charles-François), député de l'Yonne. (*Éd.*)

rencontre. J'allai la voir et l'intéressai au sort des naufragés, auxquels toute la population honorable de Lille témoignait une grande commisération. Mme Leclerc correspondait avec son mari, qui, d'accord avec plusieurs membres de l'assemblée, fit traîner l'affaire en longueur.

De leur côté, Mme de Choiseul et M. Jurien ne restaient pas inactifs; ils espéraient beaucoup des bonnes dispositions de Bonaparte, alors en Égypte, à qui on supposait des projets favorables à la cause des royalistes.

Enfin, toutes nos démarches combinées firent surseoir à une nouvelle condamnation. Les soldats prisonniers furent mis en liberté sous serment de ne pas porter les armes contre la République : ils avaient été détenus plus de quatre ans. Les officiers furent réintégrés à Lille, aux « Bons fils, » et leur jugement ajourné. Lorsque Bonaparte devint consul, les officiers furent déportés en Allemagne [1], et se trouvèrent ainsi rendus à la liberté [2].

Quant à moi, je retournai en Normandie, continuant à me transporter là où je me croyais nécessaire aux besoins de la cause que je servais. J'étais exempt de la réquisition, étant natif d'un des départements pacifiés de l'Ouest, et je voyageais toujours avec des feuilles de route du ministère de la guerre, comme secrétaire du général de Tilly. Ayant connu Bernadotte à Paris, lors du mariage

---

1. En vertu de l'arrêté du 18 frimaire an VIII (9 décembre 1799). *(Éd.)*
2. Le récit détaillé de toute cette affaire a été fait par le duc de Choiseul dans un volume de ses mémoires. Il ne parle pas de mon grand-père et de toute la peine qu'il s'est donnée pour le sauver. C'est pourquoi je crois devoir donner, à l'Appendice, copie d'une lettre écrite par le duc au général de Tilly et que ce dernier a publiée après le retour des Bourbons en 1814, pour la justification de sa conduite antérieure.
On trouvera également dans l'Appendice quelques-unes des lettres que le duc de Choiseul a écrites, des casemates de la citadelle de Lille, à mon grand-père. *(Éd.)*

de M. de Muiron, ayant eu depuis en main son adhésion aux mouvements royalistes, il avait intérêt à me garantir contre toute difficulté sérieuse.

La meilleure preuve que j'en puisse donner est ce qui se passa lors de mon arrestation au Fayel, en thermidor an VII. J'étais dans ce château depuis quelque temps, quand je fus dénoncé par l'homme d'affaires, comme chef de chouans, venu pour soulever le département et essayer une jonction entre les chouans de Normandie et la 25ᵉ division militaire [1]. Un matin, le parc fut entouré ; toutes les avenues du château furent gardées par un détachement de chasseurs à cheval en garnison à Compiègne, et par deux brigades de gendarmerie. Le lieutenant de cette arme se fit conduire dans ma chambre par un domestique du château, sans en éveiller les maîtres. Il me signifia mon arrestation, ordonnée par le nommé Isoré, commissaire près le département de l'Oise, et ancien membre de la Convention, où il avait voté la mort du Roi. Je fus emmené au chef-lieu de canton, appelé Grand-Fresnoy, et j'y fus interrogé. On s'était emparé de mes papiers, et à la suite de cet interrogatoire, auquel assistaient le capitaine de chasseurs et le lieutenant de gendarmerie, on ordonna de me transférer dans la prison de Beauvais. Comme du Grand-Fresnoy à Beauvais il y a six ou sept lieues, je demandai qu'on m'envoyât chercher un cheval au château, car j'étais très fatigué de mes voyages entre Paris et Lille. Cette faveur me fut d'abord refusée ; puis, sur ma parole d'honneur de ne point chercher à m'évader, les officiers m'accordèrent ce que je demandais, mais ils décidèrent qu'au lieu d'être accom-

---

1. Cette division, dont le siège était à Liège, comprenait une partie de la Belgique. (*Éd.*)

pagné par un gendarme, je le serais par deux. On me confia donc à deux gendarmes, auxquels on remit l'interrogatoire et mes papiers.

Entre le Grand-Fresnoy et Beauvais, où nous fûmes par la traverse, on croise la grande route qui va de Roye à Pont-Sainte-Maxence, et, une lieue environ plus loin, on longe à droite un bois assez étendu. J'avais un cheval très vif. Un des gendarmes m'en fit l'observation, et me laissa comprendre qu'il ne tenait qu'à moi de m'esquiver. Je répondis qu'ayant donné ma parole, je ne pouvais profiter d'une telle insinuation ; que, d'ailleurs, ils devaient songer à quoi ils s'exposaient eux-mêmes. « Je le sais, me répondit l'un d'eux : quatre mois de prison et une destitution ne peuvent pas être mis en balance avec le salut d'un honnête homme. Je suis fils d'un tapissier du château de Compiègne, et je suis attaché à la famille royale par reconnaissance. »

Nous cheminions toujours, et je voyais la peine que ma résolution causait à mes deux conducteurs, quand, arrivés à la grande route de Beauvais à Compiègne, nous rencontrâmes une chaise de poste. Un homme se pencha à la portière pour voir le prisonnier qu'on conduisait. A peine m'eut-il aperçu, qu'il s'écria : « Monsieur de Semallé ! » Les gendarmes le reconnurent pour être M. Lépine, commissaire administrateur de la division de Beauvais. Il leur dit de continuer leur route ; qu'il répondait de moi, et il me fit monter dans sa voiture.

Je connaissais beaucoup M. Lépine, qui était fils de l'ancien courrier du cabinet du Roi. Sa sœur, Mme Bapst, femme de l'ancien joaillier de la couronne, était amie intime de M. et de Mme de Tilly. chez lesquels je le voyais lui-même souvent à Paris. Il était du nombre des officiers supérieurs qui avaient conservé des sentiments monarchiques, et même fait connaître au Roi leurs bonnes dispositions. Il me questionna sur les motifs de mon arrestation; il me dit que j'avais affaire à un homme très malveillant, mais dépendant de lui dans ce moment, et qui le sollicitait pour empêcher un de ses fils d'être pris par la réquisition. En arrivant à Beauvais, nous retrouvâmes les gendarmes qui avaient amené mon cheval, et auxquels il donna l'ordre de ne se présenter qu'une demi-heure plus tard chez le citoyen Isoré. Nous y fûmes ensemble. Isoré, ne me connaissant pas, me reçut à merveille, ainsi que M. Lépine. Je l'avertis de suite que ma visite était un peu forcée ; que j'étais le citoyen Semallé; mais que M. Lépine voulait bien répondre de moi. Les gendarmes arrivèrent au même instant, et Isoré leur fit des reproches de ne pas m'avoir amené directement chez lui. Puis il entraîna M. Lépine dans son arrière-boutique. Au bout d'un quart d'heure environ, il rentra seul, donna aux gendarmes un reçu de ma personne, et les congédia; il me montra alors les ordres du ministre de la police et les dénonciations faites contre moi. Il avait, disait-il, ouvert mes papiers; mais comme il n'y avait rien trouvé qui justifiât cette accusation, il me laissait à la garde de M. Lépine, jusqu'au retour du courrier que celui-ci avait envoyé à Paris. Je retournai donc chez M. Lépine avec lui ; et bientôt arriva un ordre de me mettre en liberté, signé par le ministre de la police et par Bernadotte, ministre de la guerre.

Cette arrestation avait fait beaucoup de bruit dans le canton du Grand-Fresnoy. Plusieurs maires des environs étant venus à Beauvais pour me réclamer, je repartis avec eux à cheval pour retourner au Fayel, d'où, le soir même, je rentrai à Paris. Les deux gendarmes vinrent me féliciter, les larmes aux yeux, et se joignirent aux maires pour me reconduire au château. Je voulus leur donner un témoignage de ma reconnaissance ; ils le refusèrent, mais me demandèrent la permission de m'embrasser. C'est ainsi que dans ces temps de malheur il se trouvait des cœurs honnêtes et généreux.

A la suite de toutes ces émotions, je retournai à Alençon, chez mes parents, et j'y tombai gravement malade.

CHAPITRE IV

ROYALISTES SOUS LE CONSULAT ET L'EMPIRE.

Bonaparte prend la direction des affaires. — La chouannerie. — Envoi de généraux dans l'ouest. — Capitulation de Bourmont et de d'Autichamp. — Frotté envoie MM. du Verdun et de Commarque au général Guidal. — Il se rend lui-même à Alençon avec huit de ses officiers. — Ils sont arrêtés. — Leur voyage d'Alençon à Verneuil. — Leur jugement par une commission militaire. — Leur exécution. — Je retourne à Paris. — Mon voyage dans la diligence avec les membres de la commission militaire. — L'opinion publique. — M. de Bruslart est désigné pour souscrire la capitulation de l'armée de Frotté. — Ses inquiétudes. — Sa lettre au Premier Consul. — Son départ pour l'Angleterre. — Interrogatoire et arrestation de M. de Bourmont.

Procès de Georges et de Moreau. — Mon assiduité à ce procès attire sur moi l'attention de la police. — Mon opinion sur cette conspiration. — Comment Bonaparte accepta les avances des révolutionnaires et trompa l'attente des royalistes. — La crainte des révélations que Pichegru pouvait faire au cours de son procès amena sa fin tragique. — L'alliance de Bonaparte et des Jacobins fut scellée par le sang du duc d'Enghien. — Rôle de Talleyrand. — Détails peu connus sur lui.

Chateaubriand. — Arrestation de son cousin, de M. de Goyon, de MM. de Boisé Lucas et d'un matelot. — Leur transfert à Paris. — Leur jugement. — Leur exécution. — Chateaubriand refuse l'audience impériale envoyée trop tard. — Je suis moi-même arrêté et interrogé par Fouché. — Haine de Chateaubriand pour le « Corse. » — Je quitte Paris pour me rendre chez mes parents.

Cependant Bonaparte, revenu d'Égypte, avait pris la haute direction des affaires. Il voulut mettre fin à la guerre locale qui, sous le nom de chouannerie, avait succédé aux grandes luttes de la Vendée. Elle se continuait dans l'Orne, la Mayenne, l'Ille-et-Vilaine, la Manche, le Maine-et-Loire, par bandes séparées les unes des autres, sous le commandement de chefs indépendants, dont les trois principaux étaient d'Autichamp, Bourmont et Frotté.

Bonaparte envoya des généraux dans ces départements et leur enjoignit, lorsqu'ils arriveraient à proximité des insurgés, de donner trois jours, de minuit à minuit, à leurs chefs, pour faire leur soumission. Ces derniers convinrent qu'aucun d'eux ne traiterait séparément, et qu'ils se communiqueraient leurs décisions ultérieures. Au moment où le délai leur fut notifié, MM. de Bourmont et d'Autichamp, persuadés, comme beaucoup d'autres, des intentions favorables de Bonaparte, et d'ailleurs ne voyant plus les moyens de continuer la lutte, envoyèrent à M. de Frotté, resserré entre Mayenne et Domfront, un exprès qui fut arrêté en route. La rumeur publique seule apprit à ce dernier que ses deux compagnons d'armes s'étaient décidés à accepter la paix.

Le troisième jour, à une heure du soir, Frotté réunit son état-major aux environs de Couterne, et proposa de déléguer deux d'entre eux à Alençon pour faire leur soumission entre les mains du général Guidal, commandant en cette ville. MM. du Verdun et de Commarque, chargés de cette mission, furent bien accueillis par Guidal, qui leur remit un sauf-conduit et leur donna le mot d'ordre pour se faire reconnaître aux avant-postes. M. du Verdun, qui me savait à Alençon, où j'étais en convalescence, se présenta chez ma mère et demanda à me voir. Il me montra le sauf-conduit, et me fit part de la décision de son chef. Comme je savais que M. de Frotté pouvait être compromis par les indiscrétions commises à la citadelle de Lille, pendant le procès des naufragés de Calais, je lui fis transmettre le conseil de donner à un de ses lieutenants le pouvoir d'accepter les clauses de la pacification, mais de chercher personnellement un abri en Angleterre.

Les deux délégués, de retour à leur quartier général, rapportèrent mes observations à M. de Frotté, qui les communiqua à tous les officiers. Un d'eux, qu'on soupçonnait depuis quelque temps de se ménager des amis dans le parti ennemi, s'opposa seul à ce que M. de Frotté voulait faire. Il l'accusa de les abandonner et de rendre leur soumission impossible par son départ. Cet homme fut tellement violent que Frotté se décida, malgré mon avis, à aller signer lui-même la pacification. Toutefois, ne voulant pas se rendre à Alençon pendant le jour, par crainte de faire sensation dans la ville, il fit repartir en toute hâte ses délégués pour prévenir Guidal qu'il serait chez lui vers les neuf heures du soir.

MM. du Verdun et de Commarque y arrivèrent vers sept heures, et comme ils étaient très fatigués de leur double voyage, leur mission une fois remplie, ils furent se coucher dans une auberge située sur la route de Bretagne.

Le général Guidal demeurait dans la maison de M. le comte de Jupille. Ainsi prévenu, il cacha, dans les greniers et les cabinets de cet hôtel, des hommes d'élite. Deux grenadiers, qui logeaient chez mon père et qui avaient été convoqués, nous en informèrent. Je pensai que c'était pour la sûreté de ceux qui venaient faire leur soumission : il me vint bien quelques soupçons, mais je ne pouvais y croire.

A dix heures, M. de Frotté et plusieurs de ses officiers arrivèrent chez Guidal, qui les reçut très cordialement. On fit placer, dans une chambre voisine, des matelas par terre pour que les officiers pussent s'y reposer, pendant que M. de Frotté traiterait des articles de la capitulation.

Au moment où tout était convenu et où il n'y avait plus qu'à signer, — il était à peu près minuit moins vingt minutes, — un aide de camp du général Chambarlhac, qui était arrivé de Paris, disait-on, et qui était logé à l'hôtel du Maure, fit prier Guidal de se rendre chez lui. Guidal répondit qu'il y serait dans un quart d'heure. De l'hôtel de Jupille à l'hôtel du Maure, il y avait au plus trois minutes de chemin. L'officier revint donc tout de suite dire à Guidal de se hâter, parce que les chevaux étaient à la voiture, et que le général Chambarlhac devait être rendu à heure fixe à Paris. Guidal demanda à M. de Frotté la permission de le quitter un instant, lui promettant d'être aussitôt de retour. M. de Frotté, voyant approcher minuit, insista pour signer immédiatement : mais, comme il fallait relire tous les articles, le général lui dit que tout était convenu ; qu'il ne fallait pas faire attendre le général Chambarlhac ; et il partit, laissant M. de Frotté dans sa chambre, où il y avait un bon feu [1].

A minuit sonnant, un chef de bataillon en garnison à Alençon, homme d'une force athlétique, pénétra dans l'appartement. M. de Frotté était debout vis-à-vis de la cheminée, les mains derrière le dos, ne faisant point attention à l'entrée de cet officier. Celui-ci se saisit de ses deux mains, et lui dit : « Vous êtes mon prisonnier. » M. de Frotté invoqua la capitulation. Sans lui répondre l'officier lui lia les mains avec une cravate, prit dans la poche du chef royaliste le sauf-conduit, et le jeta au feu. Au même moment, les grenadiers, cachés dans les gre-

---

[1]. Mon grand-père ajoute : « C'était le 28 janvier. » — C'est une erreur manifeste, qui provient sans doute d'une mauvaise transcription de la date républicaine. J'ai cru devoir la supprimer du texte. M. de Frotté est arrivé à Alençon le 15 février 1800 (26 pluviôse an VIII). — Voir La Sicotière, *Louis de Frotté*, etc.; t. II, liv. 8. *(Éd.)*

niers et les caves, entrèrent dans la chambre où étaient couchés les officiers venus avec Frotté, et les arrêtèrent, pendant que d'autres soldats se saisissaient de MM. du Verdun et de Commarque, à l'hôtel de Bretagne. Tous furent conduits à la préfecture. Là, on leur dit qu'ils n'avaient rien à craindre, mais que Bonaparte serait bien aise de voir M. de Frotté et de traiter avec lui directement.

Je tiens tous ces détails de mon père, qui, ayant passé la soirée chez le grand-père de M. de Frotté, se rendit de suite à la préfecture, où le malheureux Frotté lui raconta les faits tels que je viens de les écrire.

Le préfet vint voir les prisonniers dans la salle où ils avaient été provisoirement conduits, et confirma à M. de Frotté les assurances qu'on lui avait déjà prodiguées. On retint pour Paris toute la diligence du lendemain, dont les frères Pattu étaient propriétaires. C'était une voiture à deux roues, pouvant contenir huit ou dix personnes. On devait voyager à petites journées, et on ne coucha qu'à Mortagne. Pendant ce trajet, on affecta peu de surveillance. Le lendemain, les prisonniers furent conduits à Verneuil. Le jour suivant, à six heures du matin, lorsqu'on préparait les attelages pour continuer la route, M. de Frotté, déjà levé, entendit commander de dételer les chevaux. Ce contre-ordre lui parut extraordinaire, et il en fit part à ses camarades. Ils devaient, disait-on, partir après le déjeuner : mais presque aussitôt arriva un officier d'état-major de la division de Paris, commandée par le général Lefèvre, avec des instructions pour réunir une commission militaire à Verneuil. M. de Frotté ne douta plus alors de son sort ni de celui de ses compagnons.

Devant la commission, il s'appuya sur la capitulation et

sur le sauf-conduit qui lui avait été délivré, et refusa de répondre aux autres questions qui lui furent adressées. M. de Commarque, homme d'esprit et d'énergie, fit tellement valoir leur situation exceptionnelle, que le président de la commission, chef de bataillon du régiment qui était à Alençon, inclina pour l'acquittement. Le capitaine-rapporteur, voyant l'effet produit par le plaidoyer de M. de Commarque, s'approcha alors du président : « On ne vous dit pas de commenter cette affaire, mais de condamner. » Le président répondit que, s'il en était ainsi, quelle que fût l'intention du Premier Consul, il ne pouvait se prêter à ses vues, et qu'il se retirait.

On nomma donc un nouveau président ; on désigna le chef de bataillon qui avait arrêté Frotté, et on recommença l'instruction. Frotté refusa de répondre aux questions de la commission ainsi modifiée. Le baron de Commarque voulut renouveler le plaidoyer qu'il avait déjà prononcé ; mais M. de Frotté l'interrompit, disant : « Si nous sommes jugés comme ayant fait notre soumission et comme porteurs d'un sauf-conduit, notre jugement est prononcé d'avance. Si, au contraire, on veut nous assassiner, notre cause est également entendue. » Après une courte délibération, les royalistes furent condamnés à mort : déjà tout était prêt pour les mener au champ d'exécution.

Cependant M. de Frotté, sachant que Louis Bonaparte, frère du Premier Consul, était à Verneuil comme colonel d'un régiment de chasseurs, demanda à lui parler. Sur son refus, on conduisit les officiers de l'armée royale à côté de la porte de la ville menant au chemin d'Alençon, et on les fusilla (29 pluviôse an VIII). Tous moururent au cri de « Vive le Roi ! » et en maudissant la trahison dont ils étaient victimes.

Cette terrible nouvelle, apportée aussitôt à Alençon, me causa beaucoup de peine, et même d'inquiétude. Une lettre du 19 nivôse, que j'avais reçue de Mme la duchesse de Choiseul, m'annonçant le départ de son neveu pour l'Allemagne, m'invitait à revenir le plus promptement possible à Paris, et insistait sur ce que le climat d'Alençon ne m'était sain à aucun point de vue. Quoique encore très souffrant, comme je craignais pour moi les conséquences d'un pareil assassinat, je montai dans la diligence, où je me trouvai seul jusqu'à Verneuil. Là, elle prit les officiers qui avaient composé le conseil de guerre, excepté le second président. Ces messieurs parlaient de l'affaire et la déploraient tous, sauf le capitaine-rapporteur et le sous-intendant aux revues. C'est ainsi que j'appris les détails que je viens de répéter. Chacun s'excusait d'avoir opiné pour la mort, et ce, dans la croyance que le Premier Consul voulait se réserver le mérite de faire grâce. Je les entendis récriminer amèrement contre le rôle qu'on venait de leur faire remplir.

J'étais dans le fond de la voiture, dans une houppelande de malade. Je descendis à Dreux; mais lorsque je voulus remonter, le commissaire aux revues, assis d'abord à côté du cocher, occupait mon siège. Il faisait un temps froid et pluvieux; je réclamai. Cet homme ne fit pas semblant de m'entendre. Plusieurs personnes, devant l'auberge, appuyèrent ma réclamation. Alors, entr'ouvrant ma houppelande, je sommai l'intrus de se retirer, lui disant que j'étais militaire comme lui, et que nous verrions à qui la place resterait. Les officiers, comprenant que l'affaire allait devenir sérieuse, forcèrent l'intendant de remonter à côté du cocher. En rentrant dans la voiture, je reçus de leur part beaucoup de politesses, et à La Queue, où l'on dînait, ils me firent accepter le coin du feu en ma qualité de malade. Jusqu'à Paris, je n'eus qu'à me louer de leur complaisance.

A peine arrivé, je me rendis chez la duchesse de Choiseul, qui confirma mes inquiétudes au sujet de la conduite du Premier Consul. Dans le public, on voulait encore croire à ses bonnes dispositions. On faisait remarquer que M. de Bourmont jouissait à Paris de la plus grande liberté, aux termes du traité qu'il avait signé. Pour justifier le meurtre de M. de Frotté, on prétendait, au contraire, qu'on avait surpris une correspondance de lui, tout à fait opposée à la capitulation. On ajoutait qu'il avait désigné l'époque d'une nouvelle prise d'armes; le tout pour ôter le caractère odieux au crime qui venait d'être commis.

C'est alors qu'on parla de nommer un nouveau chef pour traiter de la capitulation de l'armée de Normandie. M. de Bruslart, agent des princes, chargé spécialement de la correspondance avec les chouans normands, fut désigné pour cette fonction. Il avait déjà préparé une liste des officiers qui devaient être compris dans la capitulation; mais comme il les connaissait peu, il me pria de l'aider dans ce travail. Je profitai de l'occasion pour y faire ajouter des émigrés qui n'avaient pas encore pu être rayés de la liste. Par cette seule inscription, ils devaient l'être de droit, et sans l'intervention de la police. J'y mis deux de mes amis, MM. de Leudeville et de Louvigny, ce dernier ancien officier au régiment du Roi.

Tout était prêt pour la signature, le jour était pris avec Fouché, ministre de la police, quand M. de Bruslart reçut une lettre anonyme, dans laquelle on lui disait que le Premier Consul, lui en voulant tout particulièrement, différait à dessein la conclusion de l'armistice, et avait l'intention de le faire arrêter comme agent particulier des princes. M. de Bruslart usa de cet avertissement, mais eut l'imprudence d'écrire au Premier Consul une lettre qui commençait ainsi : « C'est bien à vous, élève sorti de la poussière des écoles militaires du Roi....., etc. » Il lui reprochait l'assassinat de M. de Frotté et de son état-major. Après ce coup de tête, il se hâta de partir pour l'Angleterre par la correspondance établie sur les côtes de Normandie.

La lettre ne devait être remise que deux jours après son départ, et était adressée à Fouché pour le Premier Consul. Quand elle parvint à Bonaparte, il entra dans une colère épouvantable, et ordonna qu'à tout prix on se saisît de M. de Bruslart. Fouché, plus adroit, manda M. de Bourmont, qui était à Paris, et lui dit avec un air riant : « Savez-vous où est Bruslart ? C'est un drôle de fou. Le Premier Consul a beaucoup ri de sa lettre, et il désire le voir en personne. Il n'a rien à craindre. J'ai envoyé à l'hôtel des « Neuf départements réunis, » rue de la Madeleine, où il loge. On a fait répondre qu'il était parti depuis deux fois vingt-quatre heures. Le Premier Consul a les meilleures intentions, et M. de Frotté s'est attiré ce qui lui est arrivé par la duplicité de sa conduite. Bonaparte a eu la preuve, par un de ses officiers, qu'en faisant sa soumission, il ne la faisait que pour gagner du temps et reprendre les armes à son retour d'Angleterre. »

M. de Bourmont répondit à Fouché qu'il y avait longtemps qu'il avait vu M. de Bruslart, et qu'il ignorait entièrement où il était. Bonaparte alors, levant le masque, fit arrêter M. de Bourmont à la sortie d'un bal chez l'ambassadeur ottoman. Les officiers qui se trouvaient sur la liste de Bruslart, y compris MM. de Leudeville et de Louvigny, furent conduits au Temple. Ils n'en sortirent que pour faire place aux inculpés dans la conspiration de Georges et de Moreau.

Quand cette conspiration fut découverte, je voulus en suivre le procès; mais en assistant aux séances, je m'aperçus que j'étais surveillé, car à la sixième audience un huissier vint me demander ma carte, que j'avais obtenue par la protection d'un maire de Paris, M. Lemoine, qui était bijoutier sur le quai des Orfèvres. Voyant qu'on ne me la rendait pas, à la fin de l'audience, j'allai trouver le président pour la lui réclamer. Il me répondit que les cartes étaient données pour les curieux, et non pour les observateurs. Contrarié de ce refus, j'en parlai à M. Lemoine, et à un nommé Leblanc, ancien valet de chambre des pages, huissier alors à la préfecture de police, qui m'engagea à venir tous les jours à cinq heures du matin, au moment du nettoyage de la salle, offrant de me placer de manière à n'être pas aperçu par les juges. J'acceptai, et c'est ainsi que j'ai pu suivre en entier ces fameux débats, dont j'ai envoyé à Londres un compte rendu très exact, qui fut imprimé en Angleterre.

Des amis du général Moreau, à qui on avait également enlevé leurs cartes, vinrent me voir, chez M. Delisle de Sales, membre de l'Institut, rue de Varennes, où je logeais, ainsi que des Anglais que Bonaparte retenait comme otages. Ces visites attirèrent l'attention, au point qu'un commissaire de police vint s'informer auprès de M. de Sales et auprès de M. Blanc d'Hauterive, conseiller d'État, demeurant au premier étage dans la même maison, de ce que je faisais et si j'avais une profession quelconque. Il fut répondu que je cultivais les sciences et que j'avais une conduite très régulière; ce qui parut suffire à la police.

Voici quelle était alors mon opinion sur la conspiration. Elle est conforme au caractère que j'avais déjà démêlé en Bonaparte, au moment du mariage de M. de Muiron ; elle a été confirmée depuis par mes entretiens avec MM. de Polignac, de Rivière et autres.

Lorsque nous étions encore convaincus que Bonaparte voulait jouer le noble rôle de Monk, les révolutionnaires compromis par leur conduite sous la Terreur, ne pouvant croire au pardon de leurs crimes, firent des ouvertures au Premier Consul, et l'engagèrent à prendre pour lui-même le pouvoir qu'il voulait remettre aux Bourbons. Ils tentèrent par là son ambition, et réussirent à faire changer les bonnes dispositions qu'il avait naturellement.

Or, à Londres, on croyait généralement que Bonaparte finirait par se tourner du côté royaliste, comme Moreau et Pichegru, et ce n'est que quand Georges Cadoudal eut la certitude du contraire, qu'il se décida, avec les siens, à l'attaquer de vive force [1]. Bonaparte, en effet, jouait un double jeu : pendant qu'il prenait des engagements avec les révolutionnaires, il entretenait à Londres la cour dans ses illusions, si bien que MM. de Rivière et de Polignac vinrent à Paris, croyant servir d'aides de camp à une restauration réalisée par Bonaparte, Moreau et Pichegru.

Pichegru eut des preuves certaines de la fausseté de Bonaparte, et il comptait à l'audience manifester cette trahison. La crainte où était le Premier Consul de voir dévoiler aux yeux de l'Europe les avances qu'il avait faites aux royalistes, avant que son alliance avec les Jacobins fût scellée par le sang du duc d'Enghien, causa

---

[1] Je tiens à dire ici que Georges était absolument étranger à la conspiration de la machine infernale. C'était un caractère trop honorable pour avoir tenté un lâche assassinat.

la catastrophe du 5 avril [1]. Bonaparte avait encore un autre sujet d'inquiétude : il redoutait de voir les troupes se tourner contre lui, par suite de leur attachement à Moreau, et c'est ce qui perdit ce général.

Au moment où la conspiration royaliste, préparée depuis si longtemps, devait éclater, Monsieur devait venir en France en prendre la direction, et Bonaparte, qui était au courant de tout, ne l'ignorait pas. Monsieur aurait débarqué, en effet, sans les observations de M. de Rivière, qui demanda à venir à l'avance juger par lui-même des intentions du Premier Consul, et qui obtint que le prince retardât son départ.

Bonaparte, sommé par les Jacobins de leur donner des garanties, leur avait promis de leur livrer le comte d'Artois. Au premier moment, il crut tenir ce dernier parmi les conjurés ; car il croyait bien avoir réussi à l'attirer en France. Quand il fut certain du contraire, pressé de s'assurer le concours absolu de ses nouveaux auxiliaires, il fit enlever le duc d'Enghien à Ettenheim, sur le sol étranger, et, contre le droit des gens, le fit fusiller dans les fossés de Vincennes.

Le principal fauteur de la mort du duc d'Enghien a été le prince de Talleyrand. Il était aussi de ces révolutionnaires qui préféraient l'autorité despotique du sabre à la légitimité parce qu'ils avaient trop de crimes à expier, et qui voyaient dans l'établissement d'un régime nouveau l'impunité assurée à leurs forfaits. Ce furent eux qui empêchèrent Bonaparte de rétablir la monarchie, et qui lui assurèrent la pourpre impériale en échange du sang d'un Bourbon.

---

[1]. C'est en effet le 5 avril 1804 que Pichegru fut trouvé mort dans la prison du Temple. *(Éd.)*

Puisque j'ai nommé Talleyrand, je me rappelle ici un détail peu connu sur son entrée au ministère. A son retour des États-Unis, il était dénué de ressources, et cependant il désirait le portefeuille des relations extérieures, pour lequel il fallait être propriétaire d'un certain capital. La loi exigeait, je crois, 60 ou 80,000 fr. Talleyrand alla trouver un M. Bellanger, qu'il avait connu dans sa jeunesse. C'était un architecte distingué qui avait construit Bagatelle, et qui possédait une maison, avenue des Veuves [1]. Lorsque son ancien ami lui eut fait part de son embarras, il lui offrit la maison qu'il venait de bâtir aux Champs-Élysées : « Prends-la, lui dit-il, tu me la paieras plus tard, ou tu me la rendras. » Le marché fut conclu, et l'ancien évêque d'Autun obtint le portefeuille tant désiré. Lors du traité de paix avec les États-Unis, Talleyrand, qui venait à cette occasion d'acquérir peu délicatement deux millions, fut invité par M. Bellanger à payer la maison; il n'envoya que 80,000 fr. à son bienfaiteur. M. Bellanger déclara qu'il ne pouvait accepter si peu d'une maison qui avait fait gagner si vite une fortune, et réclama 400,000 fr.; sinon, il menaçait de publier contre le ministre un mémoire détaillé, avec preuves à l'appui. Talleyrand paya, et le mémoire ne parut pas. Comme M. Bellanger, depuis, a travaillé pour moi, et que j'ai beaucoup contribué, en 1814, à lui faire recouvrer son ancienne place d'architecte de M. le comte d'Artois, il m'a fait toutes ses confidences. J'ai tenu dans les mains le fameux mémoire [2].

Pendant toute la durée du premier Empire, il y eut constamment des protestations royalistes, des complots

1. Aujourd'hui avenue Montaigne.
2. M. Bellanger est mort en 1818.

plus ou moins opportuns, mais toujours malheureux, puisque ce n'est que la force d'une coalition européenne qui put renverser le colosse. Étant données mes relations avec tout le parti royaliste, il était bien difficile que je ne fusse pas quelquefois compromis. Mais j'étais sur mes gardes, et j'en fus quitte pour quelques interrogatoires.

C'est ainsi que le 11 septembre 1807, à sept heures du matin, je fus arrêté à mon domicile, 55, rue de Lille, par un nommé Pasques, inspecteur général de la police, le même qui arrêta tant de monde à cette époque. Il saisit mes papiers. On avait trouvé une lettre à mon adresse, dans laquelle il était question de Mme de Berthier de Sauvigny, dont le mari était alors inculpé [1]; d'autre part, M. de Bonneuil, arrêté à Rouen pour le même motif, avait écrit de sa prison, à son homme d'affaires, un billet, qui avait été surpris : il lui recommandait de détruire mon adresse, qui devait se trouver dans le tiroir de son bureau.

J'étais très lié avec Mme de Berthier, née Debonnaire de Forges, dont une sœur avait épousé un M. Joly de Fleury. Je n'eus pas de peine à prouver que mes rapports avec elle n'avaient rien de politique ; et M. Delisle de Sales, membre de l'Institut, mon propriétaire, s'étant porté garant de ma sagesse et de ma moralité, je fus purement et simplement remis en liberté. Mme de Combray et M. de Bonneuil furent condamnés à la prison perpétuelle.

Malheureusement, beaucoup de personnes, entraînées par un zèle plus généreux qu'éclairé, furent les victimes de la police. D'autres, plus gravement compromises, ont payé de leur vie leur imprudence. Tel a été le sort du cousin de Chateaubriand.

[1]. Voir aux Arch. nat., F7 6489.

Au début de la fortune de Napoléon, Chateaubriand, jeune, brillant, plein d'avenir, avait accepté un poste diplomatique ; mais après l'assassinat du duc d'Enghien, il avait, avec beaucoup de noblesse, envoyé sa démission. Par la suite, voyant les étonnantes victoires, la situation incomparable de l'Empereur, il était très tenté de se rapprocher de lui. La mort d'un de ses cousins, Armand-Louis-Marie de Chateaubriand, établi à Jersey depuis treize ans, le rendit irréconciliable.

On était en 1808. M. Armand de Chateaubriand fut chargé de faire parvenir à Paris des lettres de Londres, et aussi de prendre des renseignements sur la position de la place de Brest. Il se rendit de Jersey à Saint-Malo, et mit dans sa confidence M. de Boisé-Lucas, chez qui il était descendu, et un voisin de celui-ci, ancien officier de marine, appartenant à la nombreuse famille des Goyon, M. de Goyon de Vaurouault. Ce dernier se chargea de ce qui concernait la place de Brest. Quant aux dépêches pour Paris, M. de Boisé-Lucas les remit à son fils, âgé d'environ dix-huit ans, qui entreprit le voyage.

Ce jeune homme se présenta chez moi de grand matin. Mon domestique l'engagea à revenir plus tard ; puis voyant sa persévérance, il le laissa entrer. Je lui demandai la raison d'une visite aussi matinale : il me répondit qu'il avait une lettre à me remettre. Je voulus savoir d'où elle venait. S'approchant de mon lit, il me dit qu'elle venait de Londres. La grande jeunesse du commissionnaire me donna soupçon de quelque imprudence ; je refusai de rien recevoir, déclarant n'avoir aucune correspondance avec l'Angleterre. Il insista beaucoup ; mais, sur mes refus réitérés, il me quitta. Je demeurais alors rue de Lille, entre les rues de Bellechasse et de Poitiers.

M. de Boisé-Lucas, après avoir remis les autres lettres

à leurs adresses, repartit pour Saint-Malo, où arriva, de son côté, M. de Goyon, avec un état très détaillé de la position et des forces de la ville de Brest. Il recommanda à M. de Chateaubriand, qui devait porter lui-même ces renseignements, de les recopier, dans la crainte que son écriture pût le compromettre. Chateaubriand le lui promit, et il avait commencé déjà à écrire, lorsque le maître du bateau vint l'avertir qu'il était temps de s'embarquer. Alors, prenant toutes les réponses que le jeune de Boisé-Lucas avait apportées de Paris, ainsi que la note remise par M. de Goyon, avec la copie qu'il en avait commencée, il fit un paquet du tout, le mit dans une boîte en plomb et suivit le matelot.

Quand ils furent à une lieue environ hors du port, il s'éleva une tempête qui les poussa vers le littoral de Coutances. Voyant qu'il ne pouvait échapper aux douaniers de la côte, Chateaubriand jeta la boîte à la mer ; peu après il était arrêté par les douaniers, ainsi que le matelot (9 janvier 1809).

On les conduisit chez le commissaire général de police, à Coutances. Là, M. de Chateaubriand ne voulut pas avouer son véritable nom. Il donna celui de John Falt, propriétaire terrier à Jersey. Quant au matelot, il déclara ne pas connaître la personne qu'il s'était chargé de reconduire à Jersey. Il était de Port-Bail, et avait nom Quintal. Le commissaire, soupçonnant à ce voyage des motifs secrets, fit partir les prisonniers pour Paris, où ils furent interrogés. Mais M. Armand de Chateaubriand refusait de donner aucun éclaircissement.

Deux jours après (11 janvier 1809), deux préposés des douanes de la brigade de Hatainville découvrirent à marée basse, sur le banc de Ky, le fameux paquet, et le remirent à la police de Coutances. Le commissaire jugea ces documents d'une extrême importance, et les expédia aussitôt à Paris.

Ce qui irrita le plus le gouvernement, ce fut la note sur Brest. Fouché en envoya un fac-similé aux commissaires généraux de police de Coutances et de Saint-Malo, et à leurs collègues de Normandie et de Bretagne, leur enjoignant de trouver coûte que coûte l'auteur de ce travail.

Le commissaire de Saint-Malo, M. Petit, donna donc l'ordre de prendre, à l'entrée de la ville, les passeports de tous ceux qui n'y résidaient pas, et de les porter à la municipalité, où ceux-ci étaient obligés d'aller chercher un visa avant de partir. Il avait fait la connaissance de M. de Goyon, et allait quelquefois chasser chez lui. M. de Goyon, qui connaissait l'arrestation de M. de Chateaubriand, vivait alors dans une grande inquiétude. Un jour qu'il avait déjeuné chez M. Petit, on apporta une pièce quelconque, et M. Petit, se disant obligé de sortir, pria son hôte de vouloir bien en faire pour lui une copie. Ce travail terminé, M. de Goyon le laissa sur le bureau de son ami, et s'éloigna, mais sans quitter la ville. Cependant M. Petit, étant rentré, compulsa les écritures et envoya à la municipalité l'avis de renvoyer au commissariat de police M. de Goyon, quand il se présenterait pour retirer son passeport. M. de Goyon retourna chez M. Petit, et lui témoigna sa surprise. Alors ce dernier, le prenant en particulier, lui montra la note retrouvée dans la mer, et lui dit sans autre préambule : « C'est vous qui avez écrit cela ? » — « Oui, avoua M. de Goyon; je ne puis le nier, et je le confesse à votre amitié : vous ne voudrez pas me perdre. » Le commissaire fut inflexible, et répondit que dans l'intérêt même de sa position, il devait utiliser la découverte qu'il venait de faire. Il ajouta qu'il répondait de tout et qu'en envoyant M. de Goyon à Paris, il écrirait à qui de droit une lettre qui serait un correctif à la mesure qu'il était obligé de prendre.

Le malheureux Goyon ne put même pas obtenir la permission de revoir sa femme, et fut dirigé sur Paris. Là, réuni à M. de Chateaubriand, à MM. de Boisé-Lucas et à l'infortuné matelot, il fut traduit avec eux devant une commission militaire.

Moi-même, à la suite de la découverte de la lettre que j'avais refusée, je fus arrêté un matin avant le jour, et mes papiers furent saisis, toujours par le nommé Pasques. Transféré au ministère de la police, je dus subir plusieurs interrogatoires, mais surtout un qui dura deux heures, et dans lequel Fouché lui-même, mon ancien maître à Vendôme, me tendit tous les pièges possibles, sans pouvoir obtenir autre chose, sinon que j'avais refusé une lettre, dont le contenu me restait absolument inconnu. Ce dernier interrogatoire eut lieu dans la chambre à coucher du ministre, qui était malade et gardait le lit. Il avait tenu à me questionner en personne, se souvenant qu'on avait trouvé déjà mon nom et mon adresse dans des papiers saisis chez M. de Bonneuil, à propos d'un complot qui devait éclater dans l'Ouest.

Pendant ce temps, l'ancien procureur au parlement de Paris, M. Joly de Fleury, vint me réclamer, et pareille démarche fut faite d'autre part par des généraux amis de M. de Tilly [1].

Je fus remis en liberté sous caution, et avec promesse

[1]. Dans le dossier de cette affaire (Arch. nat., F7 6481), il n'est fait mention ni de l'arrestation de mon grand-père, ni des interrogatoires subis par lui, ni même de la lettre dont il parle. M. de Boisé-Lucas fils, au contraire, a déclaré n'en avoir eu aucune autre à remettre que les trois figurant au dossier, pour l'abbé Sicard, pour Laya et pour Caille; mais cette affirmation n'a rien qui puisse surprendre de la part d'un accusé, qui cherchait à se décharger le plus possible et aussi à ne pas compromettre une personne de plus.

Mon grand-père, depuis l'affaire Berthier de Sauvigny, en 1807, était toude me tenir à la disposition de l'autorité quand j'en serais requis. Je quittai le ministère de la police à minuit moins un quart. Avant de me laisser partir, Fouché me dit : « Puisque vous prétendez que vous ne conspirez pas, donnez des garanties ; soyez quelque chose ; acceptez une fonction de l'Empereur ou de son gouvernement. Je me charge de vous aider et de vous faire obtenir la position que vous désirerez. Je vous indique particulièrement des postes nouveaux qu'on va établir dans les maisons militaires ou civiles des princes du sang. » — Je répondis que, fils unique et sans ambition, ayant été un des derniers pages de Louis XVI, je préférais rester dans une situation libre et indépendante. — Fouché répliqua qu'il ne pouvait pas blâmer cette détermination, mais qu'il me conseillait de prendre garde à moi ; « car, ajouta-t-il, jusqu'à ce que vous ayez accepté quelque chose de l'Empereur, vous serez toujours considéré comme hostile au régime actuel, toujours suspect, et sans cesse en danger de vous trouver dans la position où vous étiez tout à l'heure ; si ce n'est pire. »

Une fois libre, je fus très désireux de suivre l'affaire de Saint-Malo. J'allai voir un de mes anciens camarades, cousin de l'accusé, M. de Goyon de Marsé, qui me mit au courant de toutes ses inquiétudes, et me pria instamment d'écouter les débats, se réservant d'employer son temps et son influence pour obtenir la libération ou la grâce des prévenus. Il s'adressa, entre autres, à sa cousine, Mme de Goyon de Matignon, et à la fille de celle-ci, Mme de

---

jours surveillé. Il est probable que la police aura connu par ses espions la visite matinale qu'il avait reçue de M. de Boisé-Lucas fils, et il n'en fallait pas davantage pour expliquer l'insistance de Fouché. Les interrogatoires n'ayant rien révélé de sérieux, il fut remis en liberté : il n'y a donc aucune raison pour que son nom figure au dossier. *(Éd.)*

Montmorency, qui était dame d'honneur de Joséphine et passait pour avoir grand crédit auprès de Napoléon.

Selon le désir de M. de Marsé, je trouvai moyen d'assister aux séances de la commission militaire : elles me firent une très vive impression. Le matelot fut sublime d'énergie, et montra une véritable éloquence. « On me reproche, dit-il, de ne pas avoir vu que c'étaient des conspirateurs qui se servaient de moi contre la patrie: j'aurais dû le comprendre au prix très élevé qu'on m'offrait. Mais il y avait des dangers à courir, et la manière dont notre voyage s'est terminé le prouve. Je n'ai que mon état pour faire vivre ma femme et mes enfants, et je n'avais garde de refuser l'occasion d'apporter un peu d'aisance dans mon ménage. Est-ce sur des gens comme vous qu'il me fallait compter pour nourrir ma famille? Qui prendra soin d'elle, quand vous m'aurez tué? » Mais on voulait faire un exemple, et le matelot fut condamné à mort, comme les quatre principaux accusés.

Je me hâtai d'en informer M. de Goyon de Marsé, qui courut avec moi chez Chateaubriand, dont la réputation était alors à son comble, et l'engagea à s'adresser à l'Empereur pour lui demander immédiatement une audience. M. de Chateaubriand écrivit devant moi. Sa lettre fut remise à Napoléon par Mme de Montmorency, en présence de Joséphine : l'Empereur assura qu'il répondrait à M. de Chateaubriand. Ce soir-là, Berthier donnait une fête à l'Empereur et à l'Impératrice.

Pendant les débats de la commission militaire, j'avais reconnu, dans le capitaine rapporteur, un des officiers qui fréquentaient la maison du général de Tilly, quand il commandait les neuf départements réunis. Je le suppliai de mettre le moins de diligence possible dans l'exécution du jugement, et lui confiai que nous faisions des démarches dont nous espérions beaucoup. Cet officier, avec un empressement qui faisait honneur à son bon cœur, me promit d'entrer dans nos vues [1].

Vers les cinq heures du soir, M. de Chateaubriand, qui donnait l'hospitalité à Mme de Goyon, la femme du condamné, n'ayant pas encore reçu de l'Empereur la réponse annoncée, me dit : « Cet homme est vindicatif. Il ne me pardonnera pas la démission que j'ai donnée, lorsqu'il a fait assassiner le duc d'Enghien. »

Sur les sept heures, je me rendis à l'hôtel des relations extérieures, et fis demander Mmes de Matignon et de Montmorency. Elles m'affirmèrent positivement que l'Empereur leur avait promis, de la meilleure grâce possible, d'accorder une audience à M. de Chateaubriand. Je revins porter ces paroles d'espérance à la rue Saint-Florentin, où demeurait l'écrivain, et de là j'allai chez le capitaine rapporteur le mettre au courant de la démarche que je venais de faire.

Vers les dix heures, je retournai au ministère des relations extérieures sur le boulevard ; mais l'Empereur en était parti avec toutes les personnes de sa suite. En rentrant chez M. de Chateaubriand, je rencontrai le domestique du capitaine rapporteur, venu pour me prier de passer chez son maître. Le capitaine m'apprit qu'il venait de recevoir à l'instant, du ministre de la guerre, l'ordre de faire exécuter, au soleil levant, MM. Armand de Chateaubriand, de Goyon et le matelot. Un sursis était accordé à MM. de Boisé-Lucas père et fils. Je communiquai cette triste nouvelle à M. de Chateaubriand, qui me

---

[1]. Il demeurait rue Neuve des Petits-Champs, au coin de la place Vendôme, et Chateaubriand, rue Saint-Honoré, au coin de la rue Saint-Florentin. Pour moi, je venais de m'installer boulevard de la Madeleine, n° 27, à la porte Saint-Honoré.

dit : « Je vois bien que l'Empereur veut me faire acheter la vie de mon cousin ; mais je ne désespère pas encore. » Nous restâmes toute la nuit ensemble. Chateaubriand s'était habillé en grande cérémonie pour l'audience, qu'il attendait toujours.

Sur les cinq heures du matin, pensant que M. de Goyon de Marsé pourrait avoir eu des renseignements par ses parentes, je me rendis chez lui [1]. Au tournant de la rue Taranne, dont la forme rappelle un peu celle d'un entonnoir, je vis déboucher, venant de l'Abbaye, par la rue Sainte-Marguerite, un piquet de gendarmerie et la charrette qui conduisait les malheureux à la mort. A cette vue, je faillis me trouver mal. Je m'arrosai le visage à la fontaine, et revins à la hâte chez M. de Chateaubriand. Celui-ci se répandit en malédictions contre « le Corse, auquel il croyait moins de cruauté. » Dans une pièce voisine, Mme de Goyon éclatait en sanglots.

Au milieu de cette scène de douleur, on annonça enfin un envoyé du château, qui remit à Chateaubriand une lettre d'audience, indiquée pour six heures du matin. Chateaubriand, sans se lever, et avec beaucoup de dignité, rendit le pli au messager et lui dit : « Répondez à votre maître qu'il y a une heure, j'avais une grande grâce à lui demander ; mais que maintenant il ne me reste plus qu'à pleurer. »

Nous passâmes la matinée à essayer de consoler la malheureuse Mme de Goyon, déplorant entre nous la légèreté des agents royalistes de Londres, qui compromettaient ainsi, sans chance de succès, des gens dévoués à la monarchie, et la monarchie elle-même [2].

---

[1]. Il demeurait rue Taranne.
[2]. Dans ses *Mémoires d'outre-tombe*, Chateaubriand a raconté avec beaucoup de détails l'arrestation et le procès de son cousin Armand. — Il y

Nul homme raisonnable ne saurait contester à un gouvernement, quel qu'il soit, le droit de se défendre. Dans le fait de livrer, même à des Français, du moment où ils résidaient en Angleterre, des renseignements tels que

parle du rôle que lui-même a joué en cette affaire, dans des termes tellement différents, que je crois devoir les citer ici :

« J'avais écrit pour demander une audience à Fouché : il me l'accorda et m'assura, avec l'aplomb de la légèreté révolutionnaire, qu'il avait vu Armand; que je pouvais être tranquille; qu'Armand lui avait dit qu'il mourrait bien et qu'en effet, il avait l'air très résolu. Si j'avais proposé à Fouché de mourir, eût-il conservé à l'égard de lui-même ce ton délibéré et cette superbe insouciance ?

« Je m'adressai à M⁻ᵉ de Rémusat : je la priai de remettre à l'Impératrice une lettre de demande de justice ou de grâce à l'Empereur. — M⁻ᵉ la duchesse de Saint-Leu m'a raconté à Arenenberg le sort de ma lettre : Joséphine la donna à l'Empereur; il parut hésiter en la lisant, puis rencontrant quelques mots qui le blessèrent, il la jeta au feu avec impatience. J'avais oublié qu'il ne faut être fier que pour soi.

« M. de Goyon, condamné avec Armand, subit sa sentence. On avait pourtant intéressé en sa faveur M⁻ᵉ la baronne duchesse de Montmorency, fille de M⁻ᵉ de Matignon, dont les Goyon étaient alliés. Une Montmorency domestique aurait dû tout obtenir, s'il suffisait de prostituer un nom pour apporter à un pouvoir nouveau une vieille monarchie. M⁻ᵉ de Goyon, qui ne put sauver son mari, sauva le jeune Boisé-Lucas. Tout se mêla de ce malheur, qui ne frappait que des personnages inconnus. On eût dit qu'il s'agissait de la chute d'un monde : tempêtes sur les flots, embûches sur la terre, Bonaparte, la mer, les meurtriers de Louis XVI et peut-être quelque passion, âme mystérieuse des catastrophes du monde. On ne s'est pas même aperçu de toutes ces choses : tout cela n'a frappé que moi et n'a vécu que dans ma mémoire. Qu'importaient à Napoléon des insectes écrasés par sa main sur sa couronne ?

« Le jour de l'exécution, je voulus accompagner mon camarade sur son dernier champ de bataille. Je ne trouvai point de voiture. Je courus à pied à la plaine de Grenelle. J'arrivai, tout en sueur, une seconde trop tard : Armand était fusillé contre le mur d'enceinte de Paris. Sa tête était brisée; un chien de boucher léchait son sang et sa cervelle. Je suivis la charrette qui conduisait le corps d'Armand et de ses deux compagnons plébéien et noble, Quintal et Goyon, au cimetière de Vaugirard, où j'avais enterré M. de la Harpe. Je retrouvai mon cousin pour la dernière fois, sans pouvoir le reconnaître; le plomb l'avait défiguré..., etc. »

Mon grand-père n'a jamais pu s'expliquer pourquoi Chateaubriand n'avait pas purement et simplement rapporté dans ses mémoires le rôle remarquablement digne qu'il avait tenu en cette circonstance, et encore bien moins comment il l'avait transformé en un véritable roman. Il a toujours protesté contre cette partie des *Mémoires d'outre-tombe*, et affirmé la parfaite exactitude du récit qu'il a consigné dans ses souvenirs. (*Éd.*)

ceux remis par M. de Goyon à M. de Chateaubriand, il y avait un véritable motif de sévir avec rigueur, et l'exécution des deux principaux coupables n'était pas à reprocher au chef de l'État. Quant à la mort du malheureux batelier, qui n'était dans aucun secret, ce n'était plus une punition; c'était une mesure d'intimidation qui visait tous ses pareils. Néanmoins elle se justifie, et on comprend que Bonaparte se soit montré inexorable, Mais, ce qui n'a aucune excuse, ce qui peint celui qu'on a surnommé « l'Homme du siècle, » c'est sa conduite féline, son peu de franchise et, sous le masque de la bonhomie, son âpre volonté d'assouvir sa vengeance. Les deux dames de son entourage, qui avaient imploré sa pitié, ne méritaient pas qu'on leur fît jouer un rôle de complices.

La haine de Chateaubriand contre « le Corse » devint incommensurable, et en 1814, le grand écrivain, dans sa brochure *Bonaparte et les Bourbons*, fit imprimer ces mots : « Comment expliquer les fautes de cet insensé? Nous ne parlons pas encore de ses crimes.... La première victime connue de la perfidie du tyran fut un chef des royalistes de la Normandie. M. de Frotté eut la noble imprudence de se rendre à une conférence, où on l'attira sur la foi d'une promesse. Il fut arrêté et fusillé.... » Et, en parlant de Vincennes : « Tout fut violé pour commettre ce crime : droit des gens, justice, religion, humanité. Le duc d'Enghien est arrêté en pleine paix, sur un sol étranger. Il est enlevé, etc. » Si Bonaparte, au lieu de la conduite qu'il a tenue vis-à-vis de Chateaubriand, lui eût, malgré son légitime ressentiment, accordé la grâce des prisonniers, il n'eût pas entendu retentir, au milieu du fracas de sa chute, les paroles que nous venons de citer. Et si Chateaubriand lui avait dû la vie de son cousin, il est probable qu'il n'eût pas fait paraître cet écrit célèbre, qui valut à la cause de la Restauration « une armée tout entière, » selon l'expression de Louis XVIII.

Toujours retenu à Paris par la promesse que j'avais faite de me présenter à toute réquisition, j'écrivis à Fouché que, des intérêts de famille nécessitant ma présence auprès de mes parents, je partirais sous trois jours si je ne recevais aucun ordre contraire ; que, dans tous les cas, je comptais m'adresser à la commission de la liberté individuelle pour faire cesser la surveillance dont j'étais l'objet. Ne recevant pas de réponse, je pris un passeport et me rendis à Alençon sans aucun obstacle.

CHAPITRE V

LE COMTE D'ARTOIS A VESOUL.

Lepelletier de Saint-Fargeau. — Sa fille, Mme Lepelletier de Mortfontaine. — Mon mariage avec Mlle de Thomassin de Bienville. — Présages de la chute de Napoléon.

Lettre du comte des Cars. — Les princes quittent Hartwell. — Mon départ avec le vicomte de Virieu pour Époisses. — Tentative de mouvement royaliste à Dijon. — Lavoisier, courrier du sous-préfet d'Avallon. — Signal envoyé à Paris. — Mme de Chastellux. — Dangers courus à Semur. — Réunion royaliste à Dijon. — Mon voyage à Vesoul avec M. de Polignac. — Conversation avec le comte d'Artois. — Je reçois à Dijon les pouvoirs de Monsieur.

M. de Wildermeth au grand quartier général. — Il y rencontre M. de Vitrolles. — Mission de ce dernier, envoyé par Talleyrand. — Il tombe aux mains des soldats français.

Je me rends à Chatillon. — Projet de voyage avec la princesse Radziwill. — État des négociations des alliés avec Bonaparte. — M. Rouen transmet de mes nouvelles à Paris. — Le prince de Liechtenstein m'arrête à Auxerre. — Le général Gyulay me retient à Sens. — Nuit au château de la Brosse. — Rentrée à Paris par Fontainebleau.

Napoléon, parvenu à l'apogée de sa puissance, avait voulu conclure une union digne de sa fortune et, en 1810, il avait épousé l'archiduchesse Marie-Louise. Constatant avec douleur que les souverains étrangers eux-mêmes sacrifiaient leur propre famille à l'intérêt de leur politique, je crus dès lors que tout espoir était interdit de voir revenir la dynastie à laquelle j'étais attaché.

C'est aussi à ce moment que je me décidai à satisfaire

le vœu de mes parents qui me poussaient au mariage. J'arrivais à l'âge de trente-huit ans, et, depuis plusieurs années, les personnes qui s'intéressaient à moi m'avaient parlé d'alliances très flatteuses, mais auxquelles je ne m'étais pas arrêté. Je tenais non seulement à l'ancienneté de la famille et à l'honorabilité de la fortune, dans un moment où les biens des hospices, des églises, des émigrés et des condamnés avaient enrichi tant de monde; mais aussi à n'épouser qu'une personne capable de s'associer sans réserve à tous mes sentiments politiques et religieux. Cette personne, je finis par la rencontrer dans les premiers jours de l'année 1810 : voici dans quelles circonstances.

J'ai parlé, au début de ces souvenirs, de M. Lepelletier de Saint-Fargeau, allié, en premières noces, à une nièce de M. Joly de Fleury, et qui, depuis, était devenu la malheureuse victime de Philippe-Égalité, dont il était l'ami intime. En effet, le jour où se décida le sort de Louis XVI, le duc d'Orléans, déjeunant chez Saint-Fargeau, lui avait exposé les résolutions prises par les différents groupes de la Convention, et l'avait supplié de voter comme lui, s'il voulait sauver la vie du Roi. Saint-Fargeau s'y était engagé, et avait tenu sa promesse lorsque Égalité eut voté la mort sans sursis. Le lendemain matin, 21 janvier, comme Saint-Fargeau était allé au café de Foix, un ancien garde du corps, appelé Pâris, s'était placé en face de lui : « Misérable! lui avait-il crié, tu as « voté la mort du Roi; tu périras le premier! » et il lui avait plongé un poignard dans le cœur. Saint-Fargeau avait laissé une fortune immense et une fille unique. La nation s'était déclarée sa tutrice et, après avoir dissipé une bonne partie de l'héritage, l'avait mariée à un sieur de Witt, Hollandais et démocrate. Ce mariage n'avait pas été heureux : Mme de Witt avait plaidé en séparation, et un conseil de famille, dont je faisais partie, l'avait soutenue dans cette démarche. La séparation avait été proclamée judiciairement; M. de Witt était mort peu après; les deux enfants nés de ce mariage n'avaient pas tardé à suivre leur père dans la tombe.

Il restait un neveu, M. Lepelletier de Mortfontaine, ancien émigré, qui déplorait la conduite et la fin tragique de son oncle. Mme de Witt, une fois veuve, aurait désiré l'épouser; mais, bien que peu fortuné, il refusait. Étant tombé gravement malade, il fut soigné par sa cousine comme par une sœur. La richesse de sa parente n'avait pu le persuader : il ne résista pas à son affection, et le mariage se fit, à la grande satisfaction de la nombreuse famille des Lepelletier. Ils allèrent demeurer faubourg Saint-Honoré, avec leur tante de Saint-Fargeau, belle-sœur du régicide et fille de Mme Leclerc, née de Peyrac.

J'étais reçu chez eux dans la plus grande intimité. Un jour, Mme de Mortfontaine me proposa une entrevue avec une cousine de sa meilleure amie, Mme la marquise de Campigny, née de Fénelon. Cette jeune personne était nièce, par sa mère, de M. de Mandat, massacré au 10 août. Elle s'appelait Mlle Zoé de Thomassin de Bienville et avait vingt ans. Orpheline depuis l'âge de cinq ans, ses parents ayant été condamnés à mort par le tribunal révolutionnaire, elle vivait avec une sœur cadette chez son oncle et tuteur, M. le comte de Grancey.

Malheureusement, M. et Mme de Grancey étaient alors fort souffrants, et ce fut Mme de Campigny qui accompagna Mlle de Bienville à un déjeuner chez Mme de Mortfontaine. Le lendemain, on me présenta à Mme de Grancey, née de Pâris, et après bien des difficultés, notre mariage fut célébré à Saint-Thomas d'Aquin, le 23 mai 1810.

M. Joly de Fleury remplaça mon père, qui n'avait pas pu venir à Paris : mes témoins furent MM. de Durfort et de Mortfontaine ; et ceux de Mme de Semallé, son oncle, Charles de Manda., et son cousin, Louis de Bienville [1].

Nous nous installâmes rue Saint-Dominique, dans l'ancien hôtel de Broglie, avec ma tante de la Madeleine, mon oncle, Charles de Mandat, et ma belle-sœur, Mlle Henriette de Bienville, qui, moins d'un an après, le 11 février 1811, épousa le comte Athanase de Peichpeiroux Comminges Guitaut, dont les parents possédaient le beau château d'Époisses, près Semur. On verra par la suite combien ce mariage facilita le rôle que j'ai joué en 1814 ; car Mme de Semallé et sa sœur se sont trouvées ainsi avoir des parents et des biens dans la Champagne, la Bourgogne, et tous les pays par lesquels sont arrivés les alliés.

Je croyais alors ma vie politique terminée pour toujours, bien que je reçusse de temps à autre des nouvelles de la famille royale, notamment par une tante de M. le comte François des Cars, Mme la marquise de Sablé, née de Rambures, avec laquelle j'étais fort lié. Mais il fallait user des plus grandes précautions. La police avait gagné d'anciens chouans, qui, honorés de la confiance des Princes, se chargeaient d'apporter à Paris une correspondance secrète. Ils informaient le gouvernement impérial de tout ce qui se passait à Londres ; puis, de retour en Angleterre, ne manquaient pas d'entretenir les espérances des exilés. De cette façon, ils recevaient l'argent des deux partis. On essaya plusieurs fois de me faire entrer dans des complots imaginaires ; mais j'étais sur mes

---

[1]. Mme de Semallé ayant, sur la demande de ses enfants, écrit elle-même des souvenirs, je me borne à y renvoyer.

gardes, et ne donnai à la police aucun motif de me tracasser.

La gestion de notre fortune, qu'il fallut en partie déplacer, m'occupa ensuite jusqu'au moment où la retraite de Russie ayant ouvert les yeux de tout le monde sur les fautes et les folles expéditions de Bonaparte, je jugeai sa cause perdue et j'abandonnai tout pour ne songer qu'à une seule chose : le salut de la France par le retour des Bourbons.

Dès le mois d'août 1813, je me rendis à la foire de la Guibraie [1], à Falaise, où nous devions retrouver Mme la marquise de Campigny et plusieurs personnes avec lesquelles je correspondais pour le service des Princes. Tout présageait de très grands changements. Bientôt, ne doutant plus que Mme de Semallé et moi pussions prendre une part active aux événements qui se préparaient, je me résolus, pour n'avoir aucune entrave, à laisser notre petite fille à Alençon, aux soins de ma mère. Nous partîmes pour Paris le 12 novembre, et, le lundi 3 janvier 1814, par prudence, je passai en l'étude de Me Denis, mon notaire, un acte régulier qui confiait à Mme de Semallé pleins pouvoirs pour la gestion de notre fortune. Comme les désastres de la grande armée avaient privé la France de tout moyen de résister à la plus puissante coalition qui ait jamais été formée contre elle, de vives alarmes et une grande agitation se manifestaient partout. Les partis, jusque-là si habilement comprimés par le pouvoir impérial, songèrent tous aux avantages à tirer de la catastrophe, qui semblait inévitable. Mais, comme toujours, les royalistes étaient sans chefs et sans direction. Après

---

1. Faubourg de Falaise.

tant d'intrigues avortées, tant de complots déjoués depuis vingt ans, il restait à peine à Paris quelques vieux débris des agences ou comités royaux qui pussent diriger leurs mouvements, tandis que le prétendant, Louis XVIII, leur chef naturel, immobile au château d'Hartwell, semblait décidé à n'y prendre aucune part.

Plusieurs royalistes, des plus en vue, voyant les souverains étrangers disposés à traiter avec Napoléon et conservant peu d'espoir d'une restauration, craignirent les vengeances de l'Empereur, au cas où la paix faite avec l'Europe lui laisserait des loisirs. Les vœux et les démarches de quelques imprudents pouvaient servir de prétexte à ses rigueurs : ils cherchèrent donc les moyens de conjurer ce danger.

Mme la duchesse de Duras avait en sa possession une bague ayant appartenu à la princesse de Schwarzenberg, qui l'avait reçue du prince de Metternich. Elle la remit à un de ses cousins, le vicomte de Virieu, qui, nanti de ce bijou comme d'une lettre de créance, devait se présenter au quartier général des souverains alliés. Sa mission, dans cette circonstance, était d'obtenir, dans le traité de paix qui serait signé avec Bonaparte, l'insertion d'un article portant amnistie et garantie pour la vie et les propriétés de tous ceux qui, de quelque manière que ce fût, auraient travaillé, pendant l'invasion, au retour de la monarchie.

J'eus connaissance de ces projets et du but qu'on voulait atteindre. Or, à ce moment même, j'étais en correspondance avec Hartwell, et je venais de recevoir du comte François des Cars la lettre suivante :

« Londres, le 27 décembre 1813.

« J'ai reçu, mon cher comte, le paquet que vous m'avez adressé le 7 de ce mois ; je l'ai distribué sur-le-champ, ainsi que vous le désiriez. Votre lettre m'a fait grand plaisir, parce que je ne savais pas où vous prendre. Je voudrais même que vous m'indiquiez une adresse où je puisse vous écrire. Son Altesse Royale est bien occupée du moment présent; son zèle et son activité sont en grands mouvements. Mais à quoi tout cela aboutira-t-il? Nous sommes dans une terrible crise. Si on voulait, tout serait bientôt fini, mais.... Notre salut ne peut venir que de la France. Puisse le ciel lui suggérer ses véritables intérêts! Il ne faut point s'endormir, et faire toutes les démarches nécessaires pour cela. C'est le seul but que nous devons avoir.... Croyez que Son Altesse Royale ne néglige rien dans les circonstances présentes. Ne sachant pas votre adresse, je compte prier le général Pozzo, qui part ce soir, de se charger de cette lettre.

« Son Altesse Royale compte bien sur vous et me charge de vous le dire. Le duc de Serrent est à Hartwell et se porte bien. Adieu, mon cher comte, donnez-nous de vos nouvelles et ne doutez jamais de la tendre amitié que je vous ai vouée pour la vie. »

Peu de jours après, au début de 1814, on vit partir d'Hartwell trois princes de la famille royale, se rendant sur différents points du continent. Monsieur, comte d'Artois, se dirigea vers notre frontière de l'est, où les plus puissantes armées, sous les ordres de leurs souverains, se préparaient à envahir nos provinces; son fils aîné, le duc d'Angoulême, vers la frontière d'Espagne, où l'armée anglo-espagnole avait déjà pénétré sous les ordres de Wellington; enfin le duc de Berry, sur les côtes de l'ouest, où il resta deux mois, prêt à se réunir aux royalistes de la Vendée et de la Bretagne. C'était, pour chacun de ces princes, une mission très courageuse, et une belle réponse aux reproches, qui leur avaient été trop souvent adressés, de ne pas marcher sur les traces de leur aïeul Henri IV.

Pour moi, la famille de Bourbon me paraissait la seule planche de salut, et, d'après la lettre du comte des Cars, ce salut ne pouvait venir que de la France elle-même. Je compris les réticences de sa lettre et, instruit déjà du mauvais vouloir des alliés, je résolus de me rendre auprès du comte d'Artois pour apprendre de sa bouche les meilleurs moyens de le servir.

Mais auparavant, j'allai trouver le vicomte de Virieu, et lui parlai de la situation véritable créée aux royalistes par les victoires de la coalition et par les divergences de vues qui existaient entre les souverains alliés. Il se décida à me remettre la bague en question, et à m'accompagner dans le voyage que j'allais entreprendre. A notre départ, il fut convenu qu'aussitôt qu'un Bourbon serait entré sur le sol français et que nous en aurions la certitude, nous enverrions à Paris un signal, que j'emportais avec moi. C'était une tête de nègre sur une agate. Ce bijou devait être adressé à MM. de Vanteaux, de Geslin et de Coësbouc, royalistes zélés [1], qui m'avaient fourni des documents précieux.

Nous partîmes, M. de Virieu et moi, le 5 janvier 1814, pour nous rendre d'abord chez mon beau-frère, au château d'Époisses.

Là M. de Virieu me quitta pour aller s'enquérir des intentions des puissances, dont les armées étaient entrées en France. Étant tombé dans les avant-postes étrangers

---

[1]. MM. de Vanteaux, de Geslin et de Coësbouc avaient servi la cause royale dans l'insurrection de la Vendée. Après la pacification, ils s'associèrent pour une fourniture de vivres aux armées impériales. En 1812 ils avaient le service de l'armée de Catalogne, et, en 1814, celui de l'armée de Paris. (*Éd.*)

sans moyen de se faire reconnaître, il fut conduit au prince Liechtenstein, qui l'adressa au prince de Schwarzenberg, et ce dernier le renvoya au prince de Metternich au quartier général. Il s'y trouvait plusieurs royalistes, MM. Alexis de Noailles, de Trogoff, de Wals, de Lasalle, qui l'entretinrent de la présence du comte d'Artois sur le territoire français.

M. de Virieu vit, par l'incertitude dans laquelle flottaient les étrangers sur l'issue de cette guerre, combien la mission qui lui avait été donnée d'abord pouvait avoir de dangers pour la cause royale. Son entretien avec le prince de Metternich ne produisit d'autre résultat que de faire connaître aux alliés qu'il y avait encore à Paris un parti favorable aux Bourbons. Il obtint la permission d'aller à Dijon avec MM. de Lasalle et de Wals, où ils m'invitèrent à venir les rejoindre, ainsi que M. de Virieu, son frère, et MM. de Guitaut.

Nous nous concertâmes, et résolûmes de provoquer un mouvement royaliste à Dijon, où commandait M. le prince de Hesse-Hombourg, et nous envoyâmes à Époisses un courrier pour engager nos amis qui s'y trouvaient à venir nous rejoindre. Ils le firent aussitôt.

Contrairement à ce que nous avions espéré, cette tentative ne réussit pas. Le prince de Hesse-Hombourg fit arrêter et mettre en prison les premiers Français qui arborèrent la cocarde blanche, et ce ne fut qu'à grand'peine que nous parvînmes à obtenir leur mise en liberté. Le prince déclara formellement qu'il s'opposerait à toute démonstration dans les pays occupés par les troupes alliées, et qu'il la réprimerait comme séditieuse. Sur l'observation qui lui fut faite, qu'il empêcherait ainsi la plus ancienne famille royale de recouvrer ses droits, il ajouta qu'il avait reçu des ordres; que néanmoins, étant né gentilhomme et voulant donner une preuve de ses sentiments particuliers, il allait se rendre au quartier général pour prendre de nouvelles instructions auprès des souverains. Il promit que si on lui disait seulement de laisser faire, il favoriserait de tous ses moyens la manifestation royaliste.

Les ordres qui lui furent donnés furent entièrement opposés aux vues des partisans de la maison de Bourbon. On déclara toutefois qu'on verrait avec intérêt tous les mouvements qui éclateraient hors du pays occupé par les armées alliées, parce qu'alors on ne pourrait plus les considérer comme le résultat de leur influence, et qu'il serait possible de les envisager comme l'expression du vœu de la nation.

Une partie des royalistes réunis à Dijon se retira à Vesoul, auprès de Monsieur, afin de lui donner connaissance de la résolution des alliés; les autres essayèrent un mouvement, en avant des lignes étrangères, de Semur à Avallon. Mais arrivés à la première de ces villes, ils ne purent y faire imprimer une proclamation qu'ils avaient préparée pour engager les habitants de la Bourgogne et du Nivernais à embrasser la cause des Bourbons.

Le centre de nos réunions était le château d'Époisses qui, par ses fortifications, était à l'abri d'un coup de main. Parmi les personnes qui y vinrent alors, se trouvaient MM. Armand de Polignac, Alexis de Noailles, les deux frères Virieu, les deux comtes de Guitaut, de Chatellenaud, etc.

Impatients d'avoir des nouvelles de Paris, M. de Noailles et moi nous nous rendîmes à Lucy-le-Bois, chez Mme la comtesse de Chastellux, née Plumket, amie intime de Mme de Ségur. Elle était parente de M. de Noailles et savait que j'étais allié à MM. de Guitaut¹, ses voisins; elle n'hésita donc pas à nous donner asile.

En revenant à Époisses, à mi-chemin, j'exposai à mon compagnon combien il serait utile de faire savoir à Paris la présence d'un prince sur le sol de France, et en conséquence nous revînmes sur nos pas, pour nous diriger sur Avallon. Nous y apprîmes que le sous-préfet avait de grandes inquiétudes sur le sort de sa famille, qui habitait Amiens, et qu'il se préparait à envoyer un homme à Paris pour y porter des lettres. J'allai le trouver et lui manifestai le désir de joindre un mot à son paquet, pour tranquilliser Mme de Semallé. Je l'engageai en outre à faire passer le commissionnaire par Lucy-le-Bois, où la comtesse de Chastellux lui remettrait un mot pour Mme de Ségur.

Connaissant tout le crédit dont jouissait Mme de Chastellux, le sous-préfet y consentit volontiers, et recommanda à son courrier d'exécuter ce que je lui dirais. C'était un nommé Lavoisier, qui avait été postillon de la maison de Louis XVI, puis de Mme de Brionne, et qui se trouvait en ce moment à Avallon chez une de ses filles. Pour éviter tout malentendu, M. de Noailles et moi nous le devançâmes chez Mme de Chastellux, qui se montra charmée de pouvoir donner de ses nouvelles à ses amis de Paris, et écrivit sur-le-champ à Mme de Ségur.

Je remis au courrier ma lettre pour Mme de Semallé et le signal convenu, en l'avertissant que, dans le cas où il viendrait à tomber dans des postes militaires, il devrait déchirer mon billet, mais conserver le signal pour le

---

1 Athanase de Guitaut, beau-frère de mon grand-père, avait un frère, Achille de Guitaut, qui, par son mariage avec Mlle de Meyronnet, devint neveu à la mode de Bretagne de ma grand'mère, car Mme de Meyronnet, sa mère, était une demoiselle de Thomassin de Puelmontier. (*Éd.*)

remettre, ou chez moi, ou chez MM. de Vanteaux et de Geslin.

Lavoisier, arrêté par un avant-poste français et très effrayé de ma lettre, la mangea. Il n'échappa qu'avec peine aux mains qui s'étaient saisies de lui. Arrivé à Paris et ayant oublié mon nom, il ne put dire qui il désirait voir, à maître Dubois, mon concierge. Celui-ci, craignant que ce ne fût quelque agent de la police, l'éconduisit, et comme ce n'était pas le premier individu à qui il refusait la porte, il ne pensa même pas à en parler. Lavoisier se souvint alors de l'adresse de M. de Vanteaux et se rendit chez lui, rue Taitbout; mais ce dernier, inquiet, déclara qu'il n'attendait rien et ne voulut rien recevoir. Le malheureux courrier alla donc porter à Mme de Ségur la lettre de Mme de Chastellux et, ne voulant pas garder le bijou, il le lui confia. Mme de Ségur en parla à son mari, grand maître des cérémonies, qui crut voir dans ce signal mystérieux un indice intéressant pour la police, et le remit au duc de Rovigo. L'ordre fut donné de rechercher Lavoisier; mais il était déjà reparti pour son pays, et on ne put retrouver sa trace.

La singularité de cette aventure en fit l'objet de commentaires dans les salons, et le hasard voulut que presque aussitôt, pendant un grand dîner, M. de Ségur en parlât à M. de Mortfontaine, son voisin de table, qui témoigna le désir de voir la tête de nègre et la reconnut. M. de Ségur lui demanda s'il n'y avait pas de la politique là-dessous. — « Rien moins, répondit M. de Mortfontaine : il s'agit d'une affaire de galanterie, qui regarde la femme d'un de mes amis. Je voudrais, pour son repos, qu'il fût éclairé le plus tard possible et, pour cela, remettre à elle-même l'objet en question. » — Ces explications ayant paru suffisantes, M. de Mortfontaine emporta la breloque, et c'est ainsi que, le 9 mars, les royalistes apprirent à Paris la présence d'un Bourbon sur le sol de France.

Cependant à Lucy-le-Bois où nous étions restés, après le départ de Lavoisier, Mme de Chastellux prit à part M. de Noailles, et lui dit : « Souvenez-vous que vous avez l'honneur d'appartenir à la famille d'Orléans. Le moment est favorable pour la mettre en évidence auprès des souverains étrangers ; car vous sentez bien qu'elle seule peut régner sur la France. » J'avais très bien entendu ces paroles. M. de Noailles me les répéta quand nous fûmes en route, il ajouta que, même avant que nous fussions sûrs du succès, le parti d'Orléans cherchait à nous diviser ; mais qu'il n'y parviendrait pas, car le principe de la légitimité pouvait seul sauver la monarchie ; que les princes d'Orléans devaient le comprendre et accepter franchement la position nouvelle qui leur était faite par leur réconciliation avec le Roi ; et qu'aujourd'hui, d'autre part, pour bien marquer cette union désirée de la famille royale, le Roi exigeait que les émigrés fissent acte de présence chez le duc d'Orléans.

Sur notre trajet, la population des campagnes se soulevait partout et arrêtait les traînards des armées étrangères. Nous rencontrâmes ainsi six officiers du régiment de Gyulay, qu'on conduisait à Semur avec leurs ordonnances. Ils firent connaître leur position à M. de Noailles, et en même temps les ordres sévères donnés par le général en chef pour rendre les villes et leurs habitants responsables de tout acte d'hostilité commis par la population contre les armées alliées. Voulant éviter à Semur de dures représailles, nous nous y rendîmes, pour obtenir du maire la mise en liberté des officiers et de leurs hommes.

J'avais dans ma voiture douze mille francs que j'avais emportés pour faire imprimer des proclamations, ou pour tout autre usage imprévu. Je laissai cette somme au maître de poste, en l'avertissant du dépôt que je lui confiais, puis, vers les neuf heures, nous entrâmes à l'hôtel de ville.

Le bruit se répandit que des royalistes cherchaient à exciter un mouvement en faveur des Bourbons. Le peuple se porta en masse vers l'hôtel de ville, dont il essaya de forcer les grilles. Un homme surtout se faisait remarquer par sa violence : c'était un nommé Boizot, directeur de la poste aux lettres. Le commandant de la garde nationale se tenait près de nous et des officiers étrangers. Ne voyant aucun moyen de calmer la foule et craignant pour la ville les suites d'une lutte sanglante, il proposa de nous faire sortir par une porte dérobée, qui donnait dans les fossés, au bas des fortifications. MM. de Polignac et de Noailles coupèrent leurs moustaches et mirent des habits bourgeois ; puis, après avoir fait donner à l'adjoint, M. de Montbéliard, qui remplaçait le maire absent, sa parole d'honneur de ne pas ouvrir jusqu'à ce que nous fussions en sûreté, nous quittâmes les officiers autrichiens et gagnâmes la campagne, sans que personne du peuple se doutât de notre départ. Le commandant de la garde nationale nous conduisit à un chemin de traverse, menant à la demeure d'une sœur de M. de Chatellenaud, à une lieue et demie de Semur.

Pour moi, qui avais à la poste ma voiture et mes douze mille francs, je laissai partir ces messieurs et revins à la porte du nord, accompagné du commandant. J'entrai à la poste pour faire atteler ; mais la maîtresse avait défense de donner des chevaux sans une permission du maire. Je remontai donc à Semur à la recherche de l'adjoint.

M. de Virieu l'aîné, que je rencontrai en chemin,

m'avertit qu'il régnait une grande fermentation, bien qu'on ignorât encore notre évasion de l'hôtel de ville. Il était onze heures du soir et la nuit était très obscure. Au même moment, on entendit dans la rue un grand bruit. La foule venait d'apprendre que nous étions partis et se dirigeait vers la poste, ayant à sa tête le nommé Boizot, qu'on avait laissé sortir, pensant que nous étions déjà fort loin.

Le danger devenait pressant. Je me cachai à la poste, dans un cabinet attenant à la chambre; je mis contre la porte un bois de lit formant arc-boutant, pour empêcher qu'elle pût être enfoncée, et je m'armai de mes pistolets, bien décidé à me défendre. La foule eut bientôt envahi la maison, criant qu'on lui livrât le conspirateur; les plus violents se préparaient à briser la porte. La fille du maître de poste se jeta en travers. Le commandant de la garde nationale intervint également et représenta le danger qu'on faisait courir à la ville. Mais rien ne pouvait apaiser la foule, lorsqu'un postillon entra précipitamment, les engageant tous à se retirer chez eux. Il disait arriver de Montbard, d'où il avait eu beaucoup de peine à se sauver, parce que l'avant-garde autrichienne y avait passé et se dirigeait vers Semur. Sur cette nouvelle, le maître de poste, qui venait d'arriver, fit évacuer doucement sa maison, et un quart d'heure après, il n'y avait plus personne.

Je sortis alors du cabinet et fus conduit par une porte des fortifications chez Mme de Montbéliard, où je trouvai M. Loup de Virieu, mari de Mlle de Guitaut.

Les Autrichiens ne parurent pas dans la nuit, comme on le croyait, ni même le lendemain. La garde nationale de Semur établit des postes tout autour de la ville, ce qui nous obligea, M. de Virieu et moi, à rester cachés toute la journée, et ce ne fut que le surlendemain que nous quittâmes à cinq heures du matin Semur, pour nous rendre par la traverse à Dijon. J'avais sur moi les fonds retirés de la voiture,

A Dijon nous retrouvâmes nos compagnons, arrivés la veille. Leur inquiétude était au comble, car non seulement les alliés s'étaient prononcés d'une manière contraire à nos vues, mais eux-mêmes étaient obligés de se replier et nous craignions que le comte d'Artois ne fût surpris à Vesoul. Ce qui nous préoccupait le plus, c'était l'organisation de deux corps francs, commandés l'un par M. de Forbin-Janson, l'autre par M. de Mortemart, qui tenaient presque tous les passages du Morvan; c'était aussi la marche du général français Alix, qui, à la tête de troupes régulières, s'était porté en avant.

Toutes ces considérations nous déterminèrent à réunir chez M. le comte d'Archiac, maire de la ville, les chefs des familles les plus notables, entre autres MM. de Mellionat, de Nansouty et d'Ésy. Il fut décidé que je partirais immédiatement avec M. de Polignac pour aller à Vesoul instruire M. le comte d'Artois de ce qui se passait, et l'empêcher d'aller plus loin, comme il en avait l'intention. Beaucoup de royalistes avaient déjà quitté la ville pour se retirer à Vesoul, et ceux qui restaient se croyaient très gravement compromis. Pour tranquilliser ces derniers sur les dangers qu'ils couraient, M. Alexis de Noailles resta au milieu d'eux, prêt à faire face à toute éventualité. En tout état de cause, nous devions leur envoyer un courrier de Vesoul. Nous partîmes donc dans une calèche mise à notre disposition par M. de Mellionat et attelée par la poste.

A quelques lieues de Gray, nous trouvâmes la population exaspérée par l'invasion, et les paysans errants par bandes dans la campagne et sur les routes. Un moment, notre voiture fut assaillie par un groupe, qui nous prenait pour des étrangers ; la capote fut brisée à coups de pierres et de bâtons. Plus j'excitais le postillon, et plus il ralentissait l'allure. Notre position dans la voiture n'étant plus tenable, nous descendîmes, en déclarant que nous étions Français et que nous défendrions notre vie jusqu'à la dernière extrémité. Par une coïncidence singulière, une autre voiture vint à passer en sens inverse. Un des voyageurs mit pied à terre : c'était M. de Virieu jeune, revenant de Vesoul, qui allait à la recherche de M. de Montmort, envoyé à Lyon pour sonder les dispositions du maréchal Augereau. M. de Virieu avait dans sa voiture un général autrichien qui, séparé de ses troupes, eût été infailliblement massacré s'il eût été reconnu. Armé comme nous, M. de Virieu descendit seul, affirma que nous étions des Français et non des étrangers, en imposa aux assaillants, et grâce à lui, nous pûmes remonter en voiture et continuer chacun notre route.

Arrivé à Vesoul, dans la nuit du 26 ou du 27 février, je me logeai dans une maison à l'entrée de la ville, et M. de Polignac alla prévenir M. le comte d'Artois. Je prenais cette précaution pour échapper aux regards d'agents de la police, que je savais répandus sur presque toute la frontière suisse. Le prince m'envoya le comte François des Cars, qui m'engagea à différer ma visite jusqu'à la nuit, et qui, vers les onze heures et demie du soir, m'accompagna chez Monsieur. A sa porte il n'y avait aucune garde ; dans l'intérieur, on remarquait un sous-officier étranger qui paraissait surveiller les démarches du prince. MM. Melchior et Armand de Polignac se trouvaient dans la chambre de Monsieur, quand il me reçut.

Je fis connaître au prince le motif qui m'avait porté à

me dérober à tous les yeux ; je craignais, si ma présence eût été remarquée, qu'il ne me fût plus possible de retourner à Paris, et j'étais persuadé que là seulement il était utile de s'adresser à l'opinion publique. Toute démarche en plein jour eût appelé sur moi l'attention des espions français, et celle de la police étrangère que je redoutais également, connaissant les intentions malveillantes des puissances alliées, depuis qu'elles s'étaient opposées à toute manifestation royaliste dans les pays occupés par leurs troupes.

Monsieur approuva ma réserve et, dans une conversation qui dura trois heures, m'expliqua le plan adopté en Angleterre avant son départ : le duc d'Angoulême s'était rendu dans le Midi, et le duc de Berry à Jersey, accompagné de M. de Bruslart, afin que l'action pût être simultanée dans la Vendée, dans le midi et dans l'est. Puis il me remit des proclamations imprimées à Bâle, et daigna accepter mes observations sur quelques expressions qui pouvaient produire un mauvais effet. Il me donna ensuite des instructions verbales et m'engagea à attendre ses ordres à Dijon, où il devait me les faire passer sous le couvert de M. Alexis de Noailles. Il différait la remise de pouvoirs écrits, dans l'attente d'une réponse du grand quartier général, où il se proposait de faire une dernière tentative pour obtenir d'être reconnu en qualité de lieutenant général du royaume. Il ajouta qu'il avait envoyé une personne de confiance auprès du maréchal Augereau à Lyon, et qu'il en attendait une réponse.

Je partis pour Dijon, pendant que M. François des Cars se rendait au quartier général des alliés, où sa mission n'eut pas le résultat qu'en attendait Monsieur. Quand l'un et l'autre nous demandâmes des chevaux, le commandant militaire, M. d'Andlau-Birseck, croyant que M. le comte d'Artois allait échapper à sa surveillance, fit de grandes difficultés. Il ne donna son consentement que quand il eut pu se convaincre que ses soupçons n'étaient pas fondés. Il connut ainsi ma présence à Vesoul.

J'arrivai à Dijon le 28 au soir; je vis M. Alexis de Noailles; puis j'allai dans une maison de campagne près de la ville, pour ne pas attirer les soupçons. Enfin, le 6 mars, M. de Noailles m'apporta les pouvoirs qui m'étaient destinés. Ils étaient ainsi conçus : « Ceux qui verront le présent billet peuvent et doivent prendre une entière confiance dans tout ce que M. de Semallé leur dira de ma part. — Vesoul, 5 mars. — Charles-Philippe. »

Cette pièce était accompagnée d'une lettre de M. des Cars :

« Vesoul, 5 mars 1814. — Je m'empresse, Monsieur, de vous mander de la part de Son Altesse Royale, qu'il pense que voici le moment où votre présence peut être utile à Paris, si toutefois vous pensez que vous puissiez y aller sans inconvénient dans ce moment-ci. Il serait très essentiel que Paris fît tranquillement sa contre-révolution, si Bonaparte s'en trouve coupé, comme je le crois. Vous jugez de l'avantage qu'il y aurait d'y proclamer le Roi et d'y prendre ses couleurs.

« Monsieur n'a point d'autres instructions à vous donner, que la conversation qu'il a eue avec vous. C'est à vous à donner à la proclamation du Roi le développement qui vous paraîtra nécessaire, pour rassurer et tranquilliser les esprits, et pour assurer tous les Français que le but paternel de Sa Majesté est que le retour de ses sujets au bonheur puisse se faire sans aucune secousse. Le Roi n'étant pas ici, il est impossible de rien changer à sa déclaration. Je joins ici un petit mot de sa main, qui vous servira de lettre de créance vis-à-vis de ceux dont vous jugerez avoir besoin, et pour leur assurer l'existence qu'ils désirent en raison de l'utilité de leurs services. Voilà les seules instructions que j'aie à vous donner de la part de Monsieur.

« Personne ici, excepté les deux frères que vous y avez vus, ne se doute que vous y soyez venu. C'est M. de Virieu qui est porteur de cette lettre jusqu'à Dijon; mais, comme je l'adresse à M. de Noailles, il ne se doute pas que ce soit pour vous.

« *P. S.* — Monsieur me charge de vous dire que vous ne devez user qu'avec discrétion du pouvoir qu'il vous donne, et que sur cela il s'en rapporte à vous. Il me charge de vous ajouter que, si vous rencontriez un pouvoir semblable dans les mains d'une autre personne qui mérite confiance, de vous réunir à lui, et je vous assure d'avance que vous le ferez avec plaisir. »

Celui auquel je devais me réunir « avec plaisir » fut M. de Polignac; mais il ne reçut des pouvoirs que plus tard, ayant été envoyé alors en mission auprès de l'empereur Alexandre.

Napoléon en effet venait de remporter une victoire importante, qui avait séparé les armées alliées. Les deux empereurs, chefs de la coalition, ne sachant à quel parti s'arrêter, songèrent à la retraite; mais elle ne pouvait s'effectuer qu'en masse, à cause de l'hostilité des populations. Il en fut très sérieusement question, dans un important conseil de guerre tenu à cette époque. Les renseignements précis que M. de Polignac apportait au nom du comte d'Artois à l'empereur Alexandre lui firent connaître le véritable état des forces de Napoléon. Informé ainsi du nombre exact de rations fourni par l'intendance dans la capitale et les départements voisins, l'empereur de Russie prit la détermination de marcher sur Paris avec toutes les forces réunies de la coalition, et ordonna le mouvement en avant. Cette manœuvre perdit Bonaparte.

Puisque j'interromps un peu le récit de mon voyage, je dirai ici quelques mots de la mission de M. de Wildermeth et de celle de M. de Vitrolles.

M. de Wildermeth était Suisse et sa sœur était attachée à la princesse Charlotte de Prusse, qui devint impératrice de Russie. Il avait été délégué par la ville de Bienne, sa patrie, auprès du grand quartier général, pour protester contre la violation du territoire de son canton : il avait réussi dans cette mission. Le comte d'Andlau-Birseck, gouverneur de la Franche-Comté, l'avait fait ensuite nommer commissaire du gouvernement autrichien près du département de la Haute-Saône, en résidence à Vesoul, et l'avait présenté à Monsieur, quand celui-ci y arriva, le 21 février, accompagné du baron de Belle-Isle, du comte des Cars, des comtes Jules et Melchior de Polignac, de l'abbé de Latil et du chevalier de Lasalle.

Le 13 mars, M. de Wildermeth fut envoyé par le comte d'Artois à M. de Metternich. Il était chargé de demander une fois encore aux alliés la reconnaissance de S. A. R. Monsieur, comme lieutenant général du royaume de France, au nom de S. M. Louis XVIII, moyennant quoi Monsieur offrait : 1º de faire la paix aux conditions auxquelles on voulait l'obtenir de Napoléon ; 2º de n'opérer dans la constitution française actuelle d'autres changements que ceux que l'on jugerait nécessaires, et qui tendraient à donner une tranquillité plus assurée à la France et à l'Europe ; 3º de faire, relativement aux domaines nationaux, aux divers corps de l'État et à toutes les personnes en place, les déclarations les plus convenables ; 4° pour ce qui concernait Marie-Louise, Monsieur offrait au prince de Metternich de signer tout ce qu'il lui demanderait. Il ne fut pas parlé du culte ni de la dette publique.

M. de Wildermeth arriva le 15 à Chaumont, le 16 à Troyes, et, à cause des manœuvres des alliés, il ne fut reçu que les 17 et 18, par M. de Hardenberg, ministre de Prusse, qui approuva ses propositions, mais répondit que les hautes puissances se faisaient une loi de ne pas nommer elles-mêmes le souverain qui devait régner sur la France ; que c'était une question purement nationale, et qu'elles attendaient, pour se prononcer, l'émission des vœux du pays.

Le 19 au matin, M. de Wildermeth apprit de M. de Hardenberg, qui partait pour Bar-sur-Seine, la présence de M. de Vitrolles au quartier général, sous le nom de Saint-Vincent. M. de Hardenberg recommanda à M. de Wildermeth de n'avoir aucune entrevue, aucune relation avec ce personnage.

M. de Metternich ne reçut M. de Wildermeth que le 20, à six heures du soir, après avoir appris la rupture des négociations de Châtillon. Il n'avait pas jugé convenable d'entrer en pourparlers avec un représentant du comte d'Artois, tant que dureraient les négociations avec l'Empereur. Il reconnut que le peuple français était fatigué de Napoléon, et résolu à s'en débarrasser. Il constata également que les Bourbons étaient la solution la plus naturelle, mais à la condition qu'ils consentissent à prendre purement et simplement la succession de Napoléon ; puis il ajouta : « C'est au peuple à se prononcer. » M. de Metternich fit encore observer qu'il faudrait, en tous cas, n'employer au début que peu d'émigrés, surtout dans les positions supérieures, et qu'il était indispensable de se concilier les hommes les plus marquants du gouvernement impérial. Il trouvait la proclamation de Buckingham insuffisante en ce qui concernait les biens nationaux. Il n'osa pourtant pas insister sur la question du drapeau et sur les autres idées de M. de Vitrolles, avec lequel il était depuis longtemps en rapport et dont il avait adopté les vues.

La mission de M. de Wildermeth n'eut aucun résultat pratique. Quant au voyage de M. de Vitrolles, il resta également sans effet, du moins en ce qui concerne le retour des Bourbons.

M. de Vitrolles, très lié avec Mme Étienne de Durfort, avait appris par elle, à l'arrivée du signal, la présence d'un prince sur le territoire français, et en avait fait part à Talleyrand [1]. Celui-ci, sentant que la chute de Napoléon était devenue certaine, avait envoyé M. de Vitrolles en éclaireur pour sonder le terrain auprès des puissances alliées. Il devait aussi pressentir les dispositions des Bourbons, mais surtout convaincre les uns et les autres que rien n'était possible en France sans la conservation des principes, du drapeau et des hommes de la Révolution.

Le départ de Paris de M. de Vitrolles m'a été raconté par M. Laborie, qui lui avait expédié un passeport diplomatique, mais qui ignorait la nature des instructions données par Talleyrand. Si cette mission n'obtint pas le résultat que ce dernier en attendait, elle valut à celui qui s'en était chargé la place de secrétaire du gouvernement pro-

[1]. Il résulte de la publication des mémoires de Vitrolles, que ce dernier quitta Paris le 6 mars. Or nous avons vu plus haut que, grâce à l'aventure de Lavoisier, les royalistes ne connurent que le 9 mars l'arrivée du signal convenu, et par suite la présence d'un Bourbon sur le sol de France. Il y a donc là une erreur de mon grand-père. (*Éd.*)

visoire, qui fut changée peu après en celle de secrétaire général des conseils [1].

Il était parti de Paris pour Châtillon, où il arriva sous le nom d'emprunt de Saint-Vincent. Il avait pour les ministres étrangers des lettres de recommandation du duc de Dalberg, et était personnellement connu du comte de Nesselrode. Il obtint ainsi des audiences de l'empereur de Russie et du roi de Prusse, et leur offrit le concours et l'assistance de Talleyrand et de ses amis, dans les projets quelconques de la coalition, pourvu qu'ils ne fussent pas contraires aux principes et aux intérêts de la Révolution. Les souverains avaient répondu qu'ils considéraient une restauration comme ce qu'il y aurait de plus utile pour la France ; mais qu'ils ne voulaient en aucune façon imposer des lois au pays; que lui-même pouvait aller trouver Monsieur à Nancy, et qu'ils approuveraient, le cas échéant, tout ce qui serait décidé avec lui.

Il s'y rendit donc, et fit au comte d'Artois les propositions de M. de Talleyrand, qui ne furent même pas discutées. Il s'agissait d'obtenir du Roi la constitution proposée depuis par le Sénat. Monsieur lui répondit que, le Roi n'étant pas en France, il ne pouvait rien changer à ses résolutions; que si M. de Talleyrand voulait le servir franchement, il devait s'entendre avec la personne qui avait ses pouvoirs à Paris, et qu'à tout ce qui serait convenu avec cette personne ou signé par elle il adhérerait volontiers; enfin, que les événements se succédaient trop

---

[1]. Mon grand-père ne me paraît pas avoir compris toutes les conséquences de la mission de M. de Vitrolles. Elle n'a, il est vrai, produit aucun effet sur la manifestation du 31 mars, qui a assuré la Restauration ; mais, par contre, je crois que c'est à cette mission qu'il faut attribuer le rôle prépondérant joué par Talleyrand et le triomphe de ses idées, le séjour de l'empereur Alexandre dans l'hôtel de la rue Saint-Florentin. et, comme conséquence, la constitution du gouvernement provisoire. (*Éd.*)

rapidement pour qu'il eût le temps de faire prendre à Londres les ordres du Roi à cet égard. Cette conversation eut lieu devant les officiers qui accompagnaient le prince, et de qui je la tiens.

En partant, M. de Vitrolles voulut reprendre la route de Châtillon, par où il était venu, et à minuit, il monta dans la voiture d'un diplomate allemand, M. de Weissenberg, qui se rendait en cette ville, à titre de secrétaire [1]. Mais le mystère qui présida à son départ, l'heure et les précautions prises firent croire aux espions du général Piré que ce devait être Monsieur qui sortait de Nancy par ordre des puissances. Il embusqua un piquet de cavalerie sur la route et fit arrêter les voyageurs. Quand il eut reconnu son erreur, il fit reconduire au quartier général à Langres les étrangers, et ne retint que les Français, parmi lesquels le pauvre Vitrolles, dont je reparlerai plus loin [2].

Mais je reviens à mon voyage vers Paris.

En quittant Dijon, je pris la route de la montagne pour me rendre à Châtillon, voulant juger par moi-même de ce qui se passait au congrès.

J'avais dans cette ville une tante, la marquise de la Madeleine-Ragny; toutefois je ne lui demandai pas l'hospitalité, parce qu'elle logeait lord Aberdeen, un des plénipotentiaires anglais.

Dans l'auberge où je descendis, se trouvait M*me* la princesse Radziwill, dont le mari était mort sous les drapeaux après la bataille de Leipzig. Elle était allée trouver l'em-

---

[1]. Le baron de Weissenberg, ministre d'Autriche en Angleterre, était aide de camp du prince Paul de Wurtemberg, qui commandait alors une division de réserve dans l'armée russe (*Mém. de Vitrolles*). (*Éd.*)

[2]. Voir le chapitre VII.

pereur de Russie à son quartier général, pour lui demander l'autorisation de se rendre à Paris afin de régler des affaires d'intérêt. L'empereur le lui avait permis, et lui avait même donné, pour la conduire à Châtillon, une escorte qui bivouaquait encore devant l'auberge, lors de mon arrivée. J'avais eu occasion de la connaître chez la princesse Potocka, sa mère, qui logeait hôtel d'Étampes, rue Saint-Honoré. Je me présentai donc chez elle et lui proposai de l'accompagner, ce qu'elle accepta avec plaisir ; car malgré les passeports qu'elle avait aussi obtenus de M. de Caulaincourt pour elle et pour sa suite, elle craignait de se mettre en route seule avec ses femmes et son domestique. Comme Tonnerre était le point le plus fréquenté, à cause des communications directes avec Châtillon, je lui conseillai de prendre la route de Semur, Époisses et Auxerre. De plus, pour éviter tous les soupçons qui pouvaient naître en me voyant partir avec elle, je lui donnai rendez-vous à Époisses, chez les Guitaut, où nous devions déjeuner ensemble et prendre la poste pour Auxerre. Tout fut ainsi convenu. J'avais un paquet de proclamations que je voulais emporter à Paris : je le fis placer par son domestique sur l'impériale de sa voiture, à l'adresse de M. de Mortfontaine.

J'allai ensuite chez ma tante de la Madeleine, dont l'hôte, lord Aberdeen, donnait ce soir-là, 8 mars, un grand dîner diplomatique, et je lui fis part, ainsi qu'à son frère, le chevalier de Mandat, de l'objet de ma mission, que je n'avais encore confié à personne. Elle chercha à m'en détourner. Dans ce but, elle m'annonça que la paix avec l'empereur Napoléon allait être signée ; qu'on n'avait remis la signature au lendemain 9 mars que parce que l'auditeur, apportant le consentement de Napoléon, était arrivé à une heure trop avancée, et qu'on n'avait pas pu donner officiellement connaissance des dépêches, dont on savait du reste à l'avance le contenu. J'appris par Mme de la Madeleine la présence d'un des secrétaires de M. de Caulaincourt, M. Rouen, dont j'avais connu autrefois le père, ancien notaire. Voulant savoir à quoi m'en tenir, j'allai voir M. Rouen, qui confirma tout ce que Mme de la Madeleine m'avait déjà dit sur la signature de la paix. Il ajouta qu'il arrivait à l'instant, du quartier général de l'Empereur, un autre auditeur, M. de Rumilly, qui venait d'avoir avec M. de Caulaincourt une conférence dont on ignorait l'objet et le résultat. Cet envoyé annonçait hautement que l'Empereur avait eu un succès.

M. Rouen me permit d'écrire sur son secrétaire un petit mot pour Mme de Semallé, promettant de le faire porter par l'auditeur de service qui se rendait à Paris. Je le lui donnai ouvert ; il le plia lui-même et y mit l'adresse. Ce billet annonçait simplement que j'avais réussi dans mes démarches et que j'arriverais dans trois jours. Après le signal transmis par Lavoisier, ce furent les premiers avertissements que les royalistes reçurent à Paris.

En quittant l'appartement de M. Rouen, j'aperçus deux personnes qui sortaient de chez M. de Caulaincourt. L'une d'elles était l'envoyé expédié de Vesoul au maréchal Augereau et dont on attendait toujours des nouvelles. Pour être bien certain de son identité, je demandai à Mme de la Madeleine si ce personnage était à Châtillon. Celle-ci avoua qu'il se cachait dans la ville chez son beau-père. Je rentrai à l'auberge et fis partir un homme de confiance qui m'avait accompagné depuis Grancey, avec un mot pour le comte François des Cars, l'informant que la personne chargée de la mission de Lyon était à Châtillon et que je l'avais vue sortir de chez M. de Caulaincourt.

J'insistais pour que Monsieur prît les plus grandes précautions, puisque la paix allait être signée.

Ma lettre devait parvenir à son adresse, et comme désormais il n'y avait plus lieu de compter sur un accueil favorable du maréchal Augereau, on allait décider à Vesoul que le prince se dirigerait sur Nancy, au lieu de prendre la route de Lyon.

Je commandai des chevaux de poste pour quatre heures du matin et fus rappeler à la princesse Radziwill que je l'attendrais, à l'heure du déjeuner, au château d'Époisses. Sa chambre se trouvait sur le même palier que la mienne, et, comme j'en sortais, je vis entrer chez elle un homme enveloppé d'un manteau. Je n'attachai alors aucune importance à cet incident, et me rendis le lendemain à Époisses.

La journée s'y écoula sans que la princesse parût. Ne voulant pas perdre de temps à attendre, je me mis en route. Mais, pour avoir un prétexte d'affaire urgente et une sorte de sauvegarde, j'imaginai de prendre, dans ma voiture, une nourrice qui devait se rendre chez ma belle-sœur de Guitaut, alors en couches à Paris.

Parvenu à Auxerre, où commandait le prince Liechtenstein, je voulus faire viser mes passeports, ce qui me fut refusé. Je me vis obligé de coucher dans cette ville. Le lendemain, au lieu de viser mon passeport français, le prince m'en délivra un en allemand, au retour d'un courrier qu'il avait expédié au quartier général.

D'Auxerre, je me rendis à Sens, où j'arrivai de très bonne heure. Arrêté et conduit devant le général Gyulay, je demandai l'autorisation de continuer ma route ; ce à quoi il ne voulut pas consentir. Le général s'excusa sur les circonstances difficiles : toutefois le nom de Semallé ne lui était pas inconnu, et il me demanda si je n'avais pas essayé de sauver plusieurs de ses officiers à Semur. Sur ma réponse affirmative, il s'étendit avec quelques détails sur les vengeances que la population exerçait contre les prisonniers. « On m'avait parlé d'un parti royaliste en France, dit-il; où est-il donc, ce parti? Nous ne voyons que des populations insurgées, qui se portent à des actes de cruauté inouïs sur nos soldats. Voici encore un rapport qui m'apprend que douze des nôtres viennent d'être retirés de la rivière, attachés les uns aux autres. »

J'entrai alors avec le général dans des explications sur la nature des oppositions existantes; sur la crainte qu'inspirait aux uns le despotisme de Bonaparte et aux autres les hésitations de l'étranger. « Comment voulez-vous, lui dis-je, que la France vous accueille bien, lorsqu'elle vous voit combattre, non pas pour renverser Bonaparte, mais pour l'amener seulement à faire une paix avantageuse à vos intérêts particuliers? Votre congrès de Châtillon est une tête de Méduse qui paralyse tout. Je puis vous affirmer qu'il y a à Paris une opposition puissante, non seulement parmi les anciens nobles, mais aussi dans le Sénat et au Corps législatif. Ces oppositions sont contenues par la crainte : elles se prononceraient bien vite si elles avaient la certitude qu'on ne veut à aucun prix traiter avec Napoléon. »

Il me demanda pourquoi je retournais à Paris. Je lui répondis que j'y allais rejoindre ma famille. Il m'invita à dîner, et sur mon refus me fit donner un billet de logement chez les personnes qui tenaient les voitures publiques pour Paris. Je crois que le général Gyulay prit note de cette conversation et qu'il fit partir sur-le-champ un courrier pour le quartier général, car, à deux heures du matin, un de ses aides de camp vint me prier de passer chez lui. Là, il me dit qu'il ne voyait plus de raison de me retenir à Sens ; que le passeport du prince Liechtenstein lui donnait une entière confiance dans mon caractère, et qu'il ne voulait pas prolonger les inquiétudes de ma famille, puisque je l'avais prévenue de ma prochaine arrivée. Il me demanda seulement de m'arrêter au premier poste wurtembergeois que je rencontrerais sur la route, et d'y faire viser mon passeport.[1]

Je fis observer qu'ayant renvoyé la voiture qui m'avait conduit d'Auxerre à Sens, il m'était impossible de partir, à moins qu'il ne voulût bien m'en faire délivrer une, tous les véhicules étant mis en réquisition. Le maire de Sens, qui était présent à cet entretien, me dit tout bas à l'oreille de demander son cabriolet ; qu'il préférait le voir perdu entre mes mains, plutôt qu'entre celles des étrangers ; que, dans tous les cas, si j'arrivais à Fontainebleau, je devais le remettre à une certaine adresse. Je priai donc le général Gyulay de m'autoriser à prendre la voiture proposée par le maire, ce qu'il fit à l'instant, et, porteur du billet de poste que m'avait donné le général, je repartis sur les cinq heures et demie du matin.

De Sens à Villeneuve-la-Guyard, je ne rencontrai aucun étranger, les Wurtembergeois ayant évacué les postes qu'ils avaient sur la route.

Ce mouvement militaire me donna des inquiétudes et me décida à m'arrêter à trois quarts de lieue de Villeneuve, au château de la Brosse, appartenant à un cousin de ma femme, le marquis de Pâris, mais dont les hôtes étaient absents. Le maître de poste de Villeneuve me connaissait,

---

[1]. J'ai toujours considéré comme certain que l'empereur de Russie avait eu connaissance, dès le début, des pouvoirs qui m'avaient été confiés. Si je pus quitter Auxerre, où le prince Liechtenstein m'arrêta, et ensuite dépasser Sens, où je fus amené à M. de Gyulay, c'est que les deux courriers envoyés par ces généraux à Sa Majesté Impériale revinrent avec l'ordre de faciliter mon retour à Paris.

son fils étant à Paris un de mes locataires. Je lui recommandai, dans le cas où il verrait approcher, dans la nuit ou le lendemain matin, des avant-postes étrangers, de m'envoyer de suite trois chevaux, afin de ne pas me retrouver dans les mêmes embarras qu'à Auxerre et à Sens. Ce que j'avais prévu arriva. Dans la nuit, le maître de poste m'envoya, au château de la Brosse, les trois chevaux. Je partis, et toutes les voitures des principaux habitants de Villeneuve suivirent la mienne, craignant un combat.

Près de Moret, où se trouvaient les avant-postes français, j'expliquai au commandant la présence de la file de voitures qui me suivait; le commandant prit ses dispositions en vue d'une attaque prochaine, et je continuai ma route sans qu'il me fût demandé aucun passeport.

En arrivant à Moret, je trouvai au corps de garde un colonel d'état-major, qui m'apprit que les généraux Souham et Bordesoulle y commandaient, le premier, l'infanterie, le second, la cavalerie. Comme je connaissais ce dernier, je demandai à le voir. Il me fut répondu qu'il inspectait les postes sur la petite rivière de Moret, et je me bornai à laisser pour lui ma carte; ce que voyant, le colonel me donna deux dragons d'escorte, que je renvoyai quand nous eûmes traversé la forêt. J'avais eu soin de cacher soigneusement sur moi mes pouvoirs, de façon que cette pièce importante ne pût être saisie.

J'atteignis sans embarras Fontainebleau. Je laissai le cabriolet du maire de Sens à l'adresse indiquée par lui, et me mis en quête d'une voiture pour aller à Essonnes. Beaucoup de soldats de la légion polonaise encombraient cette ville et cherchaient le moyen de se rendre à Paris. Un voiturier, craignant d'être forcé par eux de marcher sans salaire, consentit enfin à nous transporter; et dans la prévision de difficultés aux barrières, je pris par obligeance trois Polonais, espérant qu'ils me faciliteraient l'entrée. Comme il n'y avait plus dans la capitale aucune troupe de ligne, on avait donné à la garde nationale de Paris le commandement de toutes les barrières, avec la consigne de n'y laisser passer aucun soldat sans une permission écrite de son chef de corps. On nous y arrêta donc, mais on fit uniquement attention aux trois Polonais, qui n'étaient pas en règle. Pendant qu'on les interrogeait, et pour mieux détourner tout soupçon, je fis passer la nourrice dont j'étais accompagné, puis je payai mon conducteur, et franchis moi-même l'enceinte. Je me rendis aussitôt chez moi, à Porte Saint-Honoré, où Mme de Semallé avait recueilli sa sœur de Guitant et la vicomtesse de Virieu. C'était le 16 mars au soir.

CHAPITRE VI

LE 31 MARS 1814.

Conversation avec la princesse Radziwill. — Je fais prévenir les royalistes de mon arrivée. — MM. de Montmorency. — Voyage de M. Gain de Montagnac. — Visites aux chefs des principaux corps. — Talleyrand se fait arrêter à la barrière et rentre dans Paris. — Comité royaliste pendant la nuit du 30 mars. — M. de Langeron à Montmartre. — Impression des proclamations. — Le marquis de Lagrange et le général Plotho. — M. Morin censeur de la presse.
Le 31 mars. — Entrée des alliés dans Paris. — Déclaration des souverains. — Réunion chez M. de Mortfontaine. — Notre délégation reçue par le comte de Nesselrode. — Visite à Talleyrand : je refuse ses propositions. — Arrivée de M. de Polignac. — M. Anglès vient nous voir de la part de Talleyrand. — Envoi de commissaires royaux dans les provinces. — Constitution du gouvernement provisoire.
Consolidation de la dette publique. — Offres du mameluk Hamaouy. — Les mameluks reconnaissent Louis XVIII. — *Domine salvum* à la Madeleine, le dimanche des Rameaux. — Descente de la statue de Napoléon. — Souscription pour les pauvres.

Aussitôt arrivé à Paris, je voulus savoir ce qui avait pu décider la princesse Radziwill à ne pas tenir la promesse qu'elle m'avait faite à Châtillon, et je me rendis chez sa mère, à l'hôtel d'Étampes. Là, je sus par Mme de Coriolis, fille de la marquise d'Étampes, que la princesse était de retour à Paris, et qu'elle logeait rue de Richelieu, à l'hôtel d'Angleterre. J'y courus : il était environ dix heures du soir. La princesse étant sortie, je l'attendis.

Quand elle m'aperçut, en rentrant, elle faillit se trouver mal. « Ah! Monsieur, s'écria-t-elle, que venez-vous faire ici? Si vous êtes découvert, vous êtes perdu ; car, le soir où vous étiez entré chez moi, vous avez été reconnu par M. de Rumilly, qui m'apportait la lettre de M. de Caulaincourt, et, quand je lui ai appris que je devais partir avec vous, il me confia que MM. Alexis de Noailles, de Polignac et vous deviez être fusillés partout où vous seriez arrêtés. La police de Napoléon était informée de vos démarches auprès du comte d'Artois. »

Chose singulière, les proclamations que j'avais fait placer sur l'impériale de sa voiture avaient été remises exactement, par le domestique de la princesse, à l'hôtel de M. de Mortfontaine, sans que celui-ci eût pu découvrir comment elles étaient parvenues à son adresse.

Le lendemain, je vis M. Armand de Durfort, qui se chargea de communiquer la nouvelle de mon arrivée à M. Étienne de Durfort, à M. Charles de Damas et à son gendre M. de Chastellux. J'étais passé auparavant rue Taitbout, chez MM. de Vanteaux et de Geslin, et j'y avais trouvé M. de Mortfontaine. Ce dernier s'était engagé à prévenir de mon arrivée les ducs de Fitz-James, d'Avaray, de Montmorency, plusieurs autres personnes sur lesquelles je comptais beaucoup, et à les informer que Monsieur était à Nancy; que j'étais muni de ses pouvoirs; et que nous avions ainsi en mains tout ce qui était nécessaire pour tirer parti de la situation.

Le soir du 18, M. de Mortfontaine s'empressa d'envoyer M. du Bousquet à M. Mathieu de Montmorency, en lui faisant demander un rendez-vous. Quel ne fut pas l'étonnement de M. du Bousquet en recevant, pour toute réponse, une défense de paraître chez lui de peur de le compromettre? M. Mathieu de Montmorency partit dans la nuit même pour Dampierre, d'où il se rendit à Orléans, accompagné de M. Adrien de Montmorency, qui l'avait rejoint. Je fus très contrarié de cette nouvelle, car je me trouvais privé de deux précieux auxiliaires. Que s'était-il donc passé en mon absence ?

Ces messieurs ayant su, par les premières nouvelles que j'avais fait passer à Paris, la présence en France du comte d'Artois et la nomination de commissaires pour le représenter à Paris, au lieu d'attendre leur arrivée et de combiner avec eux tous leurs efforts, étaient tombés dans un piège de Talleyrand. On disait, en effet, que le roi de Suède était à Laon ; qu'il était devenu l'âme de la coalition ; qu'il invitait la France à rentrer sous la loi des Bourbons. On assurait que Savary, ministre de la police, et que Talleyrand lui-même y croyaient. Dans un conseil tenu vers le 10 mars, il avait donc été décidé que M. Gain de Montagnac irait à Laon au-devant de Bernadotte, pour concerter avec lui un mouvement à Paris. Aussi, le 18, au moment où M. du Bousquet et M. de Mortfontaine se présentèrent, de ma part, chez MM. de Fitz-James, de Montmorency et autres, ceux-ci se préoccupaient uniquement des nouvelles attendues de Laon. Or, à la Fère, M. Gain de Montagnac avait été arrêté par le général de Bulow, qui lui avait appris, à son grand étonnement, que le roi de Suède était à Liège, et que ses sympathies pour les Bourbons étaient plus que douteuses. Le général lui avait ajouté que sa mission n'avait des chances de succès que s'il se rendait auprès de l'empereur Alexandre.

M. Gain de Montagnac ne devait rentrer à Paris que le 20, c'est-à-dire deux jours plus tard. Il vit alors M. de Fitz-James et M. de Boisgelin, et remit à ce dernier la lettre d'introduction que le général de Bulow lui avait fait obtenir auprès du prince Wolkonsky, major général de l'empereur Alexandre. M. de Boisgelin se chargea d'en faire connaître le contenu à M. de Talleyrand, avec lequel il communiquait par l'intermédiaire d'une femme. Puis ces messieurs résolurent d'envoyer M. Gain de Montagnac au quartier général de l'empereur de Russie, par l'Orléanais et le Berry, pendant que MM. de Montmorency partiraient pour Vesoul.

Dans cette même soirée du 18, je me rendis de mon côté chez M. de Sèze et je lui montrai mes pouvoirs. Après avoir discuté différentes éventualités, nous convînmes que, dès que les circonstances le permettraient, je ferais une visite à tous les chefs de corporations, tels que présidents des tribunaux et de la chambre des avoués, syndic des agents de change, bâtonnier des avocats, etc., afin de préparer le revirement en faveur des Bourbons et d'assurer le concours du plus grand nombre possible de fonctionnaires et de notables. Le 29 mars, je leur fis remettre à tous mes cartes avec ce titre « Fondé de pouvoir de Monsieur le comte d'Artois, lieutenant général du royaume ; » et le 30, j'allai les voir en personne, pour leur donner les explications nécessaires. M. de Sèze voulut bien parler au vice-président du conseil municipal, M. Bellart, et il l'amena à provoquer la délibération du 30 mars, par laquelle cette assemblée reconnut le gouvernement royal [1]. Je chargeai l'abbé de Lostanges de voir M. de Chabrol, son ami, et M. Debonnaire de Forges de voir M. Pasquier, préfet de police, son parent. Je visitai ensuite plusieurs curés, qui m'aidèrent puissamment de leur concours.

Les événements marchaient rapidement, et déjà les

---

1. Cette adhésion fut suivie, le 2 avril, par celle de la corporation des avoués (*Moniteur* du 3 avril).

étrangers étaient aux portes de Paris. Plusieurs chefs de légion de la garde nationale, MM. de Fraguier, de Brévannes et de Murinais, étaient disposés pour la légitimité, et me l'avaient fait savoir. Le gouvernement impérial ayant quitté Paris, le moment était arrivé pour moi où il fallait agir.

A ce moment, j'appris que M. de Talleyrand n'avait pas obtempéré à l'ordre de suivre la régente, qui lui avait été donné par le duc de Rovigo. Il était dans un extrême embarras, car il attendait depuis longtemps le résultat des démarches de M. de Vitrolles, et M. de Vitrolles n'avait pas reparu [1]. Il voulut avoir l'air d'obéir aux ordres de l'Empereur et, au fond, tenait à ne pas quitter Paris. Pour sauver les apparences, il imagina de se faire arrêter en route. Je fis épier ses démarches, et, au moment où il simulait son départ, il fut suivi par deux de mes surveillants à cheval. Un d'eux vint me raconter ce qui se passait à la barrière des Bonshommes, et me demanda s'il ne serait pas utile d'encourager ceux qui voulaient le jeter à la rivière. Je répondis que j'étais porteur de paroles de paix et de réconciliation, et que je n'avais le droit de faire disparaître personne ; mais Mme de Semallé, qui avait entendu ce dont il s'agissait, l'apostropha avec vivacité : « Si vous trouviez la chose d'un si grand intérêt, il fallait saisir l'instant propice, et ne venir qu'ensuite avertir le commissaire du Roi. Pendant que vous parlez ici, M. de Talleyrand retourne à son hôtel. » Effectivement, jugeant combien le voisinage de la Seine pouvait lui devenir funeste, Talleyrand était rentré par la barrière du Roule. Puis, au premier corps de garde, il avait protesté contre la violence qui, disait-il, avait mis

---

1. Voir le chapitre précédent.

obstacle à son départ. Le commandant du poste, M. Hivert, chef du bureau de la gendarmerie au ministère de la guerre, qui n'était pas dans le secret de la comédie, offrit une escorte pour conduire jusqu'à Versailles M. de Talleyrand, qui s'y refusa.

Cependant, je ne perdais pas une heure ; je prévenais les personnes sur qui je pouvais compter ; je leur indiquais notre but et le meilleur moyen de l'atteindre.

Dans la nuit du 30, eut lieu une réunion décisive du comité que j'étais parvenu à former. Il y vint une quarantaine de personnes, entre autres M. Morin, ancien secrétaire du maréchal Masséna; M. Desfieux-Beaujeu, marquis de la Grange [1], ancien colonel dans la Vendée; beaucoup de membres de l'administration, et parmi eux MM. de Vanteaux et de Geslin. C'est là que nous nous distribuâmes les rôles pour le lendemain. Le marquis de la Grange s'était chargé de l'hôtel de ville et des mairies de Paris, où il s'était ménagé des moyens d'action ; M. Morin avait à s'occuper de l'impression des proclamations et de tout ce qui concernait la presse ; chacun devait distribuer des cocardes dans des coins différents

---

1. Desfieux-Beaujeu, marquis de la Grange, émigré en 1791, avait fait la campagne de 1792 dans le corps d'armée du duc de Bourbon. Au licenciement de ce corps, il entra au régiment de Hompesch. Quand ce régiment passa dans l'armée anglaise, il se rendit en Vendée avec le grade de colonel et fut un des derniers chefs vendéens à traiter avec le Premier Consul. Encore ne le fit-il que prisonnier et dangereusement blessé : sa soumission fut reçue par les généraux Champeaux et Gardanne. Plus tard, il fut arrêté comme complice de Cadoudal et de Pichegru, et relâché faute de preuves. Depuis lors il vivait sans cesse inquiété par la police, qui obtint contre lui diverses condamnations.

Le marquis de la Grange a fait imprimer en 1814 une brochure sous ce titre : « Rapport particulier et confidentiel sur les événements qui se sont passés à Paris, à partir du 30 mars dernier jusqu'au 12 avril suivant, jour de l'entrée dans cette ville de S. A. R. Monsieur, lieutenant général du royaume. » (Paris, Gueffier.) Il y met en évidence le rôle joué par lui à ce moment.

de Paris, et assurer l'affichage et la permanence de nos proclamations. Ma place devait être partout où ma présence serait jugée nécessaire, et je devais, dès la première heure, donner le signal de la manifestation.

L'armée française, en pleine déroute, traversait les faubourgs, et une capitulation était devenue nécessaire pour éviter à Paris une occupation de vive force. Je sus que cette capitulation devait avoir été signée; j'appris aussi que c'était M. de Langeron qui commandait les forces russes sur les hauteurs de Montmartre. Je demandai un homme dévoué pour aller le prévenir de la grande manifestation royaliste qui allait éclater, et savoir de lui quelles étaient les intentions des souverains et les dispositions prises par eux pour leur entrée le lendemain. Le comte de Douhet se présenta pour remplir cette périlleuse mission. Avant son départ, il fut convenu que de bonne heure je ferais arborer de chaque côté de ma maison deux drapeaux blancs : l'un sur la rue Saint-Honoré, l'autre sur le boulevard.

Je passai le reste de la nuit chez MM. de Vanteaux et de Geslin, pendant que M. Morin se rendait chez M. Michaud, frère de l'ancien rédacteur de la *Quotidienne*, imprimeur, rue des Bons-Enfants, et faisait composer immédiatement des affiches destinées à tranquilliser la population et à apprendre aux Parisiens la prochaine arrivée du comte d'Artois. Ce travail fut du reste interrompu, parce que le commandant des gardes nationaux de la Banque, entendant un bruit insolite, avait parlé de faire des perquisitions dans l'imprimerie. Les proclamations imprimées furent affichées avant le jour dans tout Paris.

Quant au marquis de la Grange, nous avons vu qu'il devait se rendre à l'hôtel de ville pour y paralyser les mesures de la préfecture contre le mouvement des royalistes. Car, à tout prix, il fallait assurer la distribution de nos proclamations et de nos cocardes, et provoquer l'élan général par les cris de « Vive le Roi! Vivent les Bourbons! » et le préfet, qui disposait de la garde nationale, pouvait tout entraver. Il était donc à l'hôtel de ville dès six heures du matin, avec M. Morin, qui venait de quitter l'imprimerie des frères Michaud. Une circonstance inattendue favorisa singulièrement sa mission.

Ayant rencontré, près de l'hôtel de ville, le général prussien baron Plotho, chargé de préparer l'entrée et le logement des souverains alliés, il imagina de le conduire dans la voiture du préfet, M. de Chabrol, voiture qui stationnait dans la cour, et donna l'ordre à M. Monet, chef de la division des logements, de les accompagner. Escorté d'un peloton de soldats étrangers, il se rendit avec le général Plotho et M. Monet par la rue de l'Échiquier et la place Louis XV, aux mairies des Ier et X^e arrondissements, traversant tous les boulevards, le Louvre, les quais, le faubourg Saint-Germain et le faubourg Saint-Honoré, distribuant partout des cocardes, et proclamant la bonne nouvelle de la rentrée des Bourbons, devant un peuple étonné, qui, voyant les troupes étrangères suivre et protéger la voiture, ne douta pas un instant que les puissances eussent reconnu Louis XVIII.

Quand toute cette tournée fut terminée, M. de la Grange présenta M. Morin au prince Wolkonsky, qui venait de nommer le général baron de Sacken gouverneur de Paris; et ce dernier, par ordre immédiat, confia à M. Morin la censure des journaux.

M. de Douhet, parti pour Montmartre, avait essuyé plusieurs coups de feu de la garde nationale en passant à la barrière ; en revenant, il fut renversé de cheval et traîné en prison. Néanmoins, il parvint à me faire savoir les dispositions des souverains étrangers, qui semblaient peu favorables à la cause royale ; car ils se trouvaient circonvenus par les hauts fonctionnaires impériaux, accourus en toute hâte à leur quartier général.

Tout dépendait pour nous de la journée du 31. Comme il était convenu, à cinq heures du matin deux drapeaux blancs furent arborés à mes fenêtres, sous lesquelles devaient défiler les alliés.

Au moment de leur entrée dans Paris, le mouvement préparé avec tant de soin depuis le 18 mars fit explosion, et depuis la porte Saint-Denis jusqu'à la place Louis XV, des groupes, disséminés à l'avance et portant les proclamations et les imprimés faits pendant la nuit, firent retentir les cris de « Vive le Roi ! Vivent les Bourbons! Vivent les souverains alliés ! » Cette manifestation étonna ceux-ci au plus haut point. Depuis qu'ils traversaient la France, ils n'avaient rencontré que des populations fanatiques, qui les recevaient avec rage, et, jusqu'au dernier moment, ils s'étaient montrés très inquiets de l'accueil qui leur était réservé dans la capitale. Ils craignaient avec le peuple des conflits, dont le moindre pouvait amener de grands malheurs. Les Parisiens, par contre, ne redoutaient rien tant que l'entrée des armées alliées.

La manifestation provoquée par les royalistes transforma les uns et les autres : toutes les craintes disparurent; les souverains se laissèrent aller à leur joie, et les habitants, rassurés, comprirent qu'ils devaient leur salut aux Bourbons et à la protection du drapeau blanc. Ils furent complètement tranquillisés quand parut la déclaration des souverains, imprimée et affichée le jour même par les soins de MM. Morin et Michaud. Il y était dit expressément : « que les souverains accueillaient le vœu de la nation française; que si les conditions de la paix devaient renfermer de plus fortes garanties lorsqu'il s'agissait d'enchaîner l'ambition de Bonaparte, elles devaient être plus favorables lorsque, par un retour vers un gouvernement sage, la France elle-même offrait l'assurance de ce repos. » Ils déclaraient en conséquence : « qu'ils ne traiteraient plus avec Napoléon Bonaparte ni avec aucun autre membre de sa famille; qu'ils respecteraient l'intégrité de l'ancienne France, telle qu'elle avait existé sous ses rois légitimes; qu'ils pouvaient même faire plus, parce qu'ils professaient toujours le principe que, pour le bonheur de l'Europe, il fallait que la France fût grande et forte; qu'ils invitaient le Sénat à désigner un gouvernement provisoire, etc. » Que pouvions-nous demander de plus ? L'empereur Alexandre, en passant sous les fenêtres de Mme de Semallé, venait de promettre le retour des Bourbons. La cause royale était gagnée [1].

Le lendemain matin, 1er avril, l'attitude nouvelle des quatre principaux journaux de Paris fut un véritable coup de théâtre. Il était préparé par M. Morin, qui, investi de la dictature de la presse, avait remplacé les rédacteurs de Bonaparte par des écrivains royalistes, MM. Salgues, Michaud aîné, Bertin de Vaux et le chevalier de Mersan. Leurs articles désarmèrent les résistances, avant même que les souverains alliés se fussent prononcés sur le sort de Bonaparte. Ce fut aussi M. Morin, qui fit publier dans les *Débats* du 2 la proclamation du conseil municipal de Paris, rédigée par M. Bellart [2]. M. de Chabrol s'était refusé

[1]. Beaucoup d'auteurs ont décrit avec détail le défilé des troupes et les différents épisodes qui ont marqué cette journée mémorable. — Je ne parlerai plus loin que de ceux dans lesquels j'ai dû jouer un rôle.

[2]. Cette proclamation valut à M. Bellart d'être excepté, en même temps que les membres du gouvernement provisoire, de l'amnistie publiée par Bonaparte le 12 mars 1815. Par contre, par ordonnance du 6 août 1816, Louis XVIII a accordé à MM. Bellart, Barthélemy, Lebeau et Pérignon, signataires de cette proclamation, la faveur de placer une fleur de lis d'or dans leurs armes, en reconnaissance de leur dévouement à la cause royale.

à la signer. M. de la Grange étant venu m'en avertir, je m'étais rendu aussitôt à son appel avec M. de Mortfontaine. Nous avions eu avec M. de Chabrol une explication, d'abord assez vive, mais qui s'était terminée pour le mieux : le préfet avait pris la cocarde blanche et l'avait fait prendre à toute son administration.

Quant au gouvernement provisoire, dont il était question dans la proclamation et qu'il s'agissait de constituer, je pensais que ce ne pouvait être qu'un conseil royal, composé de royalistes connus, et nommés avec mon intervention, au nom du comte d'Artois. Toutefois ne voulant pas prendre seul la responsabilité du choix de ses membres (M. de Polignac n'était pas encore à Paris), je provoquai une grande réunion pour le soir chez M. de Mortfontaine. Les royalistes y vinrent très nombreux ; mais les opinions y furent très divisées, et on se borna à nommer une commission de cinq membres pour m'accompagner chez l'empereur Alexandre. Ces délégués étaient MM. de la Ferté-Mun, Ferrand, Chateaubriand, Léo de Lévis et Sosthène de la Rochefoucauld. Nous ne pûmes voir que M. de Nesselrode, Talleyrand nous ayant empêchés de voir l'empereur. M. de Nesselrode nous reçut avec beaucoup de politesse, et se borna à nous promettre qu'une nouvelle proclamation paraîtrait le lendemain ; ce qui n'eut pas lieu.

Ayant appris que M. de Talleyrand allait établir le gouvernement provisoire tout à fait en dehors de nous et de notre mouvement, je me rendis chez lui et lui communiquai mes pouvoirs. Plein d'un enthousiasme hypocrite, il les baisa avec transport ; il s'écria en les lisant : « Ah ! je reconnais bien l'écriture de Monsieur, » et il appela M. de Jaucourt pour lui faire partager son bonheur. Puis, s'adressant à moi, il me dit : « Y-a-t-il longtemps que vous avez vu le Prince ? Quel beau rôle vous jouez là pour un gentilhomme. Il faut mettre le sceau à cette belle conduite. Nous allons, d'accord avec l'empereur de Russie, établir un gouvernement provisoire. Donnez-moi votre adresse, je vous ferai prévenir ce soir pour assister à sa nomination. Vous retournerez ensuite auprès du Prince, et vous l'engagerez à prendre les couleurs nationales. »

Je repoussai vivement cette proposition, disant que je ne m'écarterais pas des instructions du Prince ; que jamais un page de Louis XVI ne conseillerait à son frère d'arborer les couleurs qui avaient mené le roi de France à l'échafaud, et j'ajoutai : « Quant au gouvernement provisoire, j'y vois un inconvénient encore plus grave : celui de consacrer tout ce qui s'est fait depuis la catastrophe du 21 janvier 93. Si le Prince m'eût confié une pareille commission, je ne m'en serais pas chargé. » M. de Talleyrand parut embarrassé et me répondit en balbutiant : « Je conçois ce que vous me dites, mais nous ne sommes pas sûrs des intentions de l'Europe. Et pensez-vous qu'on puisse sacrifier l'intérêt d'une nation à l'amour-propre d'une famille ? »

Au sortir de cet entretien, je résolus d'agir de concert, avec M. de Polignac, qui venait d'arriver le 2 avril avec des pouvoirs pareils aux miens. Je voyais clairement qu'il ne nous restait plus qu'à nous considérer comme l'autorité légitime, et à lutter pour forcer la main au gouvernement provisoire, qui n'était que la continuation de la tradition révolutionnaire. Je m'adjoignis alors M. le baron de la Rochefoucault et allai demander une audience de S. M. l'empereur Alexandre. Elle me fut promise pour le lendemain; mais elle fut empêchée par l'influence de M. de

Talleyrand, qui insista dans un sens contraire pendant les conférences auxquelles donna lieu l'arrivée de M. de Caulaincourt.

M. Anglès, qui venait d'être nommé ministre de la police, vint pour nous engager à nous unir au gouvernement provisoire. N'ayant pu nous trouver, il nous laissa une carte, et nous allâmes à son hôtel. M. Anglès nous dépeignit les dangers qui pourraient résulter d'un conflit entre deux gouvernements rivaux, et nous exhorta à nous entendre avec M. de Talleyrand. Nous refusâmes cette combinaison, à moins que le comité, qu'on se proposait de mettre à la tête de l'administration, ne renonçât à la qualification de « gouvernement provisoire » et ne consentît à agir au nom de « Monsieur, frère du Roi. » Nous expédiâmes de suite au comte d'Artois MM. de Douhet et de Dienne, pour l'informer de ce qui se passait, lui demander un rendez-vous, et surtout l'engager à se rapprocher de Paris.

Dans la nuit même nous fîmes partir une vingtaine de commissaires, auxquels nous donnâmes les pouvoirs nécessaires pour mettre en liberté les prisonniers pour cause d'opinions politiques, pour confirmer les grades aux militaires, les fonctions aux autorités constituées, et pour faire arborer la cocarde blanche.

Pendant ce temps, Talleyrand avait composé son gouvernement, toujours dans l'espoir de traiter avec les Bourbons de pouvoir à pouvoir, et de discuter pied à pied le terrain qu'allaient être obligés de céder les potentats de la Révolution. Ce gouvernement provisoire se composait de lui-même, qui faisait tout, du comte de Dalberg et du comte de Jaucourt, ce dernier protestant, tous deux habitués de ses salons. Il leur adjoignit l'abbé de Montesquiou, le seul qui eût des opinions sincèrement légitimistes, et le général Beurnonville, qu'il envoya chercher à Dreux.

Ce général ayant épousé une demoiselle de Durfort, cette union l'avait mis en évidence : on le choisit, avec l'espoir de lui acquérir des droits à la reconnaissance des Bourbons. Dans les circonstances troublées que l'on traversait, Talleyrand, ne sachant à qui confier le ministère de la guerre, fit proposer ce poste au général Dupont, qui avait signé en Espagne la capitulation de Bailen et était alors à Dreux en surveillance : Dupont accepta.

Le 1er avril, au moment où je me disposais à aller chez M. Manuel, le syndic des agents de change, je vis arriver chez moi quatre personnes que je connaissais fort bien, deux capitalistes et deux banquiers. Ils me demandaient de différer l'annonce officielle de la consolidation de la dette publique. Ils projetaient une grosse spéculation à la Bourse et me proposaient, sans aucune mise de fonds, un cinquième dans leur bénéfice. Je leur répondis que leur démarche était contraire à mes instructions, qui me prescrivaient de rassurer et de tranquilliser au plus tôt tous les esprits ; que d'ailleurs leur offre blessait ma délicatesse. A quoi ils répondirent que j'étais bien susceptible ; que toutes les personnes connaissant les secrets d'État faisaient ainsi de grosses fortunes. Loin de partager un pareil avis, je montai aussitôt en voiture, pour aller chez M. Manuel, rue Basse du Rempart, d'où nous nous rendîmes ensemble à la Bourse. Mon affirmation maintint le prix de la rente, et je reçus les remerciements des agents de change, qui avaient éprouvé jusque-là de très vives inquiétudes.

Aussitôt après le 31 mars, M. de Polignac et moi avions reçu les adhésions de plusieurs généraux et chefs de corps, parmi lesquelles celle du général de Pully, commandant le premier régiment des gardes d'honneur, et celle du général de Tilly.

Le lendemain, se présenta, amené par M. de Favrade, un Égyptien, officier de mameluks, qui venait, au nom du corps, reconnaître le Roi et prêter le serment de fidélité. Quand il eut prononcé ce serment, et que nous eûmes promis pour tous les officiers de ce corps la conservation de leurs grades s'ils quittaient l'Empereur à Fontainebleau, il demanda à m'entretenir en secret. Il ne s'agissait de rien moins que de m'apporter, dans un sac, la tête de Napoléon. L'exécution de ce projet, disait-il, était facile. Bonaparte avait donné ordre de ne laisser entrer personne dans son cabinet, et pour veiller à l'exécution de cette consigne, deux mameluks étaient placés à sa porte. La tête serait tranchée, mise dans un sac et rendue à Paris avant même que les officiers généraux, encore réunis à Fontainebleau, pussent en avoir le moindre soupçon. Quant à la moralité de cet acte, voici comment la jugeait, avec ses idées, ce digne oriental : Louis XVIII était le Roi légitime; Napoléon n'était qu'un usurpateur, et on pouvait en conscience le quitter. Une fois le serment prêté à S. M. le Roi, on devait aveuglément lui obéir ainsi qu'à son fondé de pouvoirs; toute la responsabilité serait pour le Roi seul, qui, d'après les idées orientales, ne saurait être criminel, ayant droit de vie et de mort sur ses sujets. Cet officier s'appelait Hamaouy : il n'était pas musulman et appartenait à un des rites séparés. Il croyait avoir beaucoup de griefs contre l'Empereur : griefs de corps d'abord, griefs personnels ensuite. Inutile de dire que je rejetai sa proposition, si peu en rapport avec nos idées chrétiennes et avec notre manière de comprendre le pouvoir royal.

En sortant de mon appartement, il me proposa de faire tourner le corps des mameluks, le lendemain, avant trois heures de relevée, voulant ainsi me prouver la possibilité qu'il avait de faire exécuter le projet dont il m'avait entretenu d'abord. Il fut convenu que si le corps entier passait le lendemain, tous les officiers auraient un grade supérieur [1]. Je rédigeai, séance tenante, un brevet de colonel, signé par M. de Polignac et par moi, et le déposai entre les mains de M. de Favrade pour être remis à Hamaouy, s'il tenait sa promesse [2]. Le lendemain 5 avril, avant trois heures, une députa'ion des officiers venait en effet prêter, entre mes mains, le serment de fidélité au Roi.

Le dimanche des Rameaux (3 avril), le premier *Domine salvum fac Regem* fut chanté à la Madeleine [3] après la communion, à la grand'messe. Mme de Semallé, qui l'avait obtenu moyennant 500 francs donnés pour les chantres et 500 francs pour les pauvres de la paroisse, se leva en criant : « Vive le Roi ! » Tout le monde l'imita, et l'office fut interrompu. Ces manifestations étaient le moyen le plus sûr de contre-balancer l'influence de M. de Talleyrand. De même, j'écrivis le 8 avril, au chapitre métropolitain, pour préparer la réception de Monsieur comme lieutenant général du royaume et demander qu'un *Te Deum* solennel fût chanté, à son arrivée, dans l'église Notre-Dame.

1. Cet engagement, du 4 avril, était donné par « Nous, comte de Polignac, colonel au service de S. M. Louis XVIII, et Jean-René-Pierre de Semallé, ancien page de Louis XVI, l'un et l'autre fondés de pouvoirs de S. A. R. Monsieur, lieutenant général du royaume, datés de Vesoul les 4 et 5 mars derniers.... »

2. Dans des pétitions rédigées par Hamaouy (Arch. de la guerre), on lit : « A l'entrée des alliés dans Paris, il a été le premier officier supérieur nommé par les commissaires du Roi.... Le 4 avril 1814, les commissaires lui délivrèrent un brevet de colonel commandant le corps des mameluks.... A l'arrivée de S. A. R. le comte d'Artois, il fut confirmé dans son grade, etc. » — Hamaouy, né en Syrie en 1772, nommé capitaine de mameluks le 18 décembre 1797 et chef d'escadron le 15 juillet 1800, s'est fait naturaliser Français. Il est mort après 1820. (*Éd.*)

3. L'Assomption servait d'église provisoire à toute la paroisse de la Madeleine, le monument actuel n'étant pas encore livré au culte. (*Éd.*)

Le 4 avril, j'avais dû prendre, par mesure d'ordre public, une responsabilité importante. Une foule nombreuse s'était portée place Vendôme, pour jeter à bas de la colonne la statue de Napoléon ; plusieurs étaient montés avec des limes pour la scier par le pied, tandis que d'autres avaient attaché des cordes à son cou, et attelé des chevaux pour accélérer sa chute.

Le fondeur de la statue, le sieur Launay, se présenta chez M. Pasquier, préfet de police, pour l'informer de ce qui se passait et lui exposer les malheurs qui pouvaient en résulter. M. Pasquier, bien qu'il vît le danger, craignit de se compromettre ; car on savait Bonaparte encore près de Paris, et on ne pouvait prévoir le résultat des pourparlers qu'il avait engagés avec les puissances étrangères. Il renvoya M. Launay à M. de Chabrol, préfet de la Seine. Ce dernier, voyant une affaire qui concernait le préfet de police, refusa de s'en occuper, de telle sorte qu'aucune mesure ne fut prise, et le moindre malheur qui pouvait arriver était la dégradation du monument par la chute de la statue. Mais, comme l'avant-veille, j'avais confirmé M. de Chabrol, au nom du Roi, dans ses fonctions, il conseilla à M. Launay de s'adresser à moi, assurant que je lui donnerais les ordres nécessaires pour éviter les accidents.

M. Launay se présenta chez moi à trois heures de l'après-midi. Il me pressa vivement de lui donner l'autorisation de descendre la statue par les procédés de l'art, affirmant que si elle était renversée, elle causerait des désastres, ferait périr du monde et ébranlerait le fût de la colonne. Je voulus le renvoyer aux préfets : il me répondit que c'était précisément sur leur refus qu'il était venu me trouver, puisque j'étais fondé de pouvoirs de Monsieur, lieutenant général du royaume. Je ne me souciais point de m'occuper de cette affaire; car les pouvoirs de M. de Polignac et les miens étaient purement politiques. C'est pourquoi je me rendis chez le général Sacken, avec M. Launay, et avec M. Dumas de Montbadon, qui l'avait accompagné et s'était mis à ma disposition.

Mais à tous les calculs et raisonnements du fondeur le général russe objecta les termes de la capitulation de Paris, qui protégeait les monuments. Il se refusa absolument à prendre aucune initiative, quels que dussent être les résultats de son abstention, résultats dont il ne pouvait être responsable. Pressé par le fondeur, il finit par lui dire : que M. de Semallé, ici présent, pouvait donner un ordre, puisqu'il était Français et revêtu de pouvoirs émanant des Princes, que les alliés reconnaissaient, et qu'il prêterait main-forte pour assurer l'exécution.

Je me décidai alors à déléguer, en mon nom et en celui de M. de Polignac, M. de Montbadon pour présider à la descente régulière de la statue, et M. de Rochechouart [1], commandant pour les alliés la place de Paris et à ce titre installé place Vendôme, fut requis par le général Sacken de fournir les troupes nécessaires. M. Pasquier, dont j'avais exigé le *visa*, voyant sa responsabilité à couvert par l'ordre militaire, écrivit alors au bas de la pièce : « Bon à exécuter sur-le-champ [2]. »

J'avais, dès le début, fait dételer les chevaux; mais les travailleurs d'en haut firent quelque résistance. Ils ne cédèrent que devant la menace d'être violemment expulsés, et sur la promesse que la statue serait enlevée. M. Launay, avec le concours de M. Albouys, maître charpentier, exécuta aussitôt la descente, et fit transférer

---

1. Voir les *Souv. du c^{te} de Rochechouart*, p. 341 et suiv. *(Éd.)*
2. Voir les *Mém. de Pasquier*, t. II, p. 264. — L'auteur ne parle pas de son *visa*. *(Éd.)*

la statue à son domicile, rue de la Fidélité. C'est le 8 avril que ce travail a été achevé.

M. Launay me remit un rapport circonstancié sur ses opérations. Les frais de la descente s'élevèrent à 3,600 fr., que je payai de suite, et M. Launay me donna un reçu de la somme et de la statue, mon intention étant de prendre à ce sujet les instructions de Monsieur, aussitôt son arrivée à Paris. Peu de jours après, je ne manquai pas de lui rendre un compte minutieux de cet incident. Il me fut répondu, par le marquis de la Maisonfort, que je pouvais garder la statue pour me couvrir des frais, sauf à rendre le surplus si je trouvais un bénéfice.

Je ne me souciais guère de la vendre ; aussi, pour le moment, laissai-je de côté un objet aussi encombrant. Avant l'arrivée du prince, le 10, un aide de camp de l'empereur Alexandre était venu m'engager à en faire hommage à son souverain. Il ne convenait pas que ce monument devînt un trophée en pays étranger : j'avais rejeté avec indignation cette proposition. Un peu plus tard, par la même raison, je repoussai une compagnie anglaise, qui vint m'offrir 60,000 fr., payables aussitôt que la statue serait embarquée à Calais.

Pendant les Cent-jours, Réal, devenu préfet de police, écrivit à M. Launay pour lui ordonner de la remettre à M. Denon, en présence du commissaire de police du quartier. L'ordre fut exécuté et la statue fut transférée à la fonderie Saint-Laurent. Au retour de Louis XVIII, je la réclamai à M. Lainé, ministre de l'intérieur, et je demandai qu'elle fît partie de la matière destinée à la fonte de la statue de Henri IV, qu'on allait relever sur le Pont Neuf. On fit droit à ma demande ; mais mention n'en fut pas faite dans les procès-verbaux, et bien que j'eusse sacrifié pour l'érection de ce monument la somme de 3,600 fr., avancée par moi pour descendre la statue de Napoléon, je ne pus pas même obtenir de figurer dans la liste des souscripteurs [1].

Dès le 4 avril, on était venu me prévenir que les bureaux de charité des douze arrondissements manquaient absolument de tout, et que la misère y était à son comble. Je pris sur moi, à l'instant même, d'envoyer à tous les journaux, y compris les *Débats*, la note suivante : « Les commissaires de S. M. le Roi de France Louis XVIII ont déposé, en son nom, chez M. Denis, notaire, rue de Grenelle-Saint-Germain, n° 3, des sommes destinées à être distribuées dans les douze arrondissements de Paris, pour venir au secours des indigents, dans les circonstances difficiles où on se trouve. Sa Majesté n'a pu suivre tous les mouvements de son cœur; elle appelle, à partager l'œuvre de bienfaisance et de charité qu'elle voudrait étendre à tous les malheureux, les personnes auxquelles la fortune en donne le moyen. Les noms de ces personnes seront soigneusement recueillis, et il en sera fait une liste qui sera présentée à S. A. R. Madame la duchesse d'Angoulême, fille de Louis XVI, aussitôt son arrivée à Paris [2]. »

Avant que M. Denis, mon notaire, en fût averti,

---

1. Voir Lafolie, *Mém. hist. relatifs à la fonte et à l'élévation de la statue équestre de Henri IV.* (Paris, 1819.) Cet ouvrage contient les listes de souscription. *(Éd.)*

2. La liste des souscripteurs qui vinrent ensuite est curieuse à consulter aujourd'hui. Elle est déposée en original à l'étude de M⁰ Lefort, second successeur de M⁰ Denis. On y voit figurer toutes les corporations de Paris : celle des avoués, par les mains de M. Champagnon, leur trésorier, pour la somme de 1,200 fr.; le collège des avocats près la Cour de cassation, par les mains de M. Bosquillon, leur trésorier, 1,000 fr.; la compagnie des notaires de Paris, par les mains de leur trésorier, 3,000 fr.; et, ce qui peut paraître plus extraordinaire, M. Desmarest, chef de la première division de la police, apporta 100 fr., et fut inscrit sur la liste au n° 278. A côté de cette liste, il s'en forma d'autres chez MM. Marbon et Hédon, notaires; enfin la Halle aux vins voulut aussi avoir la sienne.

M. Pasquier envoya le lendemain, dès six heures du matin, demander de l'argent pour les pauvres assistés par le quartier de la préfecture de police. M. Denis ayant lu ma note dans les *Débats*, sachant que j'étais revêtu des pouvoirs de commissaire du Roi, lui remit 2,500 fr. Une heure après je me rendis chez lui. Il me dit qu'il n'avait pas hésité à faire le versement de cette somme, et je la lui garantis aussitôt.

En moins de six jours, il fut recueilli 55,553 fr., qui furent répartis entre tous les arrondissements de Paris dans la proportion de leurs besoins. Le XIIe et le VIIIe eurent pour leur part chacun 10,000 fr. Il restait la somme de 7,353 fr., sur laquelle M. Denis remit au curé de la Madeleine 620 fr.; à celui de Sainte-Marguerite, 800; à celui de Saint-Jacques du Haut-Pas, pareille somme. Le reliquat fut distribué à des pauvres honteux, sur des certificats donnés par les maires, et à quelques officiers vendéens qui mouraient de faim à Paris. Si le gouvernement provisoire, effrayé, n'eût pas arrêté cet élan, on ne sait quel chiffre eût atteint cette souscription. Mais il craignit l'effet produit par cette manifestation générale, qui démentait tout ce qu'il s'efforçait de faire croire aux alliés, et qui prouvait au contraire la puissance du parti royaliste à Paris, où il comptait de nombreux partisans dans toutes les classes de la société.

Trois jours après sa rentrée, et d'après la promesse qui en était faite, Madame la duchesse d'Angoulême reçut la liste des mains de Mme de Semallé.

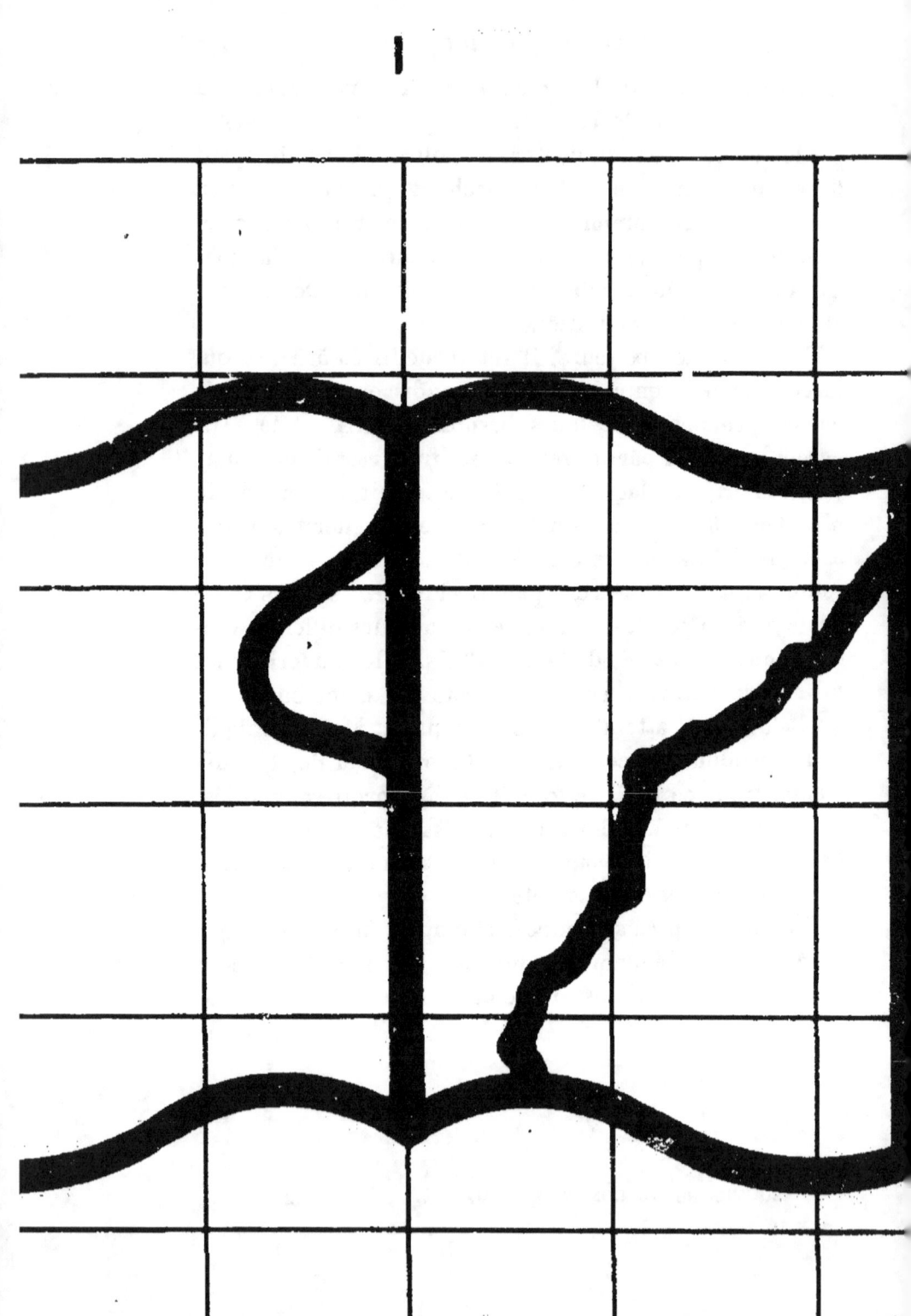

CHAPITRE VII

LES COMMISSAIRES ROYAUX.

Pouvoirs donnés aux commissaires royaux. — M. de Vente de Francmesnil et M. Robert, à Rouen. — Ils obtiennent l'ordre du jour du maréchal Jourdan. — Ils sauvent aussi les planches des cartes de Cassini. — M. de Charencey à Alençon ; M. Poux en Languedoc ; M. de Conseil à Évreux ; MM. Alexis Dumesnil et de Grimouville en basse Normandie ; le colonel Mollot en Provence. — Ordre du jour du maréchal Augereau. — Le colonel marquis de la Grange envoyé à Soult. — Comment il rencontre le trésor impérial à Orléans et le ramène à Paris.

Désaccord parmi les royalistes. — Demande de lettres de grâce pour des magistrats régicides. — Je vais à Meaux les signer auprès de Monsieur. — Le 12 avril, entrée de Monsieur à Paris. — La décoration du Lis. — Te Deum à Notre-Dame. — Le drapeau blanc est hissé sur les Tuileries. — Rencontre de M. de Sèze et de M. de Vitrolles. — Fin de mes pouvoirs.

Maubreuil. — Histoire des caisses manquant au trésor impérial. — Sous prétexte de les chercher, Maubreuil dépouille la reine de Westphalie. — Arrestation de Maubreuil et de Dassies. — Fuite de ce dernier.

Entrée du roi. — Ma réception par Louis XVIII. — M. Terrier de Monciel quitte le cabinet de Monsieur. — Maisons militaires du Roi et de Monsieur. — Je suis nommé colonel dans celle du comte d'Artois.

J'ai dit plus haut que nous avions envoyé des commissaires dans les provinces : voici la copie des pouvoirs que nous leur avions confiés et qui étaient tous rédigés sur le même modèle :

« Nous, le comte Armand de Polignac, colonel au service de Sa Majesté Louis XVIII, et de Semallé (Jean-René-Pierre), ancien page de Louis XVI, chargés des pouvoirs de Son Altesse Royale Monsieur, comte d'Artois, lieutenant général d......aume, donnons par les présentes de pleins po...... et une autorisation formelle à M...., de se rendre ...... en passant par ...., à l'effet d'y porter la déclaration du 6 avril courant, du Sénat, portant que Louis-Stanislas-Xavier est rendu aux vœux des Français par une charte constitutionnelle, également avantageuse au peuple et à l'auguste famille destinée à le gouverner, laquelle déclaration est insérée dans le journal officiel de ce jour appelé *le Moniteur*.

« Ces messieurs donneront connaissance aux préfets, maires, et autres autorités constituées, quelles qu'elles soient, de ce département, à l'autorité militaire et au peuple, de la déclaration énoncée ci-dessus; ils feront reconnaître Sa Majesté Louis XVIII, en sa qualité de Roi de France, et la dynastie des Bourbons comme dynastie royale.

« Les moyens que ces messieurs emploieront sont la persuasion et l'enthousiasme, en rappelant aux Français les vertus de cette auguste famille et le bonheur dont ils ont joui sous le règne de ses princes. S'ils rencontraient des obstacles, ils les vaincraient par tous les moyens que la sagesse et la prudence leur dicteraient. Ils ne perdront pas de vue, dans l'emploi de ces moyens, que Sa Majesté ne voulant régner que par la clémence, la douceur et la générosité, messieurs les commissaires rempliront les intentions de son cœur en les prenant pour règle première de leur conduite.

« Messieurs les commissaires dresseront des procès-verbaux de toutes leurs opérations, et nous les transmettront en toute hâte. Vive le Roi! Vive Louis XVIII!

« Comte Armand DE POLIGNAC. — DE SEMALLÉ. »

A chaque pouvoir était joint un ordre délivré par le ministère de la guerre, sur lequel était indiqué l'itinéraire à suivre.

Parmi ces commissaires, plusieurs méritent ici une mention spéciale.

M. de Vente de Francmesnil et M. Robert furent nommés pour la haute Normandie, et se rendirent directement à Rouen, où ils arrivèrent dans la matinée du 8 avril. Le préfet, M. de Girardin, se montra favorable à la monarchie. Il requit le cardinal de chanter, le dimanche suivant, un *Te Deum* solennel, et envoya tout de suite à Dieppe, au Havre, à Fécamp, l'ordre de remplacer le drapeau tricolore par le drapeau blanc. Ensuite il accompagna les commissaires chez le maréchal Jourdan, qui écrivit sous leurs yeux un ordre du jour reconnaissant le Roi [1]. Dès le soir du 8 avril, le drapeau blanc flottait sur le pont, et la garde nationale, la troupe et les habitants adhéraient au gouvernement des Bourbons. Le 9 eut lieu la proclamation solennelle de Louis XVIII. L'esprit de l'armée laissait néanmoins beaucoup à désirer ; le maire de Rouen, ouvertement hostile, parlait de faire arrêter ces messieurs ; enfin, malgré les bonnes dispositions du

---

[1]. « 15e division militaire. — Soldats, l'empereur Napoléon a abdiqué le trône impérial et se retire à l'île d'Elbe, avec une pension de six millions.

« Le Sénat a adopté une constitution qui garantit la liberté civile et assure les droits du monarque.

« Louis-Xavier-Stanislas, frère de Louis XVI, est appelé au trône par le vœu de la nation, et l'armée a manifesté le même sentiment. L'avènement de Louis XVIII est la garantie de la paix.

« Enfin, après tant de campagnes glorieuses, de fatigues et de blessures honorables, vous allez jouir de quelque repos.

« Louis XVIII est Français et ne sera pas étranger à la gloire dont les armées se sont couvertes ; ce monarque vous accordera les récompenses que vous avez méritées par de longs services, par des actions d'éclat et par des blessures.

« Jurons donc fidélité à Louis XVIII, et arborons la cocarde blanche en signe d'adhésion à un événement qui arrête l'effusion du sang, nous donne la paix et sauve notre patrie.

« Le présent ordre sera lu par MM. les chefs de corps, à la tête des troupes assemblées.

« Au quartier général, à Rouen, le 8 avril 1814. »

commissaire de police Galeazzini, il fallut employer, comme contre-police, les anciens agents royalistes du pays. Les deux commissaires quittèrent Rouen le 11 au soir, laissant, pour y soutenir la cause royale, le marquis de Belbeuf, commandant de la garde rurale, qui distribua à cette milice la cocarde blanche. Ils se rendirent au Havre. Les Anglais, qui croisaient devant ce port, faisaient force signaux et apprirent que le duc de Berry, n'ayant pu se faire reconnaître dans aucun port de la côte normande et n'y voyant point flotter le drapeau blanc, avait mis à la voile pour Nantes et Bordeaux.

Un exprès nous apporta à Paris l'ordre du jour du maréchal Jourdan. Le 10, la nouvelle parut dans le *Journal des Débats*, et des affiches apprirent à tout Paris que les troupes avaient arboré à Rouen la cocarde blanche. C'est forts de ce fait accompli que nous parvînmes, malgré Talleyrand et son gouvernement, à la faire prendre à la garde nationale et à la troupe, et à faire hisser sur les Tuileries le drapeau blanc, pour l'arrivée du comte d'Artois, remplissant ainsi une partie importante de notre mandat [1]. C'était le complément nécessaire de la journée du 31 mars. Sans mon voyage à Vesoul, sans les moyens d'action que j'y avais obtenus du comte d'Artois, cette manifestation royaliste, sans chef autorisé et sans préparation, eût été insignifiante. Il est plus que probable que les souverains, arrivés dans la capitale, se seraient hâtés de traiter avec les fonctionnaires de l'Empire, et tout porte à croire que la régence de Marie-Louise eût été proclamée.

Pour revenir à M. de Vente de Francmesnil et à M. Robert, ils délivrèrent à Rouen plusieurs prisonniers, entre

---

1. Voir Morin, *Révélation de faits importants qui ont préparé ou suivi les Restaurations de 1814 et 1815* (Paris, 1830); p. 50 et s.

autres M. de Bonneuil, M. de Combrey et sa mère, condamnés en 1808 à la prison perpétuelle pour affaires de chouannerie. Ils eurent aussi occasion de rendre un service signalé à la France en lui conservant presque tous les originaux des planches en cuivre des cartes de Cassini, qui avaient été soustraites au ministère de la guerre et qu'ils saisirent au moment où elles arrivaient à Dieppe. Il y avait en outre seize caisses d'objets de valeur. Le tout, estimé à une cinquantaine de millions, nous fut réexpédié immédiatement, et remis par M. de Polignac lui-même au ministère de la guerre [1]. Si j'insiste sur ce fait, c'est que, plus tard, ces deux messieurs, et beaucoup de ceux qui se sont dévoués à cette époque, ont été loin de trouver la reconnaissance qu'ils méritaient, auprès des ministres, particulièrement disposés à soutenir les anciens serviteurs de la Révolution.

M. de Charencey fut désigné pour Alençon et le département de l'Orne [2].

M. de Conseil était à Évreux et nous avait signalé les grandes difficultés qu'il rencontrait, quand, le 6 avril, M. de Polignac et moi nous lui adressâmes des pouvoirs. Nous avions ajouté en marge, comme instruction particulière : « Faire mettre en liberté les prisonniers d'État pour cause d'opinions politiques ; aller à Caen, à Bayeux, dans toute la basse Normandie, et particulièrement faire pénétrer à l'île de Jersey la nouvelle des événements de Paris, afin

---

[1]. Leur correspondance (du 8 au 14 avril) a été publiée sous ce titre : *Rapport de MM. de Vente de Francmesnil, gentilhomme, et Robert, avocat, commissaires envoyés dans la haute Normandie*. (Paris, Gueffier; in-4 de 16 p.) — Cet opuscule est très rare.

[2]. Dans une lettre datée d'Alençon, le 12 avril, il nous écrivit qu'en arrivant il avait trouvé la cocarde blanche « universellement arborée.... Il y avait longtemps que l'esprit public du département de l'Orne appelait sur le trône des lis la postérité de Henri IV.... »

que le Prince, qui doit y être, en soit instruit le plus promptement possible....; faire prononcer positivement les autorités en faveur de Louis XVIII, roi de France et de Navarre...., et non dans le sens du prétendu gouvernement provisoire....; enfin tout dans l'intérêt et pour l'honneur du Roi.... »

MM. Alexis Dumesnil et de Grimouville partirent pour la basse Normandie, Falaise, Caen et Bayeux, où, dès le 10 avril, un *Te Deum* solennel fut chanté dans la cathédrale. Inutile de dire que dans ce pays de la chouannerie ils trouvèrent un grand enthousiasme [1].

M. Poux, riche propriétaire aux colonies, se rendit à Bordeaux et, de là, dans l'Aveyron, le Tarn-et-Garonne et le Lot-et-Garonne. Il quitta Paris seulement le 11 et, faute de chevaux disponibles, se trouva retenu quelque temps à Orléans. Sur toute la route, il dut constater l'ignorance des paysans sur les graves événements qui venaient de se passer à Paris : mais partout on recevait avec joie l'heureuse nouvelle [2]. Dans le Midi, il remarqua que l'on se préoccupait de savoir si la charte constitutionnelle annoncée serait soumise à l'acceptation des départements [3]. M. Poux nous envoya quatre rapports datés des

---

1. Une proclamation qu'ils adressèrent aux Normands a été imprimée à Caen (chez Le Roy, imprimeur du Roi). Elle commence ainsi : « Braves Normands, peuples vraiment royalistes, vieux amis du trône et de l'autel, vous aviez déjà arboré la cocarde blanche lorsque nous sommes rentrés dans les murs de cette ville.... »

2. « .... L'abolition promise de la conscription, des droits réunis et de la tyrannie administrative du dernier gouvernement ont ҫҫ ҫҫ au peuple sa sérénité; et il ne saurait trop tôt être satisfait irrévocablement sur ces trois moyens du régime affreux qui l'écrasait. Ce vœu m'a été généralement manifesté.... » (Lettre datée de Bordeaux, 18 avril.)

3. Parlant de l'esprit de la population dans les trois départements qu'il venait de visiter, M. Poux ajoutait : « La constitution proposée par le Sénat est inconvenante à ses principes inébranlables d'amour et de dévouement pour son Roi. » (Lettre datée d'Agen, 28 avril.)

16, 19, 20 et 28 avril. Il avait joint à ce dernier la proclamation du maire de Bordeaux, du maire et du sous-préfet de Villefranche, celle du sous-préfet de Rodez, du préfet de Montauban. Toutes ces pièces témoignaient du chaleureux accueil fait à Louis XVIII par les populations du Midi.

Le colonel Mollot fut désigné pour faire déclarer Lyon, Toulon, Aix et Marseille, et plus spécialement pour se rendre près du maréchal Augereau. En raison de cette dernière mission et de son grade, il convenait que ses pouvoirs fussent visés par le ministre de la guerre [1]. Nous nous étions donc entendus, M. de Polignac et moi, avec le général Dupont, qui se montrait plus désireux de servir le Roi que de défendre les prérogatives du soi-disant gouvernement provisoire. Le colonel quitta Paris le 8, et le 13 au soir, il atteignit, non sans obstacle, la ville de Valence, où se trouvait Augereau. Le maréchal prolongea immédiatement la suspension d'armes qu'il avait conclue, et fit arborer la cocarde blanche [2].

1. L'ordre du ministre de la guerre était ainsi conçu : « Il est ordonné à M. Mollot, chef de bataillon dans le 72° régiment d'infanterie, de se rendre en poste à Toulon, en passant par Lyon, pour remplir la mission dont il a été chargé au nom de Sa Majesté Louis XVIII. »
Hughes Mollot avait fait, sous la Révolution, les campagnes d'Italie et celle des Grisons ; sous l'Empire, il avait combattu à Essling et à Wagram ; néanmoins, il n'était que chef de bataillon le 1ᵉʳ avril 1814. Ce furent les commissaires du Roi qui lui firent donner le grade de lieutenant-colonel.

2. Voici la proclamation du maréchal à ses troupes :
« Soldats ! Le Sénat, interprète de la volonté nationale, lassée du joug tyrannique de Napoléon Bonaparte, a prononcé, le 2 avril, sa déchéance et celle de sa famille.
« Une nouvelle constitution monarchique, forte et libérale, et un descendant de nos anciens rois remplacent Bonaparte et son despotisme.
« Vos grades, vos honneurs, vos distinctions, vous sont assurés.
« Le corps législatif, les grands dignitaires, les maréchaux, les généraux et tous les corps de la grande armée ont adhéré aux décrets du Sénat, et Bonaparte lui-même a, par un acte daté de Fontainebleau le 11 avril, abdiqué pour lui et ses héritiers les trônes de France et d'Italie.
« Soldats ! vous êtes déliés de vos serments. Vous l'êtes par la nation, en qui réside la souveraineté. Vous l'êtes encore, si c'était nécessaire, par

Le colonel arriva le 16 à Toulon auprès de Masséna, lui fit connaître les événements du 31 mars, puis se présenta le 19 à Marseille. Dès qu'il y eut fait reconnaître le Roi, il fit auprès de l'amiral Ganteaume les démarches nécessaires pour faire sortir de la prison d'État du château d'If les infortunés qui y gémissaient depuis si longtemps. Les rapports qu'il nous fit envoyer par les conseils municipaux des différentes villes de la Provence constataient une allégresse générale. Ainsi à Marseille, le 16 avril, deux frégates anglaises ayant déployé dans le port le drapeau blanc, le peuple leur avait fait un accueil enthousiaste. Ainsi à Aix, le 15 avril, le conseil municipal avait délibéré de reprendre tous les emblèmes de la monarchie et d'effacer tous ceux qui rappelaient la tyrannie de Bonaparte. Il y eut cependant quelques excès. Le peuple, après avoir renversé les bustes de Bonaparte, avait pénétré à la douane et aux droits réunis, jetant les papiers par les fenêtres et brisant les meubles des bureaux. Il avait fallu l'intervention du maire pour apaiser ce désordre.

La manière dont le colonel marquis de la Grange avait rempli, le 31 mars, le rôle important dont il s'était chargé, et, quelques jours après, une mission auprès du baron de Sacken le recommandait tout particulièrement à notre

---

l'abdication même d'un homme qui, après avoir immolé des millions de victimes à sa cruelle ambition, n'a pas su mourir en soldat.

« La nation appelle Louis XVIII sur le trône. Né Français, il sera fier de votre gloire et s'entourera avec orgueil de vos chefs. Fils de Henry IV, il en aura le cœur ; il aimera le soldat et le peuple.

« Jurons donc fidélité à Louis XVIII, et à la constitution qui nous le présente. Arborons la couleur vraiment française, qui fait disparaître tout emblème d'une révolution qui est finie, et bientôt nous trouverons dans la reconnaissance et dans l'admiration de votre roi et de votre patrie une juste récompense de vos nobles travaux.

« Au quartier général de Valence, le 16 avril 1814. »

choix [1]. M. de Polignac et moi nous le désignâmes pour se rendre à Toulouse auprès du maréchal Soult, en passant par Orléans et Blois. Il était en effet de la plus haute importance que le maréchal fût averti sans retard des événements qui s'étaient passés à Paris, de la paix qui en était la conséquence, et comme l'armée anglo-espagnole le poursuivait sur le territoire français, il fallait éviter de ce côté l'effusion du sang. Malheureusement, retardé sur la route, comme je vais le dire, notre commissaire n'allait pas prévenir la bataille sanglante qui se donna le jour de Pâques, 10 avril, sous les murs de Toulouse.

Parvenu à Orléans, le marquis avait, selon ses instructions, demandé au préfet, au général commandant la division, aux officiers supérieurs de la place, aux tribunaux, à la garde nationale, à toutes les autorités civiles et militaires, leur adhésion à la déchéance prononcée contre Bonaparte, et il avait reçu d'elles le serment de fidélité à S. M. Louis XVIII. Il continuait sur Blois, lorsqu'il rencontra l'impératrice Marie-Louise, et avec elle le trésor de la couronne. Aussitôt il retourna à Orléans, auprès du

---

[1]. « En vertu des pouvoirs qui nous ont été donnés par S. A. R. Monsieur, lieutenant général du Royaume,

« Nous chargeons M. Paul-Jérôme-Hippolyte Desfieux-Beaujeu, marquis de la Grange, ancien officier supérieur et commandant divisionnaire dans les départements de l'Eure et des Ardennes pour Louis XVIII, de rester auprès de S. Exc. M. le baron de Sacken, gouverneur de la ville de Paris, pour réclamer son intervention toute-puissante pour le service de S. M. Louis XVIII.

« M. de la Grange sera également chargé, près de S. Exc. M. de Sacken, de protéger les réclamations et les demandes des sujets de S. M. Louis XVIII.

« M. de la Grange sera tenu en outre de donner à M. de Sacken tous les renseignements géographiques, particulièrement utiles dans les circonstances où on se trouve.

« Enfin M. de la Grange est remis aux ordres de M. de Sacken pour toutes les choses auxquelles il voudra l'employer.

« Signé : DE SEMALLÉ, ancien page de Louis XVI, fondé de pouvoirs de S. A. R. Monsieur, lieutenant général du royaume, datés de Vesoul. »

général Schouvalov, pour lequel il avait des lettres de recommandation signées par le baron de Sacken et par le comte de Langeron. Il lui fit remarquer qu'il était urgent d'empêcher le trésor de parvenir à Fontainebleau, et le pria de poster un piquet de troupes sur la route que Marie-Louise devait suivre, pour la forcer à entrer à Orléans et à y séjourner. Puis il partit à franc étrier et vint m'informer de ce qui s'était passé, ajoutant que le préfet et le général Hamélinaye s'étaient chargés de retarder le départ des fourgons jusqu'à son retour. Il arriva chez moi vers les deux heures du matin.

Je me trouvais séparé de M. de Polignac, logé fort loin, dans le faubourg Saint-Germain. Ne connaissant pas encore assez M. de la Grange pour confier à lui seul une mission aussi importante, je l'engageai à descendre dans la salle à manger. Pendant ce temps, j'appelai M. de Villeneuve d'Arifat, jeune homme qui me servait d'aide de camp et en qui j'avais toute confiance. Je lui fis connaître la proposition qui m'était faite et la responsabilité qui pourrait peser sur moi et sur mon collègue, si un vol était commis, et lui proposai de se joindre à M. de la Grange pour aller, au nom du Roi, arrêter le trésor et l'amener à Paris. Je le chargeai spécialement d'empêcher que nul ne pût en rien détourner. M. de Villeneuve consentit avec empressement à remplir ce rôle délicat, s'arma de pistolets, et me dit qu'il se ferait tuer plutôt que de laisser dérober un seul objet. M. de la Grange étant remonté, je lui remis les pouvoirs nécessaires, rédigés en commun pour lui et pour M. de Villeneuve d'Arifat. Tout étant convenu, je fis atteler une chaise de poste et recommandai que, sur la route d'Orléans, on courût le plus vite possible.

MM. de la Grange et de Villeneuve partirent à trois heures et demie du matin, emportant un ordre du minis-

tère de la guerre pour le général Hamélinaye, ainsi conçu :
« Je suis instruit, monsieur le général, qu'il existe à Orléans
des voitures d'or et d'argent soustraites par Bonaparte
au trésor public. Vous voudrez bien, au reçu de la présente,
vous entendre avec M. de la Grange, ancien colonel, que je
vous adresse, pour arrêter tout argent et effets appartenant au gouvernement. Je vous rends personnellement
responsable du retard et de la négligence, qu'on apporte-
rait à l'exécution des dispositions de l'ordre que je vous
donne à ce sujet. M. de la Grange vous donnera tous
les renseignements que vous pourrez demander. Vous l'au-
toriserez, au besoin, à s'adjoindre les officiers qu'il vous
désignera. — Signé : Général Dupont. » D'autre part, le
baron de Sacken avait donné un sauf-conduit pour les
voitures du trésor, de façon que le convoi n'eût à redouter
aucun retard s'il venait à rencontrer des troupes alliées.

Quand ces messieurs arrivèrent à Orléans, ils y trouvèrent une véritable insurrection. Des soldats de toutes armes s'étaient répandus dans les rues, aux cris de « Vive
l'Empereur ! » et il fallut toute l'énergie du préfet et du
général pour réprimer cette émeute, qui menaçait d'être
fort grave. Le convoi était entré dans la ville et le colonel
Janin, qui l'accompagnait, prêta main-forte au général avec
cent cinquante hommes de la gendarmerie d'élite.

Talleyrand, lui aussi, avait eu connaissance du passage
du trésor à Orléans, par des personnes de la suite de Marie-Louise, et il avait envoyé M. Dudon, maître des requê-
tes, pour réclamer le convoi et le faire rentrer au trésor
public. M. Dudon fut reçu par le général et le préfet, qui
lui apprirent que M. de la Grange, muni d'ordres spéciaux,
pouvait seul le conduire à Paris. M. Dudon, effrayé par
la mutinerie des troupes, se retira aussitôt.

M. de la Grange et M. de Villeneuve demandèrent alors

à inventorier le trésor. M. de la Bouillerie, qui en avait la charge, allait s'y préparer, quand le maire et le général lui représentèrent qu'il pouvait être dangereux de faire à Orléans cet inventaire, à cause de la disposition des troupes; qu'il n'y avait pas plus loin de Paris à Fontainebleau que de Fontainebleau à Orléans, et ils l'engagèrent à conduire lui-même le trésor avec l'escorte jusqu'à Paris. Après le récolement, disaient-ils, il lui serait facile d'aller à Fontainebleau, rendre compte à l'Empereur du cas de force majeure qui le déchargeait de toute responsabilité. M. de la Bouillerie, sentant le péril d'ouvrir sur l'heure toutes les caisses renfermées dans les fourgons, écouta la proposition, et le trésor fut dirigé sur Paris avec son escorte, sous la conduite de MM. de la Grange et de Villeneuve. Quand l'effervescence des troupes fut calmée, M. Dudon se présenta de nouveau : on lui répondit que le trésor était parti, par ordre des commissaires du Roi. Il revint sur-le-champ à Paris rendre compte à Talleyrand.

Pendant la route, M. de la Grange devança le trésor avec l'intention de me prévenir de sa prochaine arrivée. Mais MM. de Vanteaux et de Geslin, qu'il trouva à ma porte, prirent sur eux d'aller au-devant du trésor pour le conduire à Monsieur, aux Tuileries ; et M. de la Grange, à qui ces messieurs avaient rendu quelques services d'argent, consentit à rejoindre avec eux son convoi. Tout cela se passait à mon insu ; et le trésor, escorté de MM. de Vanteaux, de la Grange, de Villeneuve d'Arifat, et du chef d'escadron de la gendarmerie d'élite, à la garde duquel il avait été confié, fut déposé dans la cour des Tuileries. Monsieur, qui y était arrivé depuis la veille, passa en revue les gendarmes, reçut le trésor que lui présenta M. de la Bouillerie, et toutes les caisses furent descendues au pavillon de Marsan.

M. de Talleyrand, apprenant ce qui avait eu lieu, se rendit aussitôt aux Tuileries avec M. l'abbé Louis, ministre des finances, et représenta à Monsieur que ces valeurs devaient être transportées à la trésorerie nationale, comme appartenant à l'État. Monsieur était sur le point de céder, quand le comte des Cars lui fit observer que le trésor ayant été arrêté par les commissaires, au nom du lieutenant général du royaume, il était préférable de venir recueillir auprès de moi les éclaircissements nécessaires.

J'étais, en ce moment, dans la plus grande inquiétude de ne voir arriver ni le trésor ni MM. de la Grange et de Villeneuve. Ce fut M. des Cars qui m'apprit que le convoi se trouvait aux Tuileries, et qui me fit connaître les efforts que faisait M. de Talleyrand pour que dépôt en fût fait à la trésorerie nationale. Je fus très mécontent de l'initiative prise par MM. de Vanteaux et Geslin. J'avais d'ailleurs entre les mains la preuve que ces messieurs, usurpant le titre de commissaires du Roi, avaient signé un ordre qui établissait une sauvegarde pour leur maison de campagne; d'autre part, je les savais liés avec des personnes qui ne m'inspiraient aucune confiance.

J'accompagnai aussitôt M. des Cars aux Tuileries, et j'entrai dans le cabinet, où Monsieur se trouvait avec MM. Melchior de Polignac, de la Salle, de Trogoff et d'autres qui l'avaient suivi à Paris. Monsieur vint à moi, me félicita et me dit: « MM. de Talleyrand, de Jaucourt et Louis sont là; ils prétendent qu'il conviendrait de tout envoyer au trésor public; que cela ferait bon effet et inspirerait confiance. Ces autres messieurs (et il montrait ses amis) ne sont pas de cet avis. Qu'en pensez-vous? C'est à vous de décider cette question, puisque vous en avez pris jusqu'ici la responsabilité. » — Je répondis que Monsieur n'étant point encore reconnu comme lieutenant général du royaume par le gouvernement provisoire, il ne devait pas donner à ce gouvernement cette sorte de confirmation ; qu'il valait mieux laisser le trésor à la disposition du Roi quand il serait rentré ; que d'ailleurs c'était la propriété particulière de Bonaparte et non celle de l'État. J'ajoutai que, déposé aux Tuileries, le trésor donnerait une force et une influence réelles, et qu'ainsi Monsieur se ferait plus facilement reconnaître comme lieutenant général. Monsieur entra avec moi et ses amis dans la salle où se tenait M. de Talleyrand, et lui répéta mon avis. Quand M. de Talleyrand m'aperçut, il vit bien qu'il n'obtiendrait rien, et n'insista plus. Monsieur fit remettre 12,000 fr. pour être distribués aux gendarmes, et le trésor fut gardé au pavillon de Marsan jusqu'à l'arrivée de Louis XVIII.

Après la remise du trésor, Monsieur remercia M. de la Bouillerie et ajouta qu'il était libre d'aller rejoindre son maître ; que d'ailleurs, il conserverait toujours le souvenir de sa loyale conduite. Celui-ci offrit de faire l'inventaire du trésor et d'en rester dépositaire jusqu'au retour du Roi. Monsieur y consentit avec plaisir, et deux jours après l'inventaire fut achevé. On doit le trouver encore dans les archives de la liste civile.

La constitution du gouvernement provisoire avait rendu ma position très difficile. Je m'étais, en effet, opposé de tout mon pouvoir à sa formation, parce qu'il avait Talleyrand comme chef et comme âme, et que je voyais dans son établissement l'approbation de tout ce qui s'était passé depuis 1789, y compris la mort de Louis XVI. M. de Nesselrode m'avait promis une audience de l'empereur de Russie, en qui j'espérais beaucoup. Quelle n'avait pas été ma douleur de voir qu'à ma place c'était M. de Caulaincourt qui avait été reçu, et qu'il s'était présenté avec la cocarde tricolore ! D'autre part, j'avais essayé de grouper autour de moi quelques sénateurs pour faire reconnaître immédiatement Monsieur comme lieutenant général du royaume. Dans ce but, j'étais également allé trouver l'abbé de Montesquiou, et le général de Beurnonville que son beau-frère avait fait revenir d'Évreux, pour les détourner l'un et l'autre d'accepter les propositions de M. de Talleyrand. Mais je dus bientôt constater que toute la noblesse de cour ainsi que les fonctionnaires se ralliaient à ce dernier.

Les royalistes, au lieu de me soutenir, tinrent une réunion dans le faubourg Saint-Germain, et ne songèrent qu'à obtenir de moi une déclaration tendant à faire croire que j'avais agi, depuis mon départ de Paris pour Vesoul, comme délégué de leur association. M. le marquis de V...., envoyé par eux, vint me la demander. Depuis, il m'en a exprimé tous ses regrets, dans une lettre que j'ai gardée ; mais beaucoup d'entre eux se montrèrent alors gravement offensés par mon refus. Je le sus par le jeune prince de la Trémouille et par le duc de Gontaut-Biron, qui vinrent s'offrir aussitôt pour le service de Sa Majesté.

Dans une de mes premières visites aux autorités constituées, j'avais, à la demande de M. Barris, président intérimaire de la Cour de cassation [1], promis une amnistie générale pour tous les crimes politiques, quelque graves qu'ils fussent. M. Barris m'avait demandé si l'amnistie s'étendrait à ceux qui avaient eu le malheur de voter la mort de Louis XVI ; et je lui avais répondu que le Roi rentrait, le testament de son frère à la main, et que je promettais le

---

1. M. Muraire, président de la Cour de cassation, avait suivi la régente à Blois.

pardon le plus complet. Ils étaient onze régicides dans la seule Cour de cassation ! Dès le lendemain de l'établissement du gouvernement provisoire, M. Barris, accompagné de M. Chabot de l'Allier, vint *me prier de signer pour eux des lettres de grâce, au nom de Monsieur, lieutenant général du royaume.*

J'étais fort mécontent de ce gouvernement provisoire, qui venait de s'établir grâce aux alliés, et qui avait la prétention de gouverner en son propre nom. Je dis donc : « Que me demandez-vous, Messieurs ? Vous avez voulu un gouvernement provisoire : adressez-vous à lui ! » M. Barris me répondit que lui et ses collègues s'étaient contentés de ma parole ; que ma réputation d'homme d'honneur leur étant connue, ils ne demandaient aucune autre garantie ; mais que la composition du prétendu gouvernement dont je leur parlais était faite pour les inquiéter. *Flatté de cette réponse, je les priai de me soumettre le projet de la pièce qu'ils désiraient me faire signer.* Le lendemain, ils m'apportèrent une sorte de déclaration de principes, que je voulus étudier. Je leur demandai donc de revenir un jour plus tard.

J'allai ensuite, avec M. de Polignac, chez M. l'abbé de Montesquiou, qui demeurait rue du Faubourg-Saint-Honoré, et lui dis avec vivacité : « Voilà ce que m'attire la composition du gouvernement provisoire, où je vois avec étonnement que vous figurez ! » L'abbé me répondit qu'il n'avait consenti à y entrer qu'avec l'intention d'y faire le bien ; qu'il était prêt à refuser d'y rester si nous le trouvions convenable. A quoi nous répliquâmes que, puisque la faute était commise, il était préférable qu'il s'y maintînt, pour empêcher l'excès du mal et pour nous tenir au courant. Il fut d'avis que je ne devais pas signer l'acte dont MM. Barris et Chabot m'avaient donné le modèle, et me conseilla de demander si des lettres de grâce individuelles, en blanc, ne suffiraient pas pour tranquilliser les régicides.

Cette proposition ayant paru très acceptable aux intéressés, ils m'apportèrent, le soir même, ces lettres. M. de Polignac, qui était présent, les signa sur l'heure. Pour moi, qui avais été attaché à la personne de l'infortuné Louis XVI, il m'en coûtait beaucoup d'y apposer mon nom, et je résolus d'en référer à Monsieur lui-même.

MM. de Douhet et de Dienne, que j'avais envoyés auprès de lui, pour hâter son arrivée à Paris, m'avaient appris que Monsieur devait être le 10 à Meaux et m'avaient engagé, de sa part, à aller l'y rejoindre. Je fis ce voyage le 11. J'avais dans ma voiture Mme de Semallé, le duc de Lévis, MM de Vanteaux et de Geslin. Arrivé à Meaux, je parlai d'abord au prince de tout ce qui s'était passé depuis notre entretien à Vesoul; puis j'abordai le sujet des lettres de grâce, que je lui montrai. Monsieur me prit les mains : il était alors à la mairie de Meaux, appuyé contre la cheminée. Je lui dis : « Monseigneur, dans la position où nous nous sommes trouvés, M. de Polignac et moi, nous avons cru devoir faire cette promesse, pour contre-balancer le mauvais effet produit par l'établissement du gouvernement provisoire. Si vous croyez utile de nous désavouer, vous en êtes le maître. » Monsieur me répondit : « Non, non; je ne vous désavouerai point. Le Roi, moi et mes enfants, nous avons tout oublié. » Il me poussa une écritoire qui était sur la table, et me fit signer devant lui les quatorze lettres qui m'avaient été remises par M. Barris. Monsieur ajouta seulement : « Je désire qu'on ne sache pas que vous m'avez consulté. »

Il envoya chercher, à l'hôtel où nous étions descendus, Mme de Semallé par le duc de Lévis, et il la reçut avec des témoignages très marqués de bienveillance. Presque au même moment arrivaient à Meaux, pour voir le prince, la marquise de Gontaut-Saint-Blanquart et la comtesse Étienne de Durfort, qui avaient beaucoup connu Monsieur pendant l'émigration. Elles avaient appris sa présence à Meaux par M. Armand de Durfort, à qui je l'avais confié.

Je retournai à Paris et, avec les chevaux de poste, je me rendis chez M. Barris, rue du Vieux Colombier. J'y trouvai une grande partie de la Cour de cassation réunie, et fort inquiète de n'avoir encore rien reçu de moi. A peine entré, je fus entouré par l'assistance, et je dis au président que je lui apportais les lettres telles qu'il me les avait demandées; que je regrettais infiniment les circonstances qui m'avaient empêché de le rencontrer plus tôt; mais que je tenais à déposer moi-même ces pièces entre ses mains. J'ajoutai que j'étais bien aise de lui remettre ce gage de la bienveillance royale avant le retour de Monsieur, au-devant duquel je me rendais, et qui rentrait le lendemain. Je reçus des remerciements unanimes, et je fus reconduit jusqu'à la rue.

Quant aux quatorze lettres de grâce, M. Barris m'avait dit à qui elles étaient destinées : onze aux membres de la Cour de cassation, y compris M. Maille, avocat à cette cour; une à Cambacérès; une à Fouché et une à Barras. Comme elles étaient en blanc, elles pourraient, disait-il, servir à n'importe quel autre,

Monsieur fit son entrée solennelle dans la capitale le 12 avril. On sait avec quel enthousiasme le prince fut reçu. J'avais fait de pressantes recommandations à plusieurs chefs de légions de la garde nationale, le marquis de Fraguier, le comte de Brévannes, le marquis de Murinais et autres. Aussi, à Meaux, la veille, j'avais prévenu Monsieur que beaucoup de gardes nationaux viendraient à sa rencontre. Il m'avait alors demandé ce qu'il serait bon de faire. « Un morceau de ruban blanc donné par Votre Altesse Royale, avais-je répondu, leur fera plus de plaisir que toute autre chose. » Et en effet, lorsqu'à Livry, Monsieur rencontra un premier détachement et le passa en revue, il remit à chaque homme un bout de ruban blanc. Telle est l'origine de la décoration du Lis.

A la barrière, Monsieur trouva les principaux magistrats, et de là se rendit directement à Notre-Dame, où un *Te Deum* solennel fut chanté en action de grâces. Ensuite il se dirigea sur les Tuileries. Il y pénétra avec une extrême émotion, après une absence qui avait duré presque vingt-cinq ans. J'avais chargé M. de Montbadon de faire hisser le drapeau blanc [1] sur le palais. Ainsi, grâce à ses commissaires, le prince voyait ce drapeau flotter au-dessus de sa tête, et il ne courbait pas son front sous le joug de la Révolution [2].

Le jour même de l'arrivée de Monsieur, je conduisis M. de Sèze aux Tuileries [3]. C'est alors que j'y rencontrai M. de Vitrolles.

Lorsque Monsieur m'avait reçu à Meaux, le 11 avril, une de ses premières questions avait été « si j'avais vu M. de Vitrolles. » Il m'avait raconté les offres que ce

---

1. Il avait été commandé à un nommé Mellon, tapissier, 17, rue Louis le Grand. Je soldai la facture, qui s'élevait à 85 fr.
2. En souvenir de ce fait, Louis XVIII accorda par ordonnance royale, le 26 décembre 1814, au comte de Semallé, le privilège d'ajouter à ses armes un canton d'azur chargé d'un drapeau blanc, avec hampe surmontée d'une fleur de lis d'or.
3. Par une ordonnance du 12 novembre 1817, le roi a permis à M. le comte de Sèze, pair de France, de substituer dans ses armoiries, au croissant et aux trois tours qui s'y trouvaient, des fleurs de lis d'or sans nombre et une tour figurant la tour du Temple, et pour devise extérieure : « Le 26 décembre 1792. »

dernier était venu lui faire de la part de Talleyrand, et les avait qualifiées d'inconvenantes. — J'avais répondu que je ne l'avais pas vu, et c'est alors seulement que j'avais raconté mon entretien du 1ᵉʳ avril avec Talleyrand, ses propositions que j'avais rejetées, et enfin les mesures que j'avais cru devoir prendre pour combattre la fâcheuse influence de cet homme. M. de Vitrolles, arrivé de la veille à Paris, était venu recevoir Monsieur aux Tuileries. M. de Trogoff, qui causait avec moi, après avoir répondu à son salut, lui dit avec intention en me désignant : « Voici M. de Semallé, avec lequel Monsieur vous avait dit de vous entendre [1]. »

Le comte d'Artois étant au milieu de nous, je ne voyais plus aucune raison de conserver les pouvoirs qu'il nous avait confiés et je voulus les lui faire reprendre ; mais il me pria de les garder encore quelques jours. La fin légale de notre mandat fut l'article du *Moniteur* du 16 avril, par lequel le lieutenant général du royaume révoquait tous les pouvoirs donnés par lui [2]. Du reste,

[1]. Les mémoires du baron de Vitrolles ont été publiés en 1884. Je pensais qu'il devait parler plus ou moins de mon grand-père. Il n'en est pas question dans le texte ; mais il se trouve (t. I. p. 232) une note de l'auteur ainsi conçue : « On pouvait s'étonner encore davantage que, depuis qu'il était entré sur la terre de France, Monsieur n'eût reçu, avant mon arrivée, aucune révélation de Paris, excepté, me dit-il, par l'arrivée de M. de Semallé, qu'il ne connaissait d'aucune manière, envoyé par M. de Vanteaux, qui lui était inconnu. M. de Semallé s'était, au reste, présenté avec des témoignages de dévouement si prononcés, que le prince lui avait donné sa signature, mais seulement pour certifier qu'il lui avait parlé. — Tels étaient les prétendus pouvoirs dont on fit tant de bruit et un si pauvre usage, au moment de l'entrée des alliés à Paris. » *(Éd.)*

[2]. Cet ordre portait : « .... Les circonstances passées avaient exigé que nous donnassions, au nom du Roi, notre auguste frère, des commissions particulières plus ou moins étendues. Ceux qui en ont été chargés les ont honorablement remplies : elles tendaient toujours au rétablissement de la monarchie, à celui de l'ordre et de la paix.

« Ce rétablissement est heureusement effectué par l'union de tous les cœurs, de tous les droits, de tous les intérêts ; le gouvernement a pris une

ce fut aussi le jour où le gouvernement provisoire cessa ses fonctions. Jusque-là, ce gouvernement avait continué à gérer les affaires, mais s'était refusé à reconnaître Monsieur comme lieutenant général du royaume, tant que le Roi n'aurait pas accepté les conditions qui lui étaient faites. Ses membres agirent désormais comme ministres, au nom du lieutenant général. M. de Vitrolles, comme je l'ai dit, fut nommé secrétaire général du conseil.

Il est temps de parler d'un personnage qui figurera encore dans la suite de ce récit, et qui est généralement connu sous le nom de marquis de Maubreuil, bien que son nom véritable fût Marie-Armand de Guerry.

Son père avait épousé Mlle de Maubreuil. Ayant perdu sa femme, il émigra, laissant son fils fort jeune sous la tutelle de ses parents maternels, Mme de Ménardeau de Maubreuil, sa grand'mère, et le marquis d'Orvault, son oncle, dont il prit plus tard le nom et le titre. Le jeune homme, livré à lui-même, jouissant, du côté de sa mère, d'une fortune considérable, choisit la carrière des armes et, pendant un an, prit part aux luttes héroïques de la Vendée. Il entra ensuite au service du roi de Westphalie et parvint au grade de capitaine des chevau-légers de la garde. Jérôme le nomma son écuyer, et lui fit obtenir la décoration de la légion d'honneur. Quelques désagréments mérités qu'il eut à cette cour, où il s'était épris de la maîtresse du roi, lui firent quitter le service et revenir en France. Comme il n'avait aucun grade fran-

---

marche régulière; toutes les affaires doivent, à l'avenir, être traitées par les magistrats ou les administrateurs dans le ressort desquels elles se trouvent.

« En conséquence, les commissions particulières deviennent inutiles : elles sont révoquées, et ceux qui en avaient été revêtus s'abstiendront désormais d'en faire usage.... »

çais, il se lança dans les fournitures militaires et s'associa à MM. de Vanteaux et de Geslin, pour le service des vivres de l'armée de Catalogne. D'un caractère difficile, il rompit cette association au bout de trois mois. Sa mise de fonds lui fut restituée et une somme assez importante lui fut distribuée comme part dans les bénéfices : mais cela ne l'empêcha pas de se déclarer en toute occasion l'ennemi de M. de Vanteaux. Il prit ensuite l'entreprise des remontes de la cavalerie ; puis l'abandonna pour conclure avec le ministre, M. le comte de Cessac, un traité par lequel il se chargeait de ravitailler la place de Barcelone. Il avait déjà souscrit dans ce but un grand nombre d'engagements, lorsque Bonaparte, revenant de Moscou, jugea à propos d'annuler le traité. Ce coup d'autorité ébranla, ou même, dit-on, renversa la fortune de Maubreuil. Dès lors, de nombreux procès lui furent intentés; ses biens furent mis sous séquestre, ses revenus saisis. Néanmoins, en février 1814, il offrit au ministre de la guerre de lever à ses frais deux escadrons de cavalerie, pour coopérer au soutien du trône chancelant de l'Empereur. Cette offre demeura sans suite [1]. Six semaines après, quand les alliés entrèrent dans Paris, Maubreuil, changeant de système, parut vouloir marcher sur les traces de sa noble famille, qui n'avait cessé de verser son sang pour le triomphe de la cause légitime [2].

Le 31 mars au matin, avant l'entrée des alliés dans

---

[1]. Voir les conclusions de M. l'avocat général Maurice, dans la cause de Maubreuil. (Douai les 18, 19, et 20 décembre 1817; Chambre des appels correctionnels.)

[2]. Il est bon d'observer qu'à son retour d'émigration, son père, M. de Guerry de Beauregard, crut pouvoir trouver auprès de son fils des ressources contre le besoin ; mais le jeune homme, en partie ruiné et lancé dans le bourbier des affaires, ne lui donna rien. A ce moment son père épousa en secondes noces Mlle de La Rochejaquelein.

Paris, Maubreuil sortit avec plusieurs jeunes gens, et attacha à la queue de son cheval sa croix de la légion d'honneur. Cet acte fit sensation aux environs de la Madeleine, où je me trouvais moi-même à cheval. On tira les sabres du fourreau ; des menaces furent proférées. Comprenant tout le mal qu'un pareil scandale pouvait causer, et comme j'avais pour mission, entre autres choses, de confirmer les grades, honneurs, etc., à tous ceux qui les avaient acquis en défendant la France, je relevai la croix et la mis à ma boutonnière. Je déclarai hautement que l'ordre de la légion d'honneur était conservé et reconnu par le Roi et je fis, devant tout le monde, à M. de Maubreuil, de violentes remontrances sur sa conduite. La foule paraissant étonnée de mon intervention, je sortis l'écrit du comte d'Artois dont j'étais porteur, et je m'écriai : « Si quelqu'un parmi vous connaît l'écriture du lieutenant général du royaume, qu'il prenne connaissance de ces pouvoirs. »

Après le retour du Roi, fort de ce que j'avais fait en cette circonstance, je demandai la croix pour une vingtaine de personnes, et elle me fut accordée.

A la réunion qui suivit l'entrée des alliés, et qui fut tenue chez M. de Mortfontaine, je retrouvai Maubreuil. Il s'excusa de la faute qu'il avait ainsi commise, et, désirant se réconcilier avec M. de Vanteaux, il me pria de dire à ce dernier qu'il oubliait tout ce qui s'était passé entre eux. Le rapprochement eut lieu, et M. de Maubreuil vint s'inscrire pour le service du Roi. Je le vis ensuite régulièrement jusqu'au 4 avril, jour où je fus averti qu'il était avec ceux qui cherchaient à renverser de la colonne Vendôme la statue de Napoléon. Un nommé Dasies, ex-gardemagasin aux fourrages, lui servait de second : il allait l'accompagner dans une aventure bien plus retentissante.

J'ai omis de dire, plus haut, que quand M. de la Bouillerie avait livré à Orléans le trésor impérial à M. de la Grange [1], il manquait deux caisses de diamants, portant les n°s 2 et 3, et plusieurs sommes qui avaient été remises par l'Impératrice à la famille Bonaparte : savoir, deux millions à Jérôme et Joseph ; un million et demi à l'impératrice mère, et même somme au cardinal Fesch. En fait de diamants, il n'y avait plus que la caisse n° 1, et encore le « Régent, » dont la place était marquée, en avait disparu [2].

Le général Bertrand ne put donner aucun éclaircissement à cet égard ; mais le mameluk Roustan fit connaître que Napoléon, avant de sortir de Paris, avait confié ces deux caisses à son frère Joseph, qui n'avait pas encore quitté les environs d'Orléans, où il se trouvait sous le nom de comte de Survilliers, se rendant en Italie. Les deux caisses furent donc réclamées à Joseph, qui les

---

[1]. Je cite ici la lettre, datée d'Orléans, le 12 avril, que M. de la Bouillerie écrivit à M. de la Grange et qui donne, à ce sujet, des renseignements intéressants :

« Monsieur, lors du départ de l'empereur Napoléon pour l'armée, le 25 janvier, il me fit demander les diamants de la couronne, qui lui furent remis dans trois caisses sous les numéros 1, 2 et 3, et il me fut donné décharge, par un décret, tant de cette remise que de celles qui avaient été faites antérieurement à l'Impératrice.

« Arrivé à Orléans, ayant eu connaissance que la caisse n° 1, contenant le Glaive et le Régent, était entre les mains de l'Impératrice, j'en ai fait la demande ; et elle m'a été remise, ainsi que tous les autres diamants servant à sa parure. Mais les caisses n° 2 et n° 3 ayant été déposées dans des mains qui me sont inconnues, je me suis adressé à M. le général Bertrand, grand maréchal de l'Empereur, et j'attends sa réponse.

« Les fonds et autres valeurs, bijoux, etc., appartenant tant au trésor de la couronne qu'au domaine privé et au domaine extraordinaire, sont partis ce matin pour Paris, accompagnés d'un commissaire extraordinaire du gouvernement provisoire et de mon caissier. Je m'y rends aussi pour en faire remise au trésor, et présenter la situation des différentes caisses qui m'ont été confiées.

« Le convoi se compose particulièrement de dix millions environ en or. »

[2]. Il fut réclamé par l'Impératrice à Joseph, qui l'avait pris dans la poche de son pantalon et qui le rendit.

rendit intactes, et elles rejoignirent le trésor, mais seulement après le départ de M. de La Grange, qui précédait à Paris le convoi.

Ce dernier, qui, comme je l'ai dit, rencontra à ma porte M. de Vanteaux et son beau-frère, M. de Geslin, leur parla des diamants qui manquaient encore au moment où il était parti. A cette nouvelle, M. de Maubreuil me fit assurer qu'il connaissait le mameluk Roustan, et qu'avec ses indications et muni de pouvoirs, il irait à la découverte des deux caisses. Je refusai cette offre, car M. de Maubreuil avait une réputation fâcheuse; d'ailleurs sa proposition m'était transmise par M. de Vanteaux, dont j'avais éprouvé le zèle, mais dont je soupçonnais l'entourage.

Mécontent de mon refus, M. de Maubreuil se retourna vers le gouvernement provisoire. Se présenta-t-il en personne à Talleyrand, ou quelqu'un transmit-il sa demande? Je l'ignore. Peut-être est-ce le gouvernement provisoire qui le rechercha, comme Maubreuil l'a prétendu. Toujours est-il que je sus, mais seulement deux jours après, qu'on lui avait donné les pouvoirs les plus étendus, et que ces pouvoirs, datés du 17, étaient signés par M. Anglès, commissaire provisoire, chargé du portefeuille de la police, par le général Dupont, ministre de la guerre, et par Bourrienne, directeur général des postes. Aucun membre du gouvernement provisoire n'avait signé : du reste, ce gouvernement n'avait plus d'autorité, puisque, depuis la veille, Monsieur avait été reconnu en qualité de lieutenant général du royaume. On avait eu soin de faire viser ces papiers par des généraux étrangers, afin que Maubreuil et Dasies n'eussent à redouter aucune entrave dans l'exécution de leur tentative, qui était qualifiée de « mission de la plus haute importance. »

Je les rencontrai tous deux partant, et Maubreuil me

dit : « Eh bien ! vous n'avez pas voulu, en me donnant une commission, assurer à notre parti l'honneur de ce que je vais accomplir ; mais j'ai des pouvoirs bien plus étendus et bien mieux appuyés que les vôtres. » — Je lui répondis que j'en étais fort aise, et que j'espérais qu'il ne ferait rien qui ne fût pour le bien de notre cause.

Le 19 avril, comme je me trouvais chez M. de Vanteaux, il entra dans la cour une patache, escortée par un maréchal des logis de hussards, et j'en vis sortir des caisses adressées au maître de la maison. J'interrogeai le maréchal des logis, qui m'apprit que M. de Maubreuil, se disant colonel au service de S. M. le Roi, et M. Dasies, prenant le titre de commissaire du Roi, munis l'un et l'autre de pouvoirs à cet effet, avaient requis la force armée et arrêté une princesse, qui pourtant leur avait exhibé des passeports au nom des puissances alliées ; qu'ils l'avaient fait descendre, ainsi que les dames de sa suite ; qu'ils avaient enlevé de la voiture plusieurs caisses ; qu'après les avoir transportées dans une grange voisine où ils étaient restés quelque temps, ils en avaient mis neuf dans cette voiture, que lui, maréchal des logis, avait été chargé d'escorter jusqu'au domicile de M. de Vanteaux ; qu'enfin une dixième caisse, plus grande que les autres, et quatre sacs avaient été placés dans la voiture du commissaire Dasies.

A ce récit, je fus frappé de l'audace d'une machination dont les conséquences très compromettantes ne m'échappèrent point. Je voulus que les caisses fussent portées au secrétariat du gouvernement, où tout aurait dû être envoyé, puisque les ordres en émanaient et que mes pouvoirs étaient expirés de la veille ; mais M. de Vanteaux, mal inspiré, s'y refusa et, malgré les sollicitations de sa femme, fit transporter les caisses dans son appartement privé. Je pris à témoin différentes personnes de l'ordre que j'avais donné, et fis signer au maréchal des logis la déclaration qu'il m'avait faite. M. de Vanteaux ayant l'air de blâmer ma conduite, je me retirai de chez lui.

Le lendemain, j'appris par le général de Sacken, qui avait visé les pouvoirs, qu'on avait abusé de sa confiance. Je retournai alors chez M. de Vanteaux, qui était absent. Pendant que je l'attendais, son beau-frère, M. de Geslin, me dit que Dasies, le compagnon de Maubreuil, venait d'arriver et qu'il me priait de le voir. Je fis entrer Dasies dans le cabinet de M. de Vanteaux; je le questionnai; je lui fis observer que la date de ses pouvoirs était postérieure à la reconnaissance de Monsieur comme lieutenant général du royaume. Comme Dasies s'emportait et prétendait que je n'avais aucune autorité sur lui, je lui pris des mains ses papiers, et je lui déclarai que je le faisais mon prisonnier; qu'il aurait à rendre compte de sa conduite à ceux qui avaient autorisé sa mission. Je ne lui rendis ses pouvoirs qu'après en avoir pris une copie certifiée par lui.

Cependant M. de Vanteaux, inquiet, s'était rendu chez M. de Vitrolles. Il lui avait raconté que je lui avais défendu de recevoir les caisses; à quoi M. de Vitrolles avait répondu : « Moquez-vous de cela; faites apporter les caisses ici et laissez dire. » M. de Vanteaux étant revenu, je lui fis sentir toute l'imprudence de sa conduite. Sans m'écouter, il prit les neuf caisses dans une voiture et les porta chez M. de Vitrolles. Une heure après, il était de retour. Il m'engageait à laisser partir Dasies, qui proposait d'aller à la recherche de Maubreuil, à l'hôtel de Virginie, rue Saint-Honoré. Mais je m'y opposai énergiquement, et me faisant accompagner de MM. de Vanteaux et de Geslin, je conduisis Dasies à l'état-major français, place du Palais-Bourbon.

Pendant notre absence, Maubreuil fit remettre, par son domestique, la dixième caisse chez M. de Vanteaux. Son concierge vint aussitôt m'en avertir. Accompagné de M. de Geslin, j'allai chez le commissaire du quartier, qui mit les scellés sur la caisse : elle fut envoyée sur-le-champ au secrétariat du gouvernement. Maubreuil suivit de près son valet de chambre, apportant avec lui les quatre sacs dont il a également été question. Je lui adressai les reproches les plus sévères. MM. de Vanteaux et de Geslin conduisirent eux-mêmes immédiatement les quatre sacs au baron de Vitrolles, qu'ils trouvèrent couché.

Le lendemain, de grand matin, je me rendis chez le baron de Sacken et l'informai de ce que j'avais fait. Il m'en remercia et me dit que l'empereur de Russie avait été très mécontent de l'insulte faite à la princesse de Wurtemberg ; mais il n'eut pas l'air au courant du vol qui avait été commis par Maubreuil.

Il est bien difficile de savoir si Maubreuil et Dasies avaient reçu quelque ordre secret auquel ils se seraient conformés. Leur arrière-pensée, ou celle de ceux qui les faisaient agir, devait être de nuire au gouvernement royal : du moins je l'ai toujours cru. On s'était adressé à moi d'abord, mes pouvoirs étant encore valables ; sur mon refus, on avait dû recourir le 15 au gouvernement provisoire. Mais, comme ce n'est que le 16 que Monsieur fut reconnu par ce dernier, les pouvoirs, donnés en réalité le 15, ont dû être postdatés du 17, dans l'intention de compromettre l'autorité de Monsieur auprès des puissances étrangères, et d'arrêter subitement la joie, la confiance et l'espérance qui renaissaient de toutes parts.

M. de Vitrolles, pensant que les caisses étaient intactes et que j'avais malmené Dasies sans motifs, fit remettre ce dernier en liberté, et ajourna à quatre jours l'examen de leur contenu. Pendant ce temps, la princesse de Wurtemberg avait envoyé une de ses femmes pour reconnaître les bijoux qu'elles renfermaient. Quand l'ouverture en eut été faite aux Tuileries, et qu'on eut constaté la disparition d'une partie des valeurs, sur les dix heures du soir, MM. de Maubreuil, Dasies et de Vanteaux furent conduits à la préfecture de police.

Mme de Vanteaux accourut pour me prier d'obtenir de Monsieur la mise en liberté de son mari. Je consentis seulement à donner un certificat, portant que M. de Vantaux avait agi avec légèreté en recevant les caisses; que d'ailleurs je le croyais absolument étranger aux détournements qui avaient été commis. Ce certificat fut signé également par M. l'évêque de Chambéry, qui était présent, et le lendemain matin M. de Vanteaux fut remis en liberté.

On enferma Maubreuil et Dasies en voiture cellulaire pour les conduire de la préfecture de police à la prison de la Force, sous l'escorte de deux gendarmes. Dans le trajet, vers l'Hôtel de ville, des hommes masqués ouvrirent les portes de la voiture et les prisonniers se sauvèrent. Les gendarmes coururent après eux. Dasies parvint à s'échapper ; Maubreuil fit un faux pas, fut repris et mis en jugement. Comme le tribunal se déclara incompétent pour statuer sur un pareil délit, le prisonnier fut livré au ministère de la guerre, qui en donna reçu et le fit transférer à l'Abbaye. Maubreuil, se voyant pris et craignant qu'on pût découvrir les bijoux volés, les avait fait jeter à la Seine, où ils furent retrouvés par un pêcheur [1]. Quant à Dasies, il se cacha et il ne reparut qu'en 1815, après le débarquement de Napoléon.

---

1. Maubreuil fut remis en liberté le 18 mars 1815, par ordre du Roi. (*Éd.*)

Au moment où le Roi dut rentrer, M. de Talleyrand lui envoya son neveu, M. Bozon de Périgord, porteur d'une lettre de Mme de Coigny, pour lui indiquer la conduite qu'il devait tenir à son retour. Il était évident que Talleyrand prétendait conserver son influence. Par suite, ne voyant pas ce que je pourrais faire et quelle serait ma place, à la rentrée de Louis XVIII, je m'abstins d'aller à sa rencontre à Boulogne, et je prêtai ma voiture au duc de Lévis, auquel je donnai pour compagnon M. Tristan de Villeneuve d'Arifat. Je me bornai à me trouver à cheval, à la portière du Roi, quand il entra dans Paris, sans qu'il sût qui j'étais ; car il ne m'avait pas revu depuis 1792. J'avais revêtu l'uniforme de la garde nationale.

Gêné par l'abandon de mes amis, qui ne m'avaient pas soutenu dans mes démarches contre Talleyrand, je refusai l'offre que celui-ci me fit faire d'être reçu en même temps que les membres de son gouvernement provisoire, et j'attendis, pour me présenter aux Tuileries, le jour où le Roi reçut les députations de tous les départements.

Le jeune prince de Talmont et deux ou trois autres amis de la Sarthe m'engagèrent à faire partie de leur groupe. Je refusai, et m'arrangeai pour passer devant le Roi le dernier des députés de ce département. Mais, pour ne pas demeurer inaperçu, et craignant d'autre part ce qu'avait pu dire M. de Talleyrand, j'étais allé, le matin, à sept heures, voir M. Thierry de Ville-d'Avray, qui avait pris la place de son père comme premier valet de chambre du Roi. Il était de ceux qui, dès le 31 mars, s'étaient inscrits chez moi, et je le savais très au courant de tout ce que j'avais fait à Paris. Je le priai de descendre chez le Roi et de ne pas lui dire autre chose, si ce n'est que M. de Semallé aurait l'honneur de passer devant lui le dernier de la députation de la Sarthe. Il fit de suite cette commission. Le Roi n'ayant rien répondu, il renouvela sa phrase. Sa Majesté lui dit : « Je vous ai bien entendu. » Je rentrai chez moi sans en savoir davantage ; mais, sur l'observation de M. Thierry que je ferais bien de ne pas renoncer à mon projet, je me rendis aux Tuileries et je pris la gauche de la députation de la Sarthe pour défiler à sa suite. J'étais encore en habit de simple garde national. Lorsque mon tour arriva, et avant que j'eusse salué, Louis XVIII me dit assez haut : « Approchez, monsieur de Semallé, je suis bien aise de vous voir. Pourquoi ne vous ai-je pas vu plus tôt ? » Puis, élevant la voix : « Je connais les services éminents que vous m'avez rendus, et toute ma vie je chercherai l'occasion de vous en témoigner ma reconnaissance. »

Cet accueil fit beaucoup d'effet sur l'entourage du Roi, où se trouvait M. de Talleyrand, et lorsque, quittant la salle, j'entrai dans la grande galerie, beaucoup de personnes vinrent me tendre la main et me féliciter d'une réception si gracieuse. Monsieur, lui aussi, voulut me complimenter.

Monsieur avait alors, pour remplir les fonctions de chancelier, M. Terrier de Monciel, ancien ministre de Louis XVI, qu'il avait amené avec lui de Franche-Comté. M. de Monciel partageait entièrement mes sentiments et mes vues sur la direction que Talleyrand imposait à la Restauration, et sur les véritables intérêts de la famille royale. Mais peu après, lorsque M. de la Maisonfort eut été attaché à la même chancellerie, et, avec une manière de voir bien différente, se fut rendu maître absolu dans les conseils du comte d'Artois, M. de Monciel en conçut un profond chagrin et se retira. Quand il prit congé, je l'accompagnai à Saint-Cloud, où se trouvait Monsieur.

Le prince lui témoigna du regret de son départ. — Il répondit que la chancellerie étant dirigée par M. de la Maisonfort, il pensait que sa présence y serait plus nuisible qu'utile [1].

Monsieur me dit alors des choses très flatteuses. Il me demanda ce qu'avait pu coûter mon voyage à Vesoul et la mission que j'avais remplie, afin de me faire rendre les sommes que j'avais déboursées. — Je répondis que Son Altesse ne devait rien à personne ; que c'était moi qui lui avais de grandes obligations, pour m'avoir procuré l'occasion de donner une preuve de fidélité et d'attachement à la famille de Louis XVI.

En me quittant, M. de Monciel m'embrassa et me dit qu'il comptait partir le lendemain pour la Franche-Comté. Il ajouta que, du moment que la Restauration était tombée aux mains de MM. de Talleyrand, de la Maisonfort et consorts, son dévouement ne pouvait plus être utile à la famille royale.

Le soir de cette séparation, M. de Monciel ayant fouillé dans les papiers de son bureau, pour n'y rien laisser qui lui fût personnel, y trouva, dans la liasse « papiers à brûler, » le dossier des pièces que j'avais remises à l'appui du rapport que j'avais présenté à Monsieur comme lieutenant général du royaume. Il me le fit remettre, en me mandant que ces pièces pourraient un jour me servir. Il me paraît certain qu'on les avait soustraites avant de mettre mon rapport sous les yeux du prince.

Quand Monsieur fut revenu de Saint-Cloud, où il était allé soigner une indisposition, on s'occupa d'organiser la maison du Roi. Avant la Révolution, le comte de

---

[1]. Voir Morin, *Révélation*, etc., p. 65 et s.

Provence et le comte d'Artois ayant eu des gardes du corps attachés à leurs personnes, Monsieur voulut rétablir les compagnies de ses gardes. On réorganisa de même les chevau-légers et les mousquetaires.

Je voulais rentrer dans les chevau-légers, avec lesquels j'avais fait la campagne de 1792, comme sous-maître d'abord, puis comme aide de camp de M. le comte de Clarac. C'est M. Étienne de Durfort qui en fut nommé le commandant. Mais on me répondit qu'on avait disposé de toutes les places, et que Monsieur, à qui j'avais écrit, se chargerait probablement de me pourvoir. Effectivement, M. des Cars, commandant d'une compagnie des gardes de Monsieur, me fit dire que j'étais porté pour un emploi de sous-lieutenant surnuméraire dans sa compagnie. Cette place n'était pas faite pour me flatter : elle équivalait au grade de chef de bataillon, alors qu'auparavant j'avais reçu celui de colonel, qui m'avait été donné, ainsi qu'à M. de Polignac, en quittant Monsieur à Vesoul. Je fis dire à M. des Cars, par sa fille, Mme de Bréon, que je ne pouvais me prononcer sur l'acceptation d'un emploi que je regardais comme n'étant en rapport ni avec mes services, ni avec mon âge, ni avec mon grade antérieur. Deux jours après, je reçus avis que le brevet de colonel m'était donné, pour prendre rang à partir du 5 mars 1814, date à laquelle j'avais été réellement nommé [1].

Malheureusement, de jour en jour je m'apercevais que le Roi, poussé par les étrangers et par les hommes de la Révolution, faisait fausse route, et qu'on le menait fatalement à une catastrophe. Aussi, ne prévoyant que trop que mes services pourraient bientôt redevenir utiles, je

---

1. Le brevet ne fut délivré que le 15 janvier 1817 : il est signé par le duc de Feltre.

fis faire l'uniforme des gardes du corps de Monsieur, et parus aux Tuileries avec les épaulettes de colonel, pour assister à la messe. Le Roi et Madame se montrèrent très gracieux à mon égard. Monsieur me dit en rentrant : « Je suis bien aise, mon cher Semallé, de vous voir porter l'uniforme de ma maison. » On m'a raconté plus tard que Louis XVIII avait trouvé mauvais que je me fusse adressé à son frère, et non à lui, pour obtenir une place.

CHAPITRE VIII

1815. — DÉPART DU ROI ET DES PRINCES.

Débarquement de Bonaparte. — Précautions pour éviter une surprise. — Défection du général Lefebvre-Desnoettes et des frères Lallemand : ils envoient à Paris un colonel pour surveiller la cour. — Je suis chargé de l'arrêter et de le conduire au général Maison. — Départ du Roi et de Monsieur. — Comment j'arrive à sortir de Paris.
Monsieur, que je rejoins à Clermont-sur-Oise, me confie le commandement de l'avant-garde. — Rencontre avec des troupes impériales sous les murs de Béthune. — On décide la retraite sur Ypres par la route d'Estaires. — Nous sommes embourbés dans des marais. — Adieux des princes à la frontière belge.
Arrivée à Neuve-Église. — Je vais en éclaireur jusqu'à Ypres. — Le commandant permet aux princes et à leur suite l'entrée dans la ville. — M. de Blacas empêche Louis XVIII de se rendre en Angleterre. — La ville de Gand est assignée aux royalistes comme point de réunion.

Pendant que le Roi organisait sa maison et sa cour, le nombre des mécontents augmentait et les événements marchaient avec rapidité. Le danger me parut bientôt très pressant. De même qu'au début de la Révolution, je me retrouvais sans cesse de service au château [1]. J'étais informé jour par jour, presque heure par heure, de ce qui se tramait, par M. Morin, homme intelligent et dévoué. Je l'avais fait nommer chef de la police, en rem-

---

[1]. J'ai su depuis par le comte des Cars, commandant de ma compagnie, et par le marquis Le Tourneur, notre major, que Monsieur leur avait particulièrement recommandé de me porter souvent au tableau.

placement de M. Desmarets ; mais, par suite de la malveillance que j'ai toujours constatée pour mes protégés, il venait d'être déplacé par M. Beugnot, sous l'influence de M. de Talleyrand, qui ne pouvait supporter que ses créatures. D'autre part, je recevais de plusieurs officiers généraux des rapports inquiétants sur l'esprit de l'armée. Je ne manquais pas de faire savoir à Monsieur mes craintes et le détail de mes renseignements.

Le 5 mars, on apprit le débarquement de Bonaparte au golfe de Jouan. Monsieur reçut l'ordre de partir pour Lyon. Je sollicitai vainement l'autorisation de l'accompagner : il me la refusa, parce qu'il trouvait ma présence plus utile à Paris. Dès le 10, il dut revenir en toute hâte, l'Empereur étant entré le soir à Lyon.

Ce même jour on vint me prévenir qu'il se tenait, non loin des Tuileries, des conciliabules suspects, et que Fouché en faisait partie. J'en avertis Monsieur, qui me chargea de m'entendre avec le ministre de la police, M. d'André, et qui me confia, à partir de ce moment, la surveillance du château. M. d'André ne voulait pas croire que mes craintes fussent fondées ; néanmoins, il me conseilla de me rendre chez M. Bourrienne, le préfet de police. Celui-ci ordonna au chef de la sûreté de faire immédiatement une enquête sur les menées que je lui avais signalées ; il me pria de tranquilliser le Roi et de l'assurer de tout son dévouement. Je retournai aux Tuileries. Au bout d'une heure et demie à peine, un exprès de la préfecture de police vint m'apporter un procès-verbal fait, dans la rue du Doyenné, par M. Chevreau, commissaire de police du quartier, constatant, avec toutes les formalités d'usage, qu'il s'y tenait une réunion nombreuse de militaires et d'officiers. — Il s'agissait d'un corps de volontaires royaux, en formation sous les ordres du marquis de

Tourzel! — On conçoit les nouvelles inquiétudes que me causa ce zèle si peu sincère, ou si peu éclairé. J'en fis part au comte des Cars et à Monsieur. Le prince m'autorisa à choisir douze de ses gardes, à les faire habiller en bourgeois, à leur procurer des passeports comme négociants, et à les échelonner sur la route que Napoléon devait suivre, pour avoir ainsi sur sa marche des nouvelles certaines. On croyait alors l'Empereur à Chalon-sur-Saône.

Afin d'éviter toute surprise, M. de Villeneuve d'Arifat fut envoyé jusqu'à sa rencontre, avec ordre d'expédier des courriers de trois heures en trois heures. Il trouva Bonaparte à Auxerre et revint en toute hâte pour engager le Roi, soit à quitter Paris, soit à se mettre à la tête des volontaires royaux.

Le duc de Berry, nommé général en chef, passait en revue les régiments, à mesure qu'ils quittaient Paris. Ces troupes semblaient dévouées au Roi; mais à quelques lieues de la ville, elles changeaient de cocarde.

Ce n'était pas seulement du côté de Lyon que venait le danger. Le général Lefebvre-Desnoettes et les frères Lallemand avaient tourné, et étaient arrivés à Senlis avec leurs troupes. Leur défection paraît avoir été le résultat d'un complot ourdi à l'avance. Douze officiers les abandonnèrent et accoururent offrir leurs services au Roi, qui les accueillit avec bienveillance. En même temps le général Lefebvre-Desnoettes envoyait à Paris un de ses aides de camp, du grade de colonel, pour savoir ce qui se passait à la cour, et sur quoi il devait régler sa conduite. Un des douze officiers qui l'avaient précédé m'avertit; il me conseilla de ne pas perdre de vue cet émissaire, et surtout de ne pas le laisser retourner à Senlis.

Le colonel, revêtu de l'uniforme des hussards, fut bien reçu par le Roi et par Monsieur, qui ne lui laissèrent voir aucune inquiétude. Il fit ensuite demander audience au généralissime, le duc de Berry, par son chef d'état-major, le général Belliard. Je me trouvais à ce moment auprès du duc : il voulut bien me consulter. Comme je voyais le danger croître de minute en minute, que nous pouvions à chaque instant avoir nos communications coupées avec le nord, et nous trouver sans moyens de défense, sans possibilité de retraite, je répondis au prince que des raisons de haute prudence me semblaient exiger de retenir cet officier. Cet avis ayant été adopté, bien qu'il ne fût pas partagé par tout son entourage, j'allai, sur son ordre, dire au commandant des gardes du corps qu'il eût à informer le colonel de la résolution, prise par le généralissime, de le conserver auprès de lui, et aussi de lui demander son sabre. Le commandant, M. de Ligneris, cousin, par sa femme, de M. de Polignac, n'ayant jamais servi, m'avoua que cette commission l'embarrassait beaucoup. J'en rendis compte au prince, qui me la confia à moi-même.

M'attendant à quelque résistance, je passai par la salle voisine, où se trouvaient les gardes du corps, et j'ordonnai au maréchal des logis de service d'entrer au premier signal. Je m'approchai alors du colonel et lui dis quelles étaient les intentions du duc de Berry à son égard. Puis, me retournant vers le général Belliard, qui se trouvait là, et dont je n'étais point sûr, je l'invitai à aller prendre les ordres du duc. Le général parut fort embarrassé ; il jeta un coup d'œil sur les assistants, et, bien qu'à contre-cœur, se décida à entrer dans la chambre où se tenait le prince. Une fois le général Belliard écarté, je dis au colonel : « Remettez-moi votre sabre ; il vous sera rendu plus tard. » — Il répondit avec un mouvement de colère : « Mes armes ! Je ne les remettrai jamais ; » et il parcourait des yeux les officiers de l'état-major du général Belliard. Je renouvelai ma demande, et dans la crainte de voir les officiers se diviser selon leurs opinions, je fis signe au maréchal des logis des gardes du corps. Cet appel produisit l'effet attendu. Le colonel retira son sabre du ceinturon, et me dit avec rage : « Il faudra bien qu'on me le rende. — Oui, répliquai-je, et j'espère que ce sera pour défendre le Roi. »

J'entrai alors chez le prince, d'où le général Belliard était déjà sorti. Il s'agissait de savoir ce qu'on ferait du colonel. Il fut convenu qu'on le remettrait au général Maison, qui commandait la division de Paris. Je montai en voiture avec le colonel, accompagné de deux gardes du corps de Monsieur, dont un était M. Perrot de Chazelle. Je fis escorter la voiture par deux gendarmes. Arrivés à l'état-major, au faubourg Saint-Honoré, nous entrâmes dans une grande salle où se tenait un aide de camp. Il était onze heures du soir. Le général Maison était couché dans une alcôve donnant sur cette salle, qui n'était éclairée que par une seule lampe. Je l'entendis gronder, parce qu'on venait l'éveiller à cette heure ; puis il sortit vivement, en chemise et en caleçon. Je lui dis que je venais parler au général Maison. — « Est-ce que vous ne me reconnaissez pas ? s'écria-t-il. — Non, répondis-je, pas ainsi, pour recevoir les ordres de M. le duc de Berry. » — Il rentra dans son alcôve, et, sans mettre ses culottes, endossa son habit d'uniforme avec le grand cordon de la légion d'honneur, puis reparut en demandant si je le reconnaissais cette fois. — Pendant ce temps on avait allumé une seconde lampe. A peine le général eut-il aperçu le colonel qu'il l'embrassa : « Ah ! je suis bien aise de te voir. Je me charge de toi bien volontiers. Vous pouvez, me dit-il, assurer Monseigneur que cet officier sera fort bien avec moi. »

Je fus très étonné de ces procédés et surtout du ton que le général et le colonel prenaient ensemble. Je fis observer au général qu'il oubliait de me donner un reçu du colonel. Il prit violemment une plume sur la table, et griffonna un billet presque illisible. De retour auprès du prince, je lui dis que nous étions encore plus malades qu'il ne le pensait, et je lui racontai ma réception par le général Maison.

Le lendemain 19 mars, le Roi passa une revue générale de ses troupes ; mais presque aussitôt après, sur les renseignements apportés par M. de Villeneuve d'Arifat, il se décida à quitter Paris. Ce départ eut lieu dans la nuit, vers les deux heures du matin.

Toute la journée, j'avais été de service auprès de Monsieur. Vers midi, le général de Bonnemains, gendre du général de Tilly, et à qui j'avais fait obtenir le commandement d'un détachement de gendarmerie à Chalon-sur-Saône, vint me témoigner du plus entier dévouement pour le Roi. Il comptait partir pour son poste dans la nuit du lendemain. Je le reconduisis chez lui, rue de Vendôme ; j'y laissai mon cabriolet, et rentrai à pied prendre mon service, que je ne quittai pas de la nuit.

Le 20, au petit jour, le chef de nos écuries, qui se trouvaient rue de Provence, amena tous les chevaux dans la cour des Tuileries. Quand les derniers préparatifs furent terminés, Monsieur monta en voiture, en compagnie du comte des Cars et d'un aide de camp. Je voulus faire mettre ma valise dans un des fourgons de service et suivre le prince à cheval ; mais mes chevaux et les fourgons étaient déjà partis. Je cherchai à m'asseoir derrière la voiture de Monsieur : une barre qu'on y avait fixée ne me le permit pas. Je demeurai donc seul. Paris s'agitait, et il n'y avait pas un moment à perdre. Me jetant dans un fiacre, je donnai l'ordre au cocher de gagner Saint-Denis par la barrière du Roule, chemin indiqué par Monsieur, et je lui offris vingt francs par heure s'il voulait suivre les princes. Mais à la barrière on me refusa la sortie sans un laissez passer de l'état-major. Je m'y rendis de suite, place Louis XV. Comme je montais l'escalier, je rencontrai un maréchal des logis des gardes du corps, qui me dit d'un air effrayé : « Où allez-vous, mon colonel ? je viens d'entendre donner l'ordre de vous arrêter, car on vous sait encore à Paris. » Il ajouta que tout l'état-major était changé et qu'on lui avait refusé un laissez-passer avant le lendemain, à midi.

Pendant ce temps, les troupes transfuges ne cessaient d'entrer dans la capitale. Le général Exelmans y était depuis deux heures, et avait fait relever sur les Tuileries le drapeau tricolore. On disait que l'Empereur arriverait le soir. Ne sachant où aller, n'osant pas rentrer chez moi, pour ne pas effrayer ma femme, qui avait refusé de profiter d'une voiture mise à sa disposition par Madame, je me souvins que le marquis de Brancas devait partir dans la nuit pour Bruxelles [1]. Je courus chez lui, rue des Tournelles, pour lui demander de l'accompagner. Mais en arrivant j'appris que Mme de Brancas, commençant une grossesse, ne pouvait se mettre en route.

Je pris seulement le temps d'ôter mon uniforme pour revêtir des habits civils, et, vers une heure du matin, je me rendis chez le général de Bonnemains. Je le trouvai couché et ne songeant même pas à ses préparatifs de départ pour Chalon-sur-Saône. Je le priai instamment de se lever et d'aller demander pour lui un laissez-passer, dont je me servirais aussi pour sortir de Paris. Sa femme et lui se

1. Mme de Brancas, née de Rodohan, était Belge.

récrièrent d'abord : « Que risquez-vous donc ? Il n'arrivera rien de fâcheux à personne. L'Empereur lui-même sait que les mameluks vous avaient offert sa tête, et que vous l'avez refusée. » Je continuai à insister ; je fis atteler un des chevaux du général à mon cabriolet, resté chez lui depuis la veille, et nous y montâmes pour aller à l'état-major. M. de Bonnemains y obtint le laissez-passer. Il ne s'agissait plus que d'avoir deux chevaux et un postillon pour mon cabriolet. Nous courûmes à la poste, en face de l'abbaye Saint-Germain des Prés ; mais l'employé de service me refusa tout sans une autorisation signée de son chef. Il fallut aller au plus vite à l'administration des postes, et comme le directeur général, le comte Ferrand, était mon ami, il me dit : « Il y a là un paquet d'autorisations toutes signées de moi ; prenez-en ce que vous voudrez. Je doute cependant qu'elles puissent vous servir, car je ne dois pas vous dissimuler que je ne suis plus rien ici. » Je mis mon nom sur une de ces pièces, celui du général de Bonnemains sur une autre, et nous retournâmes à la poste, où le chef du bureau déclara cette fois que, sans un ordre tout spécial, il ne pouvait délivrer des chevaux avant le milieu de la journée.

Il était quatre heures et demie du matin. Toutes les rues commençaient à se remplir de monde et on voyait à chaque coin des hommes apposant des affiches, dont le titre : « Le vœu de l'armée, » était écrit en gros caractères. Le général, qui m'avait ramené chez lui, et sa femme essayèrent alors de me retenir. Je répondis que rien ne me ferait abandonner une cause que je servais depuis mon enfance ; que ma résolution était inébranlable. Ils cédèrent : ma malle fut attachée derrière mon cabriolet ; et je gagnai Saint-Denis. Je voyais déjà de nombreux rassemblements de militaires se former avenue de la

Révolte. Après avoir renvoyé au général son cheval et son ordonnance, dont il avait besoin pour lui-même, je demandai des chevaux et un postillon. Le directeur de la poste de Saint-Denis vit à mon uniforme que j'étais de la maison des princes. Ce brave homme attela, et craignant de recevoir incessamment la défense de fournir aucun postillon, il voulut m'en servir lui-même.

Je rejoignis ainsi le comte d'Artois en avant de Clermont-sur-Oise, où je le trouvai entouré de ses aides de camp. Mon arrivée les surprit et Monsieur me fit part des craintes qu'il avait eues à mon sujet. Je cherchai alors mes chevaux et finis par les retrouver à Saint-Pol, avec le piqueur qui les avait emmenés.

Nous marchions dans la direction de Lille. Monsieur me confia le commandement de l'avant-garde. Elle était composée de ses gardes du corps, et de grenadiers à cheval, ceux-ci sous les ordres du comte de Virieu. Bientôt, ayant arrêté une voiture, j'appris que, dans la matinée, le Roi se trouvait à Lille. Jusque-là nous étions sans nouvelles de Sa Majesté. Ce renseignement tranquillisa les princes.

Au bivouac, où nous nous arrêtâmes pour déjeuner, le bruit courut tout à coup que des troupes révoltées marchaient sur Béthune par la route d'Arras. Je fis monter à cheval; le duc de Berry se mit à notre tête et se porta à la rencontre des troupes que j'avais signalées. C'était un régiment de chasseurs à cheval et un détachement de grenadiers de l'ex-garde impériale, partis le matin d'Arras, après avoir arboré la cocarde tricolore. Ils se rendaient à Saint-Omer et venaient loger à Béthune, sans se douter que cette place était occupée par les princes et la maison du Roi. Leur étonnement fut grand en voyant les troupes royales rangées sur les remparts en ordre de bataille. Le colonel Desargues, qui commandait les chasseurs à cheval, reconnut le duc de Berry, s'avança seul au-devant de lui, et, après avoir assuré qu'il ne venait pas le combattre, lui demanda le passage sur le glacis des fortifications pour conduire ses soldats à Lillers. Le Prince déclara qu'il ne souffrirait pas que le drapeau tricolore se déployât sous ses yeux, et qu'il ne donnerait point passage à des militaires parjures. Le colonel se décida alors à retourner à Arras avec son régiment.

À la vue de ce mouvement de retraite, les cris de « vive le Roi ! » retentirent dans nos rangs ; les troupes impériales y répondirent par le cri de « vive l'Empereur ! » et firent volte-face. Un combat était au moment de s'engager. — Le hasard voulut qu'un capitaine des grenadiers de l'ex-garde reconnût, parmi les grenadiers de La Rochejaquelein, un de ses plus intimes amis, son ancien compagnon d'armes. Il s'écria : « Quel est celui qui voudra me faire verser le sang de mon frère ? » Ce peu de mots émut les soldats ; et, sans leur donner le temps de la réflexion, les officiers firent faire demi-tour et les éloignèrent.

Le duc de Berry me retint dès lors auprès de lui et donna à un autre le commandement de l'avant-garde.

Nous comprenions l'impossibilité de passer par Lille, où nous pensions que les troupes avaient acclamé l'Empereur. L'opinion générale était qu'il fallait franchir la frontière au plus vite. Il y eut à cette occasion une réunion de tous les chefs de corps chez le maire de Béthune ; on y fit venir un homme du pays et on lui demanda le chemin le plus court pour se rendre à Ypres. Il nous indiqua celui de la Gorgue et d'Estaires, mais nous fit observer qu'il faudrait traverser les anciens marais mal desséchés de Laleu et que la cavalerie aurait beaucoup de peine à en sortir. Le général de Lauriston, qui commandait en second, l'interrompit et dit avec impatience : « On ne vous demande pas le meilleur chemin, mais le plus court. » Ce fut aussi la route d'Estaires que choisit le duc de Berry ; et j'allais porter cet ordre, quand je rencontrai le maire et le curé d'un des villages où nous devions passer. Comme ils se récriaient tous deux sur le chemin adopté, je les menai au duc de Berry ; mais il déclara que les ordres étaient donnés et qu'on devait tâcher de se tirer d'affaire.

Les prédictions du curé et du maire se réalisèrent d'une manière terrible, et sans deux Cent-Suisses qui m'aidèrent à me dégager d'un cloaque où j'abandonnai mon cheval, je ne sais ce que je serais devenu. A l'aspect du terrain, les princes finirent par envoyer contre-ordre à tout ce qui se trouvait encore à Béthune. C'était à peu près la moitié de leur monde, et presque tous des fantassins. Quinze cents cavaliers et quelques volontaires royaux nous avaient suivis. Le trajet pour nous fut long et pénible. Les obstacles semblaient grandir à chaque pas. Caissons, voitures, chevaux, s'enfonçaient dans d'affreux bourbiers, où force était souvent de les abandonner, malgré les secours offerts par les gens du pays ; car la pluie, qui était survenue, et le passage de la cavalerie qui tenait la tête, avaient effondré le sol.

Les princes s'arrêtèrent à une ferme, où j'eus la chance de recouvrer mon cheval, qui était parvenu à se sauver tout seul de la fondrière. Ils demeurèrent ainsi deux heures ; puis nous continuâmes notre route vers Estaires, où nous devions coucher. En y arrivant, à onze heures du soir, nous y apprîmes des nouvelles tellement alarmantes, qu'il fallut en repartir après une courte halte.

Au point du jour, nous atteignîmes la chaussée qui de la frontière conduit à Ypres. Par suite de la difficulté des chemins et de l'obscurité de la nuit, nous nous trouvions alors tout au plus cinquante auprès des princes. C'était le vendredi saint. Avant de passer en Belgique, plusieurs chefs de corps ou délégués de ces chefs vinrent prendre les ordres du duc de Berry, qui leur répondit : « Mes amis, nous ne savons ni où est le Roi, ni ce que nous allons devenir. Nous partagerons toujours ce qui nous reste avec ceux qui nous suivront; mais nous ne voulons forcer personne à se compromettre pour nous. Que ceux qui désirent rester en France y restent. Nous y avons besoin d'amis, et nous serons très heureux de les y retrouver bientôt, j'espère. »

Cette courte allocution fit verser bien des larmes. Elle fut répétée par les chefs de corps aux troupes qui arrivaient, et, au premier moment, tout le monde voulait unir son sort à la destinée des princes. Mais comment pourraient-ils supporter une aussi lourde charge ? Quelle politique allaient adopter les puissances ? D'ailleurs il serait toujours temps d'aller les rejoindre. Ces réflexions arrêtèrent le plus grand nombre. — La maison du Roi rentra par Armentières, et les compagnies rouges par Saint-Pol. Elles furent licenciées par le général Teste, qui commandait la région au nom de l'Empereur.

Des cinquante fidèles qui entouraient le duc au moment des adieux, un si grand nombre profita de la permission de se retirer, que nous n'étions plus que onze, y compris les princes, quand nous arrivâmes à Neuve-Église. Pendant que tous entraient dans une auberge pour y prendre quelque nourriture, je courus faire remettre des fers à mon cheval. Lorsque je revins à l'auberge, où l'on n'avait trouvé que de la bière et des œufs, Monsieur dit : « Mais il ne faut pas oublier Semallé, » et, comme il ne restait plus rien pour moi, il me donna sur du pain la moitié d'une omelette et partagea avec moi un grand verre de bière.

En sortant pour reprendre mon cheval, j'entendis à peu de distance un bruit de mousqueterie. Le prince me demanda ce que ce pouvait être. Je répondis que c'étaient sans doute des camarades qui déchargeaient leurs armes, mouillées pendant la nuit; et il n'en fut plus question. J'ai appris depuis que ces coups de feu avaient été ordonnés par un jeune officier, qui commandait les troupes des Pays-Bas au Pont Rouge, et qui avait ainsi arrêté un détachement de cavalerie française, envoyé pour nous couper la route d'Ypres. Peu après nous rencontrâmes beaucoup de paysans revenant de cette ville, où ils n'avaient pu entrer, bien que ce fût jour de marché. Ils nous annoncèrent que les portes avaient été fermées et qu'on avait mis les canons en batterie sur les remparts, parce que des troupes françaises étaient à peu de distance des glacis.

Nous nous arrêtâmes pour délibérer, et comme mon cheval était le seul en état de marcher, le comte des Cars me demanda de me rendre à Ypres, et de savoir s'il serait possible d'y mettre les princes en sûreté. Je partis aussitôt, et bientôt, avec ma lorgnette, j'aperçus des troupes à cheval, à peu de distance de la ville. Je m'en approchai et reconnus de nos camarades, qui avaient pénétré en Belgique par une autre route. Il y avait quelques gardes du corps, des officiers de la maison rouge, et beaucoup de gardes de Monsieur. Sans m'attarder, je m'avançai vers Ypres en parlementaire. Le général commandant la place, qui était un Suisse, le baron Pallavicini, ne voulut accorder l'entrée de la ville que pour les princes et pour les officiers attachés à leurs personnes. Je fus reconduit aux avant-postes avec l'appareil usité.

Les nouvelles que j'apportais à Neuve-Église causèrent une grande joie. Les princes partirent aussitôt pour Ypres, distant d'environ quatre lieues. Le général alla au-devant d'eux et leur assigna pour demeure, dans la rue d'Elverdinghem, la maison du comte d'Archies, gouverneur de la ville.

Rien n'avait été porté à nos camarades restés au dehors et manquant de tout. Pour faciliter les envois de vivres, comme pour introduire en ville les Français qui auraient besoin d'y venir, on désigna trois commissaires spéciaux chargés de les reconnaître : MM. de La Roche-Aymon, de Wall et moi. J'avais à garder la porte de Flandre, fort éloignée, ce qui m'empêcha de profiter d'un des billets de logement accordés à la suite des princes [1]. Après avoir dîné avec eux, je partis pour les avant-postes, et le général expédia un courrier à Bruxelles pour y prendre des ordres.

J'étais à peine à mon poste, qu'on me signala une voiture venant à toute bride. C'était un ministre du Roi qui arrivait à Ypres.

Louis XVIII, en effet, en quittant Paris, s'était rendu à Lille et avait franchi la frontière à Menin. Il ne s'était arrêté qu'à Ostende, où il était resté sans nouvelles de sa famille. On voulait le forcer à s'embarquer pour l'Angleterre, et, dans ce but, il n'y avait pas de crainte qu'on n'eût cherché à faire naître dans son esprit. Le prince de Neuchâtel avait insisté vivement dans ce sens. Au contraire, M. de Blacas, qui sentait toutes les conséquences d'une pareille résolution, l'avait combattue de toutes ses forces. Comme le Roi paraissait décidé à suivre les conseils du maréchal Berthier, M. de Blacas s'était

---

[1]. Mon grand-père devait loger chez M. Heindrix, qui avait par hasard conservé son billet de logement et qui le lui représenta, en 1845, lors du mariage de mon père avec Mme Malou. *(Éd.)*

jeté aux pieds de Sa Majesté et l'avait priée de différer son départ de vingt-quatre heures encore, pour lui laisser le temps d'aller à la recherche des princes.

Je le conduisis chez eux, et, après un quart d'heure d'entretien avec Monsieur, M. de Blacas reprit au galop la route d'Osten... Certes, ce serviteur si dénigré, dont on avait pu accuser l'inexpérience, mais dont le dévouement était sans bornes, rendit au Roi, en cette circonstance, un service dont on allait bientôt apprécier toute l'étendue.

Le lendemain, le courrier du baron Pallavicini revint de Bruxelles, apportant l'ordre de nous traiter comme des troupes alliées. Nos camarades entrèrent dans la ville et y furent logés militairement. Beaucoup d'autres arrivèrent encore et augmentèrent notre effectif. Peu après, le roi des Pays-Bas assigna aux Français la ville de Gand, comme point de réunion. Louis XVIII s'y rendit. Avant de partir pour l'y rejoindre, nous fûmes passés en revue par les princes, sur la grande place d'Ypres. Comme toutes nos voitures étaient restées dans les boues de Laleu [1], deux mille francs en espèces et des vêtements que j'avais dans mon cabriolet furent alors perdus. J'arrivai à Gand avec les seuls effets que j'avais sur le dos, et on dut me prêter huit cents francs sur la caisse du corps, pour me permettre de m'habiller.

---

1. Les maires des communes voisines les en firent retirer, et elles nous furent rendues après les Cent-jours.

CHAPITRE IX

LA COUR DE GAND.

Je suis nommé à Bruxelles commissaire du Roi, sous l'autorité du comte de Dillon. — *Difficultés de ma situation : je veux partir pour la Vendée.* — Je deviens indépendant de M. de Dillon. — Passage à Bruxelles de M. de Talleyrand. — Dîner donné dans cette ville par le roi des Pays-Bas.

Correspondances avec la France par M. Morin, resté à Paris. — Menées pour soulever la Belgique : MM. de Maubreuil et de Brosses envoyés à Bruxelles pour attenter à la vie du duc de Berry. — J'arrête Maubreuil. — Il m'est ordonné par le Roi de le remettre au gouvernement néerlandais. — Maubreuil est délivré par des hommes masqués. — Le général de Bordesoulle et le marquis de La Grange à Gand. — Rapport sur la mort du maréchal Berthier.

Sécurité imprudente de Wellington. — Correspondances secrètes du duc de Feltre. — L'armée française envahit la Belgique. Je l'apprends dans un bal. — Paniques provoquées dans Bruxelles par M. de Mesnard. — Retraite du duc de Berry derrière l'Escaut. — M. de Bourmont. — Le prince de Condé se retire sur Malines. — Prise de deux aides de camp envoyés à Grouchy. — Comment j'assiste à la bataille de Waterloo. — Charges de Ney. — Retraite de Napoléon.

Le soir j'envoie M. de Guitaut porter des nouvelles. Le lendemain j'arrive à Gand. — Le Roi me confie des lettres pour le prince d'Orange et pour Wellington. — Je retourne à Bruxelles et vais visiter le champ de bataille. — Récit d'un blessé du 10ᵉ de ligne. — Wellington me retient à souper. — Il m'accorde la libération des prisonniers appartenant au 10ᵉ de ligne. — Le prince de Condé obtient celle des prisonniers de son ancien régiment. — Générosité des habitants de Bruxelles pour les blessés. — Je suis invité à suivre le Roi en France.

Dans les Pays-Bas, une grande partie de l'administration et même de l'armée était restée confiée à des fonctionnaires et à des officiers français. On craignit naturellement de les voir se prononcer en faveur de Bonaparte, pour provoquer la réunion à la France de la Belgique, peu satisfaite du régime nouveau. Le gouvernement néerlandais, inquiet, demanda donc à Louis XVIII une personne sûre pour reconnaître et surveiller les Français entrant en Belgique, et pour empêcher qu'il ne pût s'y introduire des fauteurs de désordre ou des agents de révolution.

Une huitaine de jours après notre arrivée à Gand, Monsieur me dit d'aller le lendemain prendre les ordres du Roi. Sa Majesté me fit savoir qu'elle m'avait choisi pour aller à Bruxelles répondre au désir du gouvernement néerlandais, et qu'elle me retirait momentanément du service de son frère. En même temps, comme le quartier général se grossissait chaque jour de beaucoup d'officiers, de peu de soldats, le Roi désigna des commissaires spéciaux qui devaient les recevoir et les diriger sur Gand. Ce furent : le prince de Saur et M. Berthier de Bizy, pour Mons et Courtray ; M. Edmond de Castries, pour Namur ; et M. de La Bourdonnaye, pour les cantonnements de l'armée prussienne.

Je me rendis aussitôt à Bruxelles, où M. de Trogoff, chef d'état-major de l'armée d'Alost, m'envoya douze officiers d'ordonnance pour se tenir à mes ordres.

Mon premier soin fut de me présenter au prince de Condé, qui s'était retiré à l'hôtel de Bellevue, où Monsieur et le duc de Berry avaient également un appartement, pour le cas où ils auraient besoin d'y venir.

Chez le prince de Condé, je trouvai M. Édouard de Dillon, récemment arrivé avec le titre de lieutenant général. Il me fit un accueil gracieux et me dit qu'il venait de recevoir une lettre de M. de Blacas, lui annonçant que j'étais placé sous ses ordres. Je n'avais pas été prévenu de cette direction que je devais subir, et je fus très étonné que le Roi ne m'en eût point parlé. M. de Dillon, qui avait été plus de vingt-cinq ans hors de France, où il n'était rentré qu'en 1814, avec Louis XVIII, ne connaissait plus notre pays. Je compris de suite que j'allais me trouver dans une très fausse position : tout ce qui tournerait mal me serait imputé ; tout ce qui tournerait bien lui reviendrait de droit. M. de Dillon, qui, de son côté, voyait clairement la situation, protesta qu'il s'en remettrait à moi ; que c'était par pure courtoisie qu'on lui avait confié ce poste important, pour lequel on avait mis à sa disposition un logement en ville, des rations de fourrage, etc. Malgré ces assurances, mes officiers d'ordonnance allaient prendre ses ordres avant de recevoir les miens. Dans ces conditions, au bout d'une douzaine de jours, je m'assurai que ma présence à Bruxelles n'était d'aucune utilité. D'une part, ne pouvant agir par moi-même, je ne faisais rien en temps opportun ; d'autre part, quand je m'adressais aux autorités néerlandaises, je manquais d'influence et mes instructions n'étaient pas exécutées. Je dus m'en expliquer devant M. le prince de Condé.

Le lendemain, je reçus la visite de M. de La Rochejaquelein, qui arrivait de Gand. J'appris par lui que, dès le début, on y avait recommencé la politique qui avait si mal réussi à Paris. Les anciens membres du gouvernement provisoire de 1814 étaient accourus auprès du Roi, et MM. de Beurnonville, de Jaucourt, l'abbé Louis, avaient repris leurs portefeuilles. Seul, le ministère de la guerre avait changé de titulaire et avait été confié au duc de Feltre [1].

[1]. Ce ministre, qui avait été nommé par le Roi avant le retour de Bonaparte, prit pour chef d'état-major M. de Rochechouart. M. Dubourg-Butler, qui en remplissait les fonctions auprès du général Dupont, ayant jeté les

M. de La Rochejaquelein, désolé de ce qui se passait, avait demandé au Roi l'autorisation d'aller en Vendée, où, croyait-il, sa présence serait plus utile qu'au milieu de tant d'hommes sortis de la Révolution. Le Roi lui ayant donné des lettres de service, il devait partir le surlendemain pour se rendre, par l'Angleterre, dans la Vendée, où il comptait lever une armée royale. Il m'engagea à l'imiter et me représenta que ma présence, pas plus que la sienne, ne convenait dans l'entourage du Roi, où notre parti n'était pas en nombre. — Je me laissai facilement persuader et me rendis chez M. de Dillon pour le prier de me faire remplacer. M. de Dillon me donna toute liberté de quitter Bruxelles, et il se borna à désigner, pour me suppléer, M. le marquis de Carbonnières, une des ordonnances qui exécutaient ses ordres avant les miens. Le soir même, je montai dans la voiture de M. de La Rochejaquelein pour me rendre à Gand.

Nous y arrivâmes à huit heures du soir[1]. Nous nous rendîmes directement chez Monsieur pour attendre son retour, qui eut lieu presque aussitôt. Il s'adressa d'abord à M. de La Rochejaquelein, lui fit compliment sur sa nouvelle position, puis, se retournant machinalement de mon côté : « Par quel hasard, dit-il, êtes-vous ici, Semallé ? Je vous croyais à Bruxelles. » — Je répondis qu'effectivement je devais y être, mais que j'étais venu demander la permission de me joindre à M. de La Rochejaquelein ; que M. de Dillon suffisait pour remplir un poste où,

---

hauts cris, on lui avait donné, comme compensation, le titre et les appointements d'adjudant général, et il profitait de ses loisirs pour s'associer à M. de Chateaubriand et rédiger avec lui le *Moniteur de Gand*.

1. Le Roi recevait jusqu'à neuf heures, et Monsieur, qui logeait à une auberge sur la grande place, ne le quittait d'ordinaire qu'entre neuf et dix.

jusqu'à présent, je n'avais rien pu faire de bien pour le service du Roi. — Le prince, avec un air de mécontentement, appela M. le marquis Le Tourneur, major de ses gardes, et lui dit : « Qu'on mette deux chevaux à la chaise de poste et que le comte de Semallé retourne ce soir même à Bruxelles. Je ne veux pas que le Roi sache qu'il est venu. Vous entendez l'ordre, ajouta-t-il en me regardant ; je ne veux pas que le Roi sache que vous êtes venu. » — J'obéis. A trois heures du matin j'étais rentré à Bruxelles.

Je contai à M. de Dillon ce qui s'était passé la veille : «J'en aurais fait autant que vous, » me dit-il. Il ajouta qu'il n'était nullement préparé à l'emploi qu'on lui avait donné et qu'il en écrirait à M. de Blacas. Le soir, comme je dînais chez le prince de Condé, M. de Conti m'apprit que je n'étais plus sous les ordres de M. de Dillon, et que, le matin même, le prince de Condé en avait reçu de Monsieur la nouvelle certaine [1].

Quelques jours après, débarquèrent ensemble à Bruxelles MM. de Laborie, Guizot et Bertin de Vaux. Ils me demandèrent à rejoindre le Roi et les ministres. J'envoyai un exprès à M. de Blacas pour annoncer leur arrivée. En réponse, je reçus l'ordre d'empêcher ce voyage. Je fus très embarrassé, car je connaissais beaucoup M. de Laborie, l'associé de M. Bertin de Vaux dans le *Journal des Débats* ; je connaissais aussi M. Guizot, que j'avais rencontré souvent chez la marquise de Saint-Chamans, dont il avait épousé une parente, sœur du général Meulan. Ces messieurs restèrent donc à Bruxelles. Ils y passèrent

---

[1]. M. de Dillon, que d'ailleurs j'aimais beaucoup, continua à rester à Bruxelles avec sa femme et sa fille. Il y touchait les appointements de lieutenant général. Tous les soirs, nous allions prendre le thé chez lui en sortant de chez le prince de Condé.

une dizaine de jours et furent invités à dîner chez le prince de Condé. Quant à leur réception par le Roi, elle était différée sous divers prétextes. On alléguait, entre autres, qu'on pourrait trouver mauvais que Sa Majesté songeât à organiser son gouvernement pendant la tenue du congrès de Vienne, avant que sa position fût officiellement reconnue par l'Europe.

Bientôt on apprit que le congrès de Vienne avait été dissous et que M. de Talleyrand revenait auprès du Roi. M. de Laborie, en me communiquant la nouvelle, me vanta les services du prince de Bénévent au congrès, me dit que Monsieur lui offrait son appartement à l'hôtel de Bellevue; qu'il le savait par une lettre du duc de Maillé. Il m'invitait à me rendre, avec mes officiers d'ordonnance, pour faire visite à l'illustre voyageur, qui devait arriver le lendemain matin. Je répondis à M. de Laborie que, ne partageant nullement les opinions de M. de Talleyrand et n'ayant jamais été d'accord avec lui en 1814, je ne me croyais pas obligé à une démarche qui démentirait ma conduite passée. M. de Laborie s'écria : « Ah! voilà de ces prétentions qui gâtent tout et qui découragent tout le monde! Vous voyez bien que les princes ne partagent pas vos préventions. — C'est possible, répondis-je; mais je n'ai jamais approuvé la politique de l'Europe, qui s'imaginait lutter contre la Révolution avec les personnes mêmes qui l'avaient faite. Je ne changerai pas d'opinion. » — M. de Laborie m'ayant quitté, fort peu satisfait, je fis partir une ordonnance pour M. le duc de Maillé, auquel je représentai l'inconvenance de faire loger sous le même toit le prince de Condé et celui qui avait coopéré au crime de Vincennes. Je le priai de mettre ma lettre sous les yeux de Monsieur et, par le même courrier, de m'envoyer sa réponse. Elle fut telle que je l'attendais, et contre-ordre fut donné, motivé sur ce que M. le duc de Berry devait venir à Bruxelles passer une journée, et, par conséquent, occuper ses appartements. M. de Talleyrand, à qui sans doute M. de Laborie n'avait pas laissé ignorer notre entretien, ne fit que traverser la ville pour se rendre à Gand.

A peine était-il parti que le roi des Pays-Bas vint de la Haye à Bruxelles, et pendant le peu de jours qu'il y resta, donna un grand dîner diplomatique. Je reçus une invitation; mais, ne sachant pas quelle place me serait réservée comme commissaire du roi de France, j'allai en parler au prince de Condé. Sur son conseil, j'écrivis mon acceptation, mais j'eus soin de la faire porter par une ordonnance au premier aide de camp du roi des Pays-Bas. Au jour indiqué, m'étant rendu au palais royal, j'y trouvai tous les ministres étrangers, beaucoup d'officiers généraux anglais, des grands seigneurs russes, etc., en tout une cinquantaine de personnes. Ma place fut celle qu'aurait occupée autrefois l'ambassadeur de France; ce qui parut faire grand plaisir à M. de Vincent et à M. de Goltz. Quant à M. Pozzo di Borgo, on m'a raconté qu'il n'avait pas vu cette préférence avec satisfaction.

Après le dîner, nous passâmes dans le grand salon, où, ayant salué plusieurs personnes, je me trouvai assez près du Roi, dans l'embrasure d'une fenêtre. Je vis qu'il cherchait à me parler et je vins à lui. Après m'avoir demandé des nouvelles de S. M. Louis XVIII : « Monsieur le comte, me dit-il, je sais que vous avez éprouvé quelques désagréments à votre arrivée ici, et je suis bien aise de vous dire moi-même que cela ne recommencera plus. Ce que vous lierez sera lié; ce que vous délierez sera délié. J'ai fait donner des ordres à cet effet à M. Malaise, directeur général de la police. » Sa Majesté alla ensuite parler à d'autres personnes, et notamment à M. Pozzo di Borgo.

Après le départ du roi pour La Haye, je reçus la visite de M. Malaise, que j'invitai à dîner, et ce que m'avait promis le roi s'exécuta à la lettre. M. Malaise reçut du baron d'Eckstein, commissaire extraordinaire auprès de Louis XVIII, l'ordre d'être entièrement à ma disposition. D'autre part, ordre fut envoyé de Gand aux commissaires délégués par Clarke aux frontières, de ne laisser passer aucune personne sans la diriger sur Bruxelles pour y être soumise à ma surveillance. MM. le prince de Saur, Berthier de Bizy, Edmond de Castries et de La Bourdonnaye s'y conformèrent ; ce qui allégeait d'autant leur responsabilité, mais en rendant la mienne plus lourde.

Aussitôt installé à Bruxelles, j'avais eu soin d'établir un service spécial d'informations à Paris, et deux services de correspondance régulière avec la France. Le premier avait pour agent M. Morin [1], dont j'avais eu beaucoup à me louer en 1814, et, chaque fois qu'une circonstance l'exigeait, il m'envoyait des exprès. Quant à la correspondance, elle se faisait régulièrement, tantôt par Namur, tantôt par Mons, grâce au concours de personnes dévouées qui s'étaient offertes pour ces périlleux voyages, et parmi lesquelles je citerai le marquis de Saint-Fargeau, officier aux gardes de Monsieur. Par chaque courrier, j'envoyais le *Moniteur de Gand*, auquel collaboraient

---

1. M. Morin a publié (*Révélation*, etc., p. 362 et suiv.) : 1° les pouvoirs qu'il a reçus à Paris « par M. le comte de Semallé, en sa qualité de commissaire du Roi en Belgique ; » 2° les « nouveaux pouvoirs apportés de Bruxelles, de la part de M. de Semallé, par M. Lepelletier de Saint-Fargeau, officier supérieur des gardes du corps de S. A. R. Monsieur ; 3° les « pouvoirs de S. M. Louis XVIII, apportés de Gand par M. le comte de Lavalette-Morlhon, garde du corps du Roi, et délivrés par le comte de Bruges. »

maintenant MM. Guizot, Laborie et Bertin de Vaux, et j'y joignais les plis du cabinet du Roi et ceux du cabinet de Monsieur.

Un jour, M. de Saint-Fargeau, revenant de Paris, me remit une note de M. Morin m'informant qu'on faisait de grands efforts pour provoquer une révolution en Belgique. Le moment paraissait bien choisi pour soulever ce pays, où il n'y avait encore que fort peu de troupes étrangères. En effet les Prussiens, commandés par Blücher, se tenaient à la frontière du côté de Namur, et le duc de Wellington [1], nommé général en chef des armées alliées, ne disposait encore que de deux régiments écossais, casernés à Bruxelles. Toutes les places fortes des Pays-Bas ne se trouvaient gardées que par l'armée néerlandaise.

J'eus un moment de perplexité ; car, en ébruitant le mouvement, je craignais de l'accélérer ; mais comme on me signalait le général commandant à Mons, dont le frère avait une place à Paris dans l'administration, j'empruntai la calèche de Mme de Brancas et partis immédiatement pour Mons. Je rapportai franchement les dénonciations au général, et, à sa mine, je compris qu'elles étaient fausses. Il ne savait comment m'exprimer sa reconnaissance. Sans perdre un instant, je revins à Bruxelles avant l'heure à laquelle j'avais l'habitude de donner audience.

Peu après, on m'amena deux Français venus, disaient-ils, pour affaires d'intérêt. Je les interrogeai moi-même, leur donnai vingt-quatre heures et les fis reconduire à la frontière. Deux jours plus tard, ils me furent renvoyés

---

[1]. Arthur Wellesley, duc de Wellington, Ciudad Rodrigo et Vittoria, siégeait, au moment des Cent-jours, au congrès de Vienne. Il en avait été rappelé et nommé général en chef de toutes les troupes anglaises qui devaient se réunir en Belgique pour combattre Bonaparte. Il avait quitté Vienne le 25 mars et était arrivé à Bruxelles le 5 avril.

par M. de Berthier de Bizy, qui les avait fait arrêter de nouveau près de Courtray. A ce moment, tous les rapports que je recevais de Paris me signalaient un complot contre la vie des princes. Les deux frères de Bissy, l'un adjudant commandant, l'autre garde du corps, m'avaient apporté à cet égard d'importants renseignements. Je les avais accompagnés moi-même à Gand, où j'avais conféré longuement avec le Roi, puis avec le baron d'Eckstein, chargé de veiller sur la sûreté des princes. Ils m'avaient prescrit d'exercer la plus active surveillance. D'autre part, j'avais lu, dans le *Journal des Débats* du 14 avril, qu'au conseil des ministres de Bonaparte, on avait réédité toutes les calomnies débitées par Maubreuil, calomnies dont la fausseté avait été complètement démontrée par les papiers de Dasies et par les pouvoirs émanant du gouvernement de Talleyrand. Je savais que Dasies avait été à Lyon au-devant de Bonaparte et qu'il était rentré à Paris avec lui. Frappé des réponses embarrassées des deux individus arrêtés et informé que l'un deux était en relation avec Maubreuil, je les fis enfermer à la porte de Hall.

Le lendemain, l'un d'eux me fit savoir par le geôlier qu'il avait une communication importante à me faire. J'allai le voir : il me demanda si je n'avais entendu parler de rien d'extraordinaire depuis deux jours. Il me fit promettre le secret le plus absolu : « Je suis bien étonné, continua-t-il alors, que vous n'ayez point de nouvelles de Maubreuil et de M. de Brosses, qui sont partis de Paris en même temps que nous. » Il me raconta alors que, d'accord avec la police de Bonaparte, ils devaient attaquer le duc de Berry pendant la parade à Alost, et il me donna comme preuve de son dire que je trouverais à l'hôtel d'Espagne deux caisses contenant des uniformes et des armes. L'autre détenu me confirma les mêmes renseignements.

Trois jours après, M. de Castries m'écrivit, par M. de Saint-Fargeau qui revenait de Paris, que douze Français s'étaient présentés à la frontière, demandant à rejoindre les princes, et que, conformément à mes instructions, il les avait dirigés sur Bruxelles. Il m'en indiquait particulièrement deux, qu'un douanier français lui avait signalés comme dangereux : le plus âgé, se disant marchand de chevaux, avait été blessé d'un coup de pied de cheval vers la frontière, ce qui avait retardé leur voyage. Je commençai par entendre dix de ces voyageurs, parmi lesquels le marquis des Réaux, et je leur donnai des passes pour aller à Alost rejoindre l'état-major du duc de Berry. Je vis alors arriver M. de Brosses, que je savais être le compagnon de route de Maubreuil. Je voulus sauver malgré lui ce jeune homme, qui était d'une excellente famille, et dont la sœur s'était trouvée au couvent avec Mme de Semallé, et, sous prétexte de l'envoyer au comte de Trogoff, j'ordonnai au gendarme de le conduire à la voiture d'Alost.

Il restait à interroger le douzième voyageur. Je pénétrai avec deux gendarmes dans un appartement du rez-de-chaussée à l'hôtel d'Espagne, où logeait le prétendu marchand de chevaux. Je reconnus fort bien Maubreuil et lui demandai pourquoi il ne s'était pas présenté chez moi. — Il me répondit qu'il ne croyait pas y être obligé ; que le Roi l'avait fait relâcher le 18 mars et qu'il pouvait aller où bon lui semblait. Je lui répondis que, pour prouver la fausseté de ce qui avait été inséré au *Journal des Débats* du 14 avril, je l'arrêtais et j'allais le conduire moi-même au Roi. Il entra dans une telle colère que j'envoyai de suite dire au geôlier de la porte de Hall d'apporter des menottes. Quand Maubreuil les vit, il se résigna au voyage de Gand ; il me demanda seulement à ne partir que le soir, pour éviter tout scandale. — Je ne m'y opposai point ; mais en consignant dans sa chambre les deux gendarmes, avec ordre de le surveiller, ainsi que le maître de l'hôtel, qui avait eu le tort de recevoir ces Français sans m'en avertir.

Dans la soirée, je retournai à l'hôtel d'Espagne. Quelle ne fut pas ma surprise en rencontrant M. Malaise, sortant de chez Maubreuil ! Je n'étais point sûr de M. Malaise, qui m'était signalé comme d'accord avec ceux qui voulaient révolutionner la Belgique. Je lui témoignai mon mécontentement, lui signifiant que c'était moi seul qui étais chargé de la surveillance des Français entrant en Belgique. — Il s'excusa et m'assura de toute sa bonne volonté.

A neuf heures, je revins avec une voiture attelée de trois chevaux de poste. J'étais accompagné d'un de mes officiers d'ordonnance à cheval et du marquis des Réaux, et je dis à Maubreuil de se préparer à me suivre. Il s'était recouché et ne voulait plus partir. Je dus recourir aux mêmes menaces que dans la journée. Il semblait guetter et attendre un complice ; mais la vue du geôlier le calma. Il s'habilla : les deux gendarmes le saisirent par le bras et le montèrent en voiture. Mon ordonnance nous escortait près de la portière. En passant par Alost, au point du jour, j'obtins de M. de Trogoff des ordres pour que la route fût surveillée ; ce qui me permit de renvoyer mon ordonnance à Bruxelles. Toutefois M. de Trogoff voulut que je prisse dans ma voiture un garde du corps.

Arrivé à Gand, je demandai au major Le Tourneur douze gardes pour surveiller le prisonnier jusqu'à ce que j'eusse pris les ordres du Roi. J'allai ensuite expliquer les motifs de cette arrestation au chancelier Dambray, ainsi qu'au duc de Feltre, qui fit assembler le conseil des ministres.

Ma conduite y fut désapprouvée, comme illégale en pays étranger. J'en avertis Monsieur, qui n'avait pas été présent au conseil, et qui me dit : « C'est toujours le même esprit. Tenez ferme, mon cher Semallé. » M. de Blacas, entré à ce moment, fut également d'avis qu'il ne fallait pas céder. Je retournai donc chez le duc de Feltre, qui répéta que le conseil persistait dans sa manière de voir et qu'il était bien fâché d'avoir à me l'annoncer. « Eh bien ! lui demandai-je, quelle résolution a prise le Roi ? » Il répondit qu'il n'en avait encore adopté aucune. Sur mon insistance, accompagnée des propos les plus forts, Clarke entra chez le Roi et revint bientôt avec la décision suivante : « Le sieur de Maubreuil, Français, ne pouvant être arrêté ou détenu par l'autorité militaire française sur le territoire des Pays-Bas, il est ordonné, de la part du Roi, à M. le comte de Semallé, de remettre le sieur de Maubreuil entre les mains du baron d'Eckstein, commissaire extraordinaire de police de S. M. le roi des Pays-Bas et d'en tirer un reçu. M. le comte de Semallé exécutera sur-le-champ le présent ordre. »

Je me fis remettre ces instructions, signées par le ministre d'État de la guerre, duc de Feltre, et j'en allai rendre compte à Monsieur, qui déclara prendre d'autant plus d'intérêt à cette affaire que les infâmes calomnies dirigées par Maubreuil contre le Roi retombaient particulièrement sur lui, qui était alors lieutenant général du royaume.

De là, je courus chez le baron d'Eckstein, avec le chevalier de La Salle, qui voulut m'accompagner. Le baron d'Eckstein amena avec lui quatre ou cinq pompiers; il les disposa aux diverses issues de l'escalier de l'hôtel, puis nous entrâmes ensemble dans la chambre où était Maubreuil. Je lus à ce dernier l'ordre du Roi et lui notifiai que je le remettais aux autorités des Pays-Bas, dont il avait invoqué l'appui. Cet homme se leva en fureur, tira un poignard qu'il avait dans la manche de son habit et voulut se précipiter sur moi. Le baron d'Eckstein sortit de la chambre. Mais comme j'étais armé de mes deux pistolets, j'arrêtai Maubreuil en lui déclarant que, puisque je ne pouvais pas le livrer vivant, j'allais le livrer mort, s'il ne jetait pas aussitôt son poignard à terre. Ma figure et mon geste lui en imposèrent tellement qu'il lâcha son arme. Elle fut ramassée sur-le-champ par un garde du corps. « Monsieur, me dit-il, puisqu'il faut subir la loi de la force, je me rends ; mais à la condition que vous me laisserez écrire une lettre au Roi. » — Je le lui accordai, et il rédigea devant nous un manifeste plein de sottises, dont je ne voulus point me charger. Voyant mon refus, il écrivit une seconde lettre, qui est restée en ma possession [1]. Maubreuil sortit alors dans l'escalier, où il aperçut les pompiers. Il n'était plus temps de reculer. Il se trouvait entre les mains du baron d'Eckstein qui, sur ma demande, me délivra un reçu conçu en ces termes : « Reçu du comte de Semallé le sieur de Maubreuil, selon les ordres de S. M. le roi de France. — Gand, le 9 mai 1815. — Baron D'ECKSTEIN. » Maubreuil fut conduit à l'hôtel de ville, où il reçut une chambre au premier étage.

Je me disposais à quitter Gand, quand on vint m'avertir que Maubreuil s'était ouvert les quatre veines avec un éclat de verre. Le gardien, en se rendant à sa chambre, avait aperçu du sang couler sous la porte et on avait ainsi pu fermer ses plaies à temps. Huit jours après, par ordre du roi des Pays-Bas, le prisonnier fut transféré à la citadelle de Wesel. Je reçus l'ordre de le recevoir à son

---

[1]. Cette seconde lettre à Louis XVIII a été publiée dans *L'affaire Maubreuil* (Paris, 1868, 2ᵉ édit.), p. 17. (*Éd.*)

passage à Bruxelles et de le faire escorter jusqu'à Tirlemont [1]; mais Maubreuil, à qui je donnai deux gendarmes sûrs pour l'accompagner, fut délivré à une lieue de Tirlemont, par des personnes masquées et armées qui mirent les gendarmes en fuite. Depuis, j'ai appris qu'il était à l'armée de Grouchy, lors de la bataille de Waterloo.

Pendant un court séjour à Gand, j'étais à déjeuner chez Monsieur, quand je fus appelé par le baron d'Eckstein, qui venait d'arrêter le général de Bordesoulle [2].

Ce général, qui, comme on le sait, avait été, avec le général Souham, le véritable auteur de la défection du corps de Marmont en 1814, et qui avait été nommé par le Roi inspecteur général de la cavalerie, s'était décidé à passer la frontière pour éviter la vengeance de Bonaparte. Le jour où il était arrivé à Bruxelles, j'étais absent; il était allé le soir au spectacle, et comme il s'y trouvait beaucoup d'officiers autrefois sous ses ordres quand il commandait en Belgique, son entrée avait fait événement. Le lendemain, au lieu de suivre la route de Gand par Alost, il avait pris un chemin de traverse. Le baron d'Eckstein, informé de la route bizarre suivie par cet officier, avait cru voir en lui un conspirateur et l'avait fait mettre au cachot. Je me rendis avec le commissaire hollandais à la prison où était détenu le général, qui, en me voyant, se jeta dans mes bras. Je lui fis rendre la liberté et le présentai à Monsieur. On lui donna un logement et on lui assura les appointements de son grade, comme à tous les officiers venant de France.

A un autre voyage que je fis à Gand, passant devant la

---

1. Cet ordre me surprit et, plus tard, m'a fait concevoir des soupçons sur plusieurs personnes de l'entourage du Roi.
2. Étienne Tardif de Pommeroux de Bordesoulle, né à Luzerel (Indre) en 1771, mort le 4 octobre 1837 au château de Fontaine (Oise). *(Éd.)*

demeure du même général, j'entrai lui faire une visite. Il me dit qu'il était bien aise de me parler à cœur ouvert; qu'une lettre de sa belle-sœur, Mme de La Boissière, l'engageait à revenir, parce que l'Empereur pardonnait tout ce qui s'était passé en 1814 et désirait surtout le retour de ceux qui étaient partis de France. Il me montra cette lettre. Sa belle-sœur, en effet, lui disait que le ministre de la guerre de Napoléon, le prince d'Eckmuhl, avait lui-même fait écrire à tous les officiers qui se trouvaient dans sa position [1].

[1]. Le duc de Feltre avait reçu des avances de ce genre. Il y avait répondu par la lettre suivante, dont l'original, je ne sais par quelle raison, est resté dans les papiers de mon grand-père :

« Gand, le 14 avril 1815. — C'est ce soir, Monsieur, que je reçois votre lettre datée de Paris du 31 mars et que vous m'aviez adressée à Londres. J'y réponds sur-le-champ. Je ne puis que déplorer que vous ayez pu vous déterminer à l'écrire.

« Qu'importe que je sois, que j'aie été ou que je ne sois plus en Angleterre? A qui persuadera-t-on que je puisse, dans un pays quelconque, trahir le Roi, ou la France ma patrie? De quels lâches conseils me parlez-vous, et que signifie qu'ils aient été donnés avant que les journaux anglais aient annoncé mon arrivée en Angleterre? Les idées des gens sensés de l'Europe sur ce pays ne sont pas celles qu'on a affecté de publier dans les gazettes de France pendant plusieurs années.

« Peu avant que le Roi daignât me nommer son ministre secrétaire d'État au département de la guerre, le prince d'Eckmuhl avait envoyé à mon prédécesseur des assurances de fidélité au Roi et l'offre de servir Sa Majesté. Comment avez-vous pu penser, Monsieur, après la conduite que vient de tenir le prince d'Eckmuhl, que je pourrais prêter l'oreille à ses conseils?

« Si je suis bien informé, M. de Lavallette, pour qui j'ai eu si longtemps de l'estime et de l'amitié, a sacrifié, même avant que le Roi quittât Paris, à des sentiments exagérés de reconnaissance envers Bonaparte, des intérêts qui devaient être plus chers à M. de Lavallette : ceux de la France. Quels conseils pourrais-je donc aussi écouter de sa part?

« Vous vous trompez beaucoup, Monsieur, quand vous imaginez que le sentiment qui m'a porté à sortir de France momentanément est celui de ma sûreté personnelle. Si mon âme était accessible à des conseils pusillanimes, je n'aurais pas accepté le ministère le 11 mars dernier. A dire vrai, je n'ai jamais eu d'autre crainte que celle de manquer à ce que j'ai regardé comme un devoir. Je l'ai rempli envers le Roi de France, et comme Sa Majesté le voulait.

« Vous avez raison de dire que j'ai toujours été homme d'honneur et bon Français, et que je ne puis devenir l'ennemi de mon pays. Je ne servirai

Le général me semblait fort disposé à suivre ces conseils : « Que voulez-vous ? ajouta-t-il, ma situation ici n'est pas agréable. Il semble que chez Monsieur et chez le Roi, on mette une ligne de démarcation entre nous et les personnes qui entourent les princes. » — Je combattis cette idée ; toutefois, de retour auprès de Monsieur, je lui racontai ce qui venait de se passer et lui montrai combien

jamais mieux la France qu'en servant fidèlement mon Roi et sa cause, qui est devenue celle de toutes les nations. Je manquerais à l'honneur et à ma qualité de Français, si je servais désormais l'homme dont la présence à Paris indigne la nation française, trahie par une partie de l'armée, et arme spontanément contre la France tous les peuples de l'Europe.

« On a admiré, dites-vous, mon dévouement, sans l'approuver et surtout sans être disposé à l'imiter. Quel assemblage contradictoire d'idées ! Pour qu'on croie à la modération de celles qui règnent à Paris, il faut n'en laisser sortir ni les journaux ni qui que ce soit.

« Je n'appelle pas mes amis ceux qui me conjurent de quitter le Roi. Ce sont les ennemis de mon honneur et de celui de ma famille.

« Je ne puis croire que, me connaissant depuis vingt-quatre ans, vous ayez pu penser, même en m'écrivant, que le séquestre que Bonaparte a ordonné de mettre sur mes biens, ou l'idée de perdre tout ce qui m'appartient, puissent, un instant, me faire chanceler dans mon devoir ou hésiter à l'accomplir envers le Roi.

« N'ai-je pas accompli, dans toute leur étendue, les engagements que j'avais jadis contractés avec Bonaparte, et n'ai-je pas couru, pour lui, l'an dernier, le risque d'être victime d'un faux devoir, jusqu'à ce que l'acte qu'il signa, en avril 1814, me rendît ma parole, dès longtemps imprudemment donnée ?

« Peu après cette époque, le Roi, oubliant le passé, me nomma l'un des pairs de son royaume. Je lui prêtai serment devant toute la France, en cette qualité. Nommé ensuite chevalier de l'ordre royal et militaire de Saint-Louis, je prêtai au Roi un nouveau serment, tel que celui que vous avez prêté vous-même, Monsieur, et que vous ne pouvez oublier. Enfin, comme ministre et secrétaire d'État de la guerre, j'ai prêté, entre les mains du Roi, un troisième serment à Sa Majesté. Je serais le plus méprisable des hommes si je violais un seul de ces serments. Au surplus, je n'ai pas besoin de les rappeler pour faire mon devoir. J'aime le Roi et je le sers autant par inclination que par reconnaissance. Je préférerais partager son infortune, dût-elle durer, à participer, surtout par une lâcheté, au triomphe de son ennemi.

« C'est la plus coupable faiblesse qui a dicté, Monsieur, votre lettre du 31 mars. Dites à ceux qui vous ont engagé à me l'écrire, que la présente servira de réponse à toutes celles qu'on croirait devoir me faire parvenir pour le même objet, et que je resterai fidèle au roi Louis XVIII et à son auguste famille toute ma vie. »

son entourage et celui du Roi, loin d'être accueillants, étaient capables de décourager tous ceux qui auraient l'intention de revenir à nous. Monsieur me remercia et je rentrai à Bruxelles. Le lendemain, le général de Bordesoulle reçut une invitation à dîner chez Monsieur, et, le jour suivant, une invitation à dîner chez le Roi. Cette faveur rendit l'entourage des princes très obséquieux pour lui. Enfin peu après le Roi le prit au nombre de ses aides de camp. Telle fut l'origine de sa grande faveur.

Le marquis de La Grange, arrivé en Belgique vers le milieu de mai, ne fut pas aussi heureux que le général de Bordesoulle. Aussitôt qu'il avait eu connaissance du débarquement de Bonaparte, il s'était offert pour la défense du Roi, et le conseil des ministres l'avait nommé commissaire dans les neuf départements de l'Est, pour rallier à la cause royale tous les sujets fidèles et en former des corps francs. Mais la lenteur des bureaux, la défection de Ney et la marche vertigineuse de l'Empereur avaient paralysé ses efforts. Il était alors passé en Suisse et avait essayé de lever à ses frais un corps de trois cents volontaires, avec le projet de rentrer en France, d'appeler à lui sur le sol français tous les royalistes qu'il pourrait réunir à sa troupe, et de rejoindre le duc d'Angoulême à Montélimart en évitant Lyon. Les autorités suisses ne le lui permirent pas, et il dut, avec ses officiers, M. le comte de Marsac et M. le baron de Tessier, signer une sorte de capitulation, approuvée par notre ambassadeur, M. de Talleyrand. C'est alors qu'il s'était rendu à Gand, où le baron d'Eckstein le fit aussitôt arrêter, en me faisant avertir « que le nommé La Grange, complice de Marguerite, se disant colonel, avait faussé des ordres et rempli pour Rovigo une mission donnée pour le Roi. » Je le fis mettre en liberté; mais il était de ces hommes qui ne convenaient pas dans l'entourage actuel de Louis XVIII, et je lui conseillai, dans son intérêt, de se rendre en Vendée, où son énergie et son activité pouvaient trouver plus utilement carrière. Le baron de Kentzinger joignit ses efforts aux miens : les événements ne laissèrent pas au marquis de La Grange le temps de mettre ce projet à exécution [1].

Dans les premiers jours de juin, M. de Goltz, ministre de Prusse, reçut la nouvelle de la mort du maréchal Berthier. Il me communiqua le rapport très détaillé qu'on lui avait envoyé sur cet événement.

[1]. Après le retour de Louis XVIII à Paris, le marquis de La Grange fut mis en demi-solde. Froissé de tant d'ingratitude, il écrivit au duc de Feltre, le 10 mai 1816, une lettre fort digne, en lui envoyant sa démission du grade de colonel.

En 1844, il se trouva réduit à solliciter, de la famille royale, des secours pour adoucir une situation que son désintéressement n'avait pas prévue : il réclama et obtint l'appui de MM. de Polignac et de Semallé. Ce dernier lui écrivait alors :

« .... Permettez-moi de vous observer que votre note vous serait plus nuisible qu'utile, puisque vous ne faites dériver tous vos pouvoirs que du gouvernement [provisoire], qui est le principe de tous les malheurs qui ont accablé la France. D'ailleurs, ce n'était pas exact; car vous fûtes commissionné plus tard par M. le duc de Polignac et moi, fondés de pouvoirs de Monsieur, lieutenant général du royaume, et les rapports que vous avez eus avec M. le général Dupont, alors ministre de la guerre, ne dérivaient que de ceux que vous teniez de nous. Souvenez-vous de la nuit où vous vîntes me trouver pour ajouter à vos pouvoirs l'autorisation d'arrêter le trésor de Napoléon. Comme militaire, ainsi que M. Mollot, envoyé à Aix et à Toulon, il vous fallait l'autorisation, visée par le ministre de la guerre, pour vous faire obéir par la troupe, et comme votre mission était d'aller trouver le maréchal Soult à Toulouse, ce visa vous devenait encore plus nécessaire; et, sous ce rapport, M. de Polignac et moi, nous nous étions entendus avec le général Dupont, qui voulait servir le Roi, et non les intérêts d'un amalgame honteux qui ne pouvait représenter ni le Roi ni la nation.... .

« Vous avez bien raison de me regarder comme votre ami; je vous en ai donné des preuves, même à Bruxelles, où des calomniateurs avaient excité la police contre vous, et dans le nombre de ces ennemis était M. Anglès, ministre du gouvernement provisoire, qui ne vous pardonnait pas votre dévouement à la légitimité.... »

On a souvent prétendu que les alliés, entrant à Bamberg, avaient jeté le prince de Wagram par les fenêtres de son palais : ce récit est absolument inexact. Aussitôt après l'arrivée du Roi à Gand, le maréchal Berthier lui avait demandé la permission de se retirer dans les États de son beau-père, le prince Pie de Bavière, qui résidait à Bamberg ; et peu de temps après, il écrivit à Louis XVIII qu'il désirait rentrer en France, pour y régler d'importantes affaires d'intérêt. Le Roi répondit que, réfugié lui-même à l'étranger, il n'était pas en situation de lui accorder l'autorisation sollicitée, et l'engagea à s'adresser au congrès de Vienne. Berthier fit cette démarche, et le congrès refusa sa demande. Par suite, il dut envoyer en France un homme de confiance, qui fut arrêté avant d'avoir atteint la frontière. Le prince en attendait des nouvelles avec une impatience maladive. Depuis quelque temps, dans son entourage, on s'apercevait que sa tête s'affaiblissait : la contrariété la dérangea tout à fait. A ce moment, le congrès ayant décidé que les troupes alliées en retraite retourneraient sur leurs pas pour combattre Bonaparte, une division russe arriva à Bamberg. L'état-major devait dîner au château : c'était le 1ᵉʳ juin. Le maréchal, plus excité que de coutume, était au second étage, dans une aile du palais, avec son plus jeune fils. Quand il entendit la musique de la colonne russe, il saisit l'enfant et se précipita par la fenêtre sur le pavé de la cour. Son fils fut sauvé miraculeusement, ses jambes s'étant prises dans les balustrades en pierre du balcon.

Je fis lire au prince de Condé le rapport que m'avait confié M. de Goltz, et je l'adressai à Gand par une estafette. Le Roi, comme le prince, témoignèrent beaucoup de peine de ce triste événement.

Pendant ce temps, l'invasion de la Belgique se préparait. Le duc de Wellington, vivant à Bruxelles dans la sécurité de l'imprévoyance, ne hâtait pas la réunion de ses forces. En causant avec son premier aide de camp, M. Frementel, celui-ci me raconta que le duc refusait d'ajouter foi aux mouvements de troupes qu'on lui signalait en France, prétendant que c'étaient des bruits répandus pour agiter la Belgique. Ces mouvements n'étaient pourtant que trop réels ; car, peu après, M. de Saint-Fargeau, étant parti pour Namur avec des journaux et des dépêches du Roi pour la France, ne put continuer sa route ; il dut revenir et me remettre le paquet.

Ce jour-là même, un autre courrier m'arrivait de Gand. En fondant ensemble les deux paquets de dépêches, je trouvai dans le premier un pli ministériel, de la main du duc de Feltre, et qui était adressé à un général, à Paris. Je vis qu'il avait été décacheté avant d'être expédié du cabinet du Roi. Puis, dans la correspondance qui venait d'arriver de Gand, je remarquai une lettre de petite dimension et de la même écriture, qui me parut suspecte. Elle était adressée à un autre général, à Paris. Je montai à cheval et allai porter ces deux lettres au Roi. Introduit dans son cabinet, je lui remis d'abord la plus grande, en lui disant que je croyais qu'il n'en ignorait pas le contenu, puisque je l'avais trouvée à demi ouverte. Le Roi sourit. Je lui remis alors le petit billet, en lui demandant s'il avait également connaissance de celui-là. Il l'ouvrit, et fronçant le sourcil : « Je vous remercie, dit-il. Vous pouvez retourner à Bruxelles. En avez-vous parlé à mon frère ? — Non, répondis-je ; je croyais ne devoir faire cette communication qu'au Roi seul. » — Le billet était bien du duc de Feltre, qui recommandait à un de ses amis d'envoyer par l'Angleterre, à une certaine adresse, toute une série de correspondances pouvant le compromettre.

Le Roi déposa cette pièce sur sa table et me rendit l'autre, avec ordre de ne pas parler de cette affaire.

Ce qui avait attiré mes soupçons, c'est que Clarke m'était signalé de Paris comme entièrement acquis au duc d'Orléans. Il l'avait suivi en Angleterre, et quand le congrès de Vienne se fut prononcé, que le Roi eut été reconnu par les puissances, il avait été renvoyé à Gand par le duc d'Orléans, qui se proposait d'avoir auprès de Louis XVIII un homme à sa dévotion [1].

De retour à Bruxelles, je pus encore continuer la correspondance avec la France par Mons, grâce au zèle du comte du Châtel, propriétaire de grands biens sur la frontière, et tout dévoué au Roi.

Enfin, M. Berthier de Bizy, notre commissaire à Ypres, me confirma officiellement les marches de troupes qui m'avaient déjà été signalées. J'étais persuadé que les alliés se laisseraient surprendre par Napoléon, et qu'ils seraient hors d'état de résister à l'armée qui se rassemblait de tous côtés sur la frontière française. J'en entretins cette fois le duc de Wellington en personne ; mais il me répondit qu'il était très bien informé, et qu'il n'avait aucun motif de s'inquiéter.

Cependant, mes prévisions étaient sur le point de se réaliser. Vers le 10 juin, au milieu d'un grand bal donné par une Anglaise, et où j'étais invité avec la société et le corps diplomatique, on vint me prévenir que quelqu'un m'attendait chez moi pour un avis des plus importants. Je courus à l'hôtel et j'y trouvai le marquis et la marquise de Brancas [2]. L'avant-garde de l'armée française avait envahi brusquement leur terre de Fontaine-l'Évêque, située sur

---

1. L'oncle de Clarke avait été employé dans la maison d'Orléans.
2. Plus tard duc et duchesse de Brancas.

la frontière ; ils avaient eu de la peine à échapper aux éclaireurs. Je leur offris un asile chez moi, et retournant au bal, je fis part de mes renseignements à M. Frementel, qui me conduisit auprès de son général. Je répétai au duc tout ce que je venais d'apprendre : il persista néanmoins à penser que c'étaient de fausses alarmes et que ses informations valaient mieux que les miennes. Je sortis un moment pour expédier un de mes officiers à Gand, à M. de Blacas ; puis, rentrant dans la salle de bal, j'entendis une rumeur extraordinaire. M. Frementel vint à moi : « Vos renseignements, dit-il, ne sont que trop vrais. Le général Blücher vient d'envoyer un de ses aides de camp pour nous apprendre ce que vous avez annoncé il y a une heure. » — Tous les officiers sortirent successivement ; on fit battre la générale pour rassembler les troupes, et les deux régiments de highlanders se formèrent sur la place Royale. Il faisait un temps affreux.

Dès le matin, je me rendis chez M. le prince de Condé, qui, malgré la gravité des événements, m'assura qu'il ne quitterait pas Bruxelles. J'expédiai de nouveau une de mes ordonnances à Gand, une autre à Alost, et je priai M. de Trogoff d'en mettre trois de plus à ma disposition. Deux officiers belges, connaissant fort bien le pays, vinrent s'offrir spontanément, et j'acceptai leurs services, pour me tenir au courant des mouvements des armées.

Les hostilités étaient déjà commencées et la landwehr prussienne avait reçu le premier choc des Français. L'armée belge, sous les ordres du prince d'Orange, s'était portée en avant, pendant que le duc de Wellington, qui s'était laissé surprendre, évacuait Bruxelles, et rassemblait les troupes anglaises à marches forcées.

Aussitôt que Monsieur eut connaissance de l'invasion des Français, il accourut au quartier général à Alost.

Quant au duc de Berry, préoccupé des dangers qui allaient menacer le Roi, il écrivit au duc de Wellington que les Anglais ayant besoin de toutes leurs forces, il se chargeait de veiller sur Sa Majesté avec sa petite armée, et lui demandait quelle position il devait prendre pour couvrir la ville de Gand.

M. de Mesnard, chargé de porter cette lettre, après m'avoir emprunté M. Achille de Guitaut, une de mes ordonnances, rencontra, dans la campagne, une colonne de prisonniers français dirigée sur Bruxelles. Au milieu d'une pluie battante, il la prit pour une armée victorieuse, revint en courant chez le prince de Condé, l'engagea, mais vainement, à quitter la ville, et partit pour Malines, emmenant avec lui le duc de Maillé. M. de Guitaut vint me conter ce retour précipité. Il arriva chez moi en même temps que les deux officiers belges, qui me donnèrent la position exacte des deux armées. Un petit avantage remporté alors par les Anglais réunis aux Prussiens fit tomber de lui-même le faux bruit répandu par M. de Mesnard.

Celui-ci, qui n'avait pas *porté sa lettre*, voulut retourner au quartier du duc de Wellington. Il repassa par Bruxelles et, confondant une seconde fois une troupe de prisonniers avec des régiments vainqueurs, il sema une nouvelle panique, fit fermer la porte de Namur, supplia de nouveau le prince de Condé de s'éloigner, et fila sur Alost, disant que Bruxelles allait tomber aux mains des Français. C'est ce qui fit faire au duc de Berry sa retraite derrière l'Escaut. Il ne resta à Alost qu'un piquet de cavalerie, commandé par M. Talon. A ce moment, arrivait à Bruxelles un courrier expédié par le comte de Blacas à M. de Dillon, pour lui dire que le Roi ne quitterait pas Gand, tant que le duc de Wellington ne lui en ferait pas savoir la nécessité. Mais M. de Dillon et sa famille, comme M. de La Bourdonnaye et beaucoup d'autres, voyant la ville évacuée par les troupes anglaises, avaient fait retraite sur Malines. En son absence, je dus ouvrir la lettre qui lui était adressée et j'envoyai un courrier à Gand, mandant au Roi que, vu l'urgence, j'avais pris connaissance du pli destiné à M. de Dillon ; que Sa Majesté pouvait se fier à moi et serait prévenue à temps si la retraite devenait nécessaire.

Dans la journée du 17, je me rendis au grand quartier général. Les Français eurent un avantage considérable et le duc de Wellington perdit beaucoup de monde. Je ne trouvai ni lui ni son état-major ; je rencontrai seulement M. Pozzo di Borgo et le général de Vincent, qui étaient d'avis que, s'il n'arrivait pas de renforts à l'armée coalisée, il fallait s'attendre à voir Bruxelles tomber avant peu aux mains de Napoléon. En rentrant en ville, je trouvai M. de Bourmont avec un de ses aides de camp et plusieurs autres officiers français. Je les dirigeai sur Gand. J'en conservai cependant deux auprès de moi, pour remplacer mes ordonnances, qui, au milieu de la consternation répandue par M. de Mesnard, avaient pris peur et, au nombre de cinq, m'avaient abandonné.

Le lendemain matin, fort de l'avis du général de Vincent et de celui de M. Pozzo di Borgo, je pensai le moment venu d'engager le prince de Condé à partir. Sur sa réponse qu'il ne prendrait de résolution que quand je serais revenu du quartier général, j'y retournai, en effet, par la forêt de Soignes, et, sur la route, je rencontrai le corps d'un officier général anglais avec qui j'avais déjeuné le matin. Il avait été tué en arrivant auprès du duc de Wellington. Mais comme les Anglais venaient de recevoir quelques renforts, comme les Prussiens avaient soutenu le premier choc avec avantage, je pensai que la lutte pouvait durer encore plusieurs jours. Avec cette impression, je revins de bonne heure auprès du prince de Condé, de chez qui j'expédiai une ordonnance au Roi pour lui donner les dernières nouvelles et l'engager à ne pas quitter Gand. Lorsque j'achevais d'écrire, le prince me dit : « Faites savoir au Roi que le prince de Condé n'est pas parti. » Je mis à la hâte cet avis en post-scriptum. Pour s'assurer que je l'avais écrit, le prince me fit rouvrir la lettre ; puis il m'embrassa et me dit que désormais il ferait ce que je lui dirais. — « Eh bien, Monseigneur, repris-je, s'il n'y a pas, à proprement parler, un danger actuel pour vous, il est plus sage et plus prudent que vous alliez à Malines ou à Anvers. » Le prince céda. Ses aides de camp, qui étaient pressés de le voir en sûreté, avaient déjà fait tous les préparatifs de départ.

Aussitôt que sa voiture eut pris la route de Malines, je voulus retourner au fort de l'action. En traversant la place Royale, je rencontrai deux aides de camp que Napoléon avait envoyés à Grouchy et qui venaient d'être faits prisonniers. Une faible troupe les conduisait, et la foule voulait les massacrer. Je réunis mes hommes à la petite escorte, qui allait être forcée, et nous fûmes assez heureux pour sauver ces officiers, dont l'un était neveu de Cambacérès. Ils me dirent qu'ils avaient été envoyés auprès de Grouchy, qui avait défense de quitter ses positions sans un ordre formel. Leur opinion était que si Grouchy marchait, l'Empereur serait à Bruxelles avant vingt-quatre heures. Un de ces officiers avait sur lui une proclamation imprimée, adressée par Napoléon au peuple belge et datée, à l'avance, du château de Laeken [1]. De ces renseignements

---

[1]. Proclamation de Bonaparte aux Belges et aux habitants de la rive gauche du Rhin :

« Le 19 juin 1815. — Quelques succès éphémères de mes ennemis vous ont détachés un moment de mon empire. Dans mon exil, sur un rocher battu

je conclus que Grouchy ne serait pas prévenu, et que Napoléon allait se trouver dans une position critique.

A ce moment même se donnait la bataille de Waterloo. Je ne pus arriver jusqu'au quartier général, mais je trouvai, à l'entrée de la forêt de Soignes, M. Pozzo di Borgo, M. de Goltz et M. de Vincent [1], avec plusieurs officiers étrangers que je ne connaissais pas et qui étaient là pour le compte de leurs souverains respectifs. Le choc fut des plus violents. Le maréchal Ney, commandant la cavalerie française, fit tous ses efforts pour se faire tuer. Avec nos lunettes, nous le voyions à plus de deux cents pas de sa troupe. Dans cette belle charge de cavalerie, les Français avaient l'avantage de la position et devaient réussir, lorsqu'un cri se fit entendre dans leurs rangs : « C'est la cavalerie belge qui vient à nous ! » A ce moment, le prince d'Orange, qui avait reçu une balle à l'épaule, commanda la charge et se lança en avant. L'hésitation de la cavalerie française la perdit [2]. Les Français s'étaient tellement avancés dans la forêt de Soignes, que des balles et des éclats d'arbres brisés par les boulets arrivaient sur nous. Une balle atteignit M. de Vincent, qui faillit en mourir. M. Pozzo fut frappé au talon de sa botte par un éclat de bois, et en reçut une telle commotion jusqu'à la hanche, qu'il se crut blessé à mort. Plusieurs de nos ordonnances

---

par la mer, j'ai entendu vos plaintes. Le Dieu des armées a décidé du sort de vos belles provinces : Napoléon est au milieu de vous ; vous êtes dignes d'être Français. Levez-vous en masse ; réunissez-vous à mes phalanges invincibles pour exterminer les débris de ces barbares, vos ennemis et les miens : ils fuient la rage et le désespoir dans le cœur.

« Au palais impérial de Laeken. Signé : NAPOLÉON (et plus bas), Comte BERTRAND. »

Il est intéressant de remarquer la date du 19 juin, qui, dans la pensée de l'Empereur, devait être le lendemain de la victoire de Waterloo. (*Éd.*)

[1]. M. Pozzo di Borgo était ministre de Russie ; M. de Goltz, ministre de Prusse, et M. de Vincent, ministre d'Autriche. (*Éd.*)

[2]. Il est surprenant que les historiens ne mentionnent pas ce fait.

et palefreniers en se précipitant à son secours reçurent des meurtrissures. Mon domestique eut le dos de son habit enlevé par un éclat d'arbre, sans en être blessé.

Bonaparte avait son quartier général adossé à un bouquet de bois, et de là dominait presque tout le champ de bataille. Il était dans la plus grande anxiété, attendant, comme dernière ressource, l'arrivée du corps de Grouchy. Il avait fait dresser une échelle au haut de laquelle se tenait en observation un de ses officiers. Celui-ci aperçut enfin, dans le lointain, une colonne en marche; mais comme il ne pouvait reconnaître les troupes dont elle était composée, il descendit et céda la place à l'Empereur, qui monta, regarda, et, sans hésitation, fit sonner la retraite. Ce fut le signal de la confusion. Dans cette armée, qui se croyait victorieuse, s'éleva partout un cri : « Nous sommes trahis! Sauve qui peut! »

Aussitôt après avoir ordonné la retraite, Napoléon avait demandé le maréchal Ney. Le maréchal avait regagné sa voiture pour rentrer au plus vite à Paris, où il devait apporter la première nouvelle du désastre. Napoléon, craignant d'être devancé par lui, quitta le champ de bataille et se dirigea rapidement vers la France. Ses voitures et ses bagages tombèrent au pouvoir des Prussiens, qui, plus tard, en firent hommage au prince de Condé. Chose bizarre! on trouva dans la voiture de l'Empereur un volume de « l'Éloge de Charette » relié en maroquin rouge fleurdelisé. Ce livre a dû rester entre les mains de Mme de Ruilly.

Quant à Grouchy, il n'avait pu, comme je l'ai expliqué, recevoir les ordres de l'Empereur. Il fut trompé par le bruit du canon, qui se rapprochait de Bruxelles, et en conclut que les Français allaient occuper la ville. Il n'apprit que dans la nuit l'issue de la bataille.

Dès que j'avais pu juger de quel côté serait la victoire, j'avais expédié M. Achille de Guitaut à Alost auprès du duc de Berry, avec ordre de continuer jusqu'à Gand pour tranquilliser Louis XVIII. Malgré ma fatigue extrême, je voulais me rendre moi-même auprès du Roi, aussitôt la lutte terminée.

Je ne rentrai à Bruxelles que très tard, avec les ordonnances qui me restaient. Sur le chemin, je rencontrai une colonne d'environ 1,500 Français escortée par des Prussiens. Presque tous étaient blessés. Je portais la cocarde blanche : néanmoins beaucoup de ces prisonniers me saluèrent. Un jeune homme, s'approchant de moi, me dit qu'il s'appelait Bonjoin du Vivier ; qu'il était parent de M. de Chamisso et de M. d'Augente, aide de camp du duc de Gramont, et que c'était bien malgré lui qu'il se trouvait là. Je l'engageai à entrer dans le groupe qui m'entourait, et, soit insouciance, soit commisération, aucun Prussien ne parut s'en apercevoir. A un quart de lieue de Bruxelles, voulant forcer l'allure, je le laissai seul, lui disant qu'il n'avait plus rien à craindre, mais qu'il devait, à la porte de la ville, se constituer prisonnier de la part du commissaire du Roi.

Arrivé chez moi avec quelques officiers, parmi lesquels se trouvait M. le comte de Cunchy, je les expédiai à Malines, au prince de Condé, et dans différentes directions [1] ; je n'en conservai qu'un, ancien grenadier de La

---

1. M. de Trogoff m'avait écrit d'Alost, le 18 juin, cinq heures du soir :
« Vous êtes informé, mon cher Semallé, que j'ai posté deux officiers bien montés à Asche, outre les ordonnances qui s'y trouvent journellement. Je vous en envoie aussi deux. Vous pouvez vous en servir, en avant ou en arrière, comme vous le jugerez à propos : mais il faut que de trois heures en trois heures, S. A. R. Monseigneur le duc de Berry reçoive de vous un rapport, n'y eût-il rien de nouveau. Ces messieurs seront relevés demain. »

Rochejaquelein, qui était venu à Bruxelles avec M. de Bourmont. Malgré les nouvelles que M. de Guitaut avait données en traversant la ville, on y faisait courir le bruit que les alliés avaient perdu la bataille, et comme de longue main tout y était préparé pour un soulèvement en faveur de l'Empereur, si ce soir-là on m'avait vu franchir la porte, on eût pensé que tout était perdu pour nous. Déjà le passage par Bruxelles de nos commissaires aux frontières, se repliant devant l'armée de Napoléon, avait été pris en mauvaise part. La prudence me força donc à remettre au lendemain matin mon départ pour Gand.

A Alost, je ne trouvai que M. Talon et le détachement de cavalerie laissé par le duc de Berry. J'expédiai à ce prince la dernière ordonnance qui m'avait suivi, et montant en chaise de poste, j'arrivai rapidement à Gand. J'en trouvai les portes fermées. Le bruit qui avait couru de la défaite des alliés avait fait prendre cette précaution, et j'eus de la peine à obtenir l'entrée. Tout, en ville, était préparé pour la fuite ; les chevaux étaient sellés, les voitures attelées. Sur la grande place, des aides de camp et plusieurs de mes amis me demandèrent quelles nouvelles j'apportais. Je donnai à tous rendez-vous chez le Roi, et, lorsqu'on m'annonça, j'entendis Sa Majesté répondre : « C'est M. de Semallé lui-même ? Alors ce ne peut être qu'une nouvelle favorable. » Bien qu'épuisé, car j'avais passé plusieurs jours et plusieurs nuits à cheval, je racontai longuement tout ce que j'avais vu, avec les renseignements complémentaires que j'avais pu me procurer. J'indiquai notamment que le prince d'Orange était blessé et que le duc de Wellington avait perdu presque tout son état-major. Puis je remis au Roi une lettre que M. Pozzo m'avait chargé de lui porter et dans laquelle, de son côté, il lui rendait compte des péripéties et de l'issue de la bataille. Après en avoir achevé la lecture, le Roi m'envoya avec M. de Blacas, chez le ministre de la guerre, pour lui recommencer mon récit. En sortant, je sollicitai de Sa Majesté la faveur d'aller annoncer ces nouvelles à Londres, à Madame la Dauphine. Mais le Roi me répondit qu'il avait besoin de moi pour porter deux lettres: l'une au prince d'Orange, et l'autre au duc de Wellington. Je me rendis donc chez sir Charles Stuart, l'ambassadeur de la Grande-Bretagne, et je lui demandai un passeport diplomatique et une reconnaissance officielle comme commissaire du Roi, pour aller au quartier général, en traversant toute l'armée et le champ de bataille. Il y consentit volontiers [1]. Il n'avait encore rien reçu du duc de Wellington et semblait douter du succès des alliés. M. de Blacas m'accompagna ensuite chez le duc de Feltre, qui sembla incrédule. Ce n'est que quand je lui eus fait, dans tous ses détails, le récit de la bataille, qu'il parut enfin convaincu. En le quittant, M. de Blacas lui dit : « Le Roi vous charge de lui faire un rapport sur notre ami [2]. »

Je déjeunai au château, et quand le Roi m'eut remis les deux plis que je devais emporter, je lui dis que M. Hyde de Neuville, dont je connaissais les services et le dévoue-

---

1. Le passeport, signé par Ch. Stuart, est en anglais. Il est accompagné d'une traduction, dont voici le texte :

« Par Charles Stuart, grand-croix du très honorable ordre du Bain et de l'ancien ordre de la Tour et l'Épée, conseiller intime actuel de Sa Majesté Britannique, et son ambassadeur extraordinaire et plénipotentiaire près le souverain des Pays-Bas unis,

« Toutes personnes que le présent acte peut regarder sont priées et requises de permettre à M. le comte de Semallé, commissaire du roi de France à Bruxelles, allant au quartier général du duc de Wellington, de passer librement, sans empêchement ni obstacle, et de lui accorder toute aide et assistance.

« Donné à Gand, le 19 juin 1815. »

2. Ce rapport, qui, dans la pensée du Roi, devait conclure à une récompense, ne fut jamais fait par Clarke. »

SOUVENIRS DU COMTE DE SEMALLÉ. 17

ment, désirait me remplacer pour le voyage de Londres et me priait de réclamer pour lui cette faveur. Ces paroles ne parurent pas être du goût de tout le monde autour de Louis XVIII : lui-même hésita un moment. Puis, mettant la main à son front, il me répondit : « Si cela vous fait plaisir, je n'ai rien à vous refuser. Dites à M. Hyde de Neuville d'aller prendre les dépêches de l'ambassadeur d'Angleterre et les miennes, et qu'il se dipose à partir tout de suite. »

Je retournai à Bruxelles, et, en passant à Alost, je vis le duc de Berry, qui venait d'y rentrer. Il me complimenta aimablement sur le rôle que je venais de jouer et sur la manière dont j'avais rempli la mission dont j'étais chargé. Je me rendis directement au palais du prince d'Orange et fus introduit dans l'appartement, où les chirurgiens se préparaient à extraire la balle restée dans son épaule. Il m'engagea à assister à l'opération et à déjeuner ensuite auprès de lui. Après le repas, où j'occupai la place qui revenait à l'envoyé du Roi, j'allai chez M. de Vincent, prendre de ses nouvelles. Il était très mal, et on craignait le tétanos. Ensuite je rentrai chez moi, d'où j'expédiai un officier pour tenir la promesse que j'avais faite à M. le prince de Condé.

Sans prendre de repos, j'emmenai deux ordonnances, et accompagné du marquis de Brancas, je partis pour Nivelles, emportant quelques cordiaux et ce que nous avions pu trouver pour soulager les blessés sur le champ de bataille. Le Roi m'avait tout particulièrement recommandé de l'explorer. En faisant ce triste voyage, je vis un malheureux, dont la cuisse était arrachée. Il était adossé à un cheval mort et avait son bonnet de police rabattu sur les yeux : sur le revers était écrit : « Vive Monseigneur le duc d'Angoulême ! » Cet homme invoquait la mort. Je le fis transporter dans une petite maison proche de la route de Namur, et là il me raconta qu'il était du 10ᵉ de ligne, le régiment qui avait soutenu dans le Midi le duc d'Angoulême, et que, pour les punir et pour s'assurer d'eux, on les avait fait combattre en première ligne, entre deux régiments de la garde. Ce régiment avait été commandé par un de mes amis, le marquis d'Ambrujac, qui, aux Cent-jours, avait donné sa démission. Il est probable que ce malheureux ne survécut pas longtemps.

Je traversai toute la plaine. Quel spectacle affreux que ce champ de bataille, couvert de morts et de mourants ! Il y régnait un désordre inexprimable. Tout le long de la route de Namur, les batteries étaient restées en position. Enfin, après une longue journée, j'arrivai à Nivelles, où je chargeai M. Noppener d'inviter au nom du Roi le doyen à se rendre, avec tout son clergé, sur le champ de bataille, pour y porter aux moribonds les consolations de la religion. J'ajoutais que je serais allé le lui demander moi-même, si je n'avais pas eu une mission pressante à remplir auprès du duc de Wellington [1].

---

[1]. Le 24 juin 1815, l'abbé Allard, doyen de Nivelles, m'écrivit :

« Dès que M. Noppener m'eut fait connaître, de votre part, le désir de Sa Majesté, M. Devuyst, curé de Geestgérompont, autrefois aumônier du régiment de La Tour, et aujourd'hui persécuté par les autorités de sa paroisse et réfugié chez moi, se présenta pour se charger de cette besogne. J'invitai mon vicaire, M. Becquevort, de l'accompagner. Ils partirent aussitôt avec une douzaine de bouteilles de vin, de l'eau-de-vie et du vinaigre, et quelques autres rafraîchissements. Ils commencèrent leur mission par le champ de Goumont; parcoururent les maisons et les chaumières de Mont-Saint-Jean, et vinrent ensuite à Braine-l'Alleud, où ils trouvèrent dans l'église trois cents Français blessés. Tous demandaient les secours des sacrements, et près d'un mille eurent le bonheur de les recevoir. Les blessés des alliés protestants leur enviaient cette consolation. Deux seuls d'entre les catholiques refusèrent les sacrements : un colonel et un capitaine dont les noms restent ignorés. Plus de trois cents reçurent le viatique après s'être confessés, et environ six cents, qui agonisaient, reçurent l'absolution et l'extrême-onction. Ah ! Monseigneur, combien d'âmes, dans ce nombre, échappées aux supplices éternels ! Aucun d'eux n'était bona-

En entrant chez le duc, je le trouvai entouré d'officiers de tous grades. J'y rencontrai M. de Mesnard, qui apportait enfin la lettre qu'il n'avait pas encore remise. A mon tour je tendis au duc la lettre de Louis XVIII. Il en parut flatté et me dit : « Vous voyez, Monsieur, que nous sommes ici en deuil ; vous voudrez bien partager le repas douloureux que nous allons faire. » Il était dix heures du soir quand on se mit à table : le premier aide de camp du duc m'assigna la place vis-à-vis de ce dernier et se mit à ma gauche ; un autre officier supérieur s'assit à ma droite. A la fin du repas, je fus conduit par l'un d'eux à la chambre qui m'avait été préparée, et, le lendemain matin, le duc de Wellington, après beaucoup de politesses, me remit sa réponse à la lettre du Roi. Je dus m'excuser auprès de Sa Majesté de ne pas la lui porter moi-même, parce que j'avais obtenu du duc l'autorisation de délivrer les prisonniers appartenant au 10e de ligne, ce régiment fidèle dont je venais d'apprendre l'histoire par un blessé, sur le champ de bataille de Waterloo.

Accompagné de mes deux ordonnances [1], puis de M. de Brancas, je commençai par pénétrer dans une ambulance, où je trouvai plus de deux cents blessés, tous officiers. Ils étaient couchés sur le pavé, et plusieurs gravement atteints. Je saluai ces malheureux de la part du Roi, en leur promettant de prompts secours ; car Sa Majesté, dans la pensée que les Anglais et les Prussiens s'occuperaient d'abord de leurs blessés, m'avait chargé tout particulièrement de soulager les Français. Tous portèrent la main à leur front et m'exprimèrent leur reconnaissance de la

---

partiste, dont (sic) ils détestaient les violences. Ils furent sensibles aux soins paternels de leur bon Roi et assurèrent que le commun de l'armée était dans les mêmes dispositions.... »

[1]. MM. de Carbonnières et Driget du Cluzeau.

sollicitude royale. Ils réclamaient des chirurgiens et de la paille. Je confiai ce soin à mes ordonnances [1], qui recoururent à la municipalité et la trouvèrent très bien disposée. Plusieurs habitants s'offrirent en même temps pour prendre des blessés chez eux.

Je réussis alors à retrouver une trentaine de soldats ou officiers du 10e de ligne ; je les fis sortir et les passai en revue pour les diriger sur Alost. Il était temps ; car on allait les embarquer sur le canal pour les transporter en Angleterre. J'appris qu'un nouvel embarquement se préparait sur le port. J'y courus à cheval ; j'arrêtai le convoi et réclamai tous ceux du 10e. L'officier anglais me dit, en murmurant : « Les balles de ces gens-là nous tuaient tout comme celles des autres. » Il dut cependant obéir à

---

1. Ils m'écrivirent de Bruxelles, le 22 juin 1815, à une heure et demie :

« D'après les ordres que vous avez bien voulu nous donner ce matin, de la part de S. M. Louis XVIII, nous avons l'honneur de vous rendre compte de leur exécution.

« Nous nous sommes transportés à la municipalité de cette ville, pour avoir l'autorisation de nous procurer, en les payant, les moyens de transport suffisants aux besoins des Français blessés. L'adjoint maire, après avoir communiqué une délibération du conseil, nous a prévenus que l'objet de cette mission était hors de ses attributions, et nous a priés de mettre notre demande par écrit ; ce que nous avons fait, avec les ménagements et les égards dus à l'autorité locale.

« Le sous-intendant est venu nous répondre, de sa part, que notre mission paraissait être sans objet, attendu qu'il l'avait prévue, puisque, depuis avant-hier, des commissaires particuliers par lui délégués, outre l'inhumation des cadavres, s'occupaient de l'enlèvement des blessés français ; que déjà, une grande partie était déposée à un hôpital provisoire dans une ferme, hors de la porte de Flandres, et que, sans doute, le restant y arriverait dans la journée.

« Nous pensons, en conséquence, que notre mission, devenant inutile sur le champ de bataille, pourrait être avantageuse dans l'hôpital provisoire ; car nous ne pouvons nous dissimuler, d'après le rapport que ces messieurs nous ont fait, que les secours d'urgence sont absolument indispensables. Nous nous empresserons de remplir vos intentions, ainsi que vos ordres, sitôt que vous nous les aurez fait connaître.

« *P. S.* — M. de Villeheuse, sous-intendant, et M. d'Anéthan, intendant, se sont transportés sur les lieux, pour faire relever les blessés et leur prodiguer tous les secours possibles. »

l'ordre écrit que je lui présentai, et je retirai encore de ce convoi une vingtaine de soldats. Parmi eux se trouvait M. Bonjoin du Vivier, ce jeune soldat que j'avais renvoyé à Bruxelles le soir de la bataille. Le malheureux avait été assailli par des Prussiens, qui l'avaient frappé brutalement. Un de ses yeux était presque sorti de la tête; il était devenu méconnaissable. — Voyant qu'on faisait droit à mes demandes, le général Lobau, qui se trouvait là, me pria d'obtenir qu'il restât à Bruxelles, où il s'était marié. Mais je répondis que malheureusement mes pouvoirs n'allaient pas aussi haut que son grade.

Le prince de Condé, qui était rentré à Bruxelles, informé de ce que je faisais, fit donner une pièce d'or à tous les hommes que j'avais délivrés ; puis il me dit qu'il souhaiterait aussi de voir en liberté les hommes de son ancien régiment. Sur sa demande je me rendis aussitôt dans son cabinet et je rédigeai pour le prince régent d'Angleterre une lettre, que le prince de Condé se chargea de faire porter. Depuis, à Paris, j'ai su, par une visite de remerciement des officiers de ce régiment, que le prince régent, faisant droit à notre demande, avait remis une guinée à chacun de ces soldats et les avait fait reconduire gratuitement, par un transport anglais, sur les côtes de France.

Le lendemain je reçus un courrier de M. de Blacas, qui m'invitait à suivre le Roi en France et m'indiquait que pour mon œuvre, désormais toute de bienfaisance, j'étais remplacé par le comte Édouard de Dillon.

Je me rendis d'abord à l'hôtel de ville, et je proposai, de la part du Roi, d'acquitter toutes les dépenses faites pour les soins donnés aux blessés français. Le bourgmestre et les membres du corps municipal me remercièrent, et m'assurèrent que la ville de Bruxelles prenait tout à sa charge. Je fis alors mes préparatifs de départ.

A ce moment survint le colonel Dubourg-Butler, dont j'ignorais encore les étranges aventures [1]. Il arrivait de Gand et était en quête d'un logement. Je lui proposai le mien, qu'il accepta ; mais à Nivelles je fus assez surpris de le voir revenir. Il prétendait avoir été dévalisé dans mon appartement à Bruxelles, et, comme conclusion de ce récit peu vraisemblable, me demandait six cents francs pour rentrer en France.

Je me rendis d'abord à Mons, avec la marquise de Brancas. De son côté, le Roi avait quitté Gand pour revenir à Paris, où je devais le rejoindre [2].

---

1. Voir le chapitre suivant.
2. Le 1ᵉʳ janvier 1816, mon grand-père a obtenu le certificat suivant, qui atteste les services rendus à la cause royale pendant les Cent-jours :

« Nous Charles-Ferdinand, duc de Berry, etc., certifions que M. le comte de Semallé, sous-lieutenant dans les gardes de Monsieur, colonel, a suivi le Roi en Belgique; qu'il a fait partie du corps d'armée sous mon commandement, et qu'il a donné des preuves de fidélité, de zèle, et de son dévouement pour le service de Sa Majesté. Cet officier supérieur a été employé à Bruxelles en qualité de commissaire du Roi. »

CHAPITRE X

LOUIS XVIII ET M. DECAZES

A Mons, la police me remet M. de Rigny, neveu de l'abbé Louis. — Reddition d'Arras. — Je pars avec Monsieur pour Gonesse, quartier général de Wellington. — La députation de la Chambre. — Conférences de Monsieur avec le duc de Wellington. — Mes rendez-vous avec M. de Flaugergues. — La députation est obligée de quitter Louvres pendant la nuit. — Nous arrivons à Saint-Denis, d'où Monsieur m'envoie à Paris prendre des informations. — J'engage le Roi à y rentrer de suite.

Le 8 juillet, le Roi retourne aux Tuileries. — Par qui M. Decazes fut désigné pour la préfecture de police. — Procès du maréchal Ney, et précautions pour son exécution. — Sentiments du colonel La Bédoyère. Son procès. — Évasion de M. de Lavalette, concertée par Decazes. — Projet de loi d'amnistie. — Faveur de Decazes : je m'abstiens de paraître chez lui.

Suite des intrigues de Maubreuil. — Sous le nom d'Armand Durand, il conspire contre le Roi. — Les frères Lecomte le dénoncent. — Il est arrêté à Vaucresson. — M. de Courcy-Montmorin a recours à moi pour avertir les princes. — Adresse du marquis de Brosses à la Chambre des députés. — Maubreuil est traduit en police correctionnelle. — Procédures contre lui. — Il s'évade et se réfugie à Londres. — Ses lettres et ses pamphlets. — M. de La Tourette me montre des pièces accablantes contre Decazes. — Le comte Ferrand veut en informer le Roi, mais sans succès. — Je me retire à la campagne.

Assassinat du duc de Berry. — Louis XVIII me promet la pairie. — Charge de cour confiée aux généraux Rapp et Curial. — Mort de Louis XVIII.

J'étais à Mons, logé chez le général Du Vivier, quand on m'amena un M. de Rigny, neveu de l'abbé Louis, et se qualifiant colonel au service de France. Arrêté aux avant-postes et dépouillé de tout, il m'avait été renvoyé de Bruxelles par le commissaire général de police, qui continuait à exécuter l'ordre de m'adresser tous les Français arrivant dans cette ville. M. de Rigny se disait chargé par Fouché d'une mission auprès de Louis XVIII. Je donnai dans ma voiture une place à cet émissaire inconnu; j'en donnai une autre à M. Dubourg-Butler qui m'avait rejoint, et, à quatre heures du matin, nous arrivâmes à Cambrai, où était le Roi. Aussitôt, M. de Rigny envoya prévenir son oncle et M. de Talleyrand, qui le réclamèrent; mais, en raison des communications dont il se prétendait porteur, je vins le matin le remettre en personne entre les mains de Sa Majesté.

Le comte d'Artois, qui était présent et qui me retint à sa table, m'apprit alors que le ministre de la guerre venait de donner l'ordre au colonel Dubourg de se rendre devant Arras avec deux cent cinquante hommes choisis dans la cavalerie d'élite, pour sommer, au nom du Roi, le commandant, qui avait refusé de rendre la place au nom des alliés. J'ai su plus tard qu'aussitôt le nom du Roi prononcé, les portes d'Arras avaient été ouvertes.

Quand le repas fut achevé, Monsieur me prit en particulier, me demanda si mes chevaux étaient arrivés et me dit de me préparer, ainsi que le comte des Cars, pour nous rendre au quartier général du duc de Wellington. Ce dernier avait, en effet, envoyé la nuit précédente un courrier pour informer le Roi que Blücher, ayant éprouvé quelque résistance dans les environs de Paris et de Versailles, était résolu à agir avec la dernière rigueur. Comme le duc ne pouvait s'y opposer, il suppliait Sa Majesté d'envoyer un prince de sa famille, qui pût avoir assez d'autorité pour empêcher de pareils malheurs. On avait d'abord pensé au duc de Berry; mais le Roi, qui craignait la vivacité de ce prince, avait fait choix de Monsieur et m'avait désigné pour l'accompagner. J'escortai à cheval la voiture où Monsieur était monté avec le comte des Cars. Nous devions coucher à Roye. Au moment où je me retirais, le prince me dit : « Vous comptez dormir? Eh bien, vous vous trompez. Un nouveau courrier de Wellington nous force à partir dans une heure. C'est Fitz-James qui vient de me l'apprendre de la part du Roi. » Me sachant fatigué, le prince fit suivre à cheval M. de Fitz-James et me prit avec le comte des Cars dans sa voiture. Obligés de cheminer au milieu d'une colonne prussienne, nous fîmes route très lentement. Nous ne nous arrêtâmes qu'à Louvres, gros bourg rempli de troupes allemandes. Le commandant dut faire évacuer en partie le château de Mme de Mareuil, pour nous y loger provisoirement. Là, Monsieur renvoya le duc de Fitz-James avec des dépêches à Louis XVIII, qui devait s'être rendu à Roye pour se rapprocher du théâtre des événements. Nous partîmes pour Gonesse, où était le quartier général de Wellington.

Nous y trouvâmes une députation de la Chambre, venue en apparence pour demander un armistice, mais en réalité pour gagner du temps et attendre le résultat d'une mission de cinq commissaires envoyés au quartier général des Russes et des Autrichiens [1].

La députation ne logeait pas à Gonesse, mais à Louvres, sur la grande route, dans une auberge au bas du bourg. C'était aussi à Louvres que j'avais ordre de rester. Vers les

---

[1]. La députation, nommée le 27 juin, se composait de MM. Andréossy, Boissy d'Anglas, Valence, Flaugergues et La Besnardière.
Les cinq commissaires étaient MM. d'Argenson, Sébastiani, Lafayette, Laforest et Le Doulcet de Pontécoulant, auxquels Benjamin Constant avait été adjoint comme secrétaire rédacteur. Nommés le 24 juin, ces commissaires étaient venus, le 25, demander des passeports à l'état-major de Blücher et de Wellington, afin de se rendre à Manuheim, au grand quartier général autrichien. En arrivant à Haguenau, ils trouvèrent une commission, accréditée par les puissances pour traiter avec eux; mais, dès le 1er juillet, les alliés les congédièrent parce que, avant d'entamer aucun pourparler, ils exigeaient que la personne de Napoléon leur fût remise. (Éd.)

midi, le notaire du lieu, M. de France, que j'avais chargé de nous procurer quelques vivres, vint me dire que M. de Flaugergues était allé le trouver, à l'insu de ses collègues, et l'avait prié de me demander un rendez-vous pour me faire des communications urgentes. Je répondis que, très occupé au château, je ne pouvais pas préciser actuellement l'heure où je serais libre : au fond, j'attendais le retour de Monsieur.

Quand le prince rentra, le soir, je lui fis part de cet incident. Sa réponse fut que cette demande venait fort à propos; que je devais de suite accorder le rendez-vous, et surtout m'efforcer de décider les délégués, et par eux la Chambre, à faire une démarche auprès du Roi pour l'inviter à rentrer dans Paris; que c'était le meilleur moyen de déjouer toutes les intrigues et d'éviter peut-être de grands malheurs à la capitale et à la France. Il s'étendit alors sur les propositions qu'on lui avait faites au quartier général. Il me dit que Wellington insistait pour faire accepter comme médiateurs Fouché et d'autres hommes marquants de la Révolution; que c'était remettre la Restauration entre les mains de ses ennemis. J'allai donc prier M. de France de faire savoir à M. de Flaugergues qu'à onze heures je me rendrais sur la grande route, à un point indiqué. Comme je rentrais auprès de Monsieur, arrivait M. de Dienne, qui m'apportait un billet du général de Tilly, nommé député pendant les Cent-jours. « Que le Roi se présente aux portes de Paris, écrivait le général, et tout tournera pour le mieux. » Je montrai le billet à Monsieur. « Ah! mon cher Semallé, me dit le prince après l'avoir parcouru, quel service M. de Flaugergues peut rendre à la France, s'il le veut! » Et aussitôt il écrivit au Roi quelques mots et les fit porter par le duc de Fitz-James, qui était de retour.

A l'heure et à l'endroit convenus, je trouvai M. de Flaugergues, accompagné de M. de France, qui se retira aussitôt pour nous laisser seuls. M. de Flaugergues commença par me dire qu'il m'avait vu à l'œuvre en 1814 et que je lui inspirais la plus entière confiance. Après quoi il m'engagea, dans l'intérêt des princes, à faire mon possible pour que Monsieur obtînt du duc de Wellington l'armistice, que celui-ci s'obstinait à refuser aux délégués. Il assurait que cette démarche produirait le meilleur effet sur l'esprit de la Chambre. Je répondis que je ne saurais me charger d'une semblable commission; que cet armistice n'était demandé que pour gagner du temps, et permettre de recevoir des nouvelles de la députation que nous savions envoyée au grand quartier général des Autrichiens; que Monsieur n'ignorait pas les démarches qu'on y faisait pour obtenir la reconnaissance du roi de Rome. Enfin, dans une conversation de plus d'une heure et demie, j'insistai, au contraire, sur l'utilité de rappeler le Roi à Paris. Je ne réussis point à le persuader, et nous nous quittâmes sans avoir pu nous entendre.

Le lendemain matin, Monsieur retourna encore au quartier général des Anglais avec MM. des Cars et de Fitz-James. Il me fit rester au château, où je reçus plusieurs émissaires envoyés de Paris. Presque tous portaient la cocarde tricolore. Je leur conseillai de se rendre directement à Roye, auprès de Louis XVIII, et ne retins que M. Archambault de Périgord, frère de M. de Talleyrand, qui se présenta sans cocarde et me manifesta le désir d'attendre le retour de Monsieur.

Ainsi que le prince l'avait d'ailleurs prévu, M. de Flaugergues, dans la journée, me fit demander un second entretien pour le soir. Je l'acceptai seulement après le retour du comte d'Artois, qui était rentré fort mécontent de sa nouvelle visite au duc de Wellington. Il espérait que, cette fois, je serais plus heureux avec M. de Flaugergues, et que j'obtiendrais de lui qu'une députation fût envoyée au Roi. Le prince avait appris dans la journée que Fouché, soutenu par Talleyrand, cherchait à imposer à Sa Majesté des conditions très dures. Mais M. de Flaugergues se borna à me faire les mêmes propositions que la veille. Je les repoussai pour les mêmes motifs. Il finit par me dire que les ennemis des Bourbons travaillaient beaucoup contre eux ; que Paris était mal disposé ; qu'enfin il y aurait danger pour lui à faire ce que je demandais. « Eh bien, monsieur de Flaugergues, lui dis-je en m'animant, s'il y a du danger, je veux le partager avec vous. Donnez-moi une demi-heure pour prendre des habits bourgeois, et je vous accompagne à la Chambre. » Poussé dans ses derniers retranchements, il s'écria : « Non, non ; cela ne réussirait point. Jamais la nation française ne s'humiliera devant les Bourbons. — Alors, repris-je, nous perdons notre temps. J'hésitais à reprendre notre entretien : c'est Monsieur qui m'y a poussé dans l'espoir d'un résultat meilleur. Nous n'avons qu'à nous séparer. »

Rentré au château, où je logeais, je me présentai chez Monsieur, qui m'avait fait promettre de lui raconter aussitôt l'entrevue. Il avait sur son lit un billet écrit à l'avance et adressé au duc de Wellington. Il me pria de le lui faire porter à l'instant même. Deux heures après, MM. les députés, qui s'étaient couchés, reçurent l'ordre de quitter Louvres sans délai, pour retourner à Paris.

Nous partîmes pour Saint-Denis le lendemain [1]. Toute

---

[1]. On se souvient de l'obligeance du maître de poste de cette ville, qui m'avait conduit lui-même au mois de mars, quand je quittais Paris pour rejoindre les princes. Sur l'exposé que je fis au Roi de sa conduite, il reçut la croix de la légion d'honneur.

la maison de Monsieur s'y trouvait déjà réunie, et le Roi y était arrivé, accompagné de son ministère de Gand. Mais les barrières de la capitale restaient fermées, et ordre avait été donné de ne laisser passer, dans un sens comme dans l'autre, que les courriers et les personnes chargées de missions diplomatiques. Monsieur se rappela le passeport spécial que sir Charles Stuart m'avait délivré à Gand pour le quartier général des Anglais, et m'engagea à m'en servir pour entrer dans Paris.

Comme je m'habillais pour m'y rendre, j'eus le chagrin de m'apercevoir qu'on m'avait volé, à l'hôtel, ma croix de Saint-Louis. Monsieur retira la sienne et me la donna.

Dès qu'on sut que j'avais un passeport, plusieurs personnes me demandèrent à en profiter, et je m'y prêtai volontiers. Nous étions au grand complet, quand M. Sosthène de La Rochefoucauld, ne pouvant trouver d'autre place, vint s'asseoir derrière la voiture, pour rejoindre sa femme, Mlle de Montmorency de Bonnétable. Ce ne fut pas pour lui un voyage stérile, car neuf mois après naquit son premier enfant.

A la barrière, on examina mon passeport, et je pus entrer sans difficulté. Je me rendis d'abord à la porte Saint-Honoré, puis rue Saint-Florentin, pour voir M. de Vitrolles, que Fouché avait fait remettre en liberté et qui était déjà venu, avec son libérateur, au quartier général. Monsieur m'avait chargé de lui demander des renseignements sur l'état de Paris et sur ce qui avait été dit en sa présence entre Fouché, le duc de Wellington et d'autres personnages. Je ne trouvai point M. de Vitrolles, ou du moins je ne fus pas reçu, bien que je me fusse présenté plusieurs fois chez lui.

Je rentrai le soir à Saint-Denis rendre compte à Monsieur du peu de succès de ma course. Toutefois, d'après ce que j'avais constaté, je conseillai, tant à lui qu'au duc de Berry, d'engager le Roi à paraître au plus vite à Paris. Il était facile de voir qu'on faisait le possible pour l'effrayer, mais qu'en réalité il n'y avait aucun danger, et que la population désirait son retour. D'un autre côté, Fouché, Talleyrand et leurs complices étaient arrivés à persuader à Louis XVIII qu'il ne pouvait plus songer à pénétrer dans Paris sans la cocarde tricolore. Éclairés par mon rapport, les princes résistèrent à cette humiliation, que le Roi semblait prêt à accepter comme si elle eût pu aplanir toutes les difficultés. Monsieur et ses fils déclarèrent qu'ils sortiraient de France plutôt que de souscrire à une exigence qu'ils considéraient comme blessant leur honneur, et ils se prononcèrent avec tant de fermeté que le Roi dut leur céder.

Son entrée à Paris eut lieu le 8 juillet. Elle fut généralement assez morne. Le Roi reprit possession des Tuileries; Monsieur et le duc de Berry s'installèrent au pavillon de Marsan.

Le ministère fut reconstitué avec Talleyrand, le baron Louis et M. de Jaucourt, auxquels furent adjoints le baron Pasquier, le maréchal Gouvion Saint-Cyr, le duc de Richelieu et Fouché, qui s'installa encore une fois au département de la police générale.

Aussitôt ces nominations faites, le comte des Cars me manda de la part de Monsieur. Je trouvai le prince et le duc de Berry entourés de leurs maisons : ils étaient tristes et inquiets. On agitait la question de savoir comment on pourrait paralyser l'influence de Fouché. On proposait de confier provisoirement à M. de Polignac la préfecture de police. Il la refusa, pour ne pas donner de l'ombrage aux libéraux, et aussi parce qu'il paraissait regarder ce poste comme au-dessous de sa position. Après que plusieurs autres noms eurent été prononcés sans succès, M. des Cars, le chevalier de La Salle, M. de Trogoff, firent observer que, pendant mon séjour à Bruxelles, j'avais pris des mesures énergiques et sages et que je pourrais rendre des services à la préfecture de police. Ils étaient d'avis de me l'attribuer. Mais M. de Polignac déclara que je serais dans cette place encore plus inquiétant que lui-même, et je l'appuyai vivement, tant j'étais effrayé d'une pareille responsabilité. On chercha ensuite d'autres combinaisons, sans s'arrêter à aucune. C'est alors que M. de Polignac, comme par inspiration, s'écria : « Si nous avons l'air de nous défier de Fouché, il n'en sera que plus dangereux. Je vais lui demander de désigner lui-même un préfet de police ; je suis persuadé que cet abandon produira le meilleur effet. »

Comme personne ne protestait, il partit, et en revenant, il nous dit que son idée était excellente ; qu'il avait tout raconté à Fouché, qui avait répondu : « Oh ! vous avez bien fait de refuser la place. Elle ne vous convenait guère ; mais je suis très sensible à votre démarche. » — M. de Polignac, continuant, lui dit qu'on avait également proposé M. de Semallé, qui, comme il le savait, avait été commissaire du Roi en Belgique. — « Cette nomination aurait été encore plus dangereuse, avait-il répondu. C'est un homme de caractère ; mais il alarmerait le parti que nous devons ménager. Je le connais : il a été mon élève à Vendôme, et j'ai pu apprécier sa prudence lors de son arrestation sous l'Empire. » — M. de Polignac lui ayant dit alors qu'on nommerait qui il voudrait. « Ce sera bien délicat pour moi, reprit Fouché, c'est à vous de choisir. » Puis, se frappant le front : « Tenez ; j'ai votre affaire. Je connais un jeune homme, plein d'esprit et de moyens, que j'ai eu aussi sous ma férule à Vendôme. Il a épousé Mlle Muraire ; il a été d'abord secrétaire des commandements de Madame mère ; il s'est jeté ensuite dans le parti royaliste et a commandé des volontaires royaux au mois de mars : c'est Decazes. » — Et M. de Polignac ajouta : « Vous voyez, Messieurs, que Fouché met la meilleure foi dans ses rapports avec nous. » — Je voulus faire une observation : elle fut repoussée à la presque unanimité. Je n'eus, pour partager mon avis, que MM. Alexis de Noailles et de Trogoff, et, le jour même, Decazes devint préfet de police.

C'est au commencement d'août que le maréchal Ney fut arrêté dans le département du Lot. Il était très coupable, et le Roi comptait le punir, sans pourtant vouloir sa mort. Je sais, à n'en pouvoir douter, que Fouché en voulait personnellement au maréchal, et qu'il déclara que Sa Majesté ne pouvait faire grâce à un homme qui avait causé la mort de tant de monde et un si énorme déficit dans les finances. Le Roi nomma donc un conseil de guerre, composé de maréchaux, sous la présidence de Moncey. Mais ce dernier ayant refusé de siéger, on désigna un second conseil, présidé par le maréchal Jourdan. Le maréchal Ney comparut devant ce conseil, où on lui fit rendre les honneurs militaires dus à son grade. J'assistais à la séance où il déclina la compétence de ce tribunal, qui, faisant droit à cette demande, se déclara incompétent pour juger un pair de France. Louis XVIII sut mauvais gré au maréchal Moncey d'avoir refusé de siéger, et aux membres du second conseil d'avoir accueilli les conclusions du maréchal Ney.

Au commencement de décembre, l'accusé parut devant la Cour des pairs, qui, le 6, le condamna à mort. Il devait subir sa peine, le lendemain, dans la plaine de Grenelle. A cet effet, je reçus l'ordre écrit de prendre le commandement des gardes du corps de Monsieur, tandis que M. de La Rochejaquelein commanderait les grenadiers à cheval, casernés à l'École militaire. J'allai le soir, en personne, faire observer au major Le Tourneur, qui m'avait écrit, que depuis les Cent-jours j'étais, de fait, plus diplomate que militaire; que mes fonctions de commissaire à l'étranger m'ayant créé une autre position, je ne me considérais plus comme faisant partie des gardes du corps de Monsieur. Le major me répondit qu'il avait agi par ordre supérieur et qu'il ne pouvait m'en dire plus long. Je dus donc me tenir prêt à monter à cheval.

Soit qu'on craignît des désordres pendant le trajet du Luxembourg à la plaine de Grenelle, soit pour tout autre motif, il fut décidé, dans la nuit, que l'exécution se ferait dans l'intérieur du Luxembourg. Ce qui est certain, c'est que dans le haut de l'escalier par où devait passer le maréchal, on avait posté des hommes qui l'eussent poignardé au premier mouvement essayé dans la rue pour le délivrer. Un de ceux qui, dans cette intention, passèrent la nuit dans la lanterne du Luxembourg, était de mes amis, et pour cette raison, j'évite de le nommer, bien qu'il soit déjà mort. Et il croyait faire ainsi un grand acte de dévouement! M. de La Rochejaquelein et moi, nous reçûmes avis de rentrer au quartier.

Avant l'exécution, le maréchal Marmont accompagna la maréchale Ney aux Tuileries et força le poste des gardes du corps; mais l'entrée des appartements du Roi lui fut refusée.

Peu de temps après, le colonel de La Bédoyère avait été arrêté. Il paraissait plus coupable que le maréchal Ney. Comme il n'appartenait pas à la pairie, il fut traduit devant un simple conseil de guerre, qui le condamna à mort. Mme de La Bédoyère s'efforça de solliciter la grâce de son mari. Le Roi aurait bien voulu l'écouter; mais Fouché objecta que, le maréchal Ney ayant subi sa peine, M. de La Bédoyère devait la subir également, si on ne voulait pas que sa grâce fût attribuée à des influences de parenté. La porte du Roi fut donc également fermée pour Mme de La Bédoyère, et la sentence fut exécutée dans la plaine de Grenelle.

Le malheureux colonel était très proche parent de mon beau-frère, le comte de Guitaut, et j'ai connu toute sa famille. Son frère aîné, appelé Henri, époux de Mlle d'Étampes, partageait les idées et les principes de ses parents, qui étaient parmi les plus *ultra* du faubourg Saint-Germain. Le second, au contraire, Charles, élevé, je crois, à l'école de Saint-Cyr, aimait passionnément la carrière militaire, et, contre le vœu des siens, avait servi dans les armées impériales. M. Roger de Damas lui ayant fait épouser Mlle de Chastellux, sœur de sa femme, on avait espéré qu'il se convertirait à d'autres opinions. Aussi, après le débarquement de Bonaparte, M. de Damas avait demandé pour lui le grade de colonel et un régiment pour combattre l'usurpateur. « Y pensez-vous, objecta le ministre de la guerre ; un régiment pour votre beau-frère ! lui dont les sentiments sont si connus ! » M. de Damas répondit que Charles était bien changé et qu'on ne risquait rien : sur cette assurance, on lui confia un régiment. Peu de jours, peut-être peu d'heures après, dix-huit jeunes gens se réunissaient pour un grand déjeuner, dont faisaient partie Charles et mon beau-frère de Guitaut. Le repas fut arrosé de bon vin, et à la fin on porta la santé du Roi. Or, Louis XVIII venait de faire remplacer sur les croix de la légion d'honneur l'effigie de Napoléon par la sienne propre. A son tour, Charles de La Bédoyère se leva, montra sa croix sur sa poitrine et s'écria : « Je te renouvelle tous les serments que j'ai faits en recevant de toi cette croix, grand homme, dont on veut ôter l'image pour placer celle d'un prince qui a souillé la France en y mettant le pied. Je te renouvelle mes serments. Ils m'ont donné un régiment que je n'ai pas demandé, et j'espère être le premier à te saluer sur le sol de la patrie. » Un homme qui parlait ainsi publiquement était-il un traître ?

Parmi les trois plus compromis à cette époque, restait M. de Lavallette, dont le nom était Vallée. Son père avait été attaché à la famille de Rouhault-Gamache, que j'avais bien connue, et sa femme était une demoiselle de Beauharnais. Il fut condamné, le 21 novembre, par la cour d'assises de la Seine, pour s'être emparé de l'hôtel des postes, dont le comte Ferrand était directeur général, et cela, avant même que le Roi eût quitté Paris. Son évasion a fait beaucoup de bruit : je n'en parle que pour ajouter quelques détails généralement ignorés.

Je commence par dire que, bien que personnellement victime de sa trahison, puisque j'avais failli être pris dans Paris le 21 mars 1815, faute de pouvoir obtenir des chevaux de poste [1], j'ai refusé de comparaître à son procès et de témoigner contre lui. Il l'a su plus tard, et m'en a fait exprimer sa reconnaissance.

M. de Lavallette était généralement aimé et intéressait presque toutes les personnes qui le connaissaient. Le marquis de Carvoisin, qui l'avait rencontré aux eaux, se préoccupait beaucoup de lui faire avoir une mort chrétienne, et allait le visiter tous les jours. Je voyais le marquis le soir chez la marquise de Sablé, sa parente ; il nous contait ce qu'il avait fait ou appris à la Conciergerie dans la journée.

1. Voir le chapitre VIII.

Louis XVIII, tout en refusant la grâce de M. de Lavallette, désirait son salut; mais, cette fois encore, Fouché se refusait à la clémence. M. Decazes, qui voyait souvent le Roi, lui donna le moyen de sauver le condamné sans encourir aucun reproche. Il imagina le plan qui a si bien réussi ; ce plan était copié sur une scène d'une pièce très connue dans son temps, intitulée *le Comte d'Arberg*. Tout fut calculé et arrangé par M. Decazes, avec les amis de M. de Lavallette. Le 19 décembre, veille du jour fixé pour l'exécution, M. de Carvoisin était allé voir le condamné, pour l'exhorter à bien mourir. M. de Lavallette, que cette visite gênait, le pria de lui procurer une *Imitation de Jésus-Christ*, et l'officieux visiteur vint la chercher chez la marquise de Sablé, qui lui confia la sienne. Pendant le temps que M. de Carvoisin mit à aller et venir de la Conciergerie à la rue de Lille, l'évasion s'était accomplie.

J'avais été témoin de la remise du livre dans les mains de M. de Carvoisin et, la soirée finie, je m'étais retiré chez moi, quand M. Morin vint m'apprendre que M. de Lavallette s'était sauvé. Il m'assura que le fugitif s'était retiré chez des Anglais, rue Bleue (ou Verte), et il ne demandait que vingt-cinq hommes pour le remettre aux mains de la justice. Ne voulant encourir aucune responsabilité, je conduisis M. Morin chez M. de Rochechouart, commandant la place de Paris. Celui-ci monta en voiture avec nous, me déposa chez moi et conduisit M. Morin chez le général Lépinois. Ce général déclara qu'il fallait ressaisir l'évadé, et courut prendre des ordres supérieurs. En revenant, il fournit les troupes nécessaires ; mais la nuit était presque achevée, et M. de Lavallette avait quitté la retraite indiquée.

J'ai toujours été convaincu que le général Lépinois

s'était adressé au Roi, qui, ne désirant pas la mort de M. de Lavallette, l'avait fait avertir sous main. J'aurais beaucoup regretté, pour ma part, que le fugitif fût repris. Si j'ai consenti à conduire M. Morin chez M. de Rochechouart, c'est parce qu'il m'avait déclaré qu'il me rendrait personnellement responsable si, par suite de mon abstention, le prisonnier échappait à la justice.

Cet événement contribua beaucoup à augmenter la faveur de Decazes, dont l'influence sur Louis XVIII devint si exclusive et si malheureuse. Peu avant, il avait remplacé à la police le ministre Fouché, nommé, le 22 septembre, ambassadeur à Dresde.

Vers le milieu de janvier 1816, on présenta un projet pour chasser d'une Chambre, que le Roi lui-même avait appelée « introuvable, » tous ceux qui avaient voté la mort de Louis XVI, et pour les expulser des autres emplois publics qu'ils avaient conservés. Je vis avec peine soulever cette question, et je m'en expliquai avec plusieurs députés influents de la droite, MM. de Villèle, de La Bourdonnaye, de Castelbajac : ils n'eurent aucun égard à ces avis. Voyant l'inutilité de mes efforts, je me rendis, pour affaires personnelles, à Saint-Dizier ; mais j'en fus bientôt rappelé par Monsieur, qui désirait m'entretenir.

On se souvient qu'en 1814, j'avais signé en blanc quatorze lettres de grâce pour des régicides. Depuis, j'avais su par M. Barris que onze de ces pièces avaient servi à des magistrats de la Cour de cassation ; que les trois autres avaient été remises à Barras, Cambacérès et Fouché. Ce dernier avait envoyé de Dresde, à M. Bignon, sa lettre de grâce, qu'il avait soigneusement gardée, et dont il pouvait faire usage comme preuve que les Bourbons revenaient sur l'amnistie promise en leur nom par leurs fondés de pouvoirs. En outre, à la Chambre, M. Bignon venait de faire allusion aux lettres de grâce, sans oser en parler ouvertement. Monsieur aurait dû savoir ce qui s'était passé, par le rapport que je lui avais adressé, à l'expiration de mon mandat, sur cette affaire comme sur le reste de ma conduite ; mais j'ai expliqué comment ce rapport lui avait échappé. Le prince n'avait pas oublié la conversation qu'il avait eue avec moi, le 27 février, à Vesoul ; par contre, il ne savait plus exactement ce que j'avais fait ensuite, et me mandait à Paris, pour me questionner à ce sujet. Je me rendis au pavillon de Marsan ; je rappelai à Monsieur ses instructions d'abord, puis les promesses que j'avais faites et qui étaient générales, enfin la signature des quatorze lettres, en sa présence, sur la table du maire de Meaux ; et je courus lui chercher le dossier que M. de Monciel m'avait remis en partant. Il déclara alors qu'il se souvenait de tout, et m'approuva en me remerciant. On fut obligé de revenir sur la loi dite des relaps.

C'est à ce moment que remonte l'espèce de désunion qui se manifesta entre les princes et le Roi. Elle n'avait d'autre cause que le crédit excessif de Decazes. Pour être en faveur, il fallait adopter la politique et les idées de ce ministre. Or, les fonctions qu'il avait remplies auprès de Bonaparte, son mariage avec Mlle Muraire, fille du premier président de la Cour de cassation, le même qui avait suivi la régente à Blois, m'empêchaient de croire que Decazes pût servir loyalement la cause de la légitimité. Je voyais avec inquiétude augmenter sa puissance. Resté en demi-solde, n'ayant pas d'emploi public, je ne parus plus aux Tuileries que pour m'acquitter strictement de mes devoirs envers le Roi et envers la famille royale. Je ne me présentais pas chez Decazes, bien qu'il me connût parfaitement et qu'il eût été mon camarade au collège de Vendôme. Il remarqua mon absence aux fêtes qu'il donnait, et me traita dès lors comme un adversaire.

Un jour de réception aux Tuileries (c'était le lendemain d'une de ces fêtes), comme je passais devant Sa Majesté, elle me demanda des nouvelles de Mme de Semallé, et s'informa si j'avais été la veille au soir chez son ministre. Je répondis que non, et, à sa figure, je m'aperçus que cette réponse ne lui avait pas été agréable. Rendant visite, le même soir, à Mme de Sainte-Marguerite, je trouvai dans son salon son père, le marquis de Glandevèze, alors major des gardes du corps et un des plus chauds partisans de le Decazes. Il me dit : « Pourquoi n'allez-vous pas chez ministre ? Tant que vous vous conduirez ainsi, vous n'obtiendrez rien du Roi. » — Je répondis que je n'avais rien à solliciter de Sa Majesté, aux ordres de laquelle je serais toujours ; que quant à M. Decazes, j'étais convaincu que, par sa politique, il était le plus grand ennemi de la légitimité.

Nous retrouvons ici une suite aux affaires de Maubreuil, qui, rentré en France après sa fuite à Tirlemont, s'était d'abord promené au grand jour, même dans Paris, sans que la police y prît garde.

Le 26 avril 1816, Maubreuil fut arrêté à Connerré, dans la Sarthe, comme chef d'une très coupable intrigue. Il avait rallié autour de lui, dans l'Anjou et les pays voisins, d'anciens révolutionnaires, dans le but de tenter un coup de main contre le gouvernement. On saisit ses papiers, et il fut remis aux gendarmes, qui le reconduisirent à Paris. En y arrivant, il s'échappa cette fois encore, et recommença aussitôt à conspirer.

Il changeait souvent de domicile, mais descendait fréquemment à la barrière du Roule, dans une auberge tenue par un ancien Vendéen, Jean Lecomte, à qui il s'était donné pour un nommé Armand Durand, marchand d'eaux-de-vie. Jean Lecomte et son frère conçurent des soupçons. Ils en firent part au comte de Courcy-Montmorin, sous qui ils avaient servi dans l'armée royale de l'Ouest, et qui les mit en rapports directs avec le comte de La Tourette, chargé de la police militaire, et avec son secrétaire, M. Rivoire. Un jour, ce dernier, caché derrière une porte par les soins des frères Lecomte, put même entendre les propos d'Armand Durand, qui essayait de persuader à Jean Lecomte que le Roi n'était pas aimé ; que Napoléon avait pour lui tous les riches et plus de la moitié des fonctionnaires ; que lui, Durand, comptait déjà sous ses ordres, dans Paris, 6 à 7,000 conjurés, et qu'il avait formé des intelligences dans tous les ministères.

Le mois de mai était l'époque désignée pour exécuter le complot. Mais une circonstance imprévue l'ayant fait ajourner, Jean Lecomte fut envoyé par Armand Durand, à la Ferté-Bernard, pour y porter plusieurs lettres. Cette mission le fit arrêter, bien qu'il ne fît que servir la police. Transféré au Mans, puis interrogé par le préfet, il fut reconduit à Paris, et maintenu sous les verrous.

Maubreuil, dénoncé à son tour, avait loué à Vaucresson, dans un endroit très rapproché du parc de Saint-Cloud, une habitation d'où il pouvait épier constamment les princes. Il était là, chez un nommé Rémy, frotteur au château de Saint-Cloud, bonapartiste fougueux, qui le renseignait sur tout ce que faisait la famille royale. La maison, complètement isolée du village, et bâtie au centre d'un grand enclos, était très propre à des réunions clandestines, et les conjurés pouvaient aller et venir sans attirer l'attention de la police.

Quand Maubreuil fut saisi et incarcéré, il était tout naturel de penser que Jean Lecomte serait rendu à la liberté. Mais M. Decazes n'en ayant pas décidé ainsi, M. de La Tourette, qui avait dirigé les frères Lecomte dans cette affaire, protesta vivement en leur faveur. Impuissant à se faire écouter, il se brouilla avec Decazes, qui lui retira sa place à la police militaire.

De son côté M. de Courcy-Montmorin, qui avait servi d'intermédiaire entre les frères Lecomte et M. de La Tourette, était indigné de l'injustice commise envers le pauvre aubergiste. Comme il ignorait l'attitude loyale de M. de La Tourette, il l'accusait autant que M. Decazes. Au mois de septembre, il m'écrivit pour solliciter mon concours. Il me priait d'exposer en haut lieu toutes les craintes que lui faisait éprouver, pour le sort de la famille royale, la conduite des agents supérieurs chargés de veiller à sa sûreté. Il voyait dans cette affaire une véritable trahison du ministre de la police, et il suspectait particulièrement M. de La Tourette, auquel, disait-il, il avait personnellement confié le dépôt d'une conjuration qui s'étendait dans toute la France, et qui était en connexion avec la conspiration de Grenoble. En même temps, il m'envoyait la copie des dépositions faites par les frères Lecomte, dépositions qui avaient conduit à l'arrestation de Maubreuil.

Je répondis que nul mieux que moi, qui avais arrêté Maubreuil à Bruxelles, ne pouvait savoir ce dont cet homme était capable. Mais je faisais observer à M. de Courcy-Montmorin que trop de zèle pouvait nuire à la cause qu'il voulait servir ; que si les ministres, momentanément, paraissaient ne pas faire usage des renseignements qu'il leur avait procurés, c'était peut-être pour les utiliser plus tard, à un moment opportun ; qu'enfin je m'intéresserais aux frères Lecomte, avec chaleur et autant que ma situation me le permettrait.

Je me méprenais alors sur les sentiments du ministre de la police, et, sauf ce qui concernait M. de La Tourette, c'était M. de Courcy-Montmorin qui avait le mieux jugé la situation. A la vérité, après un emprisonnement de plus de deux mois, Jean Lecomte finit par recouvrer sa liberté ; mais du vrai coupable, de Maubreuil, on n'entendait pas parler. Il restait enfermé sous deux chefs d'accusation : d'abord, le vol des diamants de la reine de Westphalie ; en second lieu, une « machination politique, » euphémisme qui était destiné à voiler et à cacher le plus criminel des complots.

Dans les premiers jours de janvier 1817, j'appris par les journaux que le marquis de Brosses venait d'envoyer à la Chambre des députés une adresse pour demander que l'homme dont il avait été le complice en Belgique ne restât pas arbitrairement arrêté, et fût élargi, ou du moins mis immédiatement en jugement. Comme conséquence, je sus que Maubreuil allait être traduit en police correctionnelle, pour y répondre simplement du vol des bijoux. Aussitôt je courus chez M. de Villèle, lui raconter en détail l'existence de Maubreuil, ses menées en 1814 et pendant les Cent-jours. J'expliquai mes raisons de craindre que le ministre de la police ne cherchât indirectement à le sauver, en le poursuivant pour un fait sans grande importance actuelle, alors que son arrestation à Vaucresson avait été motivée par des faits de la dernière gravité. J'eus beaucoup de peine à convaincre M. de Villèle, qui, tout d'abord, traita assez légèrement mes révélations. J'allai ensuite trouver MM. de La Bourdonnaye, de Castelbajac et autres, et j'obtins, par eux, que le parti royaliste s'abstînt de prendre en considération la demande d'élargissement qui, au fond, était réclamée par M. de Brosses.

Ce résultat gagné, prenant occasion de ce que ce dernier, dans son adresse, avait imprimé que le 4 mai 1815, abusant de ma situation de commissaire du Roi à Bruxelles, j'avais fait arrêter Maubreuil en violation des lois internationales, je préparai une réponse [1] et la soumis à Monsieur, qui la conserva pour la lire. Le prince l'approuva et me la renvoya le lendemain par M. de Bréon, gendre de M. François des Cars. Je la portai aussitôt chez l'imprimeur Michaud, qui, au bout de huit jours, me fit savoir que, ne pouvant obtenir aucune décision de la censure, il ne pouvait me livrer l'édition. J'attendis deux jours de plus; puis, comme le lendemain même Maubreuil allait comparaître en police correctionnelle, je retournai chez Michaud et, sous ma responsabilité, j'obtins qu'il me remît douze exemplaires. Je les fis distribuer le soir aux juges et à M. de Vatimesnil, procureur du Roi.

Je disais, en substance, que si Maubreuil était mis en jugement pour le vol des diamants de la reine de Westphalie, simple délit, pour lequel, quelques mois auparavant, son complice Dasies avait été acquitté, c'était uniquement pour masquer le véritable motif de son arrestation à Vaucresson; qu'il y avait été saisi parce qu'il conspirait contre la vie des princes; que cette intrigue, dont il était le chef, n'était que la suite du complot pour lequel je l'avais arrêté à Bruxelles et conduit à Gand.

Le lendemain, m'étant rendu au tribunal avant l'au-

---

[1] « Réponse de M. le comte de Semallé aux inculpations de M. le marquis de Brosses, dans son adresse à la Chambre des députés en faveur de M. de Maubreuil, adresse qui a été renvoyée par la Chambre au ministre de la justice. » (Paris, Michaud, 1817. — In-8 de 23 p.)

dience, en compagnie des personnes qui avaient dénoncé ou arrêté Maubreuil, je vis que tous les juges et M. de Vatimesnil, en entrant, tenaient ma brochure à la main. Le tribunal, bien convaincu qu'il s'agissait d'un crime et non d'un délit, se déclara incompétent.

Maubreuil en appela de ce jugement d'incompétence; d'autre part, en raison de ma brochure, il m'assigna en calomnie devant la huitième chambre de Paris, pour le 8 mai 1817. Une discussion s'engagea entre l'avocat de Maubreuil, qui voulait faire paraître son client à l'audience, et le ministère public, qui s'y opposait. Maubreuil ne parut pas et fut condamné. Il en appela à la cour royale, qui, contrairement aux conclusions du ministère public, décida qu'il devait comparaître. L'avocat général, à son tour, se pourvut devant la cour de cassation, qui cassa l'arrêt et renvoya l'affaire devant la cour royale de Rouen. Cette cour décida dans le même sens que celle de Paris et vit également son arrêt cassé par la cour de cassation, siégeant toutes chambres réunies. Enfin, l'affaire fut renvoyée devant la cour de Douai. Le public suivait les vicissitudes du procès avec le plus vif intérêt. Quand on vit, en haut lieu, qu'on avait tout épuisé, et qu'on ne pouvait plus éviter de faire juger Maubreuil comme conspirateur, on le fit évader. Maubreuil se sauva en Angleterre. Je comparus à Douai avec les témoins, et Maubreuil fut condamné par contumace, mais seulement pour le vol des bijoux. Je voulus alors porter mon propre appel devant l'opinion publique et j'envoyai au journal de Douai le texte de ma déposition, dans laquelle je prouvais que Maubreuil était bien un conspirateur et devait être poursuivi comme tel. Je montrais, avec la dernière évidence, que le ministre de la justice voulait cacher le motif véritable de son arrestation. Mais le procureur général envoya dans la nuit une défense au journal de publier la note que j'avais remise.

En arrivant à Londres, le 18 mai 1818, Maubreuil se hâta de faire, devant le lord-maire, une protestation contre la sentence des magistrats de Douai. Puis, un peu plus tard, reprenant l'offensive, il publia des brochures [1] et des articles de journaux pour accuser le gouvernement provisoire de lui avoir, avec la complicité des alliés, confié la mission d'assassiner Bonaparte et ses frères. Dans ce système, l'arrestation de la reine de Westphalie n'aurait été que le moyen employé par lui pour donner à Bonaparte le temps de partir et de se mettre à l'abri d'un mauvais coup. C'était déjà à peu près en ce sens qu'il avait écrit deux lettres au comte Pozzo di Borgo, et une aux membres du congrès de Vienne [2]. Dans les deux premières, il menaçait l'ambassadeur de Russie de mettre le tsar lui-même en cause, exploitant ainsi, par un vulgaire procédé de chantage, les ordres des autorités russes dont il était porteur en 1814. Dans toutes, il rééditait les calomnies qu'il avait répandues jadis, et auxquelles Bonaparte avait fait semblant d'ajouter foi, pendant les Cent-jours, pour essayer de faire croire que les Bourbons et les alliés, en violant par un attentat contre sa personne les engagements pris pour obtenir son abdication, avaient légitimé son retour en 1815. La publicité donnée en Angleterre aux manifestes de Maubreuil attira l'attention des ambassadeurs de Prusse, de Russie et de France, qui se plaignirent

---

1. Voir au British Museum, Add. mss., n°° 25, 350.
2. Parmi les lettres de M. Courtin, procureur impérial, au procureur général à Paris, il s'en trouve une écrite pendant les Cent-jours à la date du 15 mai 1815. (Arch. nat., BB³, 102.) Elle nous apprend que c'est seulement le 20 août 1814 que Maubreuil a parlé pour la première fois de la prétendue mission qui lui aurait été donnée, au commencement d'avril, d'assassiner Bonaparte et son fils. *(Éd.)*

au gouvernement britannique ; mais il leur fut répondu que les colonnes des journaux anglais étaient ouvertes à tout le monde [1].

J'ai fini mes récits sur Maubreuil ; mais je dois ajouter quelques mots sur M. Decazes, qui l'avait si visiblement protégé.

Lorsque ma brochure eut été approuvée par les censeurs, je la fis remettre à plusieurs membres des deux Chambres. M. d'Ambrujac, qui en eut ainsi connaissance, me demanda qui m'avait si bien renseigné ; il m'offrit, si je

---

1. Quand sa peine se trouva prescrite, Maubreuil revint en France et s'y laissa oublier jusqu'au 21 janvier 1827.

Ce jour-là, on célébrait dans l'église de Saint-Denis un service expiatoire de la mort de Louis XVI, et Talleyrand, dans le cortège, suivait la famille royale. Maubreuil, qui le guettait à la sortie, se jeta sur lui et d'un vigoureux soufflet l'étendit à terre. Conduit devant la police correctionnelle, il y fut, de nouveau, condamné à cinq années de prison, jugement qui fut confirmé en cour royale et en cassation, et il subit sa peine, deux ans à Poissy, les trois dernières années à Paris, dans une maison de santé où une de ses parentes avait obtenu son transfert.

Sans ressources, il vécut ensuite d'un petit secours que lui servait cette même parente et des libéralités de la famille de La Rochejaquelein. Il visita l'Angleterre, les États-Unis, l'Allemagne. Il trouva moyen d'obtenir du Gouvernement de juillet une pension que M. Guizot fit supprimer par la suite. Enfin, après le 2 décembre 1852, il revint à Paris et reçut du nouvel empereur, sur sa cassette, une rente de 2,500 fr., qu'il a conservée jusqu'à sa mort.

Il avait quatre-vingt-deux ans quand, au mois d'octobre 1866, il épousa, sous le nom du marquis d'Orvault, une fille Schumacher. C'était une Luxembourgeoise qui, jetée fort jeune sur le pavé de Paris, et connue dans le monde de la galanterie sous le nom de Mme de Labruyère, avait acquis une assez belle fortune. Elle ne cherchait qu'à donner un nom à un orphelin qu'elle avait adopté. Le vieux conspirateur qui, de son côté, ne cherchait que l'argent, fut bientôt renvoyé par elle. Il se réfugia aux Batignolles, où il vivait obscurément, lorsque, au mois de septembre 1867, une tentative d'assassinat sur la marquise d'Orvault amena un procès retentissant, qui révéla au public l'existence de Maubreuil et le triste état où il était réduit.

Il est mort à l'hôtel de Bordeaux, rue Capron, le 17 juin 1869, à l'âge de quatre-vingt-cinq ans. Un piquet du 9e de ligne lui a rendu les honneurs militaires, en raison de la croix de la légion d'honneur, dont il avait fait si singulièrement étalage en 1814. (Éd.)

voulais l'accompagner chez son ami, M. de La Tourette, de me faire voir des pièces provenant du ministère de la police, et qui prouvaient la culpabilité de M. Decazes dans toute cette affaire.

Après plusieurs pourparlers, il fut convenu que je rencontrerais M. de La Tourette dans la grande avenue du jardin des Tuileries. M. de La Tourette me raconta comment il était sorti du ministère de la police, où il était spécialement chargé de la police militaire. Puis il m'entretint de la division qui régnait dans la famille royale et qui favorisait toutes les intrigues. Il me parla avec beaucoup de franchise du rôle de Decazes, qui abusait de sa faveur auprès du Roi, et ne craignit pas d'ajouter qu'il le savait soutenu par un parti qui avait juré la destruction de toute la branche aînée. Il insista beaucoup pour me montrer, pour me faire tenir en mains les pièces dont M. d'Ambrujac m'avait parlé; et il me décida à l'accompagner chez lui, rue Neuve de Luxembourg.

Là, les documents qu'il me présenta me parurent tellement importants que je le priai de me les confier. Il s'y refusa, disant qu'il ne voulait s'en dessaisir qu'entre les mains d'une personne qui, par son influence, serait capable de le faire réintégrer dans son emploi. — Je répondis que je n'étais rien et ne voulais rien être en ce moment; que je n'avais aucun crédit auprès du Roi; que d'ailleurs mon but n'était pas de dresser l'acte d'accusation du ministre, mais d'éclairer les princes. Je finis par lui proposer de le conduire, le soir même, chez le comte Ferrand. C'était, lui disais-je, l'ami de Louis XVIII : il allait tous les jours voir Sa Majesté; il avait toute sa confiance, et je le regardais comme le seul conseiller qui pût lui ouvrir les yeux sur les menées de son ministre.

Cette offre fut acceptée ; j'avertis le comte Ferrand, et

M. de La Tourette lui apporta toutes les pièces qu'il m'avait fait voir. Elles firent sur son esprit encore plus d'impression que sur le mien. M. Ferrand, désirant posséder à fond tous les détails de l'affaire, nous fit revenir chez lui plusieurs jours de suite. Il se rendit chez M. de La Tourette, auquel il promit de s'intéresser ; il vint également chez moi ; enfin, m'ayant engagé un soir à dîner, il me pria de l'attendre jusqu'à son retour des Tuileries, où il allait tout dévoiler au Roi. Une heure après, il revint dans un état de stupeur difficile à décrire. Il me raconta que, s'étant assis auprès de Sa Majesté, il avait à peine engagé la conversation que le Roi avait pris, vis-à-vis de lui, le ton de la colère, lui déclarant que M. de La Tourette l'avait fait entrer dans une odieuse intrigue contre son ministre, et qu'il fallait se méfier des amis de son frère, qui cherchaient à mettre la désunion dans sa famille, etc. Ce pauvre M. Ferrand s'était retiré tout troublé. Il nous parut que Decazes, prévenu par le service de ses espions, de nos entretiens chez M. Ferrand, avait pris les devants auprès du Roi [1], auquel il avait tout présenté comme une manœuvre du pavillon de Marsan.

M. Ferrand, qui partait le lendemain pour aller à Orléans chez sa sœur, écrivit au Roi une lettre où il lui prédisait les malheureuses conséquences de ses illusions. « Quant à M. de Semallé, ajoutait-il, il faudrait que je doutasse de moi-même, avant d'avoir le moindre soupçon sur lui. » Il me fit lire la lettre et la remit devant moi au directeur général des postes. Malgré ce témoi-

---

1. Nous croyons utile de publier en appendice une lettre confidentielle de M. Decazes au ministre de la justice, en date du 21 février 1817. (Arch. nat., BB³, 102.) A défaut du dossier de la police générale, qui est très incomplet aux Arch. nat. (F⁷ 3058), cette pièce permettra de juger de l'attitude de M. Decazes dans cette affaire. *(Éd.)*

gnage, je m'aperçus, à partir de ce jour, que Louis XVIII me recevait avec une grande froideur, quand je me présentais à la cour. Je ne m'en préoccupais pas autrement, pensant qu'une heure viendrait où il rendrait justice à mon dévouement désintéressé.

Assez longtemps après, un soir que j'avais dîné chez le comte Ferrand et que je déplorais devant lui l'aveuglement du Roi pour son favori, mon hôte me dit : « En voulez-vous une preuve ? Vous vous souvenez de la lettre que j'ai écrite au Roi : vous l'avez lue. Je ne vous ai pas encore montré sa réponse. Elle vous pénétrera autant que moi des malheurs qui menacent la France. Du reste, comme vous savez à quoi vous en tenir, vous n'y attacherez pas plus d'importance qu'elle ne mérite. » En même temps il pria sa fille d'aller chercher le billet du Roi, qui était ainsi conçu : « J'ai reçu votre lettre, mon cher comte, elle est une preuve de plus de votre loyauté, qui ne vous permet pas de supposer le mal. Je ne partage pas votre opinion, et lors même que la mienne ne serait pas fixée, l'audace qu'on a eue de provoquer ces conférences chez vous la fixerait. Elles ont eu pour but d'attacher votre nom, justement estimé, à une odieuse, basse et vile, pour ne pas dire criminelle intrigue. »

Quoique écrite depuis longtemps, cette lettre me causa, je l'avoue, une bien pénible impression, et, après en avoir pris furtivement copie, je me rendis chez Monsieur, à qui je la fis voir. Le prince s'en émut à son tour et me combla de prévenances, m'assurant que cela ne pourrait nuire en rien à la considération et à la reconnaissance qu'il avait pour moi; que dans toute occasion je pouvais compter sur lui.

Quant à M. de La Tourette, lorsqu'il vit que M. Ferrand n'avait pas pu lutter contre la puissance de Decazes, il cessa de me voir, et peu après se réconcilia avec son ancien ministre. M'ayant rencontré, il me dit, en m'ouvrant les bras : « Ma foi, j'ai fait la paix avec Decazes, qui m'a rendu mes fonctions. Je ne l'aime pas davantage et je crains qu'il n'entraîne les Bourbons à leur perte. Aussi, quand il plaira au Roi et aux princes de connaître la vérité, je serai toujours prêt à la leur dire. » Voyant mon étonnement et mon air de méfiance, il ajouta : « Sachez que Decazes vous a fait passer dans l'esprit du Roi pour un factieux. Allez ; tant qu'il sera ministre, vous ne serez rien. Le Roi ne voit que par lui : c'est lui qui a fomenté la division qui existe aujourd'hui entre les princes. Voulez-vous en savoir davantage? Decazes me disait encore tout à l'heure, en me frappant sur l'épaule : je viens de faire donner une leçon à M. Ferrand pour lui apprendre à ne point se mêler de ce qui ne le regarde pas, et à ne plus faire le petit ministre. Le Roi lui avait confié la disposition d'une somme de 60,000 fr. qu'il distribuait à des émigrés et à d'autres familles indigentes : je la lui ai fait supprimer avant-hier, et il doit en avoir reçu la lettre d'avis ce matin. » Ceci dit, M. de La Tourette me quitta en riant.

Je voulus vérifier au moins la dernière partie de cet entretien et me rendis chez le comte Ferrand. Les faits n'étaient que trop réels. Le comte Ferrand en convint avec franchise et aussi avec douleur, déplorant le sort des malheureux qui recevaient par ses mains les secours honorables que la générosité du souverain leur accordait ainsi en secret. Il me montra la lettre qu'il avait reçue le matin même, et qui doit se trouver aujourd'hui entre les mains de sa fille, Mme de Ligniville, mariée, en premières noces, à M. de Thuisy.

Après tous ces incidents, je me retirai à la campagne,

dans la Sarthe. Ce fut à la Gastine, et par le sous-préfet de Mamers, M. Contencin, que j'appris l'assassinat du duc de Berry. C'était la réalisation de mes craintes, l'accomplissement de tout ce que j'avais prévu ! A la nouvelle de ce coup terrible, dont je comprenais toutes les conséquences pour la famille royale, je retournai à Paris. Le corps du prince était exposé au Louvre, sur un lit de parade, où il resta entouré de ses fidèles serviteurs, pendant les trois jours qui précédèrent la sépulture. J'allai lui rendre les derniers devoirs.

L'opinion publique rendit Decazes responsable de ce crime, et après l'accusation portée contre lui à la tribune par M. Clausel de Coussergues, le Roi fut forcé de s'en séparer. Mais, pour protester contre la violence qui lui était faite, il accorda à son favori le titre de duc et lui fit remettre, assure-t-on, une somme très considérable, pour qu'il pût soutenir cette nouvelle dignité.

Je crus alors devoir me présenter devant Louis XVIII, qui, déjà souffrant, avait ressenti de la mort de son neveu une très vive douleur. Je me rendis à une réception du dimanche. Le Roi était assis dans un fauteuil, la tête appuyée sur sa poitrine. Quand le premier gentilhomme de la Chambre prononça mon nom, il leva les yeux sur moi, me demanda des nouvelles de Mme de Semallé et de mes enfants, et me congédia avec un signe si marqué de bienveillance, que je le pris pour un désaveu de son attitude antérieure. Aussi, rentré chez moi, j'écrivis à Mme de Semallé, qui, depuis longtemps, avait renoncé à paraître aux Tuileries, qu'elle devait revenir à Paris, assister à une réception et demander au Roi une audience. Elle se présenta donc à la cour, et l'audience lui fut aussitôt accordée. Elle en sortit, emportant la promesse que je recevrais bientôt la pairie, en récompense de mes services. Mais

Louis XVIII mourut avant d'avoir accompli cet acte tardif de réparation.

Peu de temps avant sa mort, il avait nommé le général Rapp un des quatre grands maîtres de sa garde-robe. Cette nomination, comme bien d'autres, était faite dans l'espoir de se rattacher les ennemis de la Restauration. Le général était ami intime de Laffitte. Une anecdote montrera bien clairement quels étaient ses vrais sentiments. Désirant placer des capitaux disponibles, j'avais eu l'idée d'acheter aux enchères un ancien domaine vendu nationalement pendant la Révolution, la terre de Conteville, à un quart de lieue de Dreux; et, pour régulariser l'origine de propriété, je m'étais entendu à l'avance avec la famille dépossédée. J'avais commencé la lecture du cahier des charges, quand je vis entrer à l'étude le général Rapp, que je connaissais, mais qui ne m'aperçut pas. Il dit au notaire : « Il paraît qu'un Bourbonien farouche est décidé à acheter Conteville. Il s'est concerté avec l'héritière de l'ancien propriétaire, et il espère que la présence de cette dame empêchera les enchères de monter. Mais Laffitte, moi et plusieurs amis en sommes avertis. Nous voulons déjouer ces manœuvres, qui tendent à discréditer les biens nationaux, et je vous avertis que nous allons pousser les enchères. » Cette confidence me fit renoncer à mon projet d'acquisition, mais me découvrit le fond du cœur du général Rapp. Je fus donc très affligé quand j'appris sa nomination à une charge de cour. Il mourut quelque temps avant le Roi.

Le général Curial le remplaça [1], grâce au crédit de son

---

[1]. C'est à lui qu'arriva un accident de voiture en allant au sacre de Charles X, à Reims. Il fut fait pair de France. Son fils aîné se maria à Alençon et hérita de la pairie. Aujourd'hui, il est sénateur. — Les Curial étaient originaires de la Savoie.

beau-père, M. Beugnot. Celui-ci, homme de beaucoup d'esprit, était fils d'un notaire de Bar-sur-Aube, et avait commencé par être homme d'affaires des maisons de Brienne, de Mandat et autres de ce pays. Puis il avait été administrateur de son département, et, après différents postes occupés pendant la Révolution, il était devenu successivement, sous le gouvernement provisoire et le gouvernement royal, préfet de Rouen et ministre de la police générale. Il chercha à dégager son gendre de son entourage bonapartiste, pour le rattacher au système de la monarchie constitutionnelle. Le général Curial se laissa faire, et ce fut ainsi que, sans plus de titres, il obtint la succession du général Rapp.

Le 16 septembre 1824, Louis XVIII s'éteignit aux Tuileries, laissant le trône à son frère.

CHAPITRE XI

CHARLES X ET M. DE POLIGNAC.

Sacre de Charles X. — Mes démarches antérieures pour servir sous le duc d'Angoulême en Espagne. — Je suis appelé comme témoin dans le procès contre Ouvrard.

Constitution du ministère Polignac. — Je suis nommé gentilhomme honoraire de la chambre du Roi. — Agitation. Incendies en Normandie. — Les élections. Le Roi me demande d'appuyer le général Coutard dans la Sarthe. — Le général échoue à Mamers ; mais, au grand collège, j'obtiens sa nomination.

J'apprends, à la Gastine, que les ordonnances de 1830 ont été rendues. Je me rends à Saint-Cloud, d'où le Roi m'envoie près du duc de Raguse. — Calme apparent dans Paris. — L'insurrection éclate. — Je suis envoyé en Normandie pour rappeler les régiments de la garde. — Difficultés que j'éprouve pour revenir à Saint-Cloud, où le Roi s'est retiré. — Le Roi et sa maison arrivent au Grand-Trianon. — Charles X me charge de conduire en lieu sûr le prince de Polignac.

Sortie de Versailles avec le prince. — On nous avertit, à Rambouillet, que Chartres est insurgé. — Conflit, à la poste du Gué de Longroi, avec des courriers de l'insurrection. — Nous tournons Chartres et venons dîner près de Bellême, au château des Feugerets. — Traversée de Mamers la nuit et arrivée à la Gastine. — Incident à Alençon, où j'étais allé chercher un passeport. — Notre valise est saisie au pont de Courteilles. — Passage à Semallé, à Livaie, chez MM. de Bâmont et du Bourgblanc. — Nous gagnons Ducey, où un habitant croit reconnaître M. de Polignac. — Mmes de La Martinière et de Saint-Fargeau promettent de le faire embarquer à Saint-Jean-le-Thomas. — Arrivée du Roi à Saint-Lô. — Ses inquiétudes sur l'esprit des populations. — J'apprends, à Argentan, l'arrestation de M. de Polignac. — Attitude du nouveau sous-préfet de Mamers.

Malgré toute mon abnégation, je dois avouer que j'ai éprouvé un vif chagrin de n'avoir pas été invité au sacre de Charles X, moi, son fondé de pouvoir en 1814, et dont, en toutes occasions, il avait approuvé la conduite. — Comme je n'avais rien fait solliciter, je ne témoignai mon déplaisir à personne, surtout à la cour, où j'avais beaucoup plus de jaloux que d'imitateurs. Je restai officier en demi-solde, dans l'attente de ma retraite, qui n'était pas éloignée, puisque le 1er juillet 1818, conformément à l'ordonnance royale du 20 mai précédent, mes services avaient été reconnus s'élever à quinze ans un mois et dix jours, interruptions déduites, et campagnes non comprises.

Je n'avais cherché à sortir de l'effacement auquel je m'étais résigné que quand survint la guerre d'Espagne, près de deux ans avant la mort de Louis XVIII. Pensant alors qu'un officier dévoué ne serait pas de trop auprès du duc d'Angoulême, appelé à combattre la Révolution au delà des Pyrénées, j'avais écrit directement à Monsieur : « Vous connaissez, lui disais-je, mes services. Ils datent de mon enfance, et si je désire qu'ils soient remis sous les yeux de mon Roi, c'est pour obtenir la faveur de pouvoir en rendre de nouveaux dans la guerre qui se prépare. Ce n'est plus le grade, que je croyais avoir obtenu et mérité à une époque mémorable, que je réclame, mais le titre de volontaire auprès d'un fils de France.... » Cette lettre avait été remise à Monsieur par le comte de Bouillé, l'un de ses aides de camp ; et Monsieur, après l'avoir lue, avait dit : « Je reconnais bien là Semallé. Je désirerais beaucoup qu'il fût auprès de mon fils, avec Noailles, qui a fait la même demande ; mais j'ai promis de ne présenter aucun officier. Qu'il s'adresse donc à mon fils, ou au duc de Bellune. »

J'étais allé trouver le général de Bordesoulle, nommé au commandement de la garde royale en Espagne, et qui, comme on l'a vu, m'avait d'assez grandes obligations. Il s'était engagé à parler personnellement au ministre de la guerre; puis, comme j'avais insisté en ne voyant pas de réponse, il m'avait dit qu'il avait remis, mais sans succès, une note au ministère; que si je le voulais, on m'enverrait à Perpignan avec plusieurs centaines d'officiers en non-activité, pour être employé auprès de quelque général espagnol. Il ne pensait pas, du reste, que ce service pût me convenir et il promettait de renouveler sa démarche. Là-dessus il était parti pour l'Espagne.

Confiant dans de telles assurances, je m'étais adressé au duc de Bellune, puis à M. Tabarié, chef du personnel, qui m'avait écrit que, malgré les recherches les plus minutieuses, on n'avait pu trouver aucune demande, aucune proposition me concernant. J'avais communiqué cette réponse au général de Bordesoulle, qui m'avait répondu d'une manière évasive, par lettre datée de Puerto de Santa Maria le 27 août. Ces procédés m'ayant été très sensibles, j'avais cessé toute relation avec lui.

Du reste, si je n'avais pu servir en Espagne, j'avais suivi ce qui s'y passait. J'avais su que l'armée française y avait été généralement bien accueillie, mais que les agents de la Révolution avaient fait plusieurs tentatives pour entraver les efforts de nos princes. Ainsi, sur la Bidassoa, un bataillon français avait déployé le drapeau tricolore. Le récit de cet incident fut fait devant moi chez la générale Bonnemains. — « Le général Valin, racontait un témoin, a été bien embarrassé. A la première batterie, un officier lui dit : Vous n'avez qu'à donner l'ordre; j'aurai bientôt décroché leur « hibou » (l'aigle). Le général ne répondit pas et continua la revue. A la deuxième batterie, un autre officier lui dit : Mon général, il faudrait peu de chose pour dissiper ce bataillon de révoltés. Le général garda encore le silence et passa à la troisième batterie, d'où l'on commençait à entendre le cri de : Vive la République! Le sous-officier qui commandait dit à son tour : Eh bien, vous ne donnez pas l'ordre de tirer? Ils vont nous aborder. Le général, de plus en plus gêné, s'écria avec emportement : Eh bien, tirez! ce qui fut fait à l'instant, et le bataillon rebelle se dispersa. » — J'entendis encore d'autres récits fort extraordinaires et qui n'étaient pas du meilleur augure pour l'avenir, bien que les soldats et les sous-officiers fussent plus fidèles que les généraux.

On sait que les fournitures pour les troupes d'Espagne causèrent de grands désagréments au ministre de la guerre, qui fut obligé de se transporter lui-même à l'armée. On connaît les attaques dirigées contre Ouvrard, qui était le principal fournisseur, et contre l'état-major du duc d'Angoulême; les défenses d'Ouvrard; ses plaintes contre les généraux Guilleminot et de Bordesoulle qui l'avaient rançonné, disait-il, d'une manière ruineuse ; l'accusation portée devant la Chambre des députés, qui se déclara incompétente, attendu la nomination des généraux Guilleminot et de Bordesoulle à la pairie ; le renvoi devant la Chambre des pairs, chargée d'instruire ce triste procès. Si j'en parle ici, c'est que je m'y suis trouvé un peu mêlé.

Un matin, en effet, l'huissier de la Chambre des pairs se présenta chez moi, avec assignation pour le 15 avril 1826, sans indication de motif. Il était porteur d'une semblable convocation pour le comte de Bruges, atteint à ce moment d'une forte attaque de paralysie. Aussitôt, je courus au Luxembourg, chez M. Dambray, que je trouvai couché. « Eh! mon Dieu! s'écria-t-il, qui vous amène de si bon matin? — Une affaire probablement très grave, répondis-je ; car on m'avait promis de me nommer à la Chambre des pairs, et au lieu d'y venir siéger, j'y suis mandé comme témoin. » — Il sourit, mais reprit bien vite un air sévère. « Dans l'enquête, dit-il, dont nous sommes chargés, MM. de Pastoret, Portalis et moi, le général de Bordesoulle, qui vient d'acheter une terre considérable, a déclaré qu'avant la guerre il était allé, avec vous et votre notaire, voir la terre de Saint-Maurice pour l'acquérir, et que cette terre valait entre six et sept cent mille francs. » — Je me souvins alors que j'étais entré en pourparlers avec le général, pour acheter en commun cette terre, en lui abandonnant pour soixante mille francs le petit lot du château, et en gardant pour moi toutes les fermes. J'expliquai que cette combinaison avait manqué, parce qu'alors le général se prétendait à court d'argent [1]. J'ajoutai que si la commission voulait savoir toute la vérité, elle n'avait que deux questions à me poser : 1° « Est-il vrai que vous soyez allé, avec le général, voir la terre de Saint-Maurice ? » A quoi je répondrai : Oui. — 2° « Était-elle tout entière pour le général ? » A quoi je répondrai : Non. — Le comte Ferrand, que je vis ensuite, se borna à me dire : « Mon pauvre Dambray est bien faible. » Devant la commission d'enquête, on ne me fit que la première question. Je dis alors : « Messieurs, n'avez-vous que cela à me demander ? » M. Dambray me pila sur le pied pour me faire taire ; MM. Portalis et Pastoret me répondirent : « Nous ne demandons rien de plus ; » et l'un d'eux, se levant, me reconduisit jusqu'à la porte.

Au mois d'août 1829, le ministère Polignac fut constitué par Charles X. J'étais à Semallé, d'où j'écrivis aussitôt au ministre et, en même temps, à son frère, pour leur donner

---

[1]. La terre de Saint-Maurice avait été achetée, séance tenante, par M. de Saulty, pour la joindre à sa terre de Bâville, et comme il nous avait invités à venir coucher à Bâville, nous y avions passé deux jours.

des renseignements qui pouvaient être utiles, et pour me mettre à leur disposition. La réponse du ministre fut banale et peu engageante. De retour à Paris, je constatai les intrigues de la faction d'Orléans et je compris qu'on marchait droit à une révolution, que ce parti cherchait par tous les moyens à provoquer.

Le 18 novembre, je lus par hasard, sur un journal, ma nomination comme gentilhomme honoraire de la chambre du Roi. On comprend ma surprise. Une lettre officielle, qui m'était adressée par M. de La Bouillerie, me confirma la nouvelle. Je me rendis aussitôt au ministère de la maison du Roi, demander une audience de Sa Majesté. Elle me fut accordée pour le lendemain matin. Bien découragé par tout ce que j'avais vu et appris depuis quelque temps et surtout par les menées orléanistes, je me présentai presque à regret, et, après avoir remercié le Roi de s'être souvenu de son ancien commissaire, je lui laissai entendre que cette nomination arrivait trop tard; que j'avais demandé à être employé à la défense de son trône et de sa famille, quand je pensais qu'il était encore temps; mais que, dans les conditions présentes, je ne me sentais plus capable de remplir utilement les fonctions auxquelles il venait de m'appeler. — Charles X parut affecté par mes paroles, et me répondit seulement: « Je vous attends dimanche pour prêter serment; » puis il se retira dans son cabinet. L'avis officiel me fut envoyé par le premier gentilhomme de la chambre, et quand, le dimanche suivant, j'eus prononcé les mots: « Je le jure, » le Roi dit tout haut: « Oh! oui; j'en suis bien sûr. »

Bientôt l'agitation commença à se manifester en France, et, comme indices de ce désordre, des incendies considérables éclatèrent sur différents points de la Normandie. Un dimanche où j'étais de service, des députés, des habitants notables de Paris vinrent prendre congé de Sa Majesté avant de partir pour les élections en province. Le Roi, s'adressant à un pair de France qui était à ma droite, lui demanda quel en serait, à son avis, le résultat. Il reçut en réponse qu'elles seraient bonnes. Il fit la même demande à un député qui était à ma gauche, et qui répondit à peu près de même. Se tournant alors vers moi, il me posa la même question, en ce qui concernait les départements de l'Orne et de la Sarthe. Je ne cachai pas que je craignais que les élections ne fussent très mauvaises, et, comme preuve, je dis qu'au moment de venir aux Tuileries, on m'avait écrit de Falaise que le feu avait été mis dans une de mes fermes et s'était communiqué à quatorze maisons du village d'Épaney. Le Roi, étonné, me répondit que les préfets de la Manche et du Calvados, repartis le matin pour leurs départements, l'avaient tranquillisé sur ces bruits d'incendie. Toutefois, après avoir demandé et lu ma lettre de Falaise, il m'ordonna de me rendre dans la salle du conseil, pour en donner communication aux ministres.

Je trouvai dans la salle M. de Montbel, qui venait de céder à M. de Peyronnet le portefeuille de l'intérieur, et qui me pria d'attendre son successeur. M. de Peyronnet, arrivé quelques instants après, lut ma lettre et me donna rendez-vous pour le lendemain matin. Ma conversation avec lui décida, paraît-il, l'envoi en Normandie d'un certain nombre de régiments de la garde royale pour assurer la tranquillité, et le changement du général commandant à Caen, qui fut remplacé par le général Foissac-Latour.

En sortant du ministère de l'intérieur, j'allai aux Tuileries, conformément à un ordre qui m'avait été donné. Le Roi, après m'avoir écouté, eut avec moi l'entretien suivant : « Votez-vous à Mamers ? — Oui, Sire. —

J'ai désigné le général Coutard pour présider le collège électoral de cet arrondissement ; je voudrais qu'il fût nommé député. On dit qu'il a de l'influence ? — Le général Coutard, Sire, y est aimé et estimé ; il est l'ami du sous-préfet, qui est influent ; il aura comme électeurs beaucoup d'anciens militaires ayant servi sous ses ordres. Eh bien, Sire, malgré tout cela, je ne crois pas que le général Coutard réussisse : d'ailleurs on lui fait un crime d'être trop dévoué à la branche aînée. — Bah ! croyez-vous ? — Oui, Sire, j'en suis convaincu. Ce département a été tellement travaillé, depuis quelque temps ! — Enfin, je vous demande de lui donner votre voix, et d'employer pour lui toute l'influence que vous pouvez avoir comme propriétaire. — Le Roi peut entièrement compter sur moi, dans toutes les occasions où je pourrai lui être utile ; mais si, cependant, on proposait un très gros propriétaire, très attaché à Votre Majesté, me permettriez-vous de lui donner ma voix ? — Non ; je veux avoir le général Coutard ; il commande la première circonscription militaire, et il a de l'honneur. » — Sur ce, je pris congé du Roi.

Avant de me rendre à Mamers, j'allai à Falaise, me rendre compte des pertes que l'incendie d'Épaney m'avait fait éprouver. Le sous-préfet parut très effrayé de mon arrivée, disant que la rumeur circulait, en ville et dans la campagne, que c'était moi-même qui avais fait brûler ma ferme, après avoir reçu du Roi une somme assez forte pour compenser les dommages. Il ajouta qu'on faisait courir des bruits de cette nature sur plusieurs gros propriétaires, et m'engageait à ne pas sortir dans les rues de la ville, où je pourrais être attaqué. Révolté de cette réponse et de l'attitude semblable du substitut, j'allai à Caen, près du préfet, qui me conduisit lui-même chez le procureur général; puis je revins à Épaney. L'instruction se fit comme elle devait se faire, et le vrai coupable fut découvert. L'effet produit fut tel, que si le curé et moi n'avions usé de toute notre influence, l'incendiaire aurait été écharpé.

Le compte rendu de mon entretien avec le Roi avait été transmis à Mamers par le général Lefevre, chef d'état-major du général Coutard, de sorte que quand j'y arrivai, le sous-préfet en avait connaissance. Il promit de faire tous ses efforts pour faire nommer le candidat du Roi, tout en avouant qu'il n'espérait point y réussir. Il arriva ce que j'avais prévu. Le général Coutard échoua complètement dans le collège d'arrondissement, même auprès de ses anciens compagnons d'armes. Après ce vote, je me rendis au Mans, où j'appris que j'étais le candidat désigné du grand collège. Je n'hésitai pas à déclarer que le Roi m'ayant demandé ma voix pour le général Coutard, je voterais nécessairement pour lui et contre moi-même. Je décidai ainsi son élection : il passa à la presque unanimité.

Je me hâtai de repartir pour Paris, où j'étais convaincu qu'il se préparait de graves événements. Je voulais emmener du Mans le général Coutard; mais, comme il était malade, je dus voyager seul. Le Roi, auquel je rendis compte des élections de la Sarthe, me laissa cette fois entrevoir les craintes qu'il ressentait pour l'avenir. Je ne fis à Paris qu'un court séjour, et en partant, j'écrivis au prince de Polignac et au duc, son frère, qu'en cas de besoin ils pouvaient compter sur moi.

C'est à la Gastine que je reçus l'avis que Charles X venait de rendre ses fameuses ordonnances et qu'une révolution était sur le point d'éclater. Revenu aussitôt à Paris, je n'eus pas de peine à me convaincre que tout y était disposé pour une émeute. J'allai donc sans retard à Saint-Cloud, où se trouvait la cour. En l'absence du prince de Polignac, le duc, son frère, se mit à rire de mes appréhensions et parut croire que mon zèle ne tendait qu'à obtenir du Roi un emploi. Il me renvoya au premier gentilhomme de service, au duc de Duras, qui me répondit que, pour avoir une audience de Sa Majesté, il fallait être en uniforme. En descendant l'escalier pour aller me mettre en règle avec l'étiquette, je rencontrai le Roi se rendant chez la duchesse de Berry. Il m'aperçut : « Vous voilà, Semallé, dit-il ; je ne vous croyais pas ici. » — Je m'excusai d'abord de n'être pas en tenue de cour. Le Roi sourit et me dit aimablement que sous tous les vêtements, je serais toujours bien accueilli. Comme je lui parlais ensuite des dangers de la situation, survint un de ses aides de camp, M. de Wall, qui avait été nommé chef d'état-major de la place de Paris. Son rapport confirmait toutes mes observations. Le Roi le chargea de me mettre à la disposition du duc de Raguse, et je quittai Sa Majesté en même temps que M. de Wall, pour rentrer à Paris.

Le duc de Raguse avait son quartier général dans la grande galerie du Louvre. Quand il sut les volontés du Roi à mon égard, il me dit en riant qu'il n'avait aucune inquiétude ; qu'après tout, il ne voyait pas d'inconvénient à ce que je fusse un de plus à boire de la bière avec son état-major. J'offris d'aller chercher mon uniforme : il me répondit tranquillement que je pouvais retourner chez moi, où il me ferait appeler s'il le jugeait nécessaire.

Le 27 au soir, des mouvements s'étant manifestés dans Paris, le maréchal me demanda de me rendre à la place de la Bourse, où il venait d'envoyer des troupes. Il n'y avait, à ce moment, rien de grave. Je trouvai sur la place quelques rassemblements non armés, qui furent facilement dispersés. Pendant que je revenais faire mon rapport, on reçut, au quartier général, d'autres nouvelles assez bonnes, notamment des abords de l'Hôtel de ville, et on conclut qu'il n'y avait pas de danger sérieux. MM. Talon, de Choiseul, de Saint-Chamans, qui commandaient différents détachements dans Paris, paraissaient être de cette opinion.

J'étais loin de partager leur sécurité, car j'étais instruit qu'il se tenait une réunion permanente chez Laffitte ; que beaucoup de gens allaient et venaient de ce côté ; qu'on recevait chez lui des ordres pour les transmettre aux quatre coins de Paris. Comme je rentrais chez moi, à dix heures du soir, avec l'autorisation du maréchal, j'aperçus un groupe sous les arcades de la rue de Rivoli, et j'entendis l'un des assistants dire aux autres : « A quatre heures et demie, l'École polytechnique sera à nous. » A la clarté de la lune, je crus reconnaître M. Casimir Périer. Pensant qu'il était urgent d'informer l'état-major de ce que je venais de voir et d'entendre, je le racontai avec animation au maréchal. Il me répondit que le calme régnait dans la ville ; puis, paraissant croire que mon émotion était exagérée et tenait à la peur d'une rencontre, il m'offrit soit de passer la nuit au Louvre, soit de prendre une escorte pour retourner chez moi. Je rentrai, assez mortifié de cette proposition ; mais, moins confiant que le maréchal, je donnai à mon concierge l'ordre de m'éveiller avant le jour.

Très fatigué de ma journée, je dormis d'un profond sommeil jusqu'à sept heures du matin. J'en fis de vifs reproches à mon concierge, qui me répondit tout effaré que je ne pouvais sortir ; qu'on se battait dans la rue. « J'ai barricadé, dit-il, la grande porte, car il vient déjà de passer des morts, et deux blessés qu'on emportait à l'hôpital. » Je m'habillai à la hâte, pris deux pistolets, et suivant le boulevard, je gagnai le ministère des affaires étrangères, où tous les ministres s'étaient réunis. Devant la porte se tenait un groupe nombreux, mais sans armes. Je vis M. de Polignac, qui me fit lire les derniers rapports et me chargea de les porter au duc de Raguse.

Je parvins non sans peine au Louvre, où le maréchal me montra d'autres rapports contraires à ceux que je venais lui remettre. Cependant, il décida sur-le-champ d'envoyer une force imposante pour ramener les ministres, et assurer ainsi l'unité dans les décisions et la rapidité dans l'exécution du plan de défense ; puis il me pria d'aller jusqu'à la place de la Bourse, voir ce qui s'y passait.

Au moment où j'y arrivais, une foule considérable débouchait de la rue Notre-Dame des Victoires et des rues adjacentes, en proférant des cris menaçants. Le faible détachement qui occupait la place était sous les ordres de M. de Foucault, commandant en chef de la gendarmerie de Paris. Il reçut ordre de tirer, ce qui fit d'abord reculer la foule ; mais comme personne n'avait été atteint, elle revint avec audace et força à la retraite les soldats et les passants. Je suivis ce mouvement. Au coin de la rue Traversière Saint-Honoré, on commençait une barricade et on jetait par les fenêtres des meubles et des ustensiles de ménage sur les gendarmes, qui cherchaient à regagner les Tuileries. Ceux-ci mirent en fuite les émeutiers, leur firent abandonner la place, et nous pûmes, sans autre danger, rentrer à l'état-major. On y recevait de partout des renseignements très graves. Un officier, atteint par une balle dans la figure, raconta qu'un officier général s'était mis à la tête des insurgés, sur la place de l'Hôtel de ville. On chercha longtemps qui ce pouvait être ; enfin on apprit que c'était le général Dubourg-Butler [1], le même qui m'avait rejoint à Mons, après Waterloo.

[1]. Des renseignements, qui me furent remis alors, le représentaient comme un aventurier. On m'avertissait notamment qu'en 1811 le maréchal

Vers deux heures, le prince de Polignac et le duc de Raguse, voyant le danger croître sans cesse, pensèrent à rappeler à Paris les régiments de la garde qui avaient été envoyés en Normandie; ils me confièrent la mission de leur porter l'ordre de retour. M. de Bastard d'Estang, chef d'état-major, me remit par écrit un ordre pour chaque colonel; et une voiture de poste m'attendit à la porte du Bois de Boulogne, où j'eus quelque peine à me rendre. J'arrivai assez tard à Évreux et vis le colonel du régiment d'infanterie de la garde, qui occupait la ville. Il se chargea de transmettre les ordres à ses collègues des autres régiments. Il leur était enjoint de partir le plus promptement possible. M. de Laistre, préfet de l'Eure, vint alors me trouver, me retint à dîner et me demanda ce que je pensais des mouvements dans Paris. Je répondis que ce n'étaient ni des mouvements ni de simples émeutes, mais une révolution, et qu'il n'avait qu'à bien prendre ses mesures s'il voulait maintenir l'ordre dans Évreux.

Je repris aussitôt la route de Paris; mais déjà il ne m'était plus possible d'y rentrer. A Saint-Germain j'appris que le pont de Neuilly était aux mains de l'insurrection, et qu'il fallait passer par Versailles. Là, je sus que le Roi s'était retiré à Saint-Cloud, et que les émeutiers tentaient de lui couper la retraite. Le cocher d'une voiture de place où j'étais monté sauta de son siège, prit dans la capote un fusil qu'il y avait caché, et se mêla à la foule ameutée. J'essayai vainement de continuer à pied vers Saint-Cloud, et, me heurtant partout à des obstacles, je fus forcé de

---

Davout avait donné ordre de l'arrêter en Suède, où il s'était mis au service de Bernadotte; que, l'année suivante, après de nouvelles intrigues, il avait été emprisonné à Hambourg, d'où il était allé rejoindre Moreau, à Bautzen. Dubourg racontait sa vie à sa manière, et il est, paraît-il, l'auteur de l'article qui le concerne dans la *Biographie des contemporains*.

passer la nuit à Versailles [1]. Mais le lendemain, au petit jour, les troupes royales se présentèrent en force aux barrières et dégagèrent les routes. Je choisis cette fois celle de Ville-d'Avray, où je trouvai un régiment d'infanterie qui commençait à faire défection : des hommes, des femmes entouraient les soldats, portaient leurs fusils et les faisaient descendre à Sèvres. Un capitaine, à qui je m'adressai, me parut désolé de cette insubordination. En arrivant au parc de Saint-Cloud, je trouvai la porte fermée et défendue par des gardes du corps. Je me fis reconnaître par l'officier qui les commandait, et la porte me fut ouverte.

Quand je pénétrai dans la cour du château, on crut d'abord à l'arrivée de Madame la Dauphine venant de Bourgogne, et on se précipita à ma rencontre. J'entrai avec le duc de Raguse chez le Roi, et fis le récit de mon voyage et de ce que j'avais observé en chemin.

On savait que le régiment que j'avais fait partir d'Évreux, après avoir marché toute la nuit, s'était arrêté à Saint-Germain, parce que le pont de Neuilly était occupé par les insurgés. Le Dauphin [2] allait monter à cheval pour se rendre au pont de Sèvres. Je m'offris pour l'accompagner; mais l'entrée de la salle où il était me fut refusée par le général de Bordesoulle. Je me rendis aussitôt chez Madame la duchesse de Berry, et lui parlai de ma déconvenue auprès du Dauphin. Elle paraissait peu satisfaite de l'entourage de son neveu, et ne fut pas surprise de ce qui venait de m'arriver.

---

1. Je demandai l'hospitalité à M. et Mᵐᵉ de Campigny, parents de Mᵐᵉ de Semallé, et dont l'habitation est devenue le couvent des RR. PP. Capucins.

2. On sait que le titre de Dauphin appartenait alors au duc d'Angoulême, qui ne renonça que plus tard à ses droits en faveur du comte de Chambord. (Éd.)

On vint alors me dire de passer chez le Roi, qui me renvoya en poste à Versailles, pour y attendre ses ordres, et M. de Trogoff, que je rencontrai à la porte du parc, m'informa que le Dauphin était déjà à la tête des troupes qui défendaient le pont de Sèvres. Je pris sur la droite, au milieu d'une population plus étonnée qu'agressive. Les soldats débandés à Ville-d'Avray encombraient les cabarets, et jusqu'à Versailles, je trouvai la route couverte de monde, sans que personne eût l'air de me remarquer. J'atteignis ainsi Versailles, où les gardes du corps et les grenadiers à cheval avaient tout fait rentrer dans l'ordre.

Le lendemain, de très bonne heure, le Roi quitta Saint-Cloud et se retira au Grand-Trianon. Les gardes du corps bivouaquèrent sur la grande avenue ; les grenadiers à cheval, commandés par le général de Bordesoulle, se tinrent aux écuries de la Reine et vis-à-vis de la poste. De cette manière le Roi avait sa retraite assurée ; mais je ne doute pas qu'on eût tout fait pour l'empêcher de quitter Saint-Cloud. Avant de sortir de Paris on n'avait pris aucune mesure en vue de son départ ; on n'avait emporté ni argent ni vivres. Déjà à Saint-Cloud, on avait été obligé d'emprunter à la caisse des régiments de quoi subvenir aux besoins de la cour. A Versailles, Mme de Campigny, chez qui je logeais, dut faire apprêter des chaudronnées de soupe pour les gardes du corps, qui manquaient de tout.

Cette retraite précipitée avait fait oublier à Charles X les ordres qu'il devait me donner. Inquiet de n'en point recevoir, je me rendis à pied au Grand-Trianon. Plusieurs conseillers, dont M. de Vitrolles, étaient auprès du Roi, et l'engageaient à faire des concessions, l'assurant qu'à ce prix la tranquillité renaîtrait. Quand le Roi m'aperçut dans la galerie, il me fit signe d'entrer. Il dit qu'il était résolu à ne rien céder, tant que tous ses ministres ne seraient pas en sûreté ; que c'était lui qui avait voulu les ordonnances, et qu'il devait subir les conséquences de cette volonté. A ce moment deux personnes, que je ne connaissais pas, entrèrent chez le Roi et demeurèrent avec lui pendant quelques instants. Après leur départ, je fus rappelé et, quand nous fûmes seuls, le Roi me dit : « Pouvez-vous vous charger de Jules ? » — Je répondis que oui, pourvu que M. de Polignac s'en remît entièrement à moi. Le Roi ferma la porte, et un instant après, arriva M. de Polignac. Il savait que je n'avais pas été entièrement satisfait de lui, depuis son ministère : je fus donc le premier à lui tendre la main. Je lui dis qu'il devrait m'écouter en tout, car il y allait de sa vie, et, pour commencer, je lui recommandai de me suivre à cent pas jusqu'à la maison où il me verrait entrer. Il demandait quelques instants pour voir Mme de Polignac, qui était enceinte : je fus obligé de m'y refuser, et dès qu'il eut pris congé du Roi, nous partîmes.

Je le laissai, sans le nommer, dans la maison de mon parent, M. de Récalde, et je sortis seul pour faire préparer ma voiture et des chevaux de poste. M. de Damas, que je rencontrai d'abord, me fit monter chez le général de Bordesoulle, son chef. Nous le trouvâmes couché sur un canapé. Je lui reprochai assez vivement ce calme et cette insouciance. Puis, continuant, je croisai M. de La Rochejaquelein, commandant du régiment des grenadiers à cheval, qui déclara ne rien comprendre à l'inaction où il était réduit, et l'attribuait à la trahison. A la poste, je retrouvai le postillon qui, la veille, m'avait conduit à Saint-Cloud et qui me paraissait sûr. Pendant qu'il attelait ma voiture, chez Mme de Campigny, on apporta, de chez le Roi, une lettre pour la maîtresse de maison, absente à ce moment. L'urgence me commandait d'ouvrir la lettre : elle était de

M. Capelle, ancien préfet de Versailles et l'un des ministres de M. de Polignac. Il disait : « Si un proscrit, Madame, ne vous fait pas peur, daignez me permettre de me rendre chez vous pour quelques instants. » Je pris sur moi de faire une réponse affirmative, ce dont Mme de Campigny m'a beaucoup remercié depuis. M. Capelle, réfugié chez elle, fut sauvé par M. de Saulty, receveur général de Versailles, qui l'emmena à Bâville.

Les chevaux une fois attelés, je fis avertir M. de Polignac de me retrouver à une des portes du parc. En le prenant dans ma voiture, je lui demandai s'il était décidé à se défendre. Il me répondit en riant : « Eh bien ; c'est moi qui vous défendrai. »

Au sortir de Saint-Cyr, deux routes conduisent à Alençon : celle de Dreux, plus courte, et celle de Chartres. M. de Polignac aurait voulu s'arrêter à son château près de La Queue, où sa femme devait être arrivée dans la nuit ; mais, loin de m'y prêter, je craignis qu'il ne fût reconnu pendant la traversée de ce bourg, et, à l'embranchement, je fis prendre la route par Rambouillet et Chartres. Nous cheminâmes un certain temps avec la troupe, qui se rendait à Rambouillet, où le Roi devait se retirer. Un peu plus loin, nous rencontrâmes un courrier se rendant à Paris. Soupçonnant qu'il portait des correspondances factieuses, je fis mettre ma voiture en travers et je l'obligeai à nous suivre. Comme je l'avais deviné, le portefeuille du courrier contenait les lettres des associations révolutionnaires de Nantes, d'Angers et du Mans. M. de Polignac voulait attendre le Roi à Rambouillet : je m'y opposai par prudence, et aussi pour lui épargner de nouvelles scènes d'adieu. Au moment de repartir, le commandant de la subdivision de Chartres, M. de Montgardot, avec qui j'étais très lié, m'avertit que Chartres était en pleine révolte. Incertain du parti à prendre, mais décidé à quitter Rambouillet au plus vite, je me fis conduire par la traverse à un château voisin [1], que je savais en vente. Je prétextai des désirs d'acquisition ; je questionnai en ce sens le fermier, et, grâce à cet artifice, j'obtins de lui qu'il nous conduirait le lendemain matin jusqu'au Gué de Longroi.

En atteignant le Gué, nous vîmes sur la place une brigade de gendarmerie portant encore la cocarde blanche au chapeau ; mais au moment où le maître de poste mettait le second cheval à ma voiture, arriva une diligence de Paris surmontée de drapeaux tricolores. Elle était remplie de voyageurs de commerce qui, à chaque poste, prenaient des selles apportées avec eux, et couraient à cheval répandre la nouvelle de la révolution. L'un d'eux descendit sur la place pour y lire une proclamation ; un autre alla à l'écurie pour se monter. Il prétendit nous enlever notre second cheval. Je lui demandai de quel droit, et m'adressant au brigadier : « Comment, lui dis-je, ne demandez-vous pas leurs papiers à des gens qui viennent apporter ici le trouble et la confusion ? » Puis je m'armai de mon pistolet. Le maître de poste intervint, ainsi que le fermier qui nous avait conduits, et, avec l'approbation de presque tous les spectateurs, nous repartîmes au galop.

Quand nous fûmes sortis du Gué de Longroi, j'interrogeai le postillon, qui m'apprit que beaucoup de voitures restaient arrêtées à Chartres, faute de chevaux. Ce renseignement inquiétant, la scène du Gué, le départ du voyageur de commerce, qui avait fini par trouver un cheval et avait dû nous devancer, tous ces indices me firent prévoir un danger sérieux. Pendant la route, je fis jeter dans les avoines toutes les clefs que M. de Polignac

---

1. Ce château appartenait à M. de Lammerville.

avait gardées des ministères des affaires étrangères et de la guerre; je changeai ma montre avec la sienne, parce qu'elle portait une couronne de prince; je lui recommandai de se faire passer pour le précepteur de mes enfants. Le prince me proposa de faire à pied, à travers la campagne, le tour de la ville. Je refusai, déclarant que j'étais résolu à aller jusqu'au bout. Ses craintes, je dois le dire, étaient plus pour moi que pour lui-même. Cependant, sur son insistance, je fis arrêter à la petite auberge de Saint-Christophe, que le postillon nous indiqua, et qui se trouvait à trois cents pas de la route et à une demi-lieue de Chartres. De là j'allai en ville. J'y vis en effet quantité de voitures qui ne pouvaient continuer, et j'appris que notre voyageur de commerce venait de passer avec les nouvelles de Paris. Heureusement je connaissais la maîtresse de poste, pour avoir logé plusieurs fois dans son hôtel. Elle commença par me dire qu'elle n'avait plus de chevaux; qu'en outre elle venait de recevoir du maire la défense d'en délivrer à personne. Mais quand elle sut que nous étions descendus à l'auberge de Saint-Christophe : « Puisque c'est hors de la ville, reprit-elle, j'ai une petite ferme près de là, d'où on vous enverra deux chevaux; mais à condition que vous preniez des chemins de traverse, sans passer par Chartres [1]. » Tout fut ainsi convenu.

On nous conduisit à Courville, puis à La Loupe, à Remalard et à Bellême. Pour éviter Mamers de jour, nous allâmes dîner au château des Feugerets, chez un de mes cousins germains. J'y présentai M. de Polignac en qualité de précepteur. Aussi, pendant le repas, fut-il obligé d'entendre bien des propos peu flatteurs pour lui : on lui

---

[1]. Elle ajouta : « Du reste, soyez tranquille pour vos enfants, qui sont passés hier ici. » Elle me prenait alors pour mon voisin, M. d'Aillières, qui, comme moi, faisait souvent cette route.

attribuait en grande partie les malheurs qui venaient d'arriver. Je partis des Feugerets assez tard, dans la voiture du château, laissant celle qui m'avait conduit depuis Paris, et qui pouvait attirer l'attention. Ne pouvant tourner Mamers, parce que les chemins vicinaux étaient dangereux la nuit, je recommandai au cocher de traverser la ville au galop. Nous trouvâmes plus de quinze cents personnes sur la place des Halles, en face de la poste, où venait d'arriver la première voiture pavoisée de drapeaux tricolores. Le bruit que firent nos chevaux nous fit nécessairement remarquer, sans que, du reste, personne fît mine de nous arrêter, et nous arrivâmes à la Gastine à minuit. Mme de Semallé vint elle-même nous ouvrir. Avant que le domestique fût arrivé, j'eus le temps de lui recommander de n'avoir pas l'air de reconnaître M. de Polignac, et de le traiter comme un précepteur destiné à nos enfants.

M. de Polignac paraissait enfin rassuré, en se voyant chez moi. Il causa avec Mme de Semallé des derniers événements. Il persistait à les regarder comme moins funestes qu'on ne pensait; car, maintenant, disait-il, on était fixé; on savait à quoi s'en tenir; on n'était plus lié par la Charte et « la table était rase. » Nous nous couchâmes fort tard et je restai dans la chambre à côté de celle de M. de Polignac; toujours bien armé, car mon passage à Mamers ne m'avait pas laissé une bonne impression.

Le lendemain, à cinq heures du matin, le sous-préfet, M. Contencin, parut à la Gastine. Comme c'était un lundi, jour du marché de Mamers, il était venu par la forêt de Perseigne pour n'être pas aperçu. Il m'avertit que l'allure rapide de notre cabriolet avait attiré sur nous l'attention de la ville, et que le peuple se livrait à toutes sortes de conjectures qui pouvaient avoir des suites fâcheuses. Il m'assura qu'il me défendrait, s'il y avait lieu, et sortit en me recommandant la plus grande prudence. J'aurais désiré lui confier la présence de M. de Polignac ; mais le prince m'avait fait prendre l'engagement de ne point le nommer pendant toute la durée du voyage.

Après le départ de M. Contencin, arriva le maire de ma commune [1], se rendant à Mamers. Je lui recommandai d'y prendre des modèles de passeports et de m'en signer un pour aller avec un précepteur à Caen et à la Délivrande. Comme il tardait à revenir et que M. de Polignac s'effrayait des avis du sous-préfet, nous nous rendîmes chez un de mes amis, M. de Saint-Paterne, maire de cette commune, près d'Alençon. Je lui présentai mon compagnon sous le nom de Pierre Perrot [2], et lui demandai un passeport, qu'il lui fut impossible de me procurer.

Je partis alors, malgré mon hôte, pour en chercher un à Alençon, et m'adressai à un membre du conseil municipal, M. de Moloré. Une révolution s'était opérée dans ce conseil. Les membres de la municipalité renversée, que je trouvai chez M. de Moloré, affirmèrent qu'il y avait danger à aller à l'hôtel de ville. Ils m'apprirent que le marquis et la marquise d'Hauteville, revenant de la Mayenne, venaient d'être arrêtés à la poste par un homme se disant investi du pouvoir exécutif. C'était un agent d'affaires très connu pour ses opinions exagérées. Je me rendis à la poste pour voir les deux prisonniers, et j'y rencontrai ce prétendu commissaire, en habits bourgeois, avec un sabre en bandoulière et une large cocarde tricolore à son chapeau. Il avait la prétention d'interroger M. et Mme d'Hauteville. Je lui demandai de quel droit il parlait de la sorte : il me répondit que, dans l'intérêt de la

---

1. La commune de Louzes. *(Éd.)*
2. Ce nom avait été choisi, parce que son linge était marqué P. P. *(Prince de Polignac).*

tranquillité publique, la nouvelle municipalité lui avait confié les pouvoirs les plus étendus. A ce moment, il se fit du bruit dans la rue, et je crus à une émeute organisée par cet homme. Je tirai brusquement mes pistolets et je le sommai de rester sans bouger jusqu'à ce que je fusse sorti. M*me* d'Hauteville et la maîtresse d'hôtel s'étant élancées entre lui et moi, il me fut facile de m'esquiver. En réalité, il n'y avait à la porte et sur le cours que quelques individus, attirés plus par la curiosité que par la malveillance. Je dus me retirer chez ma sœur, tant la nuit était noire. Le lendemain matin, je retournai à Saint-Paterne.

On y était fort inquiet de mon sort. M. de Polignac, au lieu de se coucher, était resté toute la nuit avec son hôte sur la route. Je demandai à M. de Saint-Paterne un guide pour me conduire à Semallé, en traversant la Sarthe à Courteilles. Mon intention était de passer par Séez, Argentan et Caen, en m'arrêtant dans mes propriétés de Brieux et d'Épaney, où je pouvais séjourner sans éveiller de soupçons. De Caen, je serais allé à la Délivrande embarquer M. de Polignac pour l'Angleterre.

A Semallé, nous apprîmes au presbytère, par des fermiers revenant du marché, qu'on avait poursuivi des voyageurs inconnus passant par Courteilles et qu'on avait saisi leur portemanteau dans une auberge auprès du pont. C'était notre propre portemanteau, que notre guide, fatigué de le porter, y avait déposé provisoirement. L'idée me vint aussitôt que l'homme que j'avais rudoyé la veille à Alençon avait fait courir à notre recherche et avait sans doute découvert mon nom. Ce qui est certain, c'est qu'un jeune homme que j'envoyai à Courteilles y fut saisi et emmené en prison. Voyant le danger, je changeai de plan, et au lieu d'aller à Caen, je décidai de me rendre dans la

Manche, à Ducey, dans une terre dont j'avais fait récemment l'acquisition.

Nous conduisîmes M. de Polignac chez l'oncle du curé de Semallé, curé lui-même à Livaie, dans la forêt d'Écouves. Ce bon curé nous donna à déjeuner et nous fournit un guide et un cheval pour aller chez MM. de Bâmont, qui demeuraient à six lieues de là, sur la route de Domfront. Comme nous n'avions qu'un seul cheval, nous le montions tour à tour. La chaleur étant extrême, nous prîmes un instant de repos dans la forêt. A ce moment, M. de Polignac avait un air si distrait, que je partis d'un éclat de rire. — « Eh bien ! s'écria-t-il, je ne vois pas ce qu'il y a de risible dans notre affaire, surtout dans la mienne. Je suis préoccupé de papiers très importants, que j'ai laissés en quittant le ministère des affaires étrangères. » C'étaient, en effet, les papiers relatifs à la demande d'intervention en Espagne [1].

Partout la population était sur pied et armée pour se garder des incendiaires qui parcouraient, disait-on, le pays. Nous entendions même des coups de feu. Un des MM. de Bâmont vint donc nous reconnaître avant de nous laisser entrer au château. Ils nous firent préparer à souper. Comme je me disais chargé de commissions pour Charles X, qui avait pris la route de la Basse-Normandie, ils me donnèrent leurs deux chevaux avec un guide à pied, le seul homme sur lequel ils croyaient pouvoir compter. Nous passâmes ainsi à Bagnolles et arrivâmes de très grand matin à Domfront. Je ne fis que traverser cette ville et m'abstins d'aller voir le sous-préfet, royaliste très bien pensant, de peur de le compromettre. Connaissant bien la grande route, j'envoyai mon guide nous rejoindre chez M. du

---

[1]. Voir *Mém. de Polignac*, note IX.

Bourgblanc d'Apreville [1], au château de Saint-Symphorien, près Saint-Hilaire-du-Harcouet, et nous partîmes au trot.

Bien que je fusse chez un ami intime, je respectai le secret exigé par M. de Polignac, qui, cette fois encore, dut entendre la maîtresse de maison lui attribuer tous nos malheurs. Non qu'elle incriminât ses intentions; mais elle appuyait tout particulièrement sur son incapacité et sa présomption. Pour faire cesser cette conversation désagréable, il fallut me lever de table et faire un tour de jardin.

Le lendemain matin, nous étions à Ducey. Afin de prévenir les questions de maître Pinot, mon régisseur, qui logeait au château, je lui dis, en arrivant, que j'amenais un de mes amis, M. Pierre Perrot de Chazelle, gentilhomme ordinaire de la chambre du Roi, qui voulait m'acheter des terres situées à Saint-Laurent-de-Cuves, à quelques lieues de là.

Nous passâmes la journée à Ducey, d'où j'envoyai mon régisseur au cabinet littéraire pour y lire les journaux et nous rapporter les nouvelles. Quand il revint, il me dit que les journaux parlaient de l'arrestation de plusieurs ministres : MM. de Peyronnet, de Chantelauze, de Guernon-Ranville; quant à M. de Polignac, avec lequel on me savait lié, il avait eu le bonheur de se rendre à Bruxelles. Il ajouta qu'un des habitués du cabinet de lecture, ancien peintre en bâtiments, retiré à Ducey, leur avait dit : « J'ai rencontré ce matin M. le comte de Semallé avec un monsieur qui ressemble à s'y tromper à M. de Polignac, chez qui j'ai travaillé; » et il était allé leur chercher une gravure, qui prouvait cette ressemblance.

M. de Polignac se mit à rire; mais au fond il était très préoccupé. Il parlait de partir le soir même : je le décidai

---

[1]. Ancien maréchal des logis des gardes du corps de Monsieur, il avait été fait récemment gentilhomme de sa chambre.

à ne rien changer à nos projets, et me bornai à avancer l'heure des départs. Dans l'intervalle, maître Pinot, homme assez méfiant, avait vérifié, sur un almanach de la cour, qu'il y avait un Perrot de Chazelle, gentilhomme ordinaire, et étant retourné au cabinet littéraire, il avait fini par persuader à tout le monde que la ressemblance entre M. de Polignac et mon hôte devait être l'effet du hasard.

Le lendemain, pendant que le prince partait avec mon régisseur pour visiter mes terres à Saint-Laurent-de-Cuves, je me rendais à Saint-Jean-le-Thomas, petit port près de Granville, où je comptais trouver Mme de La Martinière, veuve du général, et Mme de Saint-Fargeau, son amie. Je leur expliquai sans détour le but de mon voyage; et elles me dirent qu'il serait facile de faire embarquer M. de Polignac; qu'il fallait seulement bien cacher son nom. Il fut convenu que M. de Polignac serait confié le jour suivant au curé, qui croirait accueillir en lui un ecclésiastique très haut placé.

Quand je rentrai à Ducey, j'y trouvai M. de Polignac et maître Pinot revenant de Saint-Laurent-de-Cuves. Nous avions fait, les uns et les autres, nos douze lieues dans la journée. M. de Polignac avait si bien joué son rôle d'acquéreur, que, en rentrant, mon homme d'affaires me dit de tenir bon pour le prix, parce que mon ami paraissait décidé à acheter. Je recommandai à M. de Polignac de ne point se coucher et de se rendre à pied, à trois heures et demie du matin, au bout de l'avenue, par des sentiers que je lui avais indiqués la veille. A quatre heures, je sortis moi-même à cheval; je le pris en croupe, et le remis au curé qui devait le conduire à Mme de Saint-Fargeau.

Personne ne s'était d'abord aperçu de son départ. Maître Pinot m'en ayant parlé, je répondis que je venais de disposer de mon ami; que je l'avais envoyé à Saint-Lô pour m'apporter des nouvelles du Roi, qui devait y arriver. Il poussa une exclamation, disant que ce brusque départ allait confirmer les rumeurs qui couraient la veille. Je le fis taire; et naturellement la journée se passa sans que mon prétendu M. Perrot revînt. Le soir, je feignis l'inquiétude et annonçai l'intention d'aller à Avranches et à Saint-Lô pour voir ce qui retenait mon ami.

Je partis donc pour Avranches. Toute la ville était en émoi et la garde nationale sous les armes. On avait établi des postes avancés sur les différentes routes qui aboutissaient à la ville, et défense avait été faite de laisser circuler qui que ce fût. Pendant que je parlementais, mais inutilement, avec le maître de poste, j'entendis la femme du capitaine de la garde nationale supplier son mari de la laisser aller à Saint-Lô. J'offris aussitôt de lui céder une place dans ma voiture, et j'obtins ainsi que la consigne sur les chevaux de poste fût levée.

Nous parvînmes de grand matin à Saint-Lô. Le préfet, M. d'Estourmel, était parti au-devant du Roi, qu'on attendait à chaque instant. Effectivement, un quart d'heure après le Roi arriva, accompagné de trois commissaires chargés de veiller sur lui, et de M. d'Estourmel, qui avait quitté l'habit de fonctionnaire pour celui de gentilhomme de la chambre. Au contraire, le commandant du poste, situé vis-à-vis de la préfecture, affecta de faire rentrer au corps de garde même la sentinelle, pour n'avoir pas à rendre les honneurs militaires à la famille royale.

Le Roi, m'apercevant dans la cour de la préfecture, me fit signe d'entrer sous le vestibule, où Mme la Dauphine et la famille royale se trouvaient près de lui. Il me demanda tout bas « des nouvelles de Jules. » Je répondis que je le croyais à Londres; que quand je l'avais quitté, il était sur le point de s'embarquer.

Le soir, les trois commissaires du nouveau régime, MM. de Schonen, Odilon Barrot et Maison, entrèrent chez le Roi, et restèrent avec lui à peu près trois quarts d'heure. Après leur départ, Charles X entra dans le petit jardin où se trouvait déjà la famille royale. Je l'y suivis. Le Roi me dit alors que les commissaires l'engageaient à licencier ses gardes du corps à Saint-Lô, comme il avait licencié l'artillerie à Argentan, pour ôter prétexte à des attroupements qui se formaient sur le Vey, sur la route de Cherbourg. On lui avait cité les généraux Hulot et Raymond comme à la tête de ces mouvements hostiles. Je lui demandai la permission d'aller voir par moi-même : si je constatais quelque péril, je reviendrais pour le partager avec lui; dans le cas contraire, je continuerais ma route sur Granville, pour y chercher des nouvelles du prince de Polignac.

Charles X objecta d'abord le danger de cette mission, puis accepta. Je m'entendis avec le duc de Polignac et avec le duc de Raguse et je me rendis à la poste, où j'eus de la peine à me procurer des chevaux. Sur le Vey, je trouvai en effet beaucoup de monde rassemblé, les uns à pied, d'autres à cheval, d'autres même dans des charrettes. Mais tous ces gens répondirent que le Roi n'avait rien à craindre; qu'on le voyait partir avec peine; que s'il voulait demeurer en France, chacun se réunirait à sa garde pour le défendre. Un d'eux s'offrit à porter au Roi et au duc de Raguse un billet que j'écrivis au crayon pour dire qu'il n'y avait aucun danger à passer par le Vey; que les généraux Hulot et Raymond, voyant l'attitude de ces braves gens, s'étaient retirés. J'ajoutais que je partais immédiatement pour Granville.

Je parcourus Granville en tous sens. Il y régnait le plus grand calme. Je me fis ensuite conduire sur la route d'Avranches jusqu'à mi-chemin, et je continuai à pied vers Saint-Jean-le-Thomas. Là, Mme de Saint-Fargeau m'informa que M. de Polignac n'était pas encore embarqué, et que le lendemain elle devait chercher pour lui un passeport à Granville ; elle me suppliait de repartir de suite sans essayer de le voir, pour ne pas éveiller les soupçons. Comme il faisait un temps affreux et que j'étais exténué, je restai à coucher au presbytère. Le hasard me permit d'entrevoir M. de Polignac, rentrant par le jardin ; puis j'entendis très distinctement sa voix dans une chambre voisine. Toutefois, craignant d'encourir quelque responsabilité, je renonçai à l'idée que j'avais eue d'abord de lui parler. Le lendemain matin, nous prîmes, avec Mme de Saint-Fargeau, la diligence de Granville, d'où, le soir, je me fis conduire à Ducey.

Le bruit courait dans tout le pays que M. de Polignac y était venu avec moi : je ne voulus donc pas y séjourner, dans la crainte d'être interrogé. Je repartis, et en déjeunant à Argentan, j'appris avec beaucoup de peine que le général Raymond venait de passer à franc étrier, pour porter à Paris la nouvelle de l'arrestation de M. de Polignac.

Après un court séjour à Semallé, puis à la Gastine, je regagnai Paris. J'y reçus une lettre de Mme de Semallé m'annonçant que, par ordre du nouveau sous-préfet de Mamers, la gendarmerie était venue saisir la voiture qui avait été fournie par l'état-major pour mes missions, et que j'avais laissée aux Feugerets. On pensait qu'elle appartenait à la liste civile. Je m'en plaignis à M. Guizot, ministre de l'intérieur, et lui dénonçai en même temps l'attitude du nouveau fonctionnaire de Mamers, qui signalait ma maison comme un foyer de désordre. Je le priais de faire cesser ces vexations. Peu de jours après, je reçus un mot d'excuses du sous-préfet.

CHAPITRE XII

DERNIERS SOUVENIRS D'UN LÉGITIMISTE.

Rencontre de M. Auguste Séguier, du duc de Choiseul. — Charles X à Holy-Rood. La duchesse de Berry le quitte et se rend en Italie, accompagnée du duc de Blacas. — Mon voyage à Gênes. La princesse me mande près d'elle à Massa. — Ses projets et ses espérances. — Sur mon conseil, elle ajourne toute tentative dans le Midi. — Je reviens à Paris par Époisses. — Affaire de la rue des Prouvaires.
La duchesse de Berry à Nantes. — Comment j'apprends qu'elle y est en danger. — Je cherche vainement à lui procurer les moyens de sortir de France. — Elle est arrêtée. — Charles X revient sur son abdication.
Dès lors je reste à l'écart de la politique. — Comités royalistes. — Je contribue à l'évasion du roi d'Espagne. — Révolution de 1848 : velléités de rapprocher de France le comte de Chambord. — Rentrée de Louis Bonaparte. — Ses propos devant l'abbé Daure. — Aveuglement des royalistes, dont il s'approprie les voix. — Résumé de ma vie.

Pendant ce séjour à Paris, comme je traversais les Champs-Élysées, un domestique vint me dire que son maître malade désirait me parler dans une voiture. Je m'avançai et reconnus Auguste Séguier, un de mes bons amis et ancien camarade aux pages, frère du président à la cour d'appel. La Restauration l'avait nommé consul à Trieste, puis consul général à Londres, où je le croyais resté. Il paraissait en effet très souffrant. Il me fit monter auprès de lui, me tendit les mains, et me raconta en pleurant que le roi Charles X, arrivé à Londres, avait eu besoin d'une procuration pour régulariser ses affaires en France ; et que le duc de Blacas avait apporté au Consulat la pièce à légaliser. « Je ne sais, continua-t-il, ce qui se passa dans ma tête : je refusai la légalisation, à moins que les titres et qualités, que prenait encore le Roi, ne fussent effacés. Sans me répondre, M. de Blacas reprit le papier et fit faire la légalisation par le consul d'Espagne. Moi, mon ami, je suis demeuré stupéfait, et si frappé de remords que j'en mourrai. » Ce simple récit me fit un effet que je ne puis exprimer. Je pleurai avec lui ; je voulus lui persuader que son repentir réparait sa faiblesse. Il reprit : « Dis bien à nos amis que je meurs de chagrin, sans avoir jamais perdu mes sentiments de dévouement pour l'auguste famille de Louis XVI. » Je le promis et je tiens ici parole, en consignant ce souvenir sur un malheureux ami, qui est mort peu de jours après [1].

A quelque temps de là, et comme par contraste, je rencontrai le duc de Choiseul-Stainville, le naufragé de Calais, pour qui je n'avais pas craint autrefois de me compromettre. Rentré en France, il s'était rapproché de l'empire, et son fils était mort à Vienne, aide de camp de Bonaparte. Par suite, je m'étais éloigné de lui, et il savait que je ne partageais pas ses opinions. Il me dit en m'abordant : « On a été bien ingrat pour vous. Si vous vous rapprochiez du duc d'Orléans ? Lui du moins saurait apprécier les services que vous avez rendus à la cause royale. » Je me retirai sans vouloir répondre. Il est mort gouverneur du Louvre, sous Louis-Philippe.

Charles X, devenu, à Holy-Rood, l'hôte de la reine d'Angleterre, avait abdiqué en faveur du duc de Bordeaux.

---

1. Le père de M. Séguier avait émigré en 1789. et ses deux fils étaient restés après lui à Paris. Ils se mirent à la tête d'un petit journal appelé *les Sottises de la Semaine*. Cette feuille était très courageuse, et ses rédacteurs durent aller en exil rejoindre leur père, à Tournay.

Des dissentiments sérieux s'étant élevés entre lui et la duchesse de Berry, tutrice du jeune prince, la duchesse se décida à quitter Holy-Rood, et M. de Blacas, par dévouement, accepta de l'accompagner. C'est à lui que Charles X confia le texte de son abdication et des pouvoirs pour la duchesse, mais avec la recommandation de ne les remettre que le jour où, pouvant disposer de quelques régiments, elle serait en mesure de faire enregistrer le tout dans une des cours royales de France. La duchesse se réfugia en Italie, à Massa, le roi de Piémont ayant refusé de la recevoir dans ses États. Je connaissais cette situation; mais je me tenais alors à l'écart de la politique. Au mois d'août 1831, ayant eu occasion de me rendre à Gênes, pour régler avec la famille de Cambiaso les comptes de l'acquisition de la terre de Ducey, Mme la duchesse de Berry apprit mon arrivée et envoya un matin M. Lopin de Montmaur, neveu du maréchal de Viomesnil, pour me demander d'aller auprès d'elle à Massa. Bien que pensant ne pouvoir lui rendre aucun service, je partis par la route de la Spezzia, et j'arrivai à Massa le soir du troisième jour, très fatigué, et avec l'intention de me reposer. A peine étais-je descendu que M. de Mesnard vint me trouver. On lui reprochait, disait-il, de pousser la princesse dans une voie contraire aux instructions de Charles X, et il prétendait se justifier. L'entourage de Madame était divisé en deux camps, qui s'accusaient mutuellement de l'entraîner dans les aventures. Quant à elle, elle paraissait décidée à agir, et déjà elle avait envoyé des ordres sur toute la frontière du midi de la France.

Après M. de Mesnard, ce fut Mme de Bouillé, qui me raconta en détail les intrigues de la petite cour. Le duc de Blacas, me dit-elle, se trouvait dans un grand embarras, et, ne voulant point remettre à Madame les pouvoirs confiés par le Roi, il songeait à s'éloigner de Massa. Elle ajoutait que mon arrivée était très redoutée par tous ceux qui ne songeaient qu'à courir de nouveaux hasards.

Le lendemain, je me rendis de bonne heure à un hôtel où la princesse, qui avait refusé l'hospitalité du duc de Modène, avait voulu s'établir. Le duc de Blacas, que je vis d'abord dans son cabinet, me confirma ses tribulations, et fut aussi d'avis que je pourrais avoir de l'influence sur les résolutions qu'on était à la veille d'arrêter. Quand je fus introduit chez Madame, elle commença par me parler de la résistance qu'elle éprouvait de la part de M. de Blacas; puis, après un très long entretien, elle me dit : « Comme mère, je ne puis reculer. Je vais vous montrer les propositions qui me sont faites. Tout le Midi est à moi; plusieurs régiments me sont acquis. Le comte des Cars est à Chambéry et n'attend que ma décision pour donner le mot d'ordre sur toute la ligne. » Tout en parlant, elle ouvrit un secrétaire qui était dans la chambre, et en tira un tableau des propositions qui lui étaient faites en hommes et en argent. En marge étaient inscrits les noms et les adresses. Je demeurai stupéfait, mais nullement convaincu que tous ces engagements pussent être tenus. Je me rappelai ce qui m'était arrivé en 1814, où j'avais été abandonné, renié par les royalistes sur lesquels je devais le plus compter.

Comme je gardais le silence, Madame me demanda ce que je pensais. Je pris alors une plume, et j'écrivis au bas du tableau : « S'il se trouve en tout 600 hommes réso-« lus parmi ceux qui se proposent, je serai le 601e. » J'ajoutai aussitôt que la plaie de la dernière guerre civile était encore trop saignante; que la grande majorité des Français reculerait devant une régence, « à moins, reprisje, que Votre Altesse n'ait des intelligences avec le duc d'Orléans ? Le hasard m'a appris que des lettres de lui ont dû vous être remises par le comte de Bouillé [1]. Je ne demande pas à Votre Altesse le secret de cette correspondance ; mais je ne puis croire que les d'Orléans fassent jamais rien pour vous. J'excepte toutefois madame votre tante, à qui j'ai toujours cru un dévouement sincère pour la branche aînée. » La duchesse de Berry m'interrompit avec une sorte d'irritation : « Ma tante ! Elle ne vaut pas mieux que son mari, le duc d'Orléans. »

Je fis tous mes efforts pour lui persuader que ce qu'on lui conseillait était contraire à l'intérêt de son fils. Après avoir énuméré de nouveau les forces de son parti dans le Midi, elle finit cependant par me prier d'aller moi-même à Chambéry trouver M. le comte des Cars, et de lui faire savoir sa résolution de ne rien entreprendre en ce moment. Elle me traita avec beaucoup d'égards, me fit asseoir à table à côté d'elle, et, en partant pour des bains de mer dans le voisinage, elle me dit qu'elle n'oublierait jamais mon dévouement pour sa personne et sa famille. Ensuite, je dînai avec M. de Blacas, et j'allai coucher à Massa-Carrara, où je fus invité par l'évêque à visiter les carrières de marbre et les ateliers de sculpture. A Chambéry, où j'arrivai par Gênes et Turin, je m'acquittai de ma commission auprès du comte des Cars, qui parut très satisfait de la décision de la princesse. De là je ne m'arrêtai qu'à Époisses, où je trouvai mon beau-frère de Guitaut, occupé à restaurer une chambre, dite de Mme de

---

1. J'avais dîné avec M. de Bouillé, le jour où il se disposait à rejoindre sa femme, qui avait suivi la duchesse de Berry, et je vis arriver un huissier du Palais-Royal, porteur d'un mot de la duchesse d'Orléans, l'invitant à venir la voir. M. de Bouillé me pria de l'attendre, et, deux heures après, revint muni de deux lettres, l'une pour Madame la Dauphine, l'autre pour Madame la duchesse de Berry. Si jamais j'ai eu envie de pénétrer le secret des lettres, ce fut assurément ce jour-là. M. de Bouillé partit dans la nuit.

Sévigné, pour y recevoir le duc d'Orléans, qui devait s'y reposer en allant en Suisse [1].

Tout ce que j'avais observé à Massa et à Chambéry fera comprendre mon étonnement quand j'appris qu'on préparait à Paris le mouvement dit « de la rue des Prouvaires, » en se servant du nom de la duchesse de Berry. J'étais bien convaincu que son autorisation n'avait pu être donnée, et la nuit qui précéda cette malheureuse affaire, aidé de M. de Pressigny, je fis ce que je pus pour retenir ceux des vrais légitimistes qui voulaient y prendre part. J'expliquai ma conduite dans un rapport que je fis parvenir à la princesse, avec laquelle j'étais convenu de correspondre par l'entremise du marquis de Cambiaso, mon banquier de Gênes. En réponse, je reçus un billet de la main de Madame, daté de Massa le 28 février 1832. Elle me disait simplement : « Votre lettre me fait d'autant plus de plaisir, que j'étais aussi surprise que peinée de n'avoir pas entendu parler de vous, ni de votre ami, depuis votre départ. » Quelques mots de M. de Mesnard me prouvèrent ensuite que je ne m'étais pas trompé sur le mouvement imprudent qui venait d'avorter.

Je n'eus plus de services à rendre à la princesse jusqu'à l'événement de Carlo Alberto. C'était la revanche du parti que j'avais combattu. On connaît cette équipée, dont les conséquences ont été si funestes, et je n'en parlerai ici que dans la mesure où j'y ai été mêlé.

Peu avant l'arrestation de la duchesse, je m'étais rendu au ministère de l'intérieur pour solliciter l'autorisation de voir le prince de Polignac dans sa prison. Quand j'arri-

---

[1]. Mon beau-frère avait envoyé au Palais-Royal un portrait du comte de Guitaut, capitaine des gardes du grand Condé lors de sa rébellion. Le duc d'Orléans, qui avait fait copier ce tableau pour sa collection, voulait par cette visite témoigner sa reconnaissance.

vai, il y avait déjà onze demandes semblables pour les autres ministres mis en jugement. Elles furent toutes accordées, excepté la mienne, qui était la seule concernant M. de Polignac. L'employé qui m'apporta le refus était M. Morin, fils de celui qui, en 1814, m'avait secondé d'une manière si loyale et si courageuse. Il parut fort attristé de sa commission, et me prenant à part : « Si vous avez, dit-il, quelque correspondance avec Madame, faites-lui dire immédiatement qu'elle veille à sa sûreté, et sorte de France le plus tôt possible ; car nous sommes ici en mesure de l'arrêter au jour et à l'heure que nous voudrons. » Je le remerciai d'une telle confidence, et lui dis sur le ton moitié de la surprise et moitié de la plaisanterie : « Voilà comme vous êtes, Messieurs de la police ; vous croyez tout savoir, et souvent c'est pour en apprendre davantage. » Je lui demandai par quel hasard on lui avait conservé son emploi, surtout après la publication du mémoire de son père. Il me répondit que la Restauration avait été si ingrate envers nous et nos amis, qu'on nous croyait tous devenus ses adversaires. Il ajouta que, en me confiant un secret d'où pouvait dépendre sa place, il ne cherchait qu'à se montrer reconnaissant de ce que j'avais fait pour son père : « Croyez-moi, reprit-il ; agissez vite, si vous en avez les moyens. »

Je rentrai fort agité. Heureusement je trouvai chez moi plusieurs royalistes, venus pour se mettre à ma disposition si les besoins de la cause le demandaient. C'étaient le marquis de Montmaure, M. Le Forestier de Coubert, ancien secrétaire général des Suisses, et son fils aîné, qui avait pris du service en Autriche. Je demandai à ce jeune homme si je pouvais disposer de lui, et lui dis de faire viser immédiatement chez l'ambassadeur d'Autriche un passeport pour Nantes. Quand il revint avec le visa, je le pris en cabriolet, et, sans lui révéler mon projet, je le conduisis chez Mlle de Cornulier-Lucinière [1], qui écrivit devant moi à Nantes, à sa belle-sœur, née Williamson, de faciliter par tous les moyens la mission de mon jeune envoyé. De là je me rendis chez le marquis de Monti, mon ancien camarade, à qui je connaissais une belle fortune et un grand crédit sur la place de Nantes. Je lui demandai, dans l'intérêt de la cause, une lettre de crédit de cinquante mille francs sur cette place. Comme il hésitait, je pris la lettre à mon compte, tout en le priant de m'accréditer auprès de son banquier. Puis, de retour chez moi, j'écrivis à Madame la duchesse de Berry qu'à tout prix, à la réception de ma lettre, elle devait sortir de France, parce qu'elle était probablement trahie et qu'on avait tous les jours le moyen de l'arrêter. En post-scriptum je disais : « Je ne sais pas quelle est votre position ; je la déplore, mais quand on donne un conseil, il faut procurer les moyens de le suivre. Je vous envoie à cet effet un bon chez un banquier, qui doit être averti, sans savoir la destination de cet argent. » Je remis ma lettre à M. Le Forestier et le fis partir par le courrier du lendemain.

Cinq jours plus tard M. Le Forestier revenait, me rapportant le bon de cinquante mille francs. La belle-sœur de Mlle de Cornulier l'avait accueilli à Nantes, mais n'avait pas pu lui faire voir la princesse, à laquelle elle s'était bornée à faire remettre ma lettre. Comme il y avait eu une échauffourée dans la ville, le jeune homme avait craint de se compromettre et surtout de compromettre en sa personne l'ambassadeur d'Autriche, et n'osant insister, il s'était assuré seulement que la duchesse de Berry devait être encore à Nantes ou dans les environs.

[1]. Elle avait été attachée à la respectable maison d'éducation de l'abbé Caron.

Je fus très peiné de voir avorter mon projet, et je serais parti moi-même pour Nantes, si je n'avais pas su que les instructions données par le ministre de l'intérieur interdisaient de la façon la plus formelle de m'y laisser arriver. J'en étais averti par MM. de l'Escale et Le Camus de Pontcarré, qui avaient dîné à Alençon avec le général Bonnet, au moment où celui-ci allait prendre le commandement de Nantes. Le général leur avait fait cette confidence pour qu'elle me fût racontée.

Très peu de temps après, ce que m'avait prédit M. Morin se réalisa. La princesse tomba dans le piège qu'on lui avait tendu et fut conduite à Blaye.

Cette arrestation donna lieu à une active correspondance [1] que j'eus avec Charles X et M. de Blacas, et qui détermina surtout le Roi à revenir sur son abdication et sur celle de Mgr le Dauphin. Je voulus expliquer les considérations pleines de sagesse qui le firent agir, et les consignai dans un article que j'envoyai d'abord à M. Michaud à la *Quotidienne*, et sur son refus, à M. Delisle, qui le publia dans un journal appelé *Bridoison* [2].

A partir de ce moment, je crus devoir rester complètement étranger à la politique active. Toutefois je demeurai en rapports constants avec les membres de la famille royale en exil, et je suis allé les voir souvent. J'ai fait également partie des diverses associations établies dans l'intérêt de la France ou de la religion, telles que le comité de Terre Sainte, le comité espagnol, le comité de bienfaisance, dont le marquis de Pastoret était président au nom des princes ; enfin je me suis prêté à

---

[1]. Mon grand-père n'a laissé aucun renseignement sur cette correspondance. *(Éd.)*

[2]. Ce journal, devenu *la France*, s'est fondu avec la *Quotidienne* et l'*Écho français*, pour former plus tard le journal *l'Union*.

tout ce qui pouvait honorer la France et soutenir nos espérances.

Lorsque le roi d'Espagne fut détenu à Bourges, je donnai ma signature pour un crédit de quarante-cinq mille francs destiné à faciliter son évasion. Le Roi fut délivré le lendemain, et passa en Angleterre. Il n'y trouva pas les secours qu'il espérait, et le 9 février 1847, il écrivit de Londres au comte des Cars de faire des démarches auprès de ses amis de France, pour obtenir d'eux ce qu'on lui refusait en Angleterre : « Votre dévouement à la plus juste des causes et à ma personne, lui écrivait-il, me donne la confiance de trouver en vous et en vos amis l'aide dont j'ai besoin pour répondre à l'appel de mes fidèles serviteurs. » On ouvrit une souscription. Je n'ai que le commencement de la liste, dont copie m'a été remise par M. des Cars : elle ne contenait encore que vingt-trois noms. J'évite de citer ces personnes honorables, qui ne veulent peut-être pas être connues. Si j'en parle, c'est uniquement afin de prouver que nous avons fait le possible pour lutter contre la politique de lord Palmerston, qui a été si funeste à la légitimité et si funeste à l'Europe.

Quand la révolution de 1848 eut débarrassé la France de la monarchie de juillet, j'eus un moment d'espérance ; mais, hélas ! il ne fut pas de longue durée. A la dernière assemblée de notre comité royaliste à laquelle j'assistai, je mis en avant l'opinion que Monseigneur le comte de Chambord devait se rapprocher de notre frontière, pour ranimer notre parti, et surtout pour ne pas laisser le champ libre à Louis Bonaparte, qui aspirait à la présidence. J'insistai pour qu'il vînt dans la Hollande, qui était placée sous l'influence anglaise, plutôt que dans la Belgique, où régnait un prince allié aux d'Orléans. Mon avis ne fut pas partagé et on décida que le prince devait tout attendre de ses droits et de la Providence.

Un peu plus tard, on me fit revenir de la campagne à Paris, et le comité me pria d'aller en Belgique négocier, pour le comte de Chambord, un emprunt de quatre millions de francs, avec mission de sonder les dispositions du roi de Hollande, avec lequel j'avais été plusieurs fois en rapports en 1815. Je partis aussitôt pour Ypres. On devait m'y envoyer des instructions, qu'on avait demandées à Frohsdorf, et qu'on devait me faire passer sous le couvert du sénateur Malou. Je restai sans nouvelles pendant vingt jours, que j'employai à voir, en Hollande, en Belgique et même dans la Prusse rhénane, les financiers dont je voulais m'assurer le concours. Au bout de ce temps, on me fit savoir que je devais renoncer à négocier l'emprunt. Comme en 1814, bien des dévouements étaient restés muets et avaient attendu, pour se montrer, le moment où ils seraient utiles, sans doute, mais moins onéreux. Je rentrai donc bien triste d'avoir manqué le moment opportun pour mettre notre prince en évidence, alors que nous pouvions si facilement profiter du départ des d'Orléans.

Louis Bonaparte, au contraire, avait obtenu la permission de rentrer en France, ce qui lui donnait un énorme avantage. J'habitais alors à Versailles et j'y voyais un certain abbé Daure, copropriétaire et rédacteur du *Journal des villes et des campagnes*. Il était connu de M. Fialin de Persigny, resté pendant plusieurs années en surveillance à Versailles, et M. de Persigny avait persuadé à Louis Bonaparte que cet ecclésiastique, en qui il avait confiance et dont le journal était très répandu dans les campagnes, pourrait l'éclairer sur l'opinion et sur ses chances d'être nommé président par le suffrage universel. Bonaparte vint donc voir l'abbé Daure et, après plusieurs conversations, un jour, il lui dit qu'il ferait naturellement tout le possible pour réussir pour son propre compte ; mais que, s'il rencontrait trop d'obstacles, il préférerait assurément la branche aînée à la branche cadette.

On ne pouvait fonder que de bien faibles espérances sur une telle déclaration : cependant elle était intéressante, et j'en fis part à M. de Pastoret, en l'engageant à venir chez moi pour y rencontrer l'abbé Daure. Comme il connaissait la princesse Mathilde, il eut l'air d'être au courant. Il accepta néanmoins mon invitation, pour voir, disait-il, si le propos tenu par Louis Bonaparte devant l'abbé correspondait exactement à ce qu'il savait par la princesse. J'attendis vainement quinze jours, au bout desquels il m'envoya son gendre, M. du Plessis-Bellière, un tout jeune homme, qu'il avait chargé de le remplacer. Je le conduisis chez l'abbé, qui répéta ce qu'il avait entendu dire à Louis Bonaparte ; puis je partis pour la campagne. A mon retour, quelle ne fut pas ma surprise d'apprendre que les légitimistes étaient entrés en relations avec le prétendant à la présidence, et que nous devions passer par lui si nous voulions conserver quelques chances ! Il nous fallait tenir l'étrier à l'héritier des Bonaparte ! Avait-on donc oublié le meurtre du duc d'Enghien, et les attentats commis par l'oncle, au moment où nous comptions le plus sur ses bonnes intentions ? Avait-on oublié l'ambition actuelle du neveu ? Je fis ces observations ; j'allai trouver les uns et les autres, et surtout le duc des Cars : tout fut inutile. Ce dernier me répondit laconiquement, en faisant allusion à mon dernier voyage à Bruxelles, qu'on n'avait pas pu réunir un nombre suffisant de familles pour garantir l'emprunt, et que cette garantie était une condition *sine qua non*. En six semaines, Louis Bonaparte, par ses vagues paroles, s'était concilié presque toutes les voix des légitimistes. Les campagnes et le clergé crurent ce qu'ils entendaient dire aux royalistes : savoir, qu'en Bonaparte était la transition nécessaire pour arriver sans secousse à une restauration ; et, cette fois encore, l'Empire renversa la République.

Ainsi, depuis 1830, je suis toujours resté fidèle à ma ligne de conduite. Je n'ai adhéré en rien à la malheureuse politique adoptée par les puissances ; à cette politique qui a, du reste, perdu Louis-Philippe, comme elle avait perdu les deux Restaurations. Bien que je fusse du nombre très restreint des serviteurs de la monarchie qui, ayant rempli des fonctions publiques depuis le retour du Roi, avaient droit à une pension, non seulement je n'ai jamais reçu le traitement de mon grade de colonel, mais j'ai refusé même la solde de retraite, et n'ai jamais touché une obole de personne. A toutes les époques, on s'est servi de moi ; mais tout ce que j'ai pu faire, je l'ai fait à mes frais, dépensant même une partie de ma fortune. Si je le raconte ici, c'est que je lègue à mes enfants, comme un titre d'honneur, le souvenir de mes sacrifices pour soutenir la cause des Bourbons, que j'ai servie à la fois avec la conviction d'un légitimiste, et avec la reconnaissance d'un page pour la personne et la famille de l'infortuné Louis XVI.

EXTRAITS

DES

RÉCITS DE LA COMTESSE DE SEMALLÉ

1. — LA TERREUR [1].

C'est au commencement des scènes sanglantes de la Révolution, le 25 juillet 1789, que je reçus le jour. Beaucoup de châteaux étaient pillés à cette époque, et ma mère était encore alitée, quand les brigands se présentèrent à Nully, où elle habitait chez son père. On eut le temps de la descendre dans une cave, pour lui épargner la vue de ces ravages et les insultes de ces bandits.

Dans les premiers jours de 1791, quittant Nully pour toujours [2], mes parents rentrèrent à Saint-Dizier. Ce fut aussi le moment où mes grands-parents de Mandat émigrèrent, emmenant avec eux leurs trois plus jeunes fils et leur seconde fille [3]. Ils gagnèrent Coblenz, d'où ils espéraient revenir au bout de peu de temps. Mon oncle de Bienville de Puellemontier [4] les suivit en juin 1792. On ve-

---

1. Ces récits, portant surtout sur des événements de famille, ne pouvaient être reproduits en entier. Nous nous bornons à en détacher deux fragments où les faits, et même la vivacité des impressions, paraissent n'être pas sans intérêt pour l'histoire.

2. Avant de quitter Nully, ma mère y eut une seconde fille, ma sœur Henriette (née le 20 décembre 1790).

3. Anne-Sophie, qui a épousé M. de la Madeleine-Ragny. — Les trois fils étaient Charles et Martial, chefs chouans, et Antoine-Galiot, qui a épousé Adèle Le Bas du Plessis.

4. Il a épousé Mlle de Ferrette, dont il a eu Mmes de Meyronnet et de Montureux. — Son père était Maurice-Jean-Baptiste de Thomassin, comte de Bienville, et sa mère, Marie-Adrienne-Anne de Beurville. — Il avait deux frères : 1° Louis-Jean-François-Adrien de Thomassin de Bienville,

nait d'apprendre la fuite de la famille royale, et mon oncle de Bienville, au moment d'émigrer, avait refusé de concourir aux mesures prises pour l'arrêter.

On sait les scènes qui suivirent la rentrée du Roi à Paris ; et bientôt la journée du 10 août, d'horrible mémoire, vint jeter le deuil et la consternation dans notre famille. Ce jour-là, le frère aîné de mon grand-père, le marquis de Mandat, commandait la garde nationale de Paris, et il avait reçu de Pétion l'ordre de repousser la force par la force. Sommé par les représentants du peuple de se dessaisir de cet écrit, il s'y était refusé. Peu après, appelé à l'Hôtel de ville, il s'y rendit à la prière de Louis XVI, et fut massacré sur les marches du perron : son corps fut jeté à la rivière. Ce n'était pas un tout jeune homme, comme plusieurs l'ont prétendu ; il était déjà grand-père, et sa petite-fille avait six mois de plus que moi.

Cependant les ressources emportées par mes grands-parents à Coblenz s'épuisèrent rapidement, et ils durent congédier leurs domestiques. Toutefois, dans leur infortune, ils eurent la consolation de voir que trois d'entre eux refusèrent de les quitter. La pauvre et triste famille fut obligée de s'éloigner de plus en plus de la patrie, et dut chercher un refuge à Mitau, dans la Courlande.

Un jour, pendant que ma mère s'amusait à me chanter « Il pleut, il pleut, bergère, » mon père entra lui apprendre que les biens de ses parents émigrés venaient d'être mis en vente. Ma mère se mit à pleurer, et moi aussi. Lorsque mon père fut parti, elle voulut me consoler et reprit la chanson. Mais mon père, l'entendant, rentra et lui

qui a épousé Sophie de Brienne, dont il a eu plusieurs enfants, entre autres Mᵐᵉ de Joybert, qui a seule laissé une postérité ; 2⁰ Alexandre de Thomassin de Bienville, qui a épousé Alexandrine-Claudine-Félicité de Mandat, dont il a eu Mᵐᵉˢ de Semallé et de Guitaut.

reprocha sa légèreté et son insouciance : ma mère recommença à pleurer.

J'étais bien jeune alors, pourtant il ne me souvient que trop que, pendant l'hiver 1793-1794, au milieu de la nuit, nous fûmes éveillées par un grand fracas. J'entendis le cliquetis des armes et le son de voix fortes et étrangères. On venait arrêter mon père pour le conduire en prison. Quel réveil ! Mon pauvre père fut enfermé à Saint-Dizier, et ma sœur et moi restâmes seules avec notre mère. Au bout de peu de jours, elle-même nous fut enlevée : je n'ai jamais su ni quand ni comment. J'avais aussi remarqué la disparition d'une chaise de velours dont elle se servait. Quand je demandais ma mère, on me répondait qu'elle allait bientôt revenir de voyage.

J'aimais à caresser nos chevaux ; mais un jour que je voulais aller les voir, on me répondit qu'ils n'y étaient plus ; que la nation s'en était emparée. Ces mots de « nation, » de « patrie, » de « patriote, » qui retentissaient sans cesse à mes oreilles, m'ont laissé une impression dont, aujourd'hui encore, je ne suis pas maîtresse. On m'a raconté que quand je rencontrais, sur le chemin, des personnes qui pleuraient, et c'était bien commun alors, je leur disais : « Vous avez donc une nation chez vous, puisque vous pleurez : nous en avons une chez nous, qui nous a fait tant de mal ! »

Je me rappelle parfaitement mon père dans sa prison assis sur un fauteuil, silencieux et morne. Debout entre ses genoux, je l'embrassais ; je prenais ses habits, sa main, sans qu'il parût s'en apercevoir. Je ne sais pas comment j'étais arrivée jusqu'à lui, ni comment j'en ai été séparée. Je me demande quelquefois si ce n'est pas un songe.

Mon oncle de Bienville fut également enfermé à Saint-Dizier, et sa belle-sœur de Puellemontier, sœur du bailli de Ferrette, ne tarda pas à aller l'y rejoindre, avec ses deux filles, âgées d'environ vingt ans.

Ma tante m'a confié depuis que, dans la prison de Saint-Dizier, ma mère lui avait dit, un matin : « J'ai rêvé qu'on a trouvé chez nous des pièces compromettantes et que nous allons être condamnés à mort. » Rien n'était plus vrai. Un certain Pertat, membre du district, accompagné d'un commissaire, avait fait la visite chez mes parents, avec la rigueur la plus minutieuse. Dans un carton, que ma mère avait examiné devant moi, et qu'elle avait repoussé ensuite négligemment, disant qu'il fallait bien « leur laisser quelques os à ronger, » on avait saisi des lettres écrites par mes grands-parents émigrés pour demander des secours. Ce sont les pièces qui, envoyées à Paris et lues devant le tribunal révolutionnaire, ont servi de prétexte à la sentence de mort rendue contre mes malheureux parents.

En effet, transférés peu après à la Conciergerie, ils furent condamnés, le 12 mai 1794, sur un réquisitoire de Fouquier-Tinville, et exécutés le soir même, à cinq heures, sur la place Louis XV, en même temps que le comte de Lastic, et deux jours seulement après Madame Élisabeth. Mon père avait quarante-quatre ans et ma mère vingt-six. Il paraît que la fureur révolutionnaire n'a pas fait d'autres victimes à Saint-Dizier.

Ne voyant plus mes parents, je les redemandais sans cesse, surtout ma mère : on me répondait toujours qu'ils reviendraient, et qu'on ne savait pas quand. Dans ce même mois de mai, un soir, au moment où on allait nous coucher, des hommes ouvrirent la porte avec un grand bruit. Ils dirent que la maison était devenue la propriété de la nation ; que les petites citoyennes devaient en sortir aussitôt. Notre bonne, en pleurant, leur demanda et obtint d'eux qu'on nous y laissât encore seulement pour passer la nuit. Le lendemain, comme on nous préparait, on entrait en foule et la vente commença. Je ne comprenais rien à tout cela ; seulement je n'ai pas oublié qu'un huissier m'arrêta et voulut m'arracher ma poupée, qui figurait, paraît-il, sur l'inventaire. Alors une voix compatissante s'écria : « Mettez donc la poupée sur ma note, et laissez aller cette enfant ! »

On nous conduisit chez ma tante de Bienville, qui, depuis l'arrestation de son mari, retenu encore en prison, avait pris un logement à Saint-Dizier. Là on nous sépara de la bonne à qui nous avions été confiées. Je me jetai à son cou ; je ne voulais pas la laisser partir. Il fallut employer la force pour me faire lâcher les mains : puis elle disparut.

Tous les deux jours on nous menait à la prison voir nos autres parents détenus. Chaque fois, ma tante de Puellemontier ou mes cousines enlevaient mon bonnet, pour voir, disaient-elles, mes beaux cheveux. Je ne tardai pas à m'apercevoir que, sous ce bonnet, on glissait des petits papiers. Un jour, je dis par malice : « Je vais demander au geôlier de regarder, lui aussi, si j'ai des beaux cheveux ! » Ces dames, fort effrayées, me mirent dans la confidence, et je continuai sciemment le service de courrier jusqu'à la fin de la Terreur.

Cependant, j'ignorais toujours ce qu'étaient devenus mon père et ma mère. Je regardais dans tous les yeux et j'interrogeais sans cesse tous ceux qui m'approchaient. J'étais toujours aux aguets, écoutant les personnes qui parlaient à voix basse, lorsqu'un jour je surpris ce propos : « Ils ont été guillotinés ! » N'en comprenant pas le sens, je le répétai plusieurs jours pour ne pas l'oublier. Plus tard, j'osai questionner une jeune fille plus âgée que moi, et c'est elle qui m'expliqua l'horrible vérité.

Peu après, comme j'étais tristement assise dans un coin du salon — c'était en 1795 — arriva une lettre de Puellemontier, que ma tante de Bienville lut à demi-voix. Je l'écoutais attentivement pour ne pas exciter sa défiance, et j'entendis ces mots : « Vous savez, ma sœur, que leur mère, avant de partir pour le grand sacrifice, me recommanda ses deux filles, surtout Zoé. » On me mit bientôt sur une charrette, et je n'emportai d'autres effets que ceux que j'avais sur moi. Ma tante de Bienville garda pour ma sœur le peu que nous possédions.

Après l'émigration de mes grands-parents de Mandat, tous leurs biens avaient été confisqués et vendus. Mon père avait alors racheté la terre de Nully. Après qu'il eut été exécuté, cette terre fut saisie de nouveau, revendue, et la nation en toucha encore le prix. La première vente était faite comme bien d'émigré ; la seconde, comme bien de condamné à mort [1]. La chute de Robespierre empêcha seule que tout ce qui restait de mes parents pût être aliéné par la nation.

L'aîné de mes oncles de Mandat, qui n'avait pas accompagné ses parents en émigration, fut alors nommé notre tuteur. Un moment, effrayé, il avait passé la frontière ; mais, héritier de la terre importante de Grancey et officier de marine, il était rentré presque aussitôt [2].

Cependant mes grands-parents de Mandat, après être restés quelque temps en Courlande, étaient revenus en Bavière, à Erlangen, où ils travaillaient tous en commun

---

[1]. C'est, à ma connaissance, le seul exemple d'une double vente sous la Terreur. Nully était une terre de quarante mille livres de rentes. Sous la Restauration, après le vote d'un milliard d'indemnité au profit de ceux qui avaient été spoliés, nous ne reçûmes pas un centime.

[2]. Il épousa, au commencement de 1799, Mlle Pauline de Pâris, dont le père avait été président de la Chambre des comptes et dont la mère, une demoiselle Boula de Montgodfroy, s'était mariée en secondes noces avec M. de Saint-Chamans.

pour subvenir à la vie de chaque jour. Leurs fils cadets, mes oncles, s'engagèrent à l'armée de Condé ; puis, passant par l'Angleterre, ils gagnèrent l'ouest de la France, où ils prirent du service sous les ordres du comte Louis de Frotté. Charles y reçut une balle qui lui brisa la clavicule ; quant à l'intrépide Martial, il fut un des héros de cette guerre et y fit des prodiges de valeur. On l'appelait le « balafré, » parce qu'un coup de sabre lui avait fendu le nez quand il servait aux hussards de Choiseul.

Il était connu par sa bravoure et aussi par son bon cœur. Un jour qu'il commandait, en l'absence de Frotté, un jeune homme fut pris rôdant autour du camp, près de Vire. Les soldats voulaient le fusiller. Mon oncle, frappé de son air calme, lui dit : « Crie vive le Roi ! et je te fais grâce. » Le bleu cria : « Vive la république ! — Eh bien, reprit mon oncle, crie vive Dieu ou vive le diable ! vive le Roi ou vive la république ! et va-t'en. » Le pauvre prisonnier crut qu'on se moquait de lui ; mais voyant que mon oncle Martial lui répétait de s'en aller, il poussa le cri de : « Vive le Roi ! » s'enrôla sous ses ordres, et l'accompagna partout. — En 1798, Frotté était retourné en Angleterre ; on espérait que le parti militaire mettrait un terme aux crimes de la Terreur ; il régnait une sorte d'accalmie. Mon oncle Martial se retirait alors près de la Haye-Piquenot, chez une de ses cousines, Mme de Bamaresq, dont le mari avait émigré en Angleterre. On a dit qu'une liaison trop tendre contribuait à le retenir auprès d'elle. Il fut arrêté sur la dénonciation d'une boulangère [1], surprise de la quantité de pain qui se consommait dans la maison. Mme de Bamaresq perdit la tête en voyant approcher la police ; on dit même qu'elle se jeta sur Mar-

---

[1]. Voir La Sicotière, *L. de Frotté*, t. II, p. 201 et s.

tial à corps perdu et l'empêcha de se défendre. Avec lui on saisit son aide de camp, le jeune Auguste Le Breton, porteur de la correspondance de Frotté, et deux agents royalistes, MM. Émery et Bernard. La nouvelle de son arrestation causa une véritable agitation dans la ville de Caen : on voulait y faire un mauvais parti à la boulangère. Martial fut condamné à mort et fusillé dans les fossés du château, le 7 vendémiaire an VII. Ses camarades et son frère Charles avaient promis beaucoup d'argent pour le sauver; mais les précautions prises par le commandant de la place paralysèrent tous leurs efforts. Quant à son frère aîné, le comte de Grancey, à la nouvelle de cette arrestation, il était parti de Bourgogne à franc étrier, mais ne put arriver que quelques heures après l'exécution.

II. — LE 31 MARS 1814.

Ce fameux 1814! Cette époque de si grands changements! Cette Restauration, si ardemment désirée par les royalistes, et qui, contre leurs vœux, a eu pour principal souci de sanctionner l'état de choses créé par vingt années de révolution et de tyrannie! L'avais-je assez désirée! Avec quel bonheur je l'avais acclamée! Quelle n'avait pas été alors mon indignation, en entendant une personne arrivée de Londres me dire, d'un ton compatissant et prophétique : « Bon Dieu! Madame, on ne revient pas d'une exaltation semblable à la vôtre sans qu'il en coûte beaucoup, et vous ne pouvez pas manquer d'en revenir. Souvenez-vous que les Bourbons ne peuvent rentrer en France que pour la perte du pays. »

Enfin, nous voilà donc aux premiers jours de 1814. M. de Semallé était parti à la recherche d'un prince de la maison de Bourbon, et moi, j'avais promis de ne pas quitter Paris et d'y attendre l'arrivée d'un bijou qui devait nous servir de signal. Tous les royalistes affluaient chez moi. On y venait la nuit comme le jour ; chacun m'amenait un parent, un ami, qui devait, disait-on, se rendre utile au dernier moment.

J'étais inscrite sur les listes de Savary comme la plus implacable adversaire de Napoléon, et comme rassemblant chez moi tous les mécontents : néanmoins, je n'étais pas effrayée pour moi-même. Mon cœur n'était agité que par la pensée des dangers que courait, loin de moi, celui que je savais n'en redouter aucun pour sa personne ; que je savais capable de tout entreprendre pour atteindre le but qu'il s'était proposé. Chose extraordinaire, ce fut par l'entremise d'un des agents de l'ambassade à Châtillon que je reçus des nouvelles de M. de Semallé. Ce fut aussi après avoir passé par les mains d'un fonctionnaire de l'Empire que la breloque, destinée à nous servir de signal, fut remise entre des mains royalistes. M. de Mortfontaine, qui l'avait reçue, vint me l'apporter. Mais ne me trouvant pas, il se rendit chez le royaliste qui avait refusé de la recevoir, et qui, plus terrifié encore qu'à l'arrivée du courrier Lavoisier, la prit et la brisa dans un mortier, comme s'il craignait que ce bijou ne déposât contre lui. J'ai beaucoup regretté cette petite tête de nègre.

Enfin M. de Semallé arriva le 17 mars, sans autre passeport français que les pouvoirs de Monsieur. Je le trouvai très changé. La fatigue et l'inquiétude l'avaient rendu malade. Il me raconta qu'il avait vu le comte d'Artois à Vesoul, et était revenu parce qu'il savait qu'il devait y avoir à Paris un agent de ce prince, muni de pleins pouvoirs. — « Que la femme de cet homme est heureuse ! » m'écriai-je. — Cet élan l'enchanta ; car il avait d'abord craint de m'inquiéter en m'apprenant la mission dont il s'était chargé. Il me confia alors que j'étais cette heureuse femme, et j'en éprouvai le plus grand plaisir.

Comme la police se doutait de quelque chose, M. de Semallé ne pouvait faire un pas sans être suivi par des agents; ce qui ne l'empêcha pas de préparer, par des moyens de toutes sortes, le mouvement qu'il voulait opérer à Paris avant l'entrée des alliés. Dès le 19, il fit connaître ses pouvoirs à M. de Sèze et à toutes les personnes sur lesquelles il croyait pouvoir compter.

Marie-Louise fit la sottise de quitter Paris avec son fils. Une femme d'un autre caractère, qui se fût rendue au-devant de son père et lui eût demandé sa médiation auprès des souverains, eût, je le crois, bien dérangé nos projets. Mais il était écrit qu'ils devaient s'accomplir.

Le mercredi de la Passion, 30 mars, l'armée alliée, qui avait passé la nuit aux portes de la capitale, l'attaqua de grand matin. Je fus éveillée par le canon. Que de sentiments ce bruit fit naître ou ranima dans mon cœur! M. de Semallé partit pour travailler à l'exécution de son plan; et moi, je courus sur les boulevards, tout remplis de la fumée de la poudre. On attaquait Montmartre; les bombes et les boulets tombaient de tous côtés. Je parcourus une partie de mon quartier, je pourrais dire comme une folle. Je n'avais nulle frayeur. Ou Paris, reconnaissant enfin ses souverains légitimes, allait se faire pardonner ses forfaits; ou Paris, coupable, allait bientôt en porter la peine : telles étaient les premières pensées qui se pressaient dans mon esprit. Cependant, vers dix heures, je réfléchis que ce jour de bataille pourrait être le dernier de ma vie, et que je ferais bien de prendre quelques précautions pour l'autre monde. J'entrai à l'église de l'Assomption, qui était déserte. Je n'y trouvai que le curé, M. de Jerphanion, frère du préfet de Chaumont. Il avait l'air triste et pensif. Le calme qui régnait dans cet édifice, contrastant avec le fracas extérieur du canon qui ébranlait le dôme, me fit une grande et religieuse impression. Je sortis tranquille et heureuse, et je rentrai chez moi pour me munir d'argent. Je voulais en distribuer aux blessés, dont Paris était déjà encombré.

Je descendis la rue Saint-Honoré, et à tous les soldats que je rencontrais, j'offris un secours au nom du roi Louis XVIII. Le plus grand étonnement paraissait sur tous les visages. On me suivait sans rien dire. Parfois quelques voix s'élevaient, en m'entendant parler du Roi; mais d'autres ne manquaient pas de répondre : « Le bien n'est-il pas toujours le bien? Peu importe au nom de qui il vienne ! » J'arrivai ainsi jusqu'à la place Vendôme, où de nombreux blessés étaient étendus sur le sol. Frappée de l'expression de douceur et de souffrance de l'un d'eux, je l'abordai en lui présentant 20 francs. Il les refusa : « Donnez-les à un autre, répondit-il ; il me reste trop peu de temps à vivre. » Je le questionnai ; il m'apprit qu'il était du Nivernais, et que, pour la première fois, il avait été au feu le matin. Je lui dis que je voulais le soigner comme un soldat de mon Roi légitime, et que je souhaitais de pouvoir soulager ainsi tous ceux qui souffraient. La surprise des spectateurs redoublait à mes paroles ; on me regardait ; on restait muet. J'aidai ce jeune homme à se lever, et nous gagnâmes la maison, où, après trois mois de soins, j'ai réussi à le guérir. Plusieurs personnes nous avaient suivis. En refermant ma porte, je leur dis : « A demain, mes amis; nous crierons tous : Vive le Roi ! »

Cependant l'attaque de Paris était poussée avec vigueur. L'empereur Alexandre, voyant le grand nombre de victimes que faisait son artillerie, fit, dit-on, relever le tir, pour épargner les assiégés. Vers trois heures après midi, une capitulation fut signée. Elle laissait aux troupes de ligne le reste de la journée pour évacuer la ville, et autorisait la garde nationale à les remplacer pour maintenir l'ordre.

Ce fut à ce moment que M. de Semallé et les personnes avec lesquelles il s'était entendu depuis le 18 organisèrent à grands frais ce mouvement « général et spontané, » que les alliés avaient demandé et qui devait paraître le vœu de la nation.

Au point du jour, le lendemain 31 mars, il envoya deux émissaires au quartier général des alliés, l'un au baron de Korff, l'autre au comte de Langeron, pour les engager à favoriser la manifestation. C'est alors que j'arborai à ma fenêtre le premier drapeau blanc. La joie si inespérée de pouvoir dresser cet emblème au milieu de la capitale de l'empire de Napoléon me causa un tel saisissement, que je tremblais de tous mes membres; que je pouvais à peine articuler le premier cri de : « Vive le Roi ! » Il se fit aussitôt un attroupement sous mes fenêtres. Tout le monde s'arrêtait : le sentiment qui dominait était la surprise. Peu après, un corps de l'armée de Marmont étant venu à passer sur le boulevard pour se rendre à Versailles, des soldats virent flotter le drapeau blanc. Il y en eut qui, avec des gestes menaçants, crièrent : « Qui donc a cette audace? — C'est moi, répondis-je; et vive le roi Louis XVIII ! » — J'entendis : « Il faut brûler cette maison. — Vous n'en aurez pas le temps, répliquai-je vivement; les cosaques sont à la porte Saint-Denis. » Et ils continuèrent à passer.

Je ne rapporterai pas ici tous les détails de cette journée extraordinaire du 31 mars, qui a eu des résultats si immenses. Ce ne fut pas sans peine qu'on parvint à donner l'élan. Enfin, il éclata, le mouvement royaliste! Les mécontents se cachèrent. Notre parti, qui se sentait soutenu, se montra seul, et demanda à grands cris les Bourbons sur toute la ligne que devaient suivre les alliés. Les autres quartiers de Paris restaient mornes, et on y insultait aux insignes royalistes que l'on essayait d'arborer. Dans certains, la garde nationale témoigna un grand mécontentement.

Cependant, M. de Semallé se tenait sur la place Louis XV, près l'hôtel de Coislin. Il agitait un mouchoir blanc et faisait crier : « Vive le Roi! » Survint un poste de gardes nationaux, dont le chef, en l'arrêtant, lui demanda de quel droit il voulait compromettre la ville de Paris et quels gages il avait à offrir à ses habitants. « Je leur offre pour garant, répondit M. de Semallé, la parole de leur Roi. » Et tirant aussitôt de sa poche les pouvoirs qu'il avait reçus de Monsieur, il les présenta aux spectateurs. On se tut. Un vieillard, chevalier de Saint-Louis, ancien officier dans l'armée de Condé, saisissant le papier, s'écria : « C'est bien l'écriture du frère de notre Roi. Dieu a donc ramené ce bon prince parmi nous! » Puis il rendit les pouvoirs à M. de Semallé, et lui dit : « Transmettez ce titre à vos enfants, Monsieur; c'est celui de l'honneur et de la fidélité. » Alors des acclamations retentirent, et M. de Semallé fut entraîné jusque sous mes fenêtres. Les cris redoublèrent à la vue du drapeau. On le demanda, et je le jetai aussitôt. Il fut reçu à genoux et porté en triomphe au-devant des alliés.

Leur armée ne tarda pas à paraître sur les boulevards. Elle y fut saluée, acclamée par une foule qui donnait les marques de l'allégresse la plus vive. Quel imposant spectacle! Quel effet il produisit sur tous les assistants! On eût dit, à ce moment, que ce n'était pas un état-major étranger, mais un roi, chéri de son peuple, qui rentrait dans sa capitale après une longue et glorieuse absence ; qu'il y revenait couvert de lauriers, et ramenant à ses enfants la paix et le bonheur. Les troupes étaient dans la plus belle tenue : généraux, officiers, soldats, tous portaient une branche d'olivier sur leur casque et un brassard blanc au bras. L'infanterie marchait sur trente hommes de front, la cavalerie sur quinze. La musique jouait, avec leurs airs nationaux, notre chant de : « Vive Henri IV ! » Les souverains s'avançaient au milieu de leur état-major, précédant leur garde.

Arrivés sur la place de la Madeleine, ils firent halte. Tant de monde était à mes fenêtres, tant de drapeaux y flottaient, tant de cris en partaient, que tous les regards s'y portèrent. Ivre d'espérance, agenouillée sur mon balcon, à l'ombre d'un grand drapeau blanc, je criai d'une voix forte et assurée : « Vive Alexandre, s'il nous rend nos Bourbons ! » L'empereur de Russie, étonné et attendri, me salua et dit avec vivacité : « Oui, Madame, vous les reverrez. Vive votre roi Louis XVIII, et les jeunes femmes de Paris ! » Un grand silence s'était fait pendant ce dialogue. Il fut suivi des plus chaudes acclamations. Les souverains et les généraux saluèrent du côté de nos fenêtres et continuèrent leur marche.

C'est ainsi que furent reçus, sur leur parcours, les vainqueurs de Napoléon. Ils durent croire que tous les Parisiens les regardaient comme des sauveurs et des amis, et qu'ils avaient été appelés par tous les vœux. Il n'en était pourtant pas ainsi. Dans une ville aussi populeuse que Paris, où tant de partis s'agitaient en 1814, celui qu'une force majeure faisait triompher, quelque faible qu'il fût par lui-même, ne paraissait dominant que parce qu'il se mettait seul en évidence, et sans rencontrer d'opposition.

Tous les royalistes s'étaient rassemblés sur un même point. On avait employé, je le répète, tous les moyens. L'argent avait servi à mettre en mouvement une populace toujours à la disposition de ceux qui la paient. En recevant l'argent que je distribuais, peu avant l'entrée des alliés, beaucoup de gens me demandaient ce qu'il fallait crier ; plusieurs se trompèrent et crièrent : « Vive Louis XVII ! » Il y eut de la résistance dans plusieurs quartiers. Je manquai d'être étouffée au coin d'une rue : on me pressait avec une intention malveillante. Je n'échappai au danger qu'en mettant mes mains sur les épaules de deux hommes entre lesquels je me trouvais, et en me soulevant au-dessus d'eux. Ils me portèrent, de cette manière, jusqu'au bout d'une autre rue, par où je pus me retirer.

Après le défilé des alliés, je parcourus Paris dans un boguet, sur le devant duquel était attaché un drapeau blanc. Ce drapeau fut salué avec enthousiasme sur toute la ligne suivie par l'armée alliée. Au milieu de la rue de Richelieu, je fus reconnue par un groupe nombreux. On me couvrit d'applaudissements : le cheval, la voiture, le conducteur et moi fûmes poussés jusque sur le boulevard. Dans le reste de Paris, on nous insultait ; surtout du côté de la Cité et sur la place du Carrousel.

Je fis chanter, à ma paroisse de l'Assomption, le premier *Domine, salvum fac Regem*, et, en souvenir, je donnai mille francs pour les pauvres du curé, M. Jerphanion. Le 10 avril, jour de Pâques, l'empereur de Russie fit célébrer pontificalement une grand'messe sur un autel élevé au milieu de la place Louis XV. Les chants étaient accompagnés par le canon et par une superbe musique militaire. Assise à une fenêtre de l'hôtel du garde-meuble qui donnait sur la place, j'assistai à cette imposante cérémonie. Ce sacrifice d'expiation, offert sur le lieu même où mes parents et tant d'autres victimes avaient été immolés, me causa une vive émotion.

Le lendemain, M. de Semallé fut informé de l'arrivée de Monsieur à aux, et se disposa à l'y rejoindre. Je voulus être du voyage : M. le duc de Lévis, qui se disait « mon chevalier, » demanda à nous accompagner. Quel voyage, grand Dieu! la route était encombrée de cadavres d'hommes et de chevaux. Il fallait sans cesse passer dans les champs pour les éviter. Des cosaques étaient campés à droite et à gauche, et, en fait, protégeaient les voyageurs contre des bandes de pillards qu'on disait organisées par un gros manufacturier, nommé Richard Lenoir [1]. Meaux était dans le plus triste état. La ville avait été plusieurs fois prise, reprise, pillée, et les Français, en l'abandonnant, avaient fait sauter la poudrière et détruit un quartier. Le prince se tenait dans la maison du maire, qui avait pris la fuite. Il avait pour gardes quatre cosaques, deux au bas de l'escalier, deux en haut. Je ne vis dans l'appartement que quelques chaises et une table de cuisine. Lorsque Monsieur fut averti de notre arrivée, il accourut à moi, prit mes mains, les baisa, en disant, d'une voix attendrie : « Je suis heureux que la première personne que je reçois ici soit la femme de mon bon commissaire. »

La vue de ce prince, sa voix, ses manières, ses paroles, me causèrent un tel saisissement, qu'il me fut impossible de prononcer un seul mot. Je chancelais. Monsieur me soutint, me demandant si je souffrais. Revenue un peu à moi, je lui dis que la joie était plus difficile à supporter que la douleur, parce que, dans ce monde, ces sortes d'im-

---

[1]. Pourtant, peu après, Louis XVIII devait signer le contrat de mariage de sa fille.

pressions nous sont bien plus étrangères. Je fis ensuite beaucoup de questions au prince, qui me répondit d'un air satisfait. En parlant de l'empereur d'Autriche, je dis vivement : « Ce vilain empereur. » Monsieur me montra aussitôt un chapeau orné d'une large cocarde blanche, et me dit : « Ne l'appelez plus vilain : voilà ce qu'il m'a envoyé à Vesoul, » et il m'assura que ce souverain se dévouait dès lors à la cause des Bourbons.

Nous retournâmes à Paris, et Monsieur se rendit au château de Livry, à quatre lieues de la capitale, afin d'y arriver le lendemain, de bonne heure. Enfin, le mardi 12 avril, il fit son entrée dans Paris. Il me reconnut à Notre-Dame et, à ma grande joie, me tendit la main.

Napoléon quitta Fontainebleau le 20 avril, pour se rendre à l'île d'Elbe. Les Français, qui, tant de fois, l'avaient enivré de leurs louanges et de leurs bruyantes acclamations, se répandirent contre lui en menaces, en reproches et en injures. Plusieurs fois il faillit perdre la vie. Que les hommes sont donc misérables !

Talleyrand, qui avait déjà reçu Monsieur à la porte de la capitale, se rendit peu après à Saint-Ouen. Il y harangua le Roi, qui y donna sa fameuse déclaration, où il disait que les ventes des biens du clergé et des émigrés seraient irrévocables. Après tous les sacrifices des royalistes, que pouvait-on faire de plus pour consacrer les spoliations de la Révolution ? Voilà sous quels auspices revenaient les Bourbons ! Aussi, combien de temps sont-ils restés sur le trône ? Talleyrand, au grand scandale du monde, fut nommé ministre de l'intérieur par le philosophe Louis XVIII. Ce fut un beau triomphe pour la philosophie et l'impiété !

D'autre part, les anciens Vendéens, les émigrés, les royalistes qui avaient été particulièrement persécutés, affluaient à Paris. Presque tous avaient vendu leur dernier champ, employé leur dernier sou afin de venir contempler de leurs yeux le maître pour lequel ils avaient fait de si lourds sacrifices. Ils venaient offrir leurs bras et le reste de leur sang. Mais on les repoussait, parce que les Bourbons, rappelés, comme on l'a vu, par le « vœu de la nation, » ne pensaient plus avoir besoin de ces fidèles et braves serviteurs. Alors ils venaient trouver les commissaires du comte d'Artois, dont la demeure leur était connue par les journaux. Comme nous les recevions de bon cœur, M. de Semallé et moi! Comme nous leur donnions volontiers de de quoi regagner leurs foyers! Le père de Georges Cadoudal fut un de nos obligés. Nous sûmes aussi que le bon abbé Caron, entre les mains de qui tant d'argent avait passé, était retenu dans un hôtel garni dont il ne pouvait sortir, faute d'avoir de quoi payer. Il s'y trouvait avec les dames de la charitable maison qu'il avait fondée. M. de Semallé courut lui remettre le nécessaire, puis obtint, pour son établissement, une maison avec une rente de vingt-cinq mille francs.

Quand le Roi reçut les députations des provinces, celle du Maine demanda à avoir à sa tête M. de Semallé, qui refusa et passa le dernier. En entendant son nom, le Roi dit très haut : « Je suis charmé de vous voir, monsieur de Semallé. Je sais les éminents services que vous m'avez rendus. Ils sont gravés dans mon cœur et rien ne pourra les en effacer. » M. de Semallé fut heureux d'entendre ces paroles. Il a bien fait de les garder dans son souvenir, car jamais il n'a reçu d'autre récompense.

APPENDICES

I.

LISTES DES PAGES DE 1787 A 1790 [1].

1º — Avant la Réforme (1787).

Chambre du Roi.

Gouverneur des pages : d'Alvimare.
Sous-gouverneur : chev. de Boisdeffre.

Pages :

de Tuomelin.
de Sainte-Hermine.
de Bigny.
de Montlaux.

chev. de Guéhéneuc.
de Molans.
d'Hézecques.
de Noaillan.

Grande écurie.

Grand écuyer de France : le prince de Lambesc.
Premier écuyer : le marquis de Briges.
Écuyer commandant : de Lançon.

---

1. Ces listes ont été composées d'après des notes écrites par M. de Semallé sur des almanachs de la Cour et de Versailles, sauf la liste de la Grande écurie en 1789, qui est empruntée aux *Souvenirs d'un page* par le comte d'Hézecques. — Nous omettons les listes qui vont de 1790 jusqu'à la chute de la monarchie, parce que, pendant ces dernières années, M. de Semallé avait cessé d'être page.

Écuyers ordinaires :

de la Bigne. chev. d'Abzac.

Gouverneur des pages : du Duit de Romainville.

Sous-gouverneurs :

du Theil. de Servan.

Pages :

de Corn,
de Saint-Ours, } premiers pages.

de Lastours.
d'Ordières.
de Caorches.
de Chamisso.
de Maillan.
de Fribois.
de Genevières.
de Lavardac.
de Navailles.
chev. de Camarzac.
de la Roche du Rouzet.
de Longueville.
Duhomméel.
chev. de Mesnard.
chev. de Landorthe.
de Parlan.
de Toulouse de Lautrec.
de Terves.
de Séguier.
de la Barre.
de Gain.
de Corcelles.
de Chabans.

de la Biochaie
de Laurens.
de Praslin.
du Theil.
chev. de la Planche.
de Fontillaye.
chev. de Maumigny.
chev. de Bournazel.
de Tryon.
de Maisières.
de Fontaine.
chev. de Bernetz.
de Saint-Pol.
chev. de Champsavoy.
d'Hauteville.
du Bouetiez.
de Bec de Lièvre.
de Javerlhac.
de Chateauthierry.
de Villers-la-Faye.
de Kerguesec.
de Maumont.
de Semallé.

Petite écurie.

Premier écuyer : duc de Coigny.

Gouverneur des pages : de Bourgnon.

Sous-gouverneur : de Courtade.

Pages :

de Rollat.
de Chaffoy.
de Lionne.
de Méritens.
de Foucault.
de Tryon.
de Vigny.
de Canchy.
de Reclesne.
de Sainte-Colombe.
de Pons.
de Cussy.
de Ripert.
de Villeneuve.
de Neuville.
de Bonal.
chev. de Montchal.
de Ramfreville.
de Lemps.
des Essarts.

de Brusse.
de Saint-Sauveur.
de Saint-Mauris.
de Saint-Meymy.
chev. de Montaigu.
de Mondion.
du Dressier.
de Léaumont.
de Franqueville.
de Badens.
de Vivens.
de Fouler.
de Nattes.
de Noblet.
de Lastic.
de Lescalle.
de Létourville.
de la Motte.
de Béraud (de Courville).
d'Arzac.

Pages de la vénerie :

de Vaudeleau.
de Cacqueray.

Écuries de la Reine :

Premier écuyer : de Froullay de Tessé.

Pages :

de Beaumont (1er page).
d'Anstrude.
de Poix.
Hotman.
de Belot.
de Laporte.

de la Chevallerie.
de Saint-Aulaire.
de Saint-Pern.
de Goussencourt.
de Séguins.
de Bellemare.

Écuries de Monsieur :

Pages :

de Luppé.
Renaud de Beauregard.
de Sainte-Croix.
de Marquessac.
chev. de Brusse.
de Rocheblave.
de Guilhem de Sainte-Croix.
Foulon du Bosque.
de Castelbajac.
chev. d'Antin.
du Puch.
de Marolles.

Chambre de Monsieur :

Pages :

de Fontenay.
de Couasnon.
de Rosencourt.
N....

Écuries de Madame :

Pages :

de Hautbouté.
de Vassal.
de la Varenne.
de Marigny.
de Méré.
de Beaucorps.
de la Roque.
de Boisrenard.

Écuries du comte d'Artois :

Pages :

de Caire.
de la Faille.
de Nexon.
de Courcy.
de Parny.
de Lux.
de Pages de Beaufort.
chev. du Verne.
Le Merchier de Boishurin.
de Ripert.
Odart de Rilly.
N....

Chambre du comte d'Artois :

Pages :

Peraud de la Béraudière.
du Boisbéranger.
d'Hautpoul.
chev. du Pontavice.

Écuries de la comtesse d'Artois :

Pages :

de Moismont.
de Fages.

APPENDICES.

de la Vieuville.
du Bost.
du Chambon.

de Preigne.
de Mannoury.
d'Aubry.

2° — Après la Réforme (1788).

Écuries du Roi.

Premiers pages :

d'Ordières.
de Lionne.

Pages du Dauphin :

de Landorthe.
du Dressier.

Pages :

de Lastours.
de Chamisso.
du Poérier.
de Badens.
de Fontaine.
de Lastic.
de Bernetz.
de Létourville.
de Saint-Pol.
de la Motte.
de Champsavoy.
d'Hauteville.
du Bouetiez.
de Bec de Lièvre.
de Javerlhac.
de Chateauthierry.
de Villers-la-Faye.
de Kerguezec.
de Maumont.
de Semallé [1].

de Castillon.
de Saunhac.
chev. du Dressier.
de la Forest.
de Franqueville.
de Saignes.
de Barde.
d'Asson.
d'Adhémar.
de Litteau.
de Savignac.
de Bournazel.
de Roquefeuille.
de Vaugiraud.
de Quelen.
Le Vaillant.
de Boucher.
de Larmandie.
de la Tude.
de Griffolet.

1. La troupe du château de la Davière, dont mon grand-père faisait partie pendant qu'il était page (voir p. 12), se composait, vers 1789, de MM. de Louvigny, H. de Labédoyère, de Vauvineux, Laborie, de Semallé ; et de

de Fontaine.
de Pardieu.
du Faur.

de Grave.
de Boucherat.
chev. de Lionne.

ENTRÉES POSTÉRIEURES A LA RÉFORME.

A la Grande écurie, en 1789 :

de Giverville.
de Bigny.
de Dienzie.
de Sarrazin.
de Boisfremont.
de Montlezun.
de Belatte.
de Longueval.
Ch. de Saint-Pol.
Dartaize de Mekenem.
de Biencourt.
de Crandalle.

de Bourgogne.
de Vauquelin.
de Cantwel.
de Conseil.
chev. de Chamisso.
de Champenois.
sir Henry Swinburn.
de Chavigny.
Bonnet de Belon.
Le Douarin.
de l'Espine.

Aux écuries de la Reine, en 1788 :

de Fontaine.
de Forges de Châteaubrun.
de Salvert.
de Courcival.

de Sailly.
de Goyon.
de Carbonnières.

en 1789 :

de Nogent.
de Gourcy.

du Dresnoy.

Aux écuries de Monsieur, en 1788 :

de la Marlière.
de Magnos.

de Clinchamp.
de Bonneval.

M**** de Maupeou, de Louvigny, Laborie, Levayer. Elle a joué des pièces de Racine (Les Plaideurs), de Régnard (Les Folies amoureuses), de Destouches (La Fausse Agnès, Le Philosophe marié), de Marivaux (Les Jeux de l'amour et du hasard), etc.

en 1789 :

de la Girouardière.   de la Garde.
de Baronat.

Aux écuries de Madame, en 1788 :
du Tertre.

en 1789 :

de la Bussière.   du Chatelet.

Aux écuries du comte d'Artois, en 1788 :
de Meautry.   de Milleville.

en 1789 :

de Migot.   de Magnac.
de Tropbriant.   de Labarthe.

Aux écuries de la comtesse d'Artois, en 1788 :
de Ferlet.   du Roy.
de Boissinard.   d'Alcary de la Rivière.
de Patrix.

en 1789 :

de Robertfort.   de Reste.
d'Abené.

Aux pages de la vénerie, en 1783 :
de Cacqueray de la Fontenelle.

en 1789 :

de Boffles.

II.

JUGEMENT ACQUITTANT M. DE FRÉBOURG.

Aujourd'hui, 5 brumaire an VI de la République française, une et indivisible, douze heures du matin, la commission militaire nommée par le général commandant en chef la 17ᵉ division militaire, et créée en vertu de la loi du 25 brumaire an III, et celle du 19 fructidor an V, à l'effet de juger les prévenus d'émigration, s'étant assemblée au lieu ordinaire de ses séances, maison commune, place de Grève, a fait comparaître devant elle le nommé Joseph-Louis-Vincent Frébourg, natif de Mamers, département de la Sarthe, âgé de trente-quatre ans et demi, ci-devant capitaine au 5ᵉ régiment d'infanterie, vivant présentement de son revenu, prévenu d'émigration.

La commission, après avoir pris connaissance des pièces tant à charge qu'à décharge, après avoir interrogé et entendu le prévenu dans ses moyens de défense, le président, après avoir recueilli les suffrages suivant la forme prescrite par les lois, a déclaré à l'unanimité : — qu'il est constant que le nommé Joseph-Louis-Vincent Frébourg ne s'est pas rendu coupable du crime d'émigration; ce qui est prouvé par le certificat de la commune de Rouen, en date du 14 frimaire an V, qui lui a été délivré sur l'attestation de trois témoins et après trois jours d'affiche; lequel porte que le citoyen Joseph-Louis-Vincent Frébourg a habité la commune de Rouen depuis le 9 février 1792 jusqu'au 14 frimaire an V; — qu'il est constant que c'est par erreur que l'ex-ministre de la police Cochon a lancé contre lui un mandat d'arrêt; — qu'il est constant qu'il n'a jamais été porté sur les listes des émigrés des départements de la Seine-Inférieure et de l'Orne;

D'après ce, la commission militaire a jugé en son âme et conscience que Joseph-Louis-Vincent Frébourg, habitant lors de son arrestation la commune du Bois-Guillaume, canton du Mont-aux-Malades, département de la Seine-Inférieure, n'est pas coupable du crime d'émigration, l'acquitte et le met en liberté; — ordonne que le présent jugement sera exécuté suivant sa forme et teneur, s'il n'est détenu sous toute autre cause, et ce, à la diligence du ministre de la police générale et du général commandant la 17ᵉ division militaire; et, à cet effet, expédition du présent jugement sera adressée de suite à l'un et à l'autre, ainsi qu'au citoyen Frébourg.

APPENDICES. 363

Jugé en séance publique lesdits jour, mois et an que ci-dessus.
Signé : *Le président*, CATHOL.
Le secrétaire, F.-M.-H. CORROLLER.

III.

MÉMOIRE DU GÉNÉRAL DE TILLY.

Le 22 frimaire an II, 12 décembre 1793, je commandais l'armée des côtes de Cherbourg, disposé à profiter de toutes les circonstances pour servir l'auguste maison de Bourbon. Il s'en présenta une, pour ainsi dire infaillible : pour ce, il fallait un prince, et mon malheur voulut qu'il en fût autrement. J'avais connu M. le comte de Semallé lorsqu'il était page du Roi; je l'avais revu à Liège en 1791 et après la campagne de 1792; je connaissais tout son dévouement au Roi : il sait que je cherchai à seconder ses desseins et à favoriser ses entreprises.

En 1796 (janvier), je fus revêtu du commandement en chef des neuf départements réunis [1]; je m'occupais des dispositions nécessaires pour servir mon légitime souverain, lorsque je fus nommé successivement chef de l'état-major général des armées du Nord et de Sambre-et-Meuse. M. le comte de Semallé n'a point oublié tous les moyens que j'employai pour servir et protéger les personnes dévouées à la bonne cause, et qu'il m'adressait, soit pour leur faire passer les frontières, soit pour les faire rentrer en France.

Peu avant le 18 fructidor, j'étais chef de l'état-major de l'armée de Sambre-et-Meuse. M. le comte de Semallé vint de Paris me prier de lui faciliter les moyens de se rendre à Francfort, où il fut, et fit rentrer des émigrés pour soutenir le mouvement.

---

1. On sait qu'on appelait ainsi les nouveaux départements formés en Belgique.

Le moment de servir le Roi me parut arrivé lorsque, le 7 messidor an VII (26 juin 1799), je fus nommé au commandement en chef des 24ᵉ et 25ᵉ divisions militaires. Mon quartier général était à Bruxelles. M. le comte de Semallé s'y rendit, et se présenta alors à moi comme agent intérieur et secret de l'armée royale de Normandie, dont le brave et malheureux comte de Frotté était le chef. Il me montra des dépêches de ce général, écrites des environs d'Argentan, et plusieurs lettres de madame la duchesse de Choiseul, veuve de l'ancien ministre de ce nom. Nous concertâmes nos mesures, d'abord pour sauver les naufragés de Calais, pour lesquels M. le comte de Semallé et madame la duchesse de Choiseul travaillaient depuis quelque temps. Il fut décidé que M. le comte de Frotté, ainsi qu'il se le proposait, se rendrait dans l'étendue de mon commandement, avec les troupes sous ses ordres, passant la Picardie, la Flandre, où il avait des partisans, ainsi que dans la ville de Lille. En même temps, favorisé par l'invasion de la Hollande que projetaient les Russes, je disposai tout pour que M. le comte de Semallé s'embarquât à Ostende et allât à Londres supplier un de nos princes de se rendre dans la Belgique, où mon commandement en chef [1] et plus encore, j'ose le dire, la conduite que j'y avais tenue, me donnait un pouvoir absolu. Mais, soit que les Russes connussent mal le terrain, soit qu'ils ne fussent pas soutenus comme ils paraissaient le croire, ils furent battus par le général Brune, qui cependant pensait à la retraite. M. le comte de Semallé, qui s'était rendu en Hollande pour me tenir au courant de l'opération, revint désespéré m'annoncer notre malheur.

Peu de temps après, M. le comte de Semallé fut incarcéré avec M. Humbert, ancien avocat de Nancy, qu'il avait ramené de Francfort sous le nom de Michaelis, et qu'il avait employé pour faciliter la marche des troupes venant de Normandie.

---

1. D'après un arrêté du 27 fructidor an VII (13 sept. 1799). « Le général Tilly, commandant les neuf départements réunis, est placé sous les ordres immédiats du général Brune, commandant en chef en Batavie. »

Sur l'avis qui m'en fut donné par M. Lépine, commissaire des guerres employé à Beauvais, je les fis mettre en liberté par le ministre de la police et le général Bernadotte, alors ministre de la guerre, maintenant prince royal de Suède.

Une partie de ces projets, connue de Bonaparte, fut cause de l'assassinat de M. le comte de Frotté et de son état-major; je perdis mon commandement.

Du nombre des naufragés de Calais étaient MM. le duc de Choiseul-Stainville, pair de France; le marquis de Vibraye, pair de France, aide de camp de S. A. R. Monsieur; le chevalier de Montmorency. Si ces messieurs n'ont point encore perdu le souvenir de leurs souffrances, ils n'auront pas perdu le souvenir de ce que j'ai voulu faire pour eux.

Jaloux de faire connaître à mon Roi que, dans tous les temps, il dut me compter au nombre de ses plus fidèles et dévoués serviteurs, il m'importe d'avoir l'assertion de personnes qui peuvent en donner l'assurance.

Le comte DE TILLY,
lieutenant général des armées du Roi [1].

Le soussigné certifie que tous les faits cités par M. le lieutenant général comte de Tilly sont à ma connaissance; que, particulièrement en l'an VII, toutes les dispositions furent faites par ce général pour sauver les naufragés de Calais, qui alors étaient aux casemates de Lille, et qu'à la même époque je me suis rendu près de lui, de la part de M. le comte de Frotté, pour le service du Roi.

En foi de quoi j'ai signé ce certificat comme conforme à la vérité, qui peut toujours être justifiée, ayant conservé entre mes mains une partie des pièces originales.

A Paris, ce 7 septembre 1816.

Signé : Le comte DE SEMALLÉ.

---

[1]. Le général Delaistre de Tilly (Jacques-Louis-François), né à Vernon en 1749, mort à Paris le 10 janvier 1822. — Pendant l'Empire il avait servi surtout en Espagne. Il était à la retraite depuis le mois de septembre 1815.

C'est un hommage que je dois à la vérité et à la reconnaissance, de déclarer la vérité de tout ce qui est contenu dans cette note relativement à mes compagnons d'infortune et à moi. M. le comte de Semallé pénétrait quelquefois dans les casemates de la citadelle de Lille et nous apportait des espérances, toutes fondées sur ses communications avec M. le lieutenant général de Tilly; il nous donna de sa part toutes les assurances possibles, non seulement d'intérêt, mais de tentatives pour nous délivrer. Les circonstances, qui changèrent les événements de Hollande en l'an VII, ne permirent pas l'exécution de ses généreux desseins; mais ses sentiments et offres de ses services sont toujours gravés dans ma mémoire et dans mon cœur.

Signé : Le duc DE CHOISEUL [1].

IV.

AFFAIRE DES NAUFRAGÉS DE CALAIS.

— 1° —

[La duchesse au duc]. — [Paris] 8 pluviôse, soir [an VII, 27 janvier 1799] [2].

Vous me faites trembler, du projet de m'écrire par ce jeune homme : cependant s'il m'arrive fidèlement, soyez sûr que je le traiterai avec toute la considération que je dois à son père.

C'est notre jeune et charmant ami qui vient de me remettre votre lettre du 5 [24 janvier]. Il m'a appris que vous devez

---

[1]. Ce mémoire a été imprimé en quatre pages in-4. L'original, écrit entièrement de la main du comte de Tilly, se trouve aux Arch. de la guerre. — Il paraît, d'après une lettre de 1819, que le général avait lui-même soumis au Roi « les preuves de son dévouement, dans une audience particulière. »

[2]. Cette lettre, où se reconnaît avec certitude l'écriture de la duchesse, se trouve dans le dossier de l'affaire des naufragés, parmi des pièces interceptées (Arch. nat., F7 6194*). Nous la reproduisons, parce que le jeune ami dont il est question paraît être M. de Semallé.

être déjà transféré à la tour Saint-Pierre, sous la garde militaire; il ne croit pas que ce soit une mesure de rigueur pour vous, mais de simple décharge pour l'administration [1]. On travaille de son mieux à vous procurer tous les adoucissements que votre état comporte. Ainsi, j'espère que vous n'en serez pas plus mal, et que ce déplacement assurera votre séjour auprès de vos amis. D'ailleurs, si l'emplacement ne peut vous contenir tous, il y a [à] parier qu'on vous disséminera en différents endroits. Il compte avoir ce soir des détails sur cette translation et me les donner demain; mais alors cette lettre sera partie.

Vous avez toutes mes réponses sur les lettres, les résolutions, et le retour de l'ami. Je crois qu'il avait bien vu quand il ne voulait pas qu'on remuât cette affaire, et que vous devez être fort obligé au gouvernement qui vous a tiré des griffes des enragés. Adieu, cher enfant....

[P.-S.] Je reçois votre second 5 [24 janvier]: il me déchire le cœur. On ne m'avait pas dit que vous deviez être plus mal, et au contraire, on m'avait fait espérer que vous seriez mieux. Celui qui m'avait donné et peut-être ménagé ces premières nouvelles vient dîner aujourd'hui avec moi. Je verrai s'il est mieux instruit, ou s'il voudra m'en dire davantage. Certainement les amis que vous avez ici vous serviront de leur mieux, et jugez si je les implorerai. Au moins soyez sans inquiétude sur le coup fourré de décision [2]: je vous réponds qu'il n'y en aura pas, et, jusqu'au retour de l'ami, soyez sûr qu'il n'y en aura pas d'autre, qu'il ne peut pas y en avoir d'autre que

---

1. A la suite d'une discussion aux Cinq-Cents (*Mém. de Choiseul*, p. 153), Merlin avait dénoncé les facilités que les naufragés trouvaient, disait-il, dans la prison trop douce des Bons-Fils, pour communiquer au dehors et concerter peut-être une évasion (lettres des 14 et 21 janvier). Le ministre de la police venait donc de prescrire (25 janvier) leur translation dans la tour Saint-Pierre, qui était la prison des condamnés. — Le 9 février, les naufragés allaient subir une nouvelle aggravation, et être enfermés dans les casemates malsaines de la citadelle.

2. Il s'agit de la décision sur le sort des naufragés, qui était pendante devant les Conseils.

celle que je vous ai dite; à moins que ce ne soit nous qui veuillons la risquer, et qu'il nous soit possible de l'oser. Adieu, mon pauvre enfant; je n'en peux plus.

— 2° —

[Le duc à M. de Semallé]. — Ce 26, soir [septembre 1799].

Pour le jeune cousin [1],

Depuis votre départ, combien de choses nouvelles! Vous voyez que le plan que j'ai suivi n'est pas mauvais, puisque je me disais toujours que je retirerais un jour un avantage de ma position. Il ne me paraît pas douteux que le rapport des lois révolutionnaires aura lieu, quand ce ne serait que par politique. Il me paraît de même que la loi relative à nous n'éprouvera pas de difficultés; et je me trouve dans un cas plus favorable que tous les autres expatriés, car victime, depuis quatre ans, de dénis successifs de justice, cela compte toujours tôt ou tard [2]. La personne avec laquelle vous avez causé est contente et remplie d'espoir. Elle voit tout en couleur de rose. Comme vous êtes sur le théâtre des événements, vous pouvez juger mieux qu'un autre de la direction des affaires.

Rien encore de nouveau sur un autre local [3]; mais sans doute cela viendra.

Ma tante a été charmée de vous revoir, de causer avec vous, de vous entendre sur tous les détails que vous lui avez donnés. Vous me direz ce que vous pensez de tout ceci. Je regarde les événements actuels comme tout ce qui pouvait arriver de plus heureux.

1. C'était une parenté fictive, convenue entre le duc et M. de Semallé pour faciliter leurs rapports.
2. Non seulement le coup d'État du 30 prairial (18 juin) avait exclu du Directoire Merlin, qui s'était montré l'adversaire infatigable des naufragés, mais un vote du 8 août du conseil des Anciens avait rejeté la résolution du conseil des Cinq-Cents, qui ordonnait de les remettre en jugement.
3. C'est-à-dire sur un changement du local insalubre où les naufragés étaient détenus.

La dame [1] avec laquelle vous ctes venu un soir se porte bien. Elle change de maison demain; mais il est plus facile de changer de maison que d'intérieur, et vous avez jugé vous-même combien il est pénible de vivre avec un être comme celui que vous avez vu.

Adieu, mon bien cher; je vous renouvelle l'expression bien tendre et bien fidèle de mon attachement et de ma reconnaissance.

[Le duc à la duchesse, par M. de Semallé]. — 30 septembre [1799].

Je ne vous parlerai pas de moi quand je ne suis occupé que de vous. Vous savez ma convalescence; mais je dois prendre garde aux rechutes. Être loin de vous est mon plus grand mal: mais penser à vous et à tout ce qui peut vous être utile est mon seul dédommagement. Combien mes vœux vous cherchent et vous suivent!

Ne pouvant vous voir, vous parler, écoutez l'ami que je vous envoie. Il mérite votre confiance; il mérite votre plus sérieuse attention. Vous le distinguerez de tous ces empressés, dont le but n'est que de parler d'eux-mêmes: celui-ci ne parlera à vous que de vous. Et, ne pouvant vous voir, j'ai une secrète satisfaction à penser que vous prendrez une confiance entière dans l'ami qui se charge de ce billet. Sûrement vous lui donnerez une réponse prompte; et elle est trop nécessaire à mes sentiments pour que vous la retardiez. J'ai vaincu bien des obstacles pour voir cet ami. Je lui ai dit tout ce que je sens de respect et de sensibilité pour vous, et pour tout ce qui vous est cher, et, au milieu d'une société qui me convient si peu, j'ai senti un vrai bonheur à chercher votre utilité, et à me purifier d'un si mauvais air en m'occupant sans cesse de vous, et de mes sentiments les plus inaltérables.

1. Probablement M*** Joséphine, qui sera plusieurs fois nommée, et dont le dévouement avait inspiré au cœur encore jeune du duc la plus tendre reconnaissance.

— 3° —

[Mad. Joséphine] Au cit. Semallé. — Ce 11 vendém. [an VIII; 3 octob. 1799] [1].

Je dois vous prévenir, Monsieur, de ce qui arrive à nos amis. J'ai reçu de la tante [2] une lettre qui annonce que l'ordre est effectivement donné pour sortir des casemates; mais c'est pour être transférés au fort de Ham [3]. Ils en sont tous dans la plus grande désolation. Nous vous avons bien regretté depuis ce moment. Si vous pouviez revenir muni de ce que vous avez promis, le projet 4 pourrait s'exécuter, s'il est encore temps. Voyez ce que vous pourrez faire : donnez-nous de vos nouvelles, et soyez certain du plaisir que nous aurons à vous revoir.

L'ordre [5] n'est pas encore arrivé.

1. Dans l'intervalle de cette lettre à la précédente, M. de Semallé était allé à Paris, puis en Belgique, où il se trouvait encore, et d'où il allait revenir peu de jours après.
2. La duchesse de Choiseul.
3. Le 1ᵉʳ octobre 1799, le ministre de la police, Fouché, avait signé cette décision. — Elle était provoquée par le général Hédouville, commandant supérieur des 1ʳᵉ, 15ᵉ et 16ᵉ divisions militaires, qui avait écrit au ministre, de Lille, le 24 septembre : « Je crois devoir vous représenter que les émigrés naufragés à Calais, sur le sort desquels le Corps législatif a à prononcer, sont renfermés dans les casemates de la citadelle de Lille, local extrêmement malsain et dans lequel il y aurait de la cruauté à leur faire passer l'hiver. Votre prédécesseur, le citoyen Duval, avait ordonné leur transfèrement dans un local plus sain ; mais la crainte qu'ils n'y soient pas avec la même sûreté avait justement déterminé le général Pille, au commencement de l'été, à demander la rétractation de cet ordre. C'est d'accord avec lui que je vous engage, si vous n'y voyez pas d'inconvénient, à ordonner qu'ils soient transférés dans le château de Ham, ou dans tout autre fort, où ils pourront être enfermés dans des logements sains, mais où toute communication avec le public puisse leur être interdite. Si vous pouvez faire cet acte d'humanité, je vous engage à adresser directement vos ordres au général Pille, qui les fera exécuter avec un secret et une rapidité qui ne fassent pas craindre qu'on tente de les enlever pour les soustraire au jugement qu'ils attendent. »
4. Le projet d'évasion dont il est question dans les lettres qui suivent.
5. L'ordre de translation au château de Ham.

[Le duc à M. de Semallé]. — Ce mardi soir, 8 heures [8 octobre 1799].

Pour mon cousin,

J'ai reçu, bien lu, bien entendu votre lettre. Je l'ai brûlée. Mes regrets sont aussi complets que mon indignation est forte et motivée [1]. Il est dur, par une série de bêtises, de sottises, de caquetages, de commérages et d'indiscrétions dignes de pensionnaires en sixième, de voir perdre le fruit d'un arrangement dicté par la sagesse, et si parfaitement disposé par le zèle, l'intelligence et l'amitié.

On fait bien de dire que l'arrangement de ces messieurs était pour trois ; mais il serait stupide de le croire. Quand on me connaît, comme eux, on sait que je ne suis pas de ces hommes dont on emprunte le nom et que l'on avertit quarante-huit heures avant, comme un domestique de place à qui on dit : « Tu partiras demain. » Quand je me mettrai à la suite de quelqu'un, ce ne sera pas à celle de pareilles gens. D'ailleurs, je sais sur cela à quoi m'en tenir. Comme ils ne m'en ont pas ouvert la bouche, j'ai observé le même silence, et leurs intérêts sont absolument différents des miens. Sans cela, ceci serait comme une capucinière. Je n'ai jamais vu que, parce qu'on est en prison, on soit pour cela amis intimes : il faudrait l'être de tous ceux qui m'ont suivi, et qui sont mes subordonnés.

Mais je renferme les sentiments que ce tissu de sottises m'inspire. Je n'en admire que plus votre rare habileté. J'en sens tout le prix : elle me confirme dans l'opinion très juste de ma tante. Ce n'est point à un homme comme vous que l'on

---

1. Il paraît ressortir de cette lettre et des suivantes : 1° que le duc, avec l'aide de M. de Semallé, devait se prêter à une espèce d'enlèvement qui pût se concilier avec certains engagements d'honneur, pris avec le capitaine Droit, commandant de la citadelle (cf. *Mém. de Choiseul*, p. 158 et s.) ; 2° que cette entreprise se trouvait empêchée, ou du moins très contrariée par la confidence, faite étourdiment au capitaine Droit, d'un autre projet d'évasion, que MM. de Montmorency et de Vibraye, compagnons d'infortune du duc, avaient préparé à son insu et pour leur propre compte.

adresse des phrases banales de reconnaissance : ma sensibilité *suit toujours mon opinion*, et vous avez l'une et l'autre.

Je ne vous verrai pas: c'est impossible. Depuis la confidence complète que cette bavarde de demoiselle [1] a faite, les précautions sont centuplées. Tout est sur le qui-vive. Vous avez bien fait de tout contremander.

Je pense comme vous sur le trajet [2]. Un coup de main ne peut se tenter dans ce pays-ci : forte escorte sans doute. Si elle est faible, et que je puisse glisser, alors je gagnerai Brux[elles] : laissez votre adresse à Mme Joséph[ine].

Le commandant d'ici, homme probe et d'honneur, aurait sacrifié sa place, son existence, pour soustraire des innocents à la mort. Il ne le ferait pas pour une simple diminution de temps de détention. Sa destitution serait d'ailleurs une calamité.

Par votre connaissance du chef de division du bureau de la guerre, vous pourriez avoir accès à Ham. Nous verrons; et lorsque vous serez de retour, vous y pénétreriez. La saison, d'ailleurs, ne sera pas mauvaise : les nuits [sont] longues, et la gelée sèche les marais.

Plus je relis votre lettre et plus je suis courroucé, affligé, en colère, de voir inutile la chose la plus parfaitement vue et arrangée. Si au lieu de faire de ce projet une intrigue de comédie, on ne se fût pas caché de moi avec une véritable impudeur, tous les moyens coïncidaient et la réussite était sûre. *Souvenez-vous toujours que je suis censé l'ignorer.*

Vous retournez [3] et vous êtes attendu avec impatience; bon! voilà l'intéressant. Je conçois que les affaires indécises de Hollande, celles d'Helvétie, donnent à penser [4]. Je crois que dans cette dernière, il y aura eu une nouvelle bataille. Souvorov attaquait la droite de Masséna : ce sera décisif.

---

1. Nous ignorons le nom de cette personne, qui avait été la confidente indiscrète de MM. de Montmorency et de Vibraye.
2. Le trajet de Lille à Ham.
3. A Bruxelles, auprès du général de Tilly.
4. Des messages, présentés aux Conseils les 23 et 28 septembre, avaient annoncé la victoire de Brune à Bergen (le 19 sept.) et celle de Masséna à Zurich (les 25 et 26 sept.).

Nous voilà encore revenus aux mille et une nuits de Bonaparte [1].

Vos détails sur la Hollande sont très intéressants : je vous en remercie. Ils me confirment dans mes idées sur les positions respectives. L'affaire de vendredi [2] serait télégraphiquement connue si le gain eût été aux Républicains.

Si vous voyez la personne dont l'aide de camp a dîné chez Brune et pour laquelle vous avez un billet de moi, ne vous ouvrez à lui, pour le fond de l'affaire, qu'après avoir vu celui pour qui vous avez le billet à barre.... Retournez donc à Brux[elles]. Si vous allez à Aix-la-Chapelle, vous le manderez à Mme Joséphine, et elle me le mandera : ce sera tout ce que j'ai besoin de savoir. J'espère que vous irez. Cela me paraît de la dernière importance, vu les dispositions. Remerciez votre ami [3] de celles favorables qu'il avait pour moi. J'ai conservé un bon souvenir et ne désespère pas d'en profiter. Il a raison : un tel projet [4] ne doit pas être légèrement traité, et je conçois qu'il ait les yeux ouverts sur les événements.

Je suis convaincu, si vous allez outre-mer, qu'un troc serait fort aisé à arranger pour nous.

Adieu ; adieu. Acceptez tous mes vœux, ceux de l'estime, de l'amitié, de la profonde et éternelle reconnaissance. Je ne vous parle pas de mon chagrin de ce voyage inutile, de mes regrets sur votre chute, de ce postillonnage dont je suis la cause. Tout cela vous paraît peu, mais leur réunion ajoute encore à tous les sentiments intérieurs que j'éprouve. Adieu ; adieu. Voyez en moi un véritable ami.

Ma tante sait, ou plutôt saura dans deux jours, votre retour et votre départ. — Brûlez.

---

1. La victoire de Bonaparte à Aboukir (le 25 juillet), dont la nouvelle, apportée par l'aviso *l'Osiris*, avait été rendue publique par le message du 5 octobre.

2. Il s'agit sans doute d'un des combats qui ont précédé la bataille de Kastrikum.

3. Le général de Tilly.

4. Voir le mémoire de Tilly (p. 364).

[Le duc à M. de Semallé]. — 5 heures et demie [9 octobre 1799].

La méfiance étant extrême, les précautions sont complètes.

Dites à T[illy] ce que vous me mandez devoir lui dire : [que] j'ai l'adresse; que je ferai mon possible pour aller en toute confiance le trouver.

Je n'espère rien d'ici à après-demain; et puis, après que vous avez dit à cet ami de ces messieurs, que c'était pour trois [1] (ils le savent sûrement, car tout cela leur aura été mandé par la bavarde), ils diraient que c'était une histoire. L'homme qui garde a peur. Je l'ai tenté : c'est un bavard, et c'est tout. Il promet les plus belles choses du monde, et puis, au fait et au prendre, il recule. Il y a des ordres de donnés à deux surveillants de veiller. Je le sais par l'un d'eux, et Fontaine [2] ne le sait pas.

Dites à T[illy] que ma parole était engagée avec le commandant : c'est bien vu.

Je n'entrevois point de possibilité maintenant. La confidence [3] a tout détruit. C'est un malheur qui me donne la rage, car j'ai la fièvre en pensant à ce tissu de bêtises et d'inconséquences.

Fon[taine] est là. Je vous quitte et embrasse.

[Le duc à M. de Semallé]. — Ce mercredi soir, 8 heures [9 octobre 1799].

Je vous ai tout de suite répondu un mot, à cinq heures et demie. Rien n'aurait été plus facile que de vous aller joindre, sans cette confidence et aveu de cette demoiselle, et les bêtises de ces messieurs; mais comme on a été tout dire au

---

1. C'est-à-dire que le projet d'évasion du duc devait profiter aussi à MM. de Montmorency et de Vibraye.
2. Ce Fontaine paraît avoir été soit le geôlier, soit un des surveillants dans les casemates.
3. L'indiscrétion de la demoiselle, qui est qualifiée plus haut de « la bavarde. »

commandant, et les moyens et les endroits par où on pouvait monter, et les personnes qui serviraient, etc., il a pris ses mesures secrètement en conséquence. Tous les endroits indiqués sont gardés; tout est regardé aux portes; les conscrits mêmes sont consignés; un homme qui nous connaît est exprès placé aux portes, avec un ordre secret de prendre garde à tout. Fontaine lui-même, dont il se méfie, n'a plus la clef de rien, ne peut plus venir dès qu'il fait nuit, et je sais que deux hommes sont chargés de le surveiller. Il n'en sait rien. Le commandant ne dit rien. Il ne fera de tort à personne; mais comme on lui a tout dit, jusqu'aux plus petits détails, il s'est arrangé en conséquence.

Il faut ne point embrasser de chimère; il faut voir de quelle manière se fera le voyage. Sans cette histoire, nous serions déjà aux frontières avec vous. Jugez! Ces messieurs ne me parlent de rien. Ils sont toujours à chuchoter entre eux deux, comme deux enfants qui ne savent pas conduire la moindre petite chose. Je les laisse faire : mais il n'y a jamais rien à faire avec des parleurs et des étourdis, ayant en tiers une bavarde. Sans eux, il y a beau temps que je ne serais plus ici. Mais partons du point où nous en sommes.

Vous me dites que je puis me livrer absolument à T[illy]. Bon; je le ferai. Vous me dites d'aller, comme votre cousin et ami, chez le citoyen M., à Brux[elles]. Bon; je le ferai.

Faudra-t-il leur dire mon nom? Faudra-t-il leur dire d'aller chercher en secret T[illy]? Faudra-t-il dire à T[illy] mon nom?

Votre passeport militaire peut-il m'être laissé chez Mme Jo[séphine] en cas que, m'échappant, je puisse le lui faire demander?

Votre projet de dire à T[illy] la raison de ma parole d'honneur est bon. Autre chose le ferait réfléchir, et ceci lui montre au contraire la fidélité dans les promesses.

Je vois que nous nous entendons bien.

Donnez à Mme J[oséphine] une adresse pour moi à Tournay, en cas de besoin.

Si je ne dis pas mon nom au citoyen M., à Brux[elles],

quel nom faut-il que je prenne ? Car, quoique cousin et ami, il faut un nom.

Allez; croyez qu'il m'en coûte cruellement de vous voir partir seul. Cette indiscrétion est une horreur.

Bonsieur. Adieu. Si l'ordre [1] se retardait, la vigilance s'affaiblirait et tout pourrait se renouer à votre retour.

Tout à vous, à jamais, de cœur, d'opinion et d'âme.

Je crois que Souvorov a eu un avantage en Helvétie.

— 4° —

[Le duc à M. de Semallé]. — 2 heures [24 octobre 1799].

Pour le cousin [2].

Font[aine] m'a dit que vous étiez ici. J'ai reçu votre lettre avant-hier. Je ne vois pas encore bien clair à cette capitulation [3]. Tout cela me paraît obscur.

Font[aine] propose que vous vous adressiez au commandant pour me voir. Mais le commandant vous a vu à.... [4], et alors plus de « cousinage » pour lui; car il dirait: « Pourquoi, ce jour-là, un mystère? »

Combien restez-vous de temps ici? Je crois que si Fontaine voulait, je pourrais vous voir le matin ou dans la journée. Il a peur. Mais, s'il faut passer par le commandant, vous iriez chez lui et lui diriez : « Je connais beaucoup Mme de Choiseul, tante de M. de Choiseul. Je voudrais lui dire que j'ai vu son neveu; la rassurer sur lui. Permettez que par Font[aine] je puisse le voir dix minutes, et vous aurez fait une chose bien agréable pour Mme de Choiseul. » Je crois que cette manière franche aurait du succès. Enfin causez-en avec Mme de Resb[ecq] [5]. Adieu. Tout à vous.

1. L'ordre de translation à Ham.
2. M. de Semallé était de nouveau revenu de Belgique.
3. La capitulation des Anglo-Russes à Alkmaar, le 18 octobre. La nouvelle en avait été apportée directement à Lille par M. de Semallé.
4. Nom de lieu illisible.
5. Voir *Mém. de Choiseul*, p. 142, note.

[Le duc à M. de Semallé]. — Ce vendredi soir, 8 heures [25 octobre 1799]

J'ai reçu votre billet à cinq heures. Fontaine me disait que vous étiez chez le commandant avec M. de Res[becq]. Il me semble que vous n'avez rien obtenu et je suis fâché de cette démarche ; car j'étais convenu, en dernière analyse, avec Fontaine, qu'il vous ferait entrer à cinq heures et demie dans la petite chambre, et que vous en sortiriez à six heures. Je verrai demain ce qu'il me dira ; mais puisque vous ne partez que lundi, j'espère que vous arrangerez cela avec Fontaine.

Je trouve que tout ce que votre ami T[illy] vous a dit est fort raisonnable. Mandez-moi si vous allez directement à Paris, parce que je vous donnerais une lettre pour ma tante. Voici mon plan.

Incertain si on reste ou si on va à Ham, Pille a reçu l'ordre. Il a récrit sur l'impossibilité de la translation, vu qu'il n'a pas assez de troupes [1]. Il faut cent mille hommes à cette figue-là pour en conduire trente-six [2]. Ce sera, j'imagine, éclairci sous peu. Je vous ferai ma petite instruction pour Paris, si je ne vous vois pas.

---

1. Le général Pille, commandant la 1re et la 16e division militaire, en résidence à Lille, avait écrit le 6 octobre à Fouché que, faute de troupes, il ne pouvait exécuter immédiatement l'ordre de transférer les naufragés à Ham. « Je dois vous prévenir, ajoutait-il, que le secret de cette translation prochaine est éventé, quoique personne n'ait vu votre lettre. On paraissait tenir cette nouvelle de Paris. Elle m'obligera de redoubler de précautions pour éviter l'évasion ou l'enlèvement de ces émigrés qui, dans les circonstances actuelles, pourraient se rendre fort dangereux s'ils parvenaient à se mettre à la tête de leurs bandes errantes dans l'ouest. » — D'un autre côté, le général Hédouville, qui avait prescrit des préparatifs à Ham pour recevoir des prisonniers, avait été averti que le château de cette ville n'était ni sûr ni logeable, et venait de transmettre à Fouché ces renseignements, qui étaient également de nature à faire ajourner le départ des naufragés.

2. Les naufragés étaient arrivés à Lille au nombre de quarante et un ; mais un était mort, deux s'étaient évadés, et deux autres restaient aux Bons-Fils comme atteints de démence.

L'histoire du Mans prouve de la consistance [1] : j'aimerais bien à aller de ce côté. Revenons au plan.

Impossible de s'évader maintenant; on ne peut trouver de moment que par le laps de temps, qui amène la négligence des consignes.

Dites à Mme Joséph[ine] de vous expliquer tête à tête ce que l'on m'a mandé sur Dolomieu, sur Napper Tandy [2] et l'idée de ma tante de vous prier d'aller en Angleterre, mais idée que je n'ai pas adoptée avant de savoir si ma lettre aura passé à Calais. Je le saurai demain ou dimanche. Si elle n'a pu passer, savez-vous alors quelque moyen pour qu'une lettre et instruction y passe? Ne mettez M. de Resb[ecq], ni personne, ni cette D^lle de G., ni qui que ce soit dans aucune confidence. Traitez tout cela avec Mme Joséph[ine] tête à tête : elle réunit à un grand sens beaucoup de discrétion et d'esprit. Si l'histoire de Napper et de Dolomieu tourne à bien, alors je vais tout seul. Si elles vont mal, et que cela amène une humeur rejaillissante, alors il faut tout de suite risquer le tout pour le tout, et raccorder alors tous vos moyens. Vous tiendrez le thermomètre avec ma tante à Paris.

1. Depuis le commencement d'octobre les troubles s'étaient étendus dans l'ouest, et, le 14, les Chouans avaient envahi Le Mans par surprise.

2. Le duc pensait alors à un échange que les Anglais pourraient proposer entre lui et ces deux personnages, dont le sort offrait quelque ressemblance avec le sien. — En effet Dolomieu, un des membres de l'Institut qui s'étaient embarqués avec Bonaparte, avait été jeté par la tempête sur le rivage de Tarente, au mois de mars précédent, pendant qu'il essayait de revenir d'Égypte, et, saisi par les Napolitains, avait été enfermé dans un cachot à Messine. Comme ce savant était accusé d'avoir trahi l'Ordre de Malte, auquel il appartenait, on craignait en France qu'il ne fût livré aux vengeances de Paul Ier, devenu en fait le grand maître de l'Ordre. — Quant à Napper Tandy, c'était un des Irlandais Unis qui avait concerté avec le Directoire des soulèvements en Irlande. Parti de Dunkerque le 4 septembre 1798, il avait touché la côte irlandaise, et y apprenant la capitulation du corps français d'Humbert, s'était réfugié à Bergen en Norwège. De là il s'était rendu à Hambourg, où, dans la nuit du 24 novembre, il avait été arrêté par ordre du Sénat de cette ville et livré aux autorités anglaises. Depuis près d'un an il attendait d'être mis en jugement. Un arrêté du Directoire du 9 octobre 1799 venait de dénoncer à l'indignation de l'Europe l'attentat commis par le Sénat de Hambourg contre le droit des gens.

Il faut se garder de mettre de la parité dans ces affaires et la mienne : on ne s'en servira que de reste. C'est pourquoi je presse à Paris pour qu'on fasse aller la commission des Cinq-Cents, et que l'on fasse un rapport tel quel [1].

Si je vous voyais, nous baserions plus de choses en dix minutes que dans dix pages. Si je ne vous vois pas, je vous écrirai plus en détail.

Bonsoir. Nous verrons si, dans la séance du 1er brumaire, il y aura eu un message relatif à cette capitulation [2]. Tout cela me paraît si extraordinaire que je suis incrédule.

Ma reconnaissance et mes sentiments les plus sensibles sont un tribut que je vous rendrai toute ma vie.

Qu'est-ce que vous a dit le commandant? Si vous ne l'avez pas vu, bornez-vous à venir par Fontaine. Tout à vous.

Est-ce que, par Ostende, vous eussiez pu aller en Angleterre?

[Le duc à M. de Semallé]. — Ce dimanche matin [27 octobre 1799].

Pour le cousin,

Vous m'avez fait passer hier une soirée bien agréable. Je vous en remercie encore, car j'en ai éprouvé un véritable bonheur. Je vous écris par le commandant, comme nous en sommes convenus, en le priant de vous remettre mon billet [3]. Vous me manderez ce soir le résultat de votre conversation, et, si vous partez demain, vous direz à ma tante que je ne lui écris pas par vous, parce que vous valez mille fois mieux que

---

1. Après le rejet, voté le 8 août par le conseil des Anciens (voir p. 368, note 2), la question des naufragés de Calais ne fut plus représentée devant les Conseils. C'est, croyons-nous, par erreur que le duc, dans ses mémoires (p. 215 ff.), mentionne un « message du Directoire au conseil des Cinq-Cents sur ce rejet. »

2. La capitulation des Anglo-Russes à Alkmaar, le 18 octobre. Elle n'a été annoncée par message aux Conseils que dans la séance du 3 brumaire (25 octobre).

3. Le billet suivant, écrit en même temps que celui-ci, et rédigé en vue du commandant Droit, qui, dans la pensée du duc, devait en prendre lecture.

[Le duc à M. de Semallé]. — Ce dimanche matin, 8 heures [27 octob. 1799].

Pour mon cousin,

J'ai bien réfléchi à notre conversation d'hier. Je l'ai toute dans la tête et dans le cœur, mais je ne puis que vous répéter ce que je vous ai dit. Je me reprocherais toute ma vie de faire la moindre démarche qui compromit un galant homme, auquel j'ai voué autant d'amitié que d'estime et de reconnaissance ; je ne ferai jamais rien en ce genre sans son aveu. Personne ne désire plus que moi ma liberté ; personne n'en accepterait le bienfait avec plus de reconnaissance : mais je préférerais souffrir longtemps encore, plutôt que de tromper la personne qui adoucit tant qu'elle le peut mon sort. Ce n'est pas avec une âme telle que la sienne que l'on fait des calculs. S'il était seul, tout serait bien vite aplani ; mais une famille, des enfants, il ne peut les priver de leur existence, et je ne me prêterais à rien (le voulût-il lui-même), avant d'avoir la certitude que, quel que soit l'événement, le sort de ses enfants ne soit indépendant de la perte de sa place [1]. J'ai bien reconnu votre cœur, votre sensibilité et votre excellente tête ; tous vos moyens sont excellents et sûrs ; mais je ne m'en servirai jamais, sans l'agrément de la personne à qui j'ai dû hier le

---

1. Il s'agit du commandant Droit. — Le témoignage de M. de Semallé (p. 94) contient une double inexactitude, en ce qui le concerne : 1° ce commandant était capitaine, et non colonel ; 2° il n'a pas été destitué pendant le séjour des naufragés à Lille. Cette destitution n'a reçu son effet que le 9 mars 1800, sur la demande du général Pille, qui s'était plaint que le commandant, « se croyant fort de la protection de MM. de Choiseul, de Montmorency, de Vibraye et de leur famille, ainsi que de tous leurs partisans à Lille qu'il voyait exclusivement, ait cru pouvoir braver impunément ses chefs. » — Néanmoins le capitaine Droit, soutenu par Maret, qui l'avait connu pendant les conférences de Lille, fut nommé chef de bataillon le 2 mai 1800, et major le 9 juillet 1809. Après la mort de ce brave officier (11 juillet 1810), sa veuve obtint une pension, par le crédit de Mme de Montmorency de Mortemart, dame du palais impérial.

bonheur de vous voir, et sans qu'il en soit un des coopérateurs. Voilà mes sentiments. Ils sont fondés sur la probité et sur l'appréciation du caractère. Mais s'il y consent et qu'il me soit démontré que son état de fortune sera le même, alors je suis prêt.

Dites bien à ma tante et à toutes les personnes de ma famille ma tendre reconnaissance. Dites à ma tante que mon seul malheur est dans les peines que je lui cause.

Adieu; adieu. Je n'oublierai jamais les marques d'amitié que vous m'avez données. Elles sont bien dignes de votre âme et d'un aussi bon parent que vous.

Vous pouvez dire vos moyens à la personne en qui j'ai confiance [1]. Adieu, mon cher cousin; je vous embrasse. J'ai passé hier deux heures bien heureuses.

[Le duc à M. de Semallé]. — Ce dimanche, 4 heures [27 octobre 1799].

Mᵐᵉ Joséphine vous aura dit que, sur les représentations du commandant de Ham, vu le mauvais état du château, le ministre nous laissait ici et devait écrire le lendemain au commandant de Lille de nous ôter des casemates et de nous placer en lieu sûr et sain [2]. Ainsi voilà une nouvelle carrière qui s'ouvre et les obstacles qui s'affaiblissent. Nous n'aurons plus besoin de la personne dont nous avons parlé hier soir [3]; car il faut voir où l'on sera placé. Le hasard nous a bien servis, car le commandant n'a pu aller à.... [4], à cause de la révolte des conscrits, qui voulaient sortir et qui ont voulu

---

1. Probablement Mᵐᵉ Joséphine.
2. En recevant les renseignements transmis par Hédouville, le 15 octobre (cf. p. 370, note 3), Fouché avait renoncé au château de Ham et décidé que les naufragés resteraient à Lille, mais dans un local moins insalubre. Cette décision, minutée dès le 19 octobre, avait été aussitôt connue de la duchesse de Choiseul. — En fait, la lettre de Fouché n'a été expédiée que le 25 au général Hédouville. On verra plus loin quel a été le sort inattendu de cette lettre.
3. Le commandant Droit.
4. Nom de lieu illisible.

forcer la garde. Il a remis à Font[aine] le billet qu'il devait vous remettre lui-même. Ainsi il ne l'a pas lu, car je l'avais envoyé cacheté [1]. Si on quitte son enceinte, alors on n'aura plus besoin de lui.

Pille n'est pas encore de retour [2].

Mandez-moi si vous partez demain. Si vous partez, vous saurez chez ma tante tout ce qui vous regardera. Je vous y manderai le lieu où je serai, les moyens, les possibilités, et alors vous viendrez selon l'occurrence. Si on retournait aux Bons-Fils, je parie que deux cent cinquante louis finiraient tout, et cent, mille obstacles de moins. Si on est placé ailleurs, on verra.

Il reste à savoir si le secret [3] sera levé et, s'il ne l'est pas, alors il faudra y travailler. Adieu; adieu. Si vous partez, mes vœux vous accompagnent. Acceptez tous ceux que l'amitié et la reconnaissance me dictent pour votre bonheur.

[Le duc à la duchesse, par M. de Semallé].

Ce mercredi 8 brum. [30 octob. 1799].

Vous verrez le cousin [4]. Il part aujourd'hui ou demain matin. Il vous porte tous les vœux de mon cœur. Il vous dira que j'ai passé entre lui et Mme Joséph[ine] un quart d'heure dans la chambre de qui vous savez. Il vous dira tout ce que cette lettre ne peut pas renfermer. Il aura pu juger par lui-même à quel point cette aimable Mme Joséph[ine] est malheureuse; enfin, il vous racontera la conversation, la visite, tout enfin, et vous en redoublerez d'estime pour qui vous savez, et du plaisir de ce que je n'irai pas dans un autre département. Mme Joséph[ine] va à la campagne aujourd'hui : elle n'a

1. Le billet, daté du « dimanche matin, 8 heures, » porte en effet des traces de cachets.
2. Ce général venait de partir pour Paris.
3. On continuait à tenir au secret le duc et ses compagnons; mais on a vu qu'en fait ce secret n'était pas bien rigoureux.
4. M. de Semallé.

pu refuser; elle y va passer jusqu'à samedi soir; mais elle a pris toutes les précautions nécessaires pour que tout aille comme en sa présence pour la correspondance.

La bonne cousine me mande qu'elle a écrit à Paris à son homme d'affaires pour que les six cents francs vous soient portés. Elle est taxée à quarante-cinq mille francs pour cette année. Est-il rien de plus abominable! Elle ignorait encore que l'ordre pour Ham était révoqué, et elle me mandait que l'état de siège d'Amiens était levé 1, et que l'on parlait du général Verdière pour remplacer Tuncq 2, ou d'un général Dupuy qui a épousé la fille d'un gentilhomme de la Somme, ce qui ferait espérer qu'il serait abordable. Si c'était Verdière, elle dit que beaucoup de personnes le connaissent et que, si j'allais à Ham, vous auriez pu lui faire écrire par les Cogny, chez qui il allait beaucoup l'année dernière.

Mais tout cela devient inutile maintenant. L'avis général est que le moment est favorable pour faire le rapport 3, et que ce serait mal fait de le manquer. Je suis bien parfaitement de cet avis, et j'y tiens par des raisons personnelles : car la décision, même médiocre, me plairait plus que cet état de langueur qui ne mène à rien. Il faut espérer que le mémoire de Prug[non] 4 étant fini, il fera peut-être, par amour-propre, paraître son ouvrage et que l'on marchera enfin sur une ligne quelconque. J'aurai après-demain de vos nouvelles. Vous voyez que je vous écris d'avance. Le cousin sera ici au premier mot, au premier signal; mais il n'y a pas à balancer de demander fortement une décision. Pille n'était pas encore

---

1. L'état de siège, établi à Amiens par arrêté du 12 août, venait d'être levé par le général Hédouville, en vertu d'une autorisation donnée le 16 octobre par le ministre de la guerre.
2. Le général Tuncq commandait le département de la Somme, où se trouvait Ham, et le général Verdière commandait la 15e division militaire, dont le siège était à Rouen.
3. Le rapport sur l'affaire des naufragés au conseil des Cinq-Cents.
4. M. Prugnon, ancien député de Nancy à l'Assemblée nationale, s'était constitué le défenseur des naufragés (voir notice sur lui par M. Paillart; Nancy, 1886; et les *Mém. de Choiseul*, p. 141, 173).

arrivé hier soir. Ce ne sera qu'à son retour que je pourrai savoir quelque chose. Oh! comme j'ai dit à cet aimable et bon jeune homme tous les sentiments de mon cœur pour vous. Je l'ai embrassé, pour qu'il baise vos mains de ma part. Je lui ai dit ce que je pense, c'est que je voudrais ranimer votre vie et votre bonheur avec mon propre sang. Je lui ai bien parlé de tout ce que je voulais que vous sachiez et qui ne peut se confier au papier. M. Dinet [1] est à Paris. Si vous voulez le faire aller et venir, il ne demande pas mieux ; il ira à la police ; il ira voir ses amis des Conseils ; enfin, il fera tout ce que vous voudrez. J'imagine qu'il sera allé vous voir.

Qui vous savez m'a dit hier que l'on disait que Pille était mandé à Paris pour rendre compte de sa conduite, et que l'on disait ici qu'il était en tournée. Le fait est qu'il n'est pas encore de retour. Ainsi rien à savoir, si le ministre lui a écrit ou non. Il serait bon que le ministre de la police sût que ce Pille est tellement mauvais, fol et jacobin, qu'il croit faire plaisir au ministre en n'exécutant pas ses ordres, dès qu'ils sont marqués au coin de la justice et de l'humanité.

Demain j'aurai votre paquet par l'occasion ; si je ne puis sur-le-champ vous en accuser la réception, vous en aurez toujours la réponse par l'ambulant, qui part deux jours après. D'ailleurs, le cousin sera mille fois plus intéressant pour vous que toutes les lettres que je pourrais vous écrire.

Je persiste à demander le plus promptement possible le rapport, et je suis intimement persuadé que rien ne serait plus maladroit et plus nuisible que de le retarder. Tous ces retards-là ne servent à rien qu'à perdre du temps, et comme je le disais, à moins d'être sûr de vivre autant que Mathusalem, on ne peut pas non plus être toujours à attendre les futurs contingents. J'ose vous supplier de le faire dire à Prug[non] de ma part et de notre part à tous, très positivement ; et même son amour-propre doit l'y engager ; car on trouve gé-

---

[1]. On conserve aux Arch. nat. (F7 6194ᵃ) une pétition faite au nom des naufragés, le 20 avril 1799, par M. Dinet, « homme de loi. »

néralement qu'il n'est pas expéditif dans les affaires qu'il entreprend.

Rien de nouveau ici. Aglaé [1] n'est pas consolante pour l'avenir, car elle croit que *tout le monde se brouille et va chacun de son côté*. Adieu; adieu, ma bien chère tante. Vous aurez mille fois le temps de savoir si le secret sera levé, avant que nous le sachions ; car l'absence de ce Pille paralyse tout. Mais je crois que l'on ne risque rien de s'en informer hautement, et de demander fortement que le secret soit levé. Adieu; recevez mille tendresses les plus affectueuses.

— 5º —

Pour les naufragés de Calais.

C'est le 20 brumaire dernier [11 novembre] que notre heureux gouvernement est proclamé, et c'est le 28 [19 novembre], à sept heures du soir, que le général Pille signifie aux naufragés de Calais, détenus dans les casemates de la citadelle de Lille, leur départ pour le lendemain [2], six heures du matin. Nulle considération d'âge, de maladie, d'infirmités ne peuvent obtenir de lui plus de temps et moins de rigueur. Le 29 [20 novembre], à l'heure indiquée, les malheureux assemblés partent, après avoir entendu lire à l'escorte, forte de deux mille quatre cents hommes, l'ordre de fusiller celui d'entre ces émigrés *prétendus naufragés*, qui s'écarteraient d'un pas de la ligne de leur chemin. Ils étaient liés deux à deux, et les fers aux mains. Les officiers ne parlaient que de sabrer ; ceux dont

---

1. C'était une cousine, dont le duc venait de recevoir la visite.
2. La lettre de Fouché du 19-25 octobre (cf. p. 381, note 2) ne fut reçue par Hédouville qu'un mois après, le 26 novembre, à Angers. Ce long retard était dû moins à l'insécurité croissante des routes qu'à un changement dans la destination du général, nommé à la fin d'octobre au commandement de l'armée d'Angleterre. Il s'ensuivit qu'à Lille, le général Pille ignorait encore la révocation des ordres relatifs au château de Ham, quand, le 19 novembre, le passage de la 22ᵉ demi-brigade lui fournit l'escorte sûre qu'il attendait depuis longtemps pour transporter à Ham les naufragés.

la marche était trop lente étaient menacés d'être excités par la baïonnette, comme le cheval l'est par l'éperon. Eh! c'étaient des octogénaires, des malades, tous gens qui n'avaient pas marché depuis quatre ans. Ils sont arrivés, mourants, à Ham, le 2 frimaire [23 novembre], et les poignets écorchés des fers qu'ils avaient portés; leur petit bagage perdu en chemin. On ne sait si on leur a même étendu de la paille au fond de leurs cachots.

Trois d'entre eux, Montmorency, Choiseul, Vibraye, malades, ont obtenu des lits : on leur avait accordé par cette raison de monter dans une voiture particulière, qui les a garantis d'une partie des horreurs de la route. Ils sont renfermés dans la même chambre, ne pouvant en sortir pour satisfaire seulement aux besoins de la nature; et cependant le fort de Ham est vaste, et contient nombre de chambres à feu. Le secret qu'on y impose est si rigoureux, que la garnison de vétérans n'a plus de communication avec le dehors depuis qu'ils y sont entrés.

Et pourtant ces infortunés sont des naufragés. Malgré l'inviolabilité attachée au naufrage par un code antique et universel, réclamé par notre gouvernement, ils ont été mis en jugement et acquittés par une commission militaire. Une loi du 15 thermidor an V, dont l'exécution a été commencée, a ordonné leur rembarquement. Eh! c'est dans le onzième mois de leur séjour aux casemates de la citadelle de Lille, au secret (qu'on n'impose pas même aux criminels lorsqu'ils ont subi leur interrogatoire), qu'ils ont commencé, le 23 brumaire dernier [14 novembre], leur cinquième année de détention. Eh! c'est ainsi qu'ils viennent d'en être arrachés pour être livrés à des traitements qu'ils n'avaient pas éprouvés dans le bagne des forçats! Eh! c'est au moment où l'aurore des beaux jours luit sur la France; c'est au moment où ils bénissaient le gouvernement, dont la justice leur présentait le prochain espoir de l'exécution de cette loi du 15 thermidor, qu'ils tombent dans cet abîme de calamités!

En attendant la justice qu'ils espèrent, ils demandent, en

réparation des vexations qu'ils souffrent par la cruauté du général Pille, leur réintégration aux Bons-Fils, prison civile de Lille, où ils ont été pendant trois ans, avec la liberté d'y voir leurs familles et conseils, sans qu'il en résultât d'inconvénients pour la *sûreté de leur détention.*

(En marge.) Cette note a été dictée par la ci-devant duchesse de Choiseul, femme aimée et respectée de tout ce qui la connaît, et qui a supporté tous ces malheurs avec un courage sans exemple. Le représentant du peuple Choudieu a été chargé par la citoyenne Bonaparte de la faire lire au citoyen ministre de la police générale, et de solliciter la justice qu'elle réclame pour son malheureux parent et ses infortunés camarades.

La duchesse « au cit. de Semallé, à Alençon. »

8 nivôse an VIII [29 décembre 1799].

Que j'ai été aise et affligée, Monsieur, de recevoir de vos nouvelles et de celles que j'ai reçues. Il y a déjà quelques jours que Mme Joséphine m'avait mandé en avoir reçu, mais que vous étiez malade, sans me dire où.... Je suis bien touchée que dans l'état de faiblesse où vous êtes encore, vous ayez pensé à moi, et je reconnais votre bon cœur à l'occupation où vous êtes de vos amis.

Votre cousin (laissez-lui ce titre honorable et qui lui est cher), votre cousin, dis-je, part demain pour sortir par la frontière d'Allemagne [1], je ne sais par quel point. Il me mande qu'il fera l'impossible pour obtenir que l'on dirige sa route par Lille. Je ne le désire pas, à cause de la dame à qui vous avez écrit, qui n'en sera que plus malheureuse, à droit ou non. Vous avez donné une grande preuve de votre connaissance du cœur humain en pensant à elle avant tout.

1. Les réclamations de la duchesse ayant été écoutées, le Premier Consul avait arrêté, le 18 frimaire (9 décembre 1799), que les naufragés seraient conduits hors du territoire de la République (voir *Mém. de Choiseul*, p. 195; *Souv. de Math. Dumas*, t. III, p. 171).

Le pauvre neveu me demande de vos nouvelles à cor et à cri ; il sera bien mécontent de celles que je lui donne. Il avait bien envie de venir ici, briller, dire et faire les plus belles choses du monde (il n'a pas votre bonne tête, votre cousin). J'ai sabré tout cela, en lui disant que je ne le souffrirais pas ici une minute de plus qu'il n'y serait retenu ; et sagement, bonnement, il a acquiescé au congé qu'on lui a donné, sans demander de sursis, comme douze ou quinze de ses compagnons, et entre autres deux messieurs, en ont demandé et obtenu [1]. Je suis charmée de cette conduite de sa part, et que ces messieurs aient fait ce qu'il leur plaît, et surtout que tout cela soit séparé, pour ne pas rester divisé.

Je vous prie, Monsieur, de vous souvenir qu'il m'importe beaucoup d'avoir de vos nouvelles, parce que vous m'avez inspiré l'intérêt le plus véritable, encore augmenté par les obligations. Travaillez de votre mieux à vous rétablir, et revenez-nous le plus tôt que vous pourrez.

Quand vous ne serez plus mon très humble serviteur, je ne serai plus que votre vieille, qui vous aime bien. En attendant j'ai l'honneur d'être, Monsieur, votre très humble et très obéissante servante.

[P.-S.] J'ai un fagot de lettres à vous et pour vous, que je vous rendrai et remettrai à votre retour.

La duchesse « au cit. Semallé, à Alençon. » — 19 nivôse an VIII [9 janvier 1800].

Je vous suis sensiblement obligée, Monsieur, d'avoir songé à me donner de vos nouvelles ; car j'étais véritablement en peine de vous, ne vous voyant point arriver, et je vois qu'en effet vous avez eu une rechute terrible depuis l'attention que vous aviez de me faire écrire. Je vous assure que le pays que vous habitez ne vous est sain à aucuns égards [2], et si ma

---

1. MM. de Montmorency et de Vibraye, avec qui le duc était resté très en froid.
2. Voir, p. 106, comment M. de Semallé a compris ce conseil.

vieille amitié a quelque droit sur votre verte jeunesse, je vous demande en grâce de monter en voiture dès que vos forces vous le permettront, pour revenir tranquillement ici. Des lettres du cousin et de son amie vous y attendent chez moi : venez les y prendre, et votre visite sera le prix du facteur.

Je viens de tâcher de faire passer à mon neveu toutes les choses aimables que vous me dites pour lui; mais je crains bien qu'elles ne l'atteignent pas. Il a dû partir hier ou aujourd'hui de Bruxelles pour se rendre à la frontière [1], qu'il aura sûrement passée avant que ma lettre arrive à Lille. Il a voulu passer par cette ville [2], quoiqu'elle allonge son chemin, pour prendre ses effets qui y étaient restés, et embrasser ses amis. Il y a séjourné quatre jours. On a eu toutes ces complaisances pour lui, et ce détour et ce séjour ne sont pas ce qui m'a plu davantage de sa route : je crains qu'ils n'occasionnent après lui bien d'injustes malheurs. Je dis injustes, parce que je n'ai pas un mauvais esprit et une mauvaise langue comme vous. Quoi qu'il en soit, me voilà chargée de consolations dont je me passerais bien ; mais je ne manquerai jamais à la reconnaissance des services et des bontés.

Les séparations entre les restants et les partants se sont faites à merveille. Elles ont été la fin d'un long drame, un peu embrouillé, mais où tout s'est heureusement débrouillé par les plus tendres reconnaissances. Ainsi tout est bien, au présent et au futur; ce qui n'empêche pas que la conduite de mon neveu ne soit fort approuvée.

Voilà, Monsieur, toutes les nouvelles de ville, après lesquelles il ne reste plus à la vieille qu'à rappeler de toutes ses forces son bon jeune homme.

M. Jurien me charge de vous remercier de votre souvenir et de vous dire un million de choses.

---

1. Les naufragés partirent de Ham le 30 décembre, et le 18 janvier 1800 furent conduits par Düsseldorf à la frontière des États prussiens.
2. Dans la lettre précédente, on a vu que le duc tenait à passer par Lille, pour y revoir Mme Joséphine.

V.

AFFAIRE DE LA STATUE DE NAPOLÉON.

M. de Semallé au ministre de l'intérieur, 22 août 1818.

Il importe à M. le duc de Polignac [1] et à moi de faire constater, dans le procès-verbal de rétablissement de la statue de Henry IV, que le bronze provenant de celle de Bonaparte, ci-devant placée sur la colonne de la place Vendôme, est entré dans la fonte du bronze du cheval du Bon Roi et qu'elle a été par nous offerte au comité de souscription.

S. A. R. Monsieur, alors régent du royaume, ayant mis à notre disposition cette statue, nous autorisa à la vendre, et à prélever les frais de sa descente sur le prix qui en proviendrait, sauf à compter le surplus de ce prix [2].

Ces frais se sont élevés à trois mille six cents francs, qui n'ont rien coûté à l'État, et dont le remboursement a même été refusé par ceux qui en avaient fait les avances, en sorte que, bien que la statue n'ait pas été vendue, ses frais n'en ont pas moins été payés à l'artiste, M. Launay [1], que nous avions chargé du soin de la descente en se faisant seconder par la force armée que lui procura M. le comte de Rochechouart, alors commandant de la place de Paris, de concert avec M. Pasquier, alors préfet de police.

---

1. Le 21 août 1818, le duc avait demandé que cette constatation fût faite également en son nom : « Je m'en rapporte sur cela entièrement à vous, mon cher Semallé, étant aussi intéressé que moi à perpétuer le souvenir et la preuve de notre constant et ancien dévouement au Roi légitime et à la famille des Bourbons.... »

2. Le marquis de La Maisonfort à M. de Semallé ; palais des Tuileries, 4 juin 1814 : « S. A. R. Monsieur me charge de vous autoriser à vendre la statue en bronze de Bonaparte qui était à la place Vendôme, et, sur la somme qui en formera le prix par vous fixé, à payer les frais avancés pour faire descendre cette statue. Quant au surplus du prix, vous voudrez bien me le faire remettre. »

Ayant différé de vendre cette statue jusqu'au retour du Roi, nous crûmes devoir demander de nouveaux ordres, et ce fut alors que Sa Majesté, par l'intermédiaire de M. le comte de Blacas, ministre de sa maison, confirmant et ajoutant à ce que S. A. R. M. le comte d'Artois avait ordonné, décida que cette statue était entièrement à notre disposition, et que nous pourrions en faire tout ce qu'il nous plairait. Nous eussions donc pu la vendre et en recevoir le prix, moins les frais de descente. Mais nous ne la vendîmes pas, pour éviter que cette statue ne servît de trophée en pays étranger, et nous trouvâmes plus convenable et plus piquant que ce monument d'orgueil fût fondu avec le bronze nécessaire à la composition du cheval de Henry IV.

Cette idée, écartée d'abord par ceux à qui on la proposa, ayant été admise depuis, et, qui plus est, effectuée, nous impose l'obligation de faire constater ces faits; chose d'autant plus nécessaire qu'elle doit détruire l'opinion, répandue à cette époque, que la statue avait été conduite en Russie, et perpétuer le souvenir de notre dévouement au Roi légitime et à la dynastie des Bourbons.

Nous devons ajouter que nous nous empressâmes d'autant plus d'employer notre influence pour faire effectuer la descente de la statue, par les procédés de l'art, que le peuple, dans son ivresse, voulait, en la limant par le pied (chose commencée), la faire choir du haut de la colonne; ce qui aurait infailliblement causé beaucoup de malheurs.

La lettre que j'ai adressée hier à Votre Excellence pour lui demander un moment d'audience avait pour objet de lui dire de vive voix ce que contient la présente [2]....

---

1. Launay a publié, en 1825, une brochure très curieuse, intitulée « Relation des faits qui se sont passés lors de la descente de la statue de Napoléon, etc. » Plusieurs des pièces dont il rapporte le texte se retrouvent en copie dans les papiers de M. de Semallé (voir notamment p. 13, 15, 30, etc.).

2. Le ministre de l'intérieur, M. Lainé, répondit le 29 août : « Votre lettre me serait parvenue trop tard pour qu'on eût pu, dans aucun cas, y donner suite. Mais, d'un autre côté, le procès-verbal dont il s'agit ne doit

VI.

ÉTAT DES SERVICES DE M. DE SEMALLÉ.

9 juin 1814 [1].

Sorti de l'école militaire de Vendôme pour entrer page du Roi à la grande écurie, le 2 octobre 1786, il avait de M. le prince de Lambesc la promesse d'être premier page; mais la réunion de tous les pages aux pages du Roi fut cause qu'il quitta, le 17 avril 1790. Il fut présenté le 25 avril au Roi. Il n'a point eu de brevet, ainsi que ses camarades, mais une lettre du ministre de la guerre, qui lui accordait, de la part du Roi, dix ans d'activité à la suite de l'armée, en attendant l'emploi que le Roi devait lui donner dans ses troupes. Il fut représenté à Sa Majesté que la réforme ayant porté sur M. de Semallé, comme le plus jeune des pages, à qui la promesse de premier avait été faite, il ne jouirait pas de cet avantage si on ne lui donnait qu'une place de sous-lieutenant. Le Roi eut la bonté de répondre que les circonstances qui avaient nécessité la réforme n'influeraient en rien sur le grade qui serait accordé à M. de Semallé par la suite.

Émigré au mois de février 1791, il arriva à Bruxelles. Il y était lors du passage de S. A. R. aujourd'hui Louis XVIII. Il

---

contenir que ce qui s'est passé le 25 en présence du Roi, et non lors de la fonte ou auparavant. » — M. de Semallé, ne pouvant accepter une fin de non-recevoir aussi complète, demanda au moins « un certificat, ou tout autre acte » constatant l'emploi du bronze provenant de la statue de Napoléon. Cette démarche demeura également sans effet.

1. Cet état de services était joint à une lettre adressée à Monsieur. « Voulez-vous, Monseigneur, écrivait M. de Semallé, faire pour moi une demande d'officier supérieur dans le corps des chevau-légers, ou, ce qui me plairait bien davantage, promettez-moi de me nommer, même par la suite, à une place qui m'attache particulièrement à votre personne. On ne peut vous être plus attaché que je ne suis : mon cœur et mon devoir se trouveraient toujours d'accord.... »

eut l'honneur de lui être présenté par M. le duc de Villequier. De Bruxelles, il fut à Coblenz, où il eut de nouveau l'honneur d'être présenté à LL. AA. RR. Monsieur et Monseigneur le comte d'Artois. Il entra dans la 1re compagnie noble d'ordonnance, dite chevau-légers, où il avait des parents et des amis. Il y a fait la campagne de 1792 [1].

Réformé à Liège, il se retira en Hollande, de là à Düsseldorf, puis à Essen. Six mois après, il prit du service en Hollande, dans le corps de Steerenbach, sous les ordres du colonel Breit. Il avait cent vingt hommes sous ses ordres. Peu avant la prise de la Hollande, M. le duc de Laval lui fit proposer, à Utrecht, par MM. de Vaudreuil et de Changé, officiers dans son régiment, d'incorporer ses hommes, et qu'il en conserverait le commandement au service anglais. M. de Semallé ne crut pas pouvoir, malgré les circonstances, accepter cette proposition. Il partit pour Delft, et fut licencié après le départ du stathouder pour l'Angleterre. Il fit retraite, de la Hollande, par le Zuiderzée gelé, arriva à Brunswick, d'où il se rendit à Essen, en Westphalie, où s'était retiré son colonel.

Après avoir été quatre mois très malade des suites de cette campagne, il revint en France, dans l'espoir d'y mieux servir les intérêts du Roi. Il prit le nom de Dujardin, naturel lié-

---

[1]. Nous citons ici un ordre, daté de Bingen le 30 juillet 1792, et signé par Louis-Stanislas-Xavier et par Charles-Philippe (frères du Roi) :

« La première compagnie noble d'ordonnance du Roy, qui est à Kirchberg, en partira le 2 d'août pour aller loger le même jour à Guntzerodt, près Muntzelfeld et environs; le 3 à Morbach et environs, direction de Trèves; le 4 à Taumen et environs, allant vers Conzerbruck, d'où elle se rendra, le 5, au camp de Pellingen.

« Les tentes et les effets de campement lui seront fournis sur l'emplacement du camp.

« Quoique les princes aient ordonné qu'aux lieux de passage ci-dessus, les fourrages nécessaires pour la subsistance des chevaux seraient fournis en leur compte, partout où, faute de temps, cette fourniture n'aurait pas été faite ou ne se trouverait pas complète, l'état-major de la compagnie ci-dessus est autorisé à se procurer des fourrages dans le pays, à en faire le prix, et ils seront payés par le trésorier des princes. Il en sera de même pour le prix des voitures nécessaires pour la route. »

geois; arriva comme secrétaire du baron de Rickholdt, son ami, jusqu'à Liège, où, apprenant qu'il devait y avoir du mouvement à Paris, il en prit la route. Il passa par le château du Fayel, près Compiègne, appartenant à M. le marquis de Rouhault. Compromis dans l'affaire du 13 vendémiaire, et obligé de se sauver, il fut poursuivi. M. le marquis et Mme la marquise de Rouhault, arrêtés chez eux, furent interrogés sur ce qu'était le nommé Dujardin, qu'ils avaient reçu. Les commissaires envoyés de Paris pour les interroger les mirent en surveillance pendant plusieurs mois.

M. de Semallé eut le temps de gagner Tournay et Thorn, près Ruremonde, où il resta caché quelque temps chez le baron de Rickholdt. Il fit rentrer par Wesel M. de Frébourg, son beau-frère, capitaine au régiment de Navarre, et M. le prince de Béthune.

Toujours dans l'intention de servir le Roi, il revint à Paris sous le nom de Dujardin. Il y fut dénoncé, quelques jours après, et poursuivi. Il se retira à Rouen, où il reprit son véritable nom, après avoir obtenu un certificat à neuf témoins, pour constater sa résidence en France depuis le 15 février 1791. Ce certificat fut reçu à son département le 3 pluviôse an V, son extrême jeunesse ayant empêché qu'il ne fût porté sur la liste des émigrés.

Il se retira quelque temps dans sa famille, pour accoutumer à sa présence; puis revint à Paris, où il se lia avec plusieurs généraux et gens en place, ne perdant jamais de vue la cause qu'il voulait servir. Il retourna en Normandie et eut plusieurs conférences avec M. de Frotté, son parent et son ami. A ce sujet, il lui fit passer, de Paris, des renseignements et des munitions. Nous arrêtâmes ensemble que, pour donner plus de force au parti des royalistes, qui alors dominaient, et dont Pichegru, l'abbé Brotier et autres étaient les chefs, il fallait tâcher d'augmenter le parti en faisant rentrer des émigrés en état de commander dans les départements de l'ouest. D'après diverses considérations, M. de Semallé se décida à aller à Francfort et, pour ne pas compromettre le secret, il écrivit au général de Tilly, alors inspecteur en Hollande, de l'autoriser à prendre une feuille de route comme son secrétaire, pour aller le rejoindre. Il arriva à Francfort, y délivra des passeports qu'il avait apportés en blanc, et, par ce moyen, fit rentrer beaucoup d'émigrés, dont beaucoup ont été depuis chefs de chouans. C'est à cette époque que M. de Semallé fit connaissance avec M. de Trogoff, à Francfort. Il revint à Paris, où la réaction du 18 fructidor fit malheureusement échouer tous ses projets.

M. de Semallé, très compromis, se retira dans le Maine, au château de son père, où on vint pour l'arrêter. Il eut le temps de se sauver; son domestique seul fut pris. Il gagna Rouen, où il apprit que son beau-frère, M. de Frébourg, venait d'être arrêté à Paris. Il s'y rendit et parvint, par ses relations avec des gens en place qui pouvaient se trouver compromis, à sauver M. de Frébourg, qui fut le seul acquitté sur trente qui furent jugés par la commission militaire : les autres furent fusillés.

La réaction du 18 fructidor avait fait resserrer les naufragés de Calais, et on avait des inquiétudes très grandes sur leur sort. M. de Semallé, conjointement avec Mme la duchesse de Choiseul, entreprit de les sauver. Il fut à Lille; gagna le commandant de la citadelle et des officiers généraux. Tout était préparé et aurait réussi, sans une indiscrétion qui faillit coûter la vie à M. de Semallé, causa la destitution du commandant de la citadelle, que Mme la duchesse de Choiseul a, depuis, fait replacer dans un régiment de ligne, par le père du maréchal Berthier.

Vers ce temps-là, M. de Semallé entendit parler de l'expédition des Anglais et des Russes contre la Hollande; il rejoignit à Bruxelles le général Tilly, qui commandait les neuf départements réunis de la Belgique. Son intention était de les lui faire livrer aux princes. Tout était convenu; mais les Anglais n'ayant pas soutenu les Russes, ces derniers furent faits prisonniers, et cette affaire, comme les autres tentatives, n'eut aucune suite.

De retour en Normandie, M. de Semallé eut encore un rendez-vous avec M. de Frotté, qui le sollicita de réunir la Picardie et la Flandre à l'armée de Normandie, ou au moins à y faire des partisans. M. de Semallé se rendit au Fayel, près Compiègne, chez M. le marquis de Rouhault. Il chargea M. Humbert, ancien avocat au parlement de Nancy, émigré qu'il avait ramené avec lui de Francfort, d'aller à Amiens, Lille, etc., pour essayer l'exécution de ce projet. Au bout d'un mois, M. Humbert (connu sous le nom de Michaélis), revint lui offrir six cents jeunes gens disposés à rejoindre en Normandie et à soulever la Picardie, si on voulait leur donner l'assurance qu'il débarquerait un prince français en Normandie ou en Bretagne. Cela fit un peu de bruit : M. de Semallé fut dénoncé et arrêté au Fayel, le 13 thermidor an VII. La femme du général de Tilly et Bernadotte, alors ministre de la guerre, assoupirent cette affaire, le firent remettre en liberté, et, le 3 fructidor, il lui fut permis de retourner dans sa famille.

A peine arrivé en Normandie, il eut un rendez-vous de nuit avec M. de Frotté, chez M. de Tertu, près Argentan. Il lui rendit compte des conditions que les royalistes de la Picardie et de la Flandre mettaient à leur mouvement ; mais alors les circonstances fâcheuses ne permirent pas de faire cette proposition aux princes, Bonaparte ayant déjà traité avec MM. d'Autichamp et de Bourmont.

Peu de jours après, M. de Semallé tomba malade à Alençon. M. de Frotté, forcé de se rendre, lui envoya plusieurs fois M. du Verdun pour le consulter. Il lui conseilla de ne pas se rendre en personne, connaissant la haine que Bonaparte lui portait ; mais toutes ses représentations furent inutiles. (On peut voir à ce sujet la relation de l'arrestation et de la mort de M. de Frotté, donnée par M. de Bruslart à Paris, très peu de temps après, et portée en Angleterre.)

M. de Semallé, à Paris et en Normandie, a toujours été surveillé. Il fut arrêté deux fois, la dernière en 1809, au sujet des affaires de MM. d'Aché et Bertier de Sauvigny.

Enfin, en 1812, la guerre ayant été déclarée à la Russie, toutes les espérances de M. de Semallé se renouvelèrent. La défaite de Moscou les augmenta. Celle de Dresde l'engagea à s'entendre avec quelques amis en Normandie, où sa conduite servait de boussole à beaucoup de personnes. Dès le mois d'août, il apprit que les mouvements qui s'étaient élevés dans le Maine étaient tempérés par les ordres mêmes du Roi; ce qui lui fit craindre d'agir dans un sens contraire aux intérêts qu'il voulait servir. Au mois de septembre il vint à Paris, où des personnes, qu'il ne nomme pas, lui proposèrent d'entrer dans un parti formé contre Bonaparte, mais qui voulait d'abord la régence. On voulut lui faire envisager ce moyen comme devant, par suite, ramener les Bourbons. M. de Semallé, trouvant ce moyen trop dangereux, refusa de s'entendre avec ces personnes et se rallia à de vrais amis du Roi. Dès le mois de novembre sa maison devint, plus que jamais, le rendez-vous des purs royalistes. Il fut convenu, après quelques délibérations, qu'on ne pourrait travailler utilement sans avoir vu un prince et sans savoir de lui quels moyens il faudrait prendre pour le service du Roi. M. de Semallé se décida donc à partir pour la Bourgogne.

Peu de jours avant son départ, arriva de cette province M. Gustave de Virieu. Son opinion était si bien connue de M. et de Mme de Semallé, que cette dernière lui fit confidence du projet de son mari et voulut l'engager à y prendre une part active. M. de Virieu confia alors à Mme de Semallé le secret d'une mission que lui-même avait reçue. Il la tenait de personnes qui, désirant agir, ne voulaient pas le faire sans avoir l'assurance, des Princes alliés, que si un mouvement favorable à leurs armes n'empêchait pas la paix avec Bonaparte, il y aurait, dans le traité de paix, une capitulation pour toutes les personnes qui auraient pris part à ce mouvement. M. de Virieu devait se rendre, le plus tôt possible, au quartier général des alliés. Mme de Semallé, voyant que la mission qu'avait M. de Virieu pouvait s'exécuter en même temps que le projet conçu par son mari, engagea ces messieurs à partir ensemble; et c'est ce qu'ils firent dans la nuit du 4 au 5 janvier. M. de Semallé fut retenu en Bourgogne par les diverses marches des troupes; il fit plusieurs voyages à Dijon. Deux fois il fut arrêté sur la route et manqua périr. Il assembla un conseil royal à Dijon et tenta, avec beaucoup d'autres personnes, d'opérer un mouvement après l'entrée des alliés, qui s'opposèrent à ce mouvement. M. de Semallé ne put se rendre à Vesoul que le 28 février. Il ne vit S. A. R. Monsieur que la nuit, et retourna à Dijon, où il reçut, au bout de quelques jours, les pouvoirs du prince.

M. de Semallé fut assez heureux pour gagner la capitale, en passant par Châtillon. Sur la route, il s'entretint avec le prince Liechtenstein, qui commandait à Auxerre, et avec le général Gyulay, qu'il rencontra à Sens.

Il arriva à Paris dans la nuit du 17 au 18 mars. Il a passé treize jours dans cette ville, ayant les pouvoirs du prince et sachant que son signalement était donné à la police. Il s'est vu suivi plusieurs jours, et avait fini par ne plus sortir que la nuit.

Avant l'entrée des alliés, M. de Semallé a envoyé MM. de Douhet et de Villeneuve à M. de Langeron et au baron de Korff, pour les instruire du mouvement qui devait avoir lieu dans la capitale, leur demander des proclamations, et du secours s'il en était besoin. M. de Semallé avait fait imprimer des proclamations dans la nuit. Dès le matin, elles furent affichées dans Paris avec celles du prince Schwarzenberg.

Dans la nuit du 30 au 31, Mme de Semallé avait fait des drapeaux blancs et des cocardes; dès la pointe du jour, elle arbora des drapeaux blancs à ses fenêtres donnant sur le boulevard. Elle donna des drapeaux pour être portés dans les différents quartiers de la ville. Le premier qu'elle jeta par sa fenêtre lui fut demandé, du milieu de la rue Royale, par MM. de Caubeyres et de Bellefond, qui étaient à la tête de plus de six cents personnes, et le deuxième fut donné à M. Charelet, gendre de M. le chevalier du Repaire. Cette même nuit et la précédente, M. de Semallé avait porté des fonds à des curés et à plusieurs gentilshommes pour être distribués au nom du Roi.

M. de Semallé espère que Son Altesse Royale a été satisfaite des effets de son zèle. Il a suivi de point en point ses instructions ; il n'a employé les pouvoirs qui lui ont été confiés que pour rassurer les esprits, lorsqu'il existait un mouvement dans la capitale ; que pour envoyer des commissaires chargés de faire connaître, dans les provinces, les heureux changements qui venaient de s'opérer. Il n'a point indiscrètement employé les pouvoirs du prince ; il n'a rien promis en son nom. Il s'est réservé le seul droit de lui nommer les personnes avec lesquelles il a agi, et c'est ce dont il s'est acquitté.

M. de Semallé est assez heureux pour pouvoir prouver tout ce qu'il avance dans cet exposé, tant par les pièces qu'il peut produire que par les personnes qu'il nomme, existantes pour la plupart.

M. de Semallé n'ayant jamais prêté aucun serment et ayant toujours saisi les occasions de servir le Roi, et manqué très souvent d'en être victime, peut assurer que ses services ont toujours été directs et non interrompus.

VII.

RAPPORT DE M. DE SEMALLÉ A LOUIS XVIII.

Paris, 29 juin 1814.

Si Votre Majesté a été bien instruite des événements qui ont déterminé, à Paris, le mouvement demandé par les souverains alliés, en avant de la ligne de leurs armées, elle a dû être étonnée qu'ayant eu l'honneur d'être chargé des pouvoirs de Monsieur, j'aie été si longtemps sans me faire présenter à elle.

J'ai accompagné Votre Majesté depuis Saint-Denis jusqu'à Saint-Ouen, et le lendemain jusqu'à Paris, sans vouloir être nommé particulièrement, pour éviter les demandes sans nombre qu'on m'aurait adressées, si Votre Majesté avait daigné m'accueillir avec bonté. En restant à l'écart, je me suis tiré de cet embarras, et, pour qu'on ne pût pas abuser de mon nom, j'ai prévenu, dès le principe, MM. de La Maisonfort et de Monciel de n'avoir égard à aucune demande, qu'ils n'aient pris de moi des informations. Le lendemain de l'arrivée de Votre Majesté, j'ai eu l'honneur d'aller voir M. le comte de Blacas, auprès de qui j'ai pris les mêmes précautions.

Comme gentilhomme français, je suis toujours resté fidèle à mon Roi, et j'ai toujours cherché les occasions de le servir. Je suis sorti plusieurs fois de France. Y étant rentré, j'ai pris part à tous les événements qui semblaient devoir ramener la famille des Bourbons, et bien des renseignements qui sont parvenus à Londres à Votre Majesté venaient de moi. J'ai eu plusieurs conférences avec M. de Frotté. J'ai été arrêté trois fois, mis en surveillance, et j'ai pris des précautions telles, que j'ai été assez heureux pour pouvoir attacher mon nom à un événement qui assure le bonheur de la France.

Dès le mois d'août dernier, voyant les événements marcher avec rapidité, je fus en Normandie et dans le Maine, où tous les éléments semblaient favorables. J'examinai tout, et fus persuadé que c'était à Paris qu'il fallait frapper le gouvernement expirant. J'y revins en novembre et engageai, sans leur dire mes motifs, tous mes amis à ne pas le quitter. Je fis connaissance avec des personnes attachées aux armées [1], qui, par leur place et leur influence, pouvaient servir Votre Majesté. Enfin, après être convenu d'un signal que je renverrais lorsque je serais assuré qu'un prince était sur le sol, je partis le 15 janvier pour la Bourgogne.

Ayant appris l'arrivée de Monsieur, je présidai un conseil royal, où étaient MM. Alexis de Noailles et de Polignac, pour

---

[1]. MM. de Vanteaux et de Geslin. — Ce dernier avait fait la campagne de 1792 avec M. de Semallé et l'avait mis en relations avec M. de Vanteaux, son beau-frère.

organiser un mouvement royaliste sur la gauche de l'armée autrichienne et en avant de ses lignes. Cette tentative faillit nous coûter trois fois la vie, et je fus plus que jamais persuadé que c'était à Paris qu'il fallait agir. J'y renvoyai le signal convenu et me rendis à Vesoul le 27 février.

J'eus l'honneur d'avoir, la nuit même, une conférence avec Monsieur, qui me dit d'aller attendre ses ordres à Dijon ; ce que je fis en passant au milieu de l'armée autrichienne en retraite. Le 6 mars, je reçus les pouvoirs de Monsieur, et le même jour je partis pour Paris, où j'arrivai le 17 mars, après avoir passé trois jours à Châtillon à prendre des renseignements, et un à Sens, près du général Gyulay. Je traversai les avant-postes français et la petite armée qui était à Moret, où mon arrivée provoqua une alerte. Arrivé à Paris, je travaillai jusqu'au 29 à tout organiser, ne me manifestant qu'aux personnes capables de soutenir le mouvement.

Dès que la capitulation fut signée, je me rendis chez M. de Mortfontaine, qui était entièrement dévoué au service de Votre Majesté. J'y trouvai M. Alexandre de Boisgelin. Nous convînmes qu'il fallait passer la nuit à répandre des proclamations, et prévenir toutes les personnes qui pouvaient nous seconder. De là, nous fûmes chez M. de Fitz-James, et nous nous séparâmes pour agir. En un mot, dans la nuit, tout le monde a été prévenu directement ou indirectement par mes soins. Dès le matin, les proclamations ont été répandues en abondance. Mme de Semallé avait préparé des drapeaux et des cocardes blanches, et Mme de Saint-Fargeau, qui avait aussi prévenu toutes les personnes de sa connaissance, l'a aidée à les répandre et a montré pour le service de Votre Majesté un zèle au-dessus de tout éloge.

Dès le matin, le drapeau blanc fut arboré aux fenêtres de ma maison. Je montai à cheval et me rendis au lieu du rendez-vous, où je trouvai toutes les personnes dévouées à Votre Majesté, entre autres MM. de Mortfontaine, de Boisgelin, d'Avaray, César de Choiseul, de Vauvineux, de Clermont-Montoison, de La Tour du Pin La Charce, de Chateaubriand,

Gustave d'Hautefort, et nombre d'autres. Nous parcourûmes les boulevards pour donner l'impulsion au peuple, et nous fûmes soutenus par des gens que j'avais chargés de le diriger. Ce fut alors que les personnes vraiment dévouées à Votre Majesté eurent besoin d'énergie et de courage pour triompher des obstacles que j'éprouvai de la part d'une partie de la garde nationale, et notamment de gens qui, par leur nom et leur rang, auraient dû être les premiers à me soutenir. Cinq personnes employées par moi furent arrêtées. MM. de Murinais et de Fraguier, chefs de légion, méritent d'être nommés pour leur bonne conduite en cette occasion. J'envoyai MM. de Douhet et de Villeneuve prévenir du mouvement M. le comte de Langeron et le baron de Korff. Lors de l'entrée des alliés, leur présence et l'impulsion donnée produisirent un enthousiasme qui surpassa mes espérances.

Il fut convenu tout de suite qu'on se réunirait le soir chez M. de Mortfontaine, pour conférer de ce qu'il y aurait à faire. Mes pouvoirs furent lus à l'assemblée, et on décida qu'il fallait choisir quatre personnes qui iraient en députation chez l'empereur de Russie lui demander le retour de Votre Majesté. Je partis donc avec MM. de Chateaubriand, Sosthène de La Rochefoucauld et de la Ferté-Mun. Nous ne pûmes parler qu'à M. le comte de Nesselrode, qui nous répondit, au nom de l'empereur de Russie, qu'il recevait le vœu de la noblesse et qu'il ferait paraître le lendemain une déclaration qui comblerait ce vœu.

Dès ce même jour, je m'occupai de faire partir des gens dévoués pour porter dans les provinces la nouvelle de ce qui s'était passé à Paris. J'envoyai au général de Pully un courrier, qui rapporta sur-le-champ son adhésion et celle de son régiment des gardes d'honneur. Le général de Tilly était parti, trois jours avant, préparer le maréchal Jourdan. J'envoyai des commissaires l'instruire de ce qui s'était passé. Les journaux, par mes soins, n'ont point éprouvé d'interruption et ont rendu un compte exact de tout ce qui s'était passé.

Aujourd'hui, Sire, pénétré de la bonté avec laquelle Votre Majesté a bien voulu m'accueillir, j'ai cru devoir lui remettre un court exposé de ce que j'ai fait. D'autres personnes, d'accord avec moi, ont déjà fait des rapports que j'ai signés et que j'ai mis sous les yeux de Monsieur.

Je crois de mon devoir, Sire, de vous citer ici un certain nombre de gentilshommes que j'ai chargés spécialement de missions de confiance pour diriger et soutenir le mouvement dans le peuple : MM. de Caubeyres, du Mesnil-Simon, officier du régiment de Picardie, aujourd'hui garde du corps; de Bellefond, de Trémault, Gabriel et Achille du Serreau de Courcillon, anciens émigrés; de Tramecourt; Racine, échappé de Quiberon; Poux, envoyé par moi dans le Midi, et Dechamps, lieutenant à la suite au régiment noble de Mgr le duc de Berry et ancien trésorier général du dépôt de l'armée de Condé; MM. les curés de Sainte-Marguerite et de Saint-Thomas d'Aquin.

VIII.

M. DE SEMALLÉ A LA « REVUE BRITANNIQUE. »

Paris, 6 novembre 1826 [1].

Je viens de lire, dans une des dernières livraisons de la *Revue britannique*, IIe année, n° 13, p. 50, un article traduit de l'anglais, intitulé : « Voyage de Napoléon à l'île d'Elbe. » Cet article pourrait donner lieu, de ma part, à des réflexions bien sévères; mais il n'est pas ou ne paraît pas être d'origine française, et cela me suffit pour que je me borne aujourd'hui à m'occuper des passages qui s'appliquent essentiellement à moi, soit personnellement, soit comme ayant rempli des missions de la plus haute importance.

Voici l'un de ces passages et celui auquel les autres viennent

---

[1]. Cette lettre a été insérée dans le n° 16, qui a paru le 20 novembre 1826.

en grande partie se rattacher : « M. de.... venait d'être nommé inspecteur du trésor de la couronne, et le comte de Semallé était une des créatures de M. le duc de Blacas, sans aucun moyen d'existence, qui, dans ces derniers temps, avait reçu le titre, beaucoup trop prodigué, de commissaire du Roi. »

Sans doute, ce n'est pas un tort reprochable de se trouver sans aucun moyen d'existence, et c'était à peu près le sort réservé à cette multitude de Français les plus respectables, des différentes classes de la société, que la Révolution avait entièrement dépouillés, en leur laissant quelquefois, et comme par hasard, la vie. Je n'étais point dans cette catégorie, et quoique ma famille eût fourni des victimes aux fureurs de ces temps, quoique la majeure partie de la fortune de la famille de ma femme eût subi le sort commun, toutefois, les débris de cette fortune et la mienne, sauvés comme par miracle, me plaçaient à cette époque et me placent encore parmi les riches propriétaires de France.

Cependant, cet homme, supposé sans aucun moyen d'existence, « avait reçu le titre beaucoup trop prodigué de commissaire du Roi. »

Il me semble que, même en m'attaquant sous le rapport des pouvoirs dont j'avais été revêtu, on aurait dû mettre, si ce n'est plus de vérité, au moins plus de mesure dans les expressions. Voici ma réponse : Je n'ai connu que moi, de commissaire de S. M. Louis XVIII à Paris, avant le 31 mars 1814. Les pouvoirs les plus étendus et les plus précis m'avaient été donnés à Vesoul, le 5 de ce mois, par S. A. R. Monsieur, lieutenant général du royaume. Ces pouvoirs, confirmés de la main même du prince, qui daigna me les faire parvenir à Dijon, me prescrivaient, entre autres choses, de faire proclamer roi, à Paris, S. M. Louis XVIII, et d'y faire arborer les couleurs antiques de la France.

La journée et les événements du 31 mars 1814, que j'avais préparés et organisés depuis le 16 du même mois, en ma qualité de commissaire du Roi, témoigneront à perpétuité si j'ai rempli, autant qu'il était en moi, au milieu des difficultés les plus graves, le mandat sacré dont j'avais été honoré, et je me plais à en appeler au témoignage des royalistes qui formèrent, dans la soirée du 31 mars, la réunion que j'avais convoquée chez M. de Mortfontaine, et où je donnai publiquement la connaissance, en quelque sorte officielle, des pouvoirs en vertu desquels j'agissais.

Ce n'est qu'après cette journée que M. le comte de Polignac, arrivant de Nancy, porteur également des pouvoirs de S. A. R. Monsieur, lieutenant général du royaume, se réunit à moi, et nous fîmes partir, pour les départements les plus agités, de simples délégués munis de pouvoirs spéciaux. Leurs efforts ne furent pas sans succès.

Nos devoirs, alors, et ceux de ces délégués étaient hérissés de dangers et menaçaient nos têtes. Ce ne fut que vers la fin du mois d'avril, lorsque Mgr le comte d'Artois eut repris les rênes de l'État, que de nouveaux commissaires [1] furent envoyés sur les divers points de la France, pour en connaître la situation et en faire leur rapport. Mais il est faux et inconvenant tout à la fois, je le répète, de dire que ce titre et ces missions furent prodigués.

Cet article n'est encore qu'une continuité d'attaques qui frappent sur des hommes dévoués et fidèles, à qui on ne devrait pas contester une gloire bien légitime, en voilant ou en dénaturant les faits sur lesquels elle repose. J'ai gardé jusqu'à présent, et par devoir, le silence à cet égard : il m'est permis de le rompre aujourd'hui, et je vais m'occuper de restituer à l'histoire toute la vérité sur cette partie des événements de *1814 et de 1815*, à laquelle j'ai directement concouru. Mais j'ai dû commencer par détruire, par des dénégations précises et par des preuves sans réplique, les assertions hasardées, pour ne rien dire de plus, auxquelles vous avez donné refuge dans votre ouvrage périodique; et c'est l'objet direct de cette lettre.

---

1. Les rédacteurs de la Revue ont ajouté ici les mots « bien dignes de la confiance de cet auguste prince. »

IX.

AFFAIRE MAUBREUIL.

M. Decazes au baron Pasquier, garde des sceaux. — Paris, 21 février 1817.

J'ai l'honneur d'adresser à Votre Excellence la pétition adressée à la Chambre des députés par M. le marquis de Brosses, en faveur du sieur Maubreuil, détenu à Paris, et de lui communiquer, conformément à la demande qu'elle m'en fait, les motifs de la détention de cet individu.

Votre Excellence n'ignore pas dans quelle situation se trouvait le sieur Maubreuil avant sa dernière arrestation. Longtemps poursuivi pour le vol des diamants de la princesse de Wurtemberg, il était en fuite lorsque la cour royale de Paris prononça, au mois de janvier 1816, la mise en liberté du nommé Dasies, considéré comme son principal complice dans ce vol. Maubreuil, pendant ce procès, ne restait pas inactif. Il voyageait sans cesse, sous des noms empruntés, de Paris à Nantes, cherchant à nouer de nouvelles intrigues, et, dans les premières années de 1816, il était parvenu à réunir autour de lui quelques habitants de la ville d'Angers, connus pour leur attachement au dernier ordre de choses, mais qui auraient vécu soumis, sans les séductions dont il les avait entourés. On remarquait dans le nombre : Brunet, parfumeur; Poulain, employé destitué, et deux femmes nommées Picot et Beaujeu.

Maubreuil, qui prenait à Angers le nom de Guerry, se donnait pour un grand personnage, chargé d'organiser un parti pour le fils de l'usurpateur. Il montrait des listes d'affiliés, des pièces prétendues émanées de l'archiduchesse Marie-Louise, des projets de proclamations qui s'imprimaient, disait-il, à un très grand nombre d'exemplaires. Son plan, ajoutait-il, embrassait toute la France ; il ne se mêlait pas de petits projets et l'on serait bien surpris s'il faisait connaître qui il était !

Dans la première quinzaine d'avril, il fut arrêté que la demoiselle Picot se rendrait à Vienne avec la fille Beaujeu, pour porter à l'archiduchesse Marie-Louise des papiers d'une haute importance ; que Poulain et Brunet suivraient Maubreuil à Paris. Ils prirent, en effet, des passeports pour la capitale, à l'exception de la fille Picot, que la crainte empêcha d'aller plus avant et qui fit connaître au préfet d'Angers tous les détails qui précèdent.

Maubreuil et Poulain s'étaient donné rendez-vous à Chartres, où ils arrivèrent le 19 avril. Après quelques pourparlers, ils se séparèrent encore. Poulain prit la route de Versailles ; Maubreuil, celle du Mans. Il se rendait dans la Sarthe, dans l'Orne, etc., pour rallier d'autres mécontents qu'il avait trompés comme ceux d'Angers. Prévenu par son collègue de Maine-et-Loire, le préfet de la Sarthe le fit arrêter au Mans, le 22 avril, et transférer à Paris, sous l'escorte d'un officier de gendarmerie, qui le laissa évader immédiatement après son arrivée. Maubreuil, en fuyant, emporta ses papiers, dont le préfet de la Sarthe n'avait pas fait dresser d'inventaire. Mais ce fonctionnaire se rappelle que, parmi un grand nombre de pièces qui attestaient son dévouement à la cause royale, il remarqua plusieurs cartes frappées d'un timbre sec et semblables à celles adoptées pour les soi-disant patriotes de 1816.

Ce ne fut que le 11 juin suivant que la police générale se saisit de nouveau de Maubreuil. Pendant cet intervalle, il avait repris le cours de ses intrigues. Un nommé Lecomte, tenant une auberge à la barrière du Roule, avait reçu de lui la mission de porter dans les départements d'Eure-et-Loir, de la Sarthe et de l'Orne, des lettres soi-disant très importantes. Elles étaient généralement adressées à d'anciens révolutionnaires connus, que Maubreuil avait mis, sans doute, dans la confidence de ses prétendus projets. Lecomte fut arrêté dans l'Orne. Suivant ses déclarations, Maubreuil lui avait aussi persuadé qu'il était à la tête d'un parti pour Napoléon II.

Tel est le précis de la dernière intrigue dirigée par Maubreuil. Ce détenu, sans vouloir répondre d'une manière précise aux graves imputations qui lui sont faites, prétend qu'il ne peut être raisonnablement accusé d'avoir voulu servir la cause de l'usurpateur, et cette prétention paraît très fondée. Aux nombreuses raisons qu'il allègue on peut ajouter le vif intérêt que n'ont cessé de lui témoigner des hommes dont le dévouement à la cause royale ne saurait être douteux. Deux d'entre eux ont facilité son évasion, lorsqu'il fut amené du Mans à Paris, et l'un de ces derniers est celui qui a présenté la pétition à la Chambre des députés.

Il paraît démontré que cette intrigue, comme beaucoup d'autres que la police a déjouées depuis plus d'un an, avait pour objet de mettre en mouvement quelques individus, pour fournir de nouveaux prétextes d'accuser le gouvernement et surtout la police générale. Elle a été trop promptement dénoncée pour faire beaucoup d'éclat. Poulain, Brunet et quelques autres ont été arrêtés; mais ils n'avaient, pour ainsi dire, que manifesté de mauvaises dispositions. On ne pouvait leur imputer aucun fait précis. Ils ont été mis en liberté après une détention plus ou moins prolongée.

Votre Excellence appréciera les motifs qui ont empêché de livrer aux tribunaux le chef de cette intrigue. Maubreuil se trouve, d'ailleurs, dans une position particulière. Sa mise en cause attirerait nécessairement l'attention publique sur l'affaire des diamants de la princesse de Wurtemberg. La décision de la cour royale, qui a renvoyé Dasies absous, ne fait pas mention de Maubreuil, qui reste toujours sous le poids d'une accusation capitale. Enfin, Maubreuil est un de ces esprits remuants, audacieux, faits pour les entreprises hasardeuses, pour qui le trouble est un besoin. Sa conduite, pendant sa détention, ne dément pas ce qu'on lui impute dans les quatre dernières années, et n'annonce pas des dispositions à plus de retenue. On l'a vu, dans les premiers temps, chercher à se lier avec le général anglais Wilson, alors détenu à la Force, et solliciter son entremise pour faire imprimer à l'étranger des libelles contre la famille royale. Il n'a pas renoncé au projet de se venger des Bourbons, qui ont méconnu, dit-il, les services qu'il a rendus à leur cause, et qui semblent vouloir le punir d'avoir refusé d'exécuter l'ordre, donné en 1814, par S. A. R. Monsieur, de tuer Bonaparte. C'est ce qu'il prétend établir dans les libelles dont il recommande à ses amis la prompte publication.

J'ai cru devoir, Monsieur le baron, donner confidentiellement connaissance de ces détails à Votre Excellence. Elle jugera sans doute que l'affaire de Maubreuil n'est pas de nature à être portée devant les tribunaux, et que le détenu est un de ces hommes qui doivent, pour l'intérêt de la société, en être séquestrés aussi longtemps que la loi en donne les moyens [1].

Votre Excellence a remarqué que l'enveloppe de la pétition présentée à la Chambre, où était la signature du marquis de Brosses, a été, par inadvertance, jetée au feu. Je désirerais savoir si c'est à la commission des pétitions ou au ministère de la justice, lors du renvoi de la pétition, que cet accident a eu lieu.

---

1. Nous avons dit plus haut (p. 287, note 1) que Maubreuil avait été pensionné sous la Monarchie de juillet et le second Empire. Nous trouvons, à cet égard, des renseignements dans une pétition adressée par Maubreuil à Napoléon III, et datée de Vichy, le 19 juillet 1862 : « .... Une pension de 5,000 fr. lui a été accordée en 1835 par le corps diplomatique, et Louis-Philippe a dû la faire payer sur les fonds du ministère des affaires étrangères. Un acte arbitraire de M. Guizot, qui n'avait du reste aucune qualité, l'a supprimée en 1841, et elle ne lui a été restituée que par votre auguste intervention, en 1856. Toutefois, Votre Majesté crut devoir la réduire à 2,500 fr.... »

TABLE DES NOMS

A

Abbaye (prison de l'), Saint-Germain des Prés, à Paris, 206.
Abbeville (ville d'), 67.
Abené (d'), page aux écuries du comte d'Artois, 361.
Aberdeen (lord), plénipotentiaire anglais aux conférences de Châtillon, 149, 150.
Aboukir (Égypte), victoire de Napoléon en 1799, 373.
Abzac (d'), écuyer ordinaire de la reine en 1787, 356.
Aché (d'), impliqué dans des complots royalistes, 396.
Achier (château d'), près Amiens, appartenant à M. de Carvoisin, 67.
Adhémar (d'), page à la grande écurie, après la réforme, 359.
Agen (la ville d'), 183.
Aglaé (***), cousine du duc de Choiseul, 385.
Aillières (M. d'), voisin de l'auteur, 313.
Aix (ville d') en Provence, 14, 78, 184, 185, 245.
Aix-la-Chapelle (ville d'), Prusse rhénane, 43, 44, 45, 48, 87, 94, 373.
Albouys, charpentier qui a travaillé à la descente de la statue de Napoléon, 174.
Albret (Jeanne d'), 1.
Alcary de la Rivière (d'), page aux écuries de la comtesse d'Artois, 361.
Alençon (ville d'), 51, 55, 75, 82, 99, 100 à 106, 124, 129, 178, 182, 293, 295, 311, 315, 316, 331, 387, 396.
Alençon (duché d'), 1, 3.

Alexandre Ier (empereur) de Russie, 144, 148, 159, 166, 168, 169, 175, 347, 350.
Alix, général français en 1814, 140.
Alkmaar, ville de la Hollande septentrionale, où fut signée la capitulation du 18 octobre 1799, 376, 379.
Allard (l'abbé), doyen de Nivelles, 259.
Alost, ville de la Flandre orientale, 228, 236, 237, 238, 241, 249, 250, 255, 256, 258, 260.
Altona, ville et port du Schleswig-Holstein, 61.
Alvimare (d'), gouverneur des pages de la chambre de Louis XVI, 355.
Ambrujac (d'), colonel du 10e de ligne avant les Cent-jours, 259, 287, 288.
Amersfoort, ville de la province d'Utrecht, en Hollande, 55.
Amiens (la ville d'), Somme, 35, 67, 71, 72, 81, 87, 135, 383.
Amsterdam, 36, 54, 55.
Andernach, ville de la Prusse rhénane, près Coblenz, 38.
Andlau-Birseck (le comte d'), gouverneur de Franche-Comté et commandant militaire de Vesoul pour les alliés, en 1814, 142, 145.
André (le baron d'), ministre de la police au moment des Cent-jours, 214.
Andréossy, un des députés envoyés par la Chambre à Louvres pendant les Cent-jours, 266.
Anéthan (d'), intendant militaire à Bruxelles, 261.
Angers (la ville d'), 69, 311, 385, 406, 407.
Anglès, préfet de police en 1814, 157, 169, 202, 245.
Angleterre (hôtel d'), à Paris, rue de Richelieu, 157.

TABLE DES NOMS.

Angoulême (duc d'), Louis-Antoine de Bourbon, fils aîné du comte d'Artois (Charles X), 13, 131, 142, 244, 258, 259, 295, 296, 308.
Angoulême (duchesse d'), Marie-Thérèse-Charlotte, fille de Louis XVI, 20, 176, 177.
Anjou (la province d'), 280.
Anjou (le régiment d'), 43.
Anstrude (d'), page de la reine, 357.
Antin (le chevalier d'), page aux écuries de Monsieur, 358.
Antraigues (Emmanuel de Launay, comte d'), agent royaliste, 82, 83.
Anvers (la ville d'), Belgique, 48, 83, 252.
Arberg (le comte d'), nom d'une pièce de théâtre, 277.
Archiac (le comte d'), maire de Dijon en 1814, 140.
Archies (le comte d'), gouverneur de la ville d'Ypres, 225.
Arcole (la bataille du pont d'), en Italie, novembre 1796, 77.
Ardennes (le département des), 186.
Ardesoif (Pierre), aïeul de l'auteur, 92.
Ardesoif (Madeleine), dame de Couterne, sœur du précédent et aïeule des Frotté, 92.
Arendts (Mme de Tilly, née), 43, 77.
Arenenberg (le château d'), sur le lac de Constance, Suisse, 1...
Argenson (d'), un des commissaires de la Chambre pendant les Cent-jours, 266.
Argentan (la ville d'), département de l'Orne, 295, 316, 321, 322, 364, 398.
Armentières (la ville d'), département du Nord, 223.
Arnaud (d'), nom patronymique de M. de Vitrolles. (Voir Vitrolles.)
Arnheim (la ville d'), chef-lieu de la province de Gueldre, en Hollande, 51.
Arras (la ville d'), 67, 72, 220, 221, 264, 265.
Artois (le comte d'), Charles-Philippe de Bourbon, second frère de Louis XVI, plus tard Charles X, 5, 22, 37, 39, 62, 68, 111, 112, 125 et suiv., 131, 132, 133, 140 à 150, 158, 159, 163, 167, 169, 178, 181, 197, 200, 210, 220, 265, 268, 345, 391, 393, 404.
Arzac (d'), page à la petite écurie, 357.
Asch (la ville d'), 255.
Assomption (l'église de l'), qui servait alors de paroisse à la place de la Madeleine encore en construction, 346, 351.

Asson (d'), page à la grande écurie, 359.
Aston (d'), de la Chambre des comptes, 76 à 79.
Aston (Mme d'), veuve de M Béraud de Courville, 76, 77, 78, 79.
Ath (la ville d'), ville du Hainaut, Belgique, 36, 66, 67.
Aubry (d'), page aux écuries du comte d'Artois, 359.
Augente (d'), aide de camp du duc de Gramont en 1815, 255.
Augereau (le maréchal), duc de Castiglione, 84, 141, 142, 151, 152, 178, 184.
Aumont (Jacques, duc d'), un des quatre commandants de la garde nationale de Paris, 33, 34.
Auteuil, alors village de la banlieue de Paris, 19.
Autichamp (Jean de Beaumont, marquis d'), chef vendéen, 37, 82, 99, 100, 101, 396.
Autun (l'évêque d'). Voir Talleyrand, 112.
Auxerre (la ville d'), 125, 150, 152, 154, 155, 214, 398.
Avallon (la ville d'), 125, 134, 135.
Avaray (le duc d'), 158, 401.
Aveyron (le département de l'), 183.
Avranches (la ville d'), 320, 322.

B

Bade (grand-duché de), 79.
Badens (de), page à la petite écurie, 357, 359.
Bagatelle (le château de), construit par le comte d'Artois en 1779, à la limite du bois de Boulogne, 112.
Bagnolles (les eaux de), Orne, 317.
Bailen (ville de), province de Jaen, Espagne, où le général Dupont signa sa capitulation en 1808, 170.
Bailly (J.-Silvain), maire de Paris au 10 août 1792, 31.
Bâle (la ville de), en Suisse, 63, 142.
Baltus (Basile-Guy-Marie-Victor), officier d'artillerie, témoin au mariage de Muiron, 77.
Bamaresq (M. et Mme de), 343.
Bamberg (la ville de), en Bavière, 246.
Bâmont (MM. de), 295, 317.
Banque (de poste de la), 163.
Bapst (Mme), née Lépine, 97.
Barali, gérant du petit hôtel de Tours, 75, 80.
Barcelone (la ville de), en Espagne, 199.

TABLE DES NOMS. 413

Barde (de), page à la grande écurie, 359.
Baronat (de), page aux écuries de Monsieur, 361.
Barras (Paul-Jean-François-Nicolas, vicomte de), un des membres du Directoire, 44, 69, 76, 195, 278.
Barris, vice-président de la Cour de cassation en 1814, 192, 193, 194, 195, 278.
Barrois (le régiment de), 69.
Bar-sur-Aube (la ville de), département de l'Aube, 294.
Barthélemy, membre du conseil municipal de Paris en 1814, 166.
Baroille (la paroisse de), au Perche, aujourd'hui département de l'Orne, 52.
Barville de Barville (la famille de), 42, 52, 53.
Barville de la Gastine (la famille de), 42, 52, 53.
Barville de la Gastine (Julienne-Anne de), épouse de Jacob de Semallé, 2.
Barville de Nocé (les), au Perche, 52.
Barville de Nocé (Bertin de), 52.
Barville de Nocé (Louis-Auguste de), 52, 53.
Barville de Nocé (Mme de Rosnivinen, femme de Louis-Auguste de). Voir Rosnivinen.
Barville de Nocé (Perronelle de Beaumont, dame de Nocé, épouse de Bertin de), 52.
Basse d'Orléans (rue), à Paris, 77.
Basse du Rempart (rue), à Paris, 31, 77, 170.
Bastard d'Estang (de), chef d'état-major du duc de Raguse en 1830, 307.
Bastille (la prison de la), 46.
Batignolles (les), alors dans la banlieue de Paris, 287.
Baudouin (Mme), 81, 82.
Bautzen (la bataille de), en Saxe, 21 mai 1813, 307.
Bavière (royaume de), 342.
Bâville (château et terre de), près Saint-Chéron, Seine-et-Oise, au comte de Saulty.
Bayeux (la ville de), dans le Calvados, 182, 183.
Beaucorps (de), page aux écuries de Madame, 358.
Beauharnais (Joséphine de). Voir Joséphine.
Beauharnais (Mlle de), dame de Lavallette, 276.

Beaujeu (la femme), à Angers, 406, 407.
Beaumont (de), page de la reine, 357.
Beaumont (Perronelle de), épouse de Bertin de Barville de Nocé, 52, 53.
Beauregard. Voir Renaud de.
Beauvais (la ville de), 75, 96, 98, 364.
Bec-de-Lièvre (de), page à la grande écurie, 356, 359.
Becquevort (l'abbé), vicaire de Nivelles, 259.
Belatte (de), page à la grande écurie, 360.
Belbeuf (le marquis de), 181.
Bellanger, architecte du comte d'Artois, 112.
Bellart, vice-président du conseil municipal de Paris en 1814, 160, 166.
Bellefond (de), 398, 402.
Belle-Isle (le baron de), 145.
Bellemare (de), page de la reine, 357.
Bellême (ville de), département de l'Orne, 295, 313.
Bellevue (hôtel de), à Bruxelles, 228, 232.
Belliard (le général), chef d'état-major du duc de Berry en 1815, 215, 216.
Bellune (Victor, duc de), 296, 297.
Bellune (duchesse de), 84.
Belon. Voir Bonnet de.
Belot (de), page de la reine, 357.
Bénévent (prince de). Voir Talleyrand, 232.
Benjamin Constant, secrétaire de la commission envoyée au grand quartier général des alliés par la Chambre, en 1815, 266.
Béranger (MM. de), cadets au régiment autrichien de Ligne infanterie, 46.
Béraud de Courville (Louis-Denis-François de), 77.
Béraud de Courville (Mme de), née Anne-Thérèse Grossard-Virly. Voir Mme d'Aston, 75, 77.
Béraud de Courville (de), page à la petite écurie, 62, 63, 64, 75, 78, 357.
Béraud de Courville (Euphrasie de), dame Jean-Baptiste de Muiron, 75, 76, 77.
Bergen, ville de Norwège, 372.
Bergen (victoire de), en Hollande.
Berlaymont (le comte de), 45.
Bernadotte (le général), devenu roi de Suède sous le nom de Charles XIV, 77, 82, 83, 95, 159, 307, 365, 396. Voir roi de Suède.

TABLE DES NOMS.

Bernard, 344.
Bernetz (de), page à la grande écurie; plus tard officier vendéen, 89, 356, 359.
Berry (la province de), 160.
Berri et Berry (Charles-Ferdinand de Bourbon, duc de), 13, 131, 142, 181, 214 à 216, 220 à 228, 233, 236, 250, 255 à 258, 263 à 265, 271, 292, 304, 403.
Berri et Berry(Marie-Caroline de Bourbon, duchesse de), fille de François Ier des Deux-Siciles, 308, 323, 325, 327, 328, 330.
Berthier de Bizy, commissaire aux frontières franco-belges en 1815, 228, 234, 236, 248.
Berthier (Alexandre), maréchal de France, prince de Neuchâtel, prince de Wagram, 27, 119, 225, 227, 245, 246, 395.
Bertier de *Sauvigny* (de), 396.
Bertier de Sauvigny (Mme de), née Debonnaire de Forges, 113.
Bertin de Vaux, rédacteur du *Journal des Débats*, 166, 231, 235.
Bertrand (le général), 201, 253.
Béthune (la ville de), Pas-de-Calais, 212, 220 à 222.
Béthune (hôtel de), à Tournay, 72.
Béthune (le prince de), 67, 80, 394.
Béthune (la princesse de), née de Hatzfeldt, 36, 67, 72.
Béthune (Bernard de), 67.
Béthune (Mlle de), dame Morgan, 72.
Béthune (marquis de), 72.
Beugnot (Jacques-Claude, comte), 213, 293.
Beurnonville (Pierre Riel de), général, membre du gouvernement provisoire en 1814, 169, 192, 229.
Bidassoa (la rivière de la), 297.
Biencourt (de), page à la grande écurie, 360.
Bienne (la ville et le c^{on} de), Suisse, 145.
Bienville. (Voir Thomassin de.)
Bignon, 278, 279.
Bigny (de), page de la chambre du Roi, 355, 360.
Bingen (ville de), du grand-duché de Hesse, 393.
Bissy (les frères de), 236.
Blacas (Casimir, comte de), plus tard duc et pair de France, 212, 225, 226, 228, 231, 239, 249, 250, 256, 262, 323 à 327, 331, 391, 400.

Blanc d'Hauterive, conseiller d'État sous le premier empire, 109.
Blaye (la ville et le fort de), département de la *Gironde*, 331.
Bleue (rue), à Paris, 277.
Blois (la ville de), 186, 279.
Blucher (le général), commandant les troupes prussiennes en 1814 et 1815, 235, 249, 265, 266.
Bochold (la ville de), Hollande, 51.
Boffle (de), page de la vénerie, 361.
Boisandré. Voir de Porct de.
Boisbéranger (de), page de la chambre du comte d'Artois, 358.
Bois de Boulogne (le), 307.
Boisdeffre (le chevalier de), sous-gouverneur des pages de la chambre du roi, 355.
Boisé-Lucas (MM. de) père et fils, impliqués dans le complot royaliste d'Armand de Chateaubriand, 99, 114 et suivantes.
Boisfremont (de), page à la grande écurie, 360.
Boigelin (Alexandre de), 159, 160, 401.
Bois-Guillaume, commune de la Seine-Inférieure, 362.
Boishurin. Voir Le Merchier.
Boisrenard (de), page aux écuries de Madame, 358.
Boissinard (de), page aux écuries de la comtesse d'Artois, 361.
Boissy d'Anglas, membre de la députation envoyée par la Chambre à Louvres, en 1815, 266.
Boizot, maître de poste à Semur, 138, 139.
Bonal (de), page à la petite écurie, 357.
Bonaparte (le général), 18, 69, 75 à 79, 94, 100, 101, 104, 108 à 111, 122, 125, 129, 143, 145, 153, 166, 171, 173, 184, 190, 199, 212, 213, 228, 235, 236, 241, 246, 254, 275, 279, 286, 364, 373, 378, 396, 397, 409. Voir Napoléon.
Bonaparte (Lucien), 73.
Bonaparte (Joseph), 201.
Bonaparte (Louis), 105, 323, 332, 333, 334.
Bonaparte (Jérôme), roi de Westphalie, 198, 201.
Bonaparte (la princesse Jérôme). Voir reine de Westphalie et princesse de Wurtemberg.
Bonaparte (la citoyenne Napoléon). Voir Joséphine, 387.
Bonjoin du Vivier, 255, 262.

TABLE DES NOMS.

Bonn (la ville de), Prusse rhénane, 87.
Bonnemains (le général), gendre du général de Tilly, 43, 217, 218, 219.
Bonnemains (la générale), fille du général de Tilly, 43, 297. Voir Tilly (Virginie de).
Bonnet (le général), 331.
Bonnet de Belon, page à la grande écurie, 360.
Bonnétable, petite ville du département de la Sarthe, 270.
Bonneuil (de), 113, 117, 182.
Bonneval (de), page aux écuries de Monsieur, 360.
Bons-Enfants (rue des), à Paris, 163.
Bons-Fils (la prison des), à Lille, 92, 367 à 390.
Bons Hommes (la barrière des), à Paris, 28, 161.
Bordeaux (la ville de), 13, 49, 71, 181, 183, 184.
Bordeaux (l'hôtel de), aux Batignolles, 287.
Bordeaux (le duc de). Voir comte de Chambord, 325.
Bordesoulle (Etienne Tardif de Pommeroux de), général français, commandant la garde royale à l'expédition d'Espagne, sous la Restauration, 155, 227, 241, 244, 296 à 299, 308 à 310.
Bordier, acteur, 31.
Borken (ville de), Hollande, 50, 51.
Bormenville (château de), au comte de Berlaymont, près Liège, 45.
Bosquillon, trésorier du collège des avocats près la Cour de cassation, en 1814, 176.
Bost (du), page aux écuries de la comtesse d'Artois, 359.
Boucher (de), page à la grande écurie, 359.
Boucherat (de), page à la grande écurie, 360.
Bouétiez (du), page à la grande écurie, 356, 359.
Bouillé (comte de), 296, 327.
Bouillé (comtesse de), 325.
Bouillon (la duchesse de), 79.
Boula de Montgodfroy (Mlle de), dame de Paris, 342.
Boulogne-sur-Mer (la ville de), 207.
Bourbons (les. — la maison de), 5, 6, 21, 83, 95, 110, 132, 146, 147, 159, 164, 179, 180, 269, 278, 286, 291, 344, 349, 350, 353, 363, 397, 400, 409.

Bourbon (la légion de) (l'armée de), 58, 90, 162.
Bourg-Blanc-d'Apreville (M. du), 295, 318.
Bourges (la ville de), 332.
Bourgnon (de), gouverneur des pages de la petite écurie, 356.
Bourgogne (de), page à la grande écurie, 360.
Bourmont (le maréchal de), 88, 100, 101, 107, 108, 227, 251, 256. 396.
Bournazel (le chevalier de), page à la grande écurie, 22, 356, 359.
Bourrienne (Louis-Antoine Fauvelet de Charbonnière), directeur général des postes, 202, 214.
Bourse (place de la), à Paris, 304, 306.
Bousquet (du), 158, 159.
Bousquet de Caubert (du), 44, 45, 85.
Bouvet de Louvigny (François de), comte de Louvigny, mari de Mlle de la Goupillière de Dollon, 67.
Bouvet de Louvigny (Mme de), née de la Goupillière de Dollon, 67.
Bouvet de Louvigny (de), fils des précédents, épousa Mlle d'Havrincourt, 67, 86, 107, 108, 359.
Bouvet de Louvigny (Mlle de), épouse de M. Dupuits de Marconneix, 67.
Brabant (hôtel de), à Bruxelles, 36.
Braine-l'Alleud, ville de Belgique, 259.
Brancas (marquis, puis duc de), 218, 248, 258, 260.
Brancas (marquise, puis duchesse de), née de Rohohan, 218, 235, 248, 263.
Breda (la ville de), place forte du Brabant, 83.
Breit (le colonel), au service hollandais, 36, 48, 54, 58, 59, 393.
Bréon (Mme de), née des Cars, 284.
Bréon (Mme de), née de Durfort, 210.
Brest (la ville de), 114.
Bretagne (l'hôtel de), à Alençon, 104.
Bretagne (le régiment de), 42, 43, 87.
Brévannes (de), 161, 195.
Brienne (ville et maison de), 76, 294.
Brienne (Sophie de), comtesse de Thomassin de Bienville, 337.
Brieux (la terre de), propriété de l'auteur, 316.
Briges (le marquis de), premier écuyer à la grande écurie, 355.
Brionne (Marie-Louise-Constance de Rohan-Rochefort, comtesse de), 3, 135.
Brissac (le duc de), 32.

British Museum, 286.
Broglie (hôtel de), 128.
Broglie (famille de), 49.
Broglie (le maréchal de), 39, 44.
Broglie (Mme de Marcieu, née de), 49.
Broglie (Mme de Fournès, née de), 49.
Brosses (le marquis de), 227, 236, 237, 264, 283, 284, 406.
Brotier (l'abbé), agent royaliste, 394.
Bruges (le comte de), 234, 298.
Brune (le général), commandant en Hollande en 1799, 364, 372, 373.
Brunet, parfumeur à Angers, 406, 407, 408.
Brunet de la Jubandière (de), 42.
Brunswick (capitale du duché de), 40, 53, 54, 57, 393.
Bruslart (chevalier de), agent des princes, 100, 107, 108, 142, 396.
Brusse (le chevalier de), page aux écuries de Monsieur, 358.
Brusse (de), page à la petite écurie, 357.
Bruxelles (la ville de), 4, 33 à 36, 45, 48, 64 à 66, 83, 86, 93, 94, 218, 225 à 263, 282, 283, 284, 318, 334, 364, 372, 375, 389, 392.
Buc (village de), près Versailles, 26.
Buckingham, en Angleterre, 147.
Bulow (le général de), 159.

C

Cabarrus (Mlle), fille du financier, épouse successivement de MM. de Fontenay, Tallien et du duc de Caraman, 13.
Cacqueray (de), page de la vénerie, 357.
Cacqueray de la Fontenelle (de), page de la vénerie, 361.
Cadoudal (Georges), chef de chouans, 100, 109, 110, 162, 354.
Caen (la ville de), 42, 182, 183, 301, 302, 315, 316, 344.
Caffarelli du Falga (les frères), 43.
Caignou (François-Louis-Jean-Jacques de), 55.
Caille, 117.
Caire (de), page aux écuries du comte d'Artois, 358.
Calais (la ville de), 92, 175, 378, 385.
Calais (les naufragés de), 91, 101, 324, 364 à 390, 395.
Calvados (le département du), 301.
Camarzac (le chevalier de), page à la grande écurie, 356.

Cambacérès, archichancelier, 195, 252, 278.
Cambiaso (la famille de), à Gênes, 325.
Cambiaso (le marquis de), à Gênes, 328.
Cambrai (la ville de), 265.
Campigny (le marquis de) et la marquise, née de Fénelon, 127, 129, 308 à 311.
Cancel (Charles-François), 77.
Canchy (de), page à la petite écurie, 357.
Cantwel (de), page à la grande écurie, 360.
Caorches (de), page à la grande écurie, 356.
Capelle, ministre sous Charles X, 311.
Capron (la rue), à Paris, 287.
Carbonnières (le marquis de), 230, 260, 360.
Carlo Alberto, 328.
Carmes (couvent des), à Paris, où ont eu lieu les massacres de septembre, 21.
Carnot (Lazare-Nicolas-Marguerite), plus tard membre du Directoire, 38.
Caron (l'abbé), 330, 354.
Carrelet, chargé de l'infirmerie des pages, 15 et suivantes.
Carrousel (la place du), à Paris, 351.
Cars (le comte François des), 125, 128, 132, 141 à 145, 151, 190, 210, 212, 214, 217, 224, 265, 266, 268, 271, 272, 284, 326, 327, 332, 334.
Cars (Mlle des), dame de Bréon, 284.
Carvoisin (marquis et marquise de), 67, 276, 277.
Casimir Périer, 305.
Cassel (ville de), du duché de Hesse-Cassel, 75, 84, 85.
Cassini (César-François-de), 178, 182.
Castelbajac (de), page aux écuries de Monsieur, 278, 283, 358.
Castillon (de), page à la grande écurie, 359.
Castries (Edmond de), 228, 234, 237.
Catalogne (la province de), Espagne, 37, 132, 199.
Cathol (le général), président d'une commission militaire à Paris, 89, 90, 91, 363.
Caubeyres (de), 398, 402.
Caulaincourt (Auguste-Louis de), duc de Vicence, 150, 151, 158, 188, 191.
Caumartin (rue de), 31.
Cessac (le comte de), ministre de la guerre, 199.

TABLE DES NOMS.

Chabans (de), page à la grande écurie, 356.
Chabot (le vicomte de) et vicomtesse, née de Frotté, 92.
Chabot de l'Allier, 193.
Chabrol (de), préfet de la Seine en 1814, 160, 164, 166, 167, 173.
Chaffoy (de), page à la petite écurie, 357.
Chaillot (quai de), à Paris, 77.
Chalon-sur-Saône (ville de), 214, 217, 218.
Chambarlhac (le général), 103.
Chambéry (la ville de), 206, 326, 327, 328.
Chambon (de), page aux écuries de la comtesse d'Artois, 359.
Chambord (comte de). Voir duc de Bordeaux, 308, 323, 332, 333.
Chambrun (de), commandant une brigade de chevau-légers pendant la campagne de 1792, 40.
Chamisso (de), page à la grande écurie, 356, 359.
Chamisso (le chevalier de), page à la grande écurie, 360.
Chamisso (de), 255.
Champ de Mars (le), à Paris, 18.
Champagnon, trésorier de la chambre des avoués en 1814, 176.
Champeaux (le général), 162.
Champenois (de), page à la grande écurie, 360.
Champsavoy (de), page à la grande écurie, 356, 359.
Champs-Élysées (les), à Paris, 77, 112, 323.
Champthierry (le château de), dans l'Orne, 89.
Changé (de), officier au régiment du duc de Laval, 52, 393.
Chantelauze (de), 318.
Chapt de Rastignac (Mme de), née de Payzac, 21.
Chapt de Rastignac (l'abbé), 21.
Charelet, gendre du chevalier du Repaire, 398.
Charencey (de), 89, 178, 182.
Charette (le général de), 254.
Charles IX, roi de France, 92.
Charles X, roi de France. Voir Monsieur, comte d'Artois, 61, 293, 295, 299, 300, 303, 309, 317, 321, 323, 324, 325, 331.
Charlotte de Prusse (la princesse), 145.
Chartres (le duc de), 21.
Chartres (la ville de), 295, 311, 312, 407.

Chastellux (Mme de), née Plumket, 125, 134 à 137.
Chastellux (de), gendre de M. Charles de Damas, 158.
Chastellux (Mlle de), dame Roger de Damas, 175.
Chastellux (Mlle de), dame Charles de La Bédoyère, 275.
Chateaubriand (François-René, vicomte de), 99, 113 et suiv., 167, 230, 401, 402.
Chateaubriand (Armand-Louis-Marie de), 114 et suiv.
Chateauthierry (de), page à la grande écurie, 356, 359.
Châtel (comte du), 248.
Chatelet (le tribunal du), 46.
Chatelet (du), page aux écuries de Madame, 361.
Chatellenaud (de), 134, 138.
Châtillon-sur-Seine (la ville de), où se tint le Congrès de 1814, 125, 146, 148, 149, 150, 151, 153, 157, 345, 398, 401.
Chaumont (la ville de), 146, 347.
Chaussée d'Antin (la rue de la), 13, 30.
Chavigny (de), page à la grande écurie, 360.
Cherbourg (la ville de), 321, 363.
Chevreau, commissaire de police à Paris, 114.
Choiseul (la famille de), 30, 32, 68.
Choiseul (les hussards de), 92, 343.
Choiseul (la duchesse de), femme du ministre de Louis XV, née de Crozat, 92, 93, 96, 106, 107, 364 à 390, 395.
Choiseul (Mlle de), dame de Marmier. Voir Marmier.
Choiseul (Mlle de), marquise de Marigny. Voir Marigny.
Choiseul (Mlle de), marquise de Rouhaut-Gamache. Voir Rouhault.
Choiseul-Stainville (le duc de), le principal des naufragés de Calais, 92 à 95, 323, 324, 385 à 390.
Choiseul (César de), 305, 401.
Choudieu, représentant du peuple, 387.
Chuquet, auteur cité, 40.
Ciudad-Rodrigo (duc de). Voir Wellington, 235.
Clarac (marquis de), 38, 40, 41, 210.
Clarke. Voir duc de Feltre, 234, 248, 257.
Clauzel de Coussergues (de), 292.
Clérambault (Marie de), dame de Frotté, 92.
Clerfayt (Joseph de Croix, comte de), feld-maréchal autrichien, 58.

TABLE DES NOMS.

Clermont-Montoison (de), 401.
Clermont-sur-Oise (ville de), 212, 220.
Clinchamp (de), page aux écuries de Monsieur, 360.
Coblenz (ville de), province rhénane, 36, 37, 38, 337, 338, 393.
Cochon, ministre de la police sous le Directoire, 362.
Coesbouc (de), 132.
Coetlosquet (baron de), colonel du régiment de Bretagne, 87.
Coigny (la famille de), 383.
Coigny (le duc de), premier écuyer à la petite écurie, 356.
Coigny (Mme de), 207.
Coislin (hôtel de), sur la place Louis XV, 349.
Colbert de Maulevrier (de), 60.
Cologne (la ville de), Prusse rhénane, 87.
Combray (Mme de) et son fils, 113, 182.
Combres (de). Voir Perrochel.
Commarque (de), officier de Frotté, 100 à 105.
Compiègne (la ville de), 67, 96, 97, 394, 396.
Comtat Venaissin (la province du), 33.
Conciergerie (la prison de la), 277, 340.
Condé (la ville de), 47.
Condé (l'armée de), 42, 43, 67, 83, 343, 349, 403.
Condé (Louis-Joseph, prince de), 227 à 233, 246 à 260.
Connerré (le village de), Sarthe, 280.
Conseil (de), page à la grande écurie, 360.
Conseil (de), 178, 182.
Constance (la ville de), Suisse, 58, 86.
Contencin (M.), sous-préfet de Mamers, 292, 314, 315.
Conteville (la terre de), près Dreux, 293.
Conti (de), 231.
Contilly (la commune de), près Mamers, Sarthe, 42.
Conzerbruck (le village de), 393.
Corcelles (de), page à la grande écurie, 356.
Coriolis (Mme de), née d'Étampes, 157.
Corn (de), premier page à la grande écurie, 356.
Cornulier-Lucinière (Mlle de), 330.
Cornulier-Lucinière (Mme de), née Williamson, 330.
Coroller (F.-M.-H.), secrétaire d'une commission militaire à Paris, en l'an VI, 363.

Cost (Charles-François), 77.
Couasnon (de), page à la chambre de Monsieur, 358.
Courcival (de), page aux écuries de la reine, 360.
Courcy (de), page aux écuries du comte d'Artois, 358.
Courcy-Montmorin (comte de), général royaliste, 264, 281, 282, 283.
Courlande, province de la Russie septentrionale, 338, 342.
Courtade (de), sous-gouverneur des pages de la petite écurie, 356.
Courteilles (village de), près Alençon, 295, 316.
Courtin, 286.
Courtomer (de), un des commandants de la garde nationale de Paris, 34.
Courtray (la ville de), 228, 236.
Courville (la ville de), Eure-et-Loir, 313.
Courville (de). Voir Béraud.
Coutances (la ville de), 115.
Coutard (le général), 295, 301, 302, 303.
Couterne (commune et château de), Orne, 101.
Coundalle (de), page à la grande écurie, 360.
Crawford, consul d'Angleterre, 84, 86.
Crénolles (Mme de), née de Pâris, 59.
Croix des Petits-Champs (rue), 77.
Crouy (la princesse de), 47.
Cunchy (le comte de), 255.
Curial (le général), 264, 293, 294.
Cussy (de), page à la petite écurie, 357.

D

Dalberg (Emmeric, baron, puis duc de), 79, 147, 169.
Damas (comte Roger de), 275.
Damas (Charles de), 158, 310.
Dambray (le chancelier), 238, 298, 299.
Dampierre (le château de), Seine-et-Oise, 159.
Danican (le général), 69.
Danzig (le duc de). Voir Lefèvre.
Dasies, 176, 200 à 206, 236, 284, 406, 408.
Dartaize de Mekenem, page à la grande écurie, 360.
Dauphin (le), le fils de Louis XVI, 11, 21.
Dauphin (le), duc d'Angoulême, 257, 308, 320.
Dauphine (la), duchesse d'Angoulême, 257, 308, 320.

TABLE DES NOMS.

Daure (l'abbé), à Versailles, 323, 333, 334.
Davoust maréchal de France. Voir prince d'Eckmuhl, 307.
Débats (le *Journal des*), 181.
Debonnaire de Forges, 160.
Debonnaire de Forges (M⁽ᵐᵉ⁾), dame Bertier de Sauvigny, 113.
Decazes (duc), 2, 7, 8, 264, 273, 277 à 292.
Dechamps, 403.
Delft (la ville de), 38, 49, 51, 53, 58, 393.
Delaistre de Tilly. Voir Tilly.
Delisle de Salles, 108, 113, 331.
Démophon (l'opéra de), 19.
Denon, directeur général des musées impériaux, 175.
Denis, notaire à Paris, 129, 176, 177.
Desargues (le colonel), 221.
Desfieux-Beaujeu. Voir marquis de la Grange.
Desmarest, chef de la première division de la police, 176, 214.
Destouches, auteur de pièces de théâtre, 360.
Devin de Fontenay, premier mari de Mᵐᵉ Tallien, née Cabarrus, 13.
Devuyst (l'abbé), 259.
Dienne (de), 169, 194, 267.
Dienzie (de), page à la grande écurie, 360.
Dieppe (la ville de), 180, 182.
Dijon (la ville de), 125, 133, 134, 140, 142, 143, 149, 398, 401, 404.
Dillon (le comte Édouard de), 227 à 231, 250, 251, 262.
Dinet, homme de loi, 384.
Dolomieu, savant français, 378.
Domfront (la ville de), 101, 317.
Douai (la ville de), 71, 199, 285, 286.
Douhet (le comte de), 163, 164, 169, 194, 398, 402.
Doyenné (la rue du), à Paris, 214.
Dresde (la ville de), (la bataille de), 278, 397.
Dresnoy (du), officier à l'armée des princes, 38, 360.
Dressier (du), page à la grande écurie, 21, 357, 359.
Dreux (la ville de), 106, 169, 170, 293, 311.
Driget du Cluzeau, 260.
Droit (le capitaine), commandant de la citadelle de Lille, 371, 379, 380.
Dubois, concierge de l'auteur, 136.
Dubourg-Butler (le colonel), 229, 263, 265, 306.

Ducey (le bourg et le château de) Manche, 295, 317 à 325.
Dudon, 188, 189.
Duhomméel, page à la grande écurie, 356.
Duit de Romainville (du), gouverneur des pages de la grande écurie. Voir Romainville.
Dujardin, nom emprunté par l'auteur, 66, 68, 75, 76, 82, 393, 394.
Dumas (Math.), auteur cité, 387.
Dumas de Montbadon, 174, 196.
Dumesnil (Alexis), commissaire à Rouen et au Havre, 178, 183.
Dumouriez (le général), 43, 44, 58.
Dumouriez du Perrier, 43.
Dunkerque (la ville de), 378.
Dupont (le général), 170, 184, 188, 202, 229, 245.
Dupuits de Marconneix, 67.
Dupuits de Marconneix (M⁽ᵐᵉ⁾), dame de Meyronnet. Voir Meyronnet.
Dupuits de Marconneix (M⁽ᵐᵉ⁾), dame de Mongon. Voir Mongon.
Dupuy (le général), 383.
Durand (Armand), nom pris par Maubreuil, 264, 281.
Duras (le duc de), 304.
Duras (la duchesse de), 130.
Durfort (Armand de), 128, 158, 195.
Durfort (Etienne de), 79, 147, 158, 195, 210.
Durfort (Mᵐᵉ Étienne de), née de Montsauge, 79.
Durfort (M⁽ᵐᵉ⁾ de), épouse du général de Beurnonville, 170.
Dusseldorf (la ville de), Prusse rhénane, 36, 44, 48, 389, 393.
Duval, ministre de la police, 90, 370.

E

Échiquier (rue de l'), à Paris, 6.
Eckmuhl (le prince d'). Voir Davoust, 242.
Eckstein (le baron d'), commissaire du roi des Pays-Bas auprès de Louis XVIII à Gand, 234, 236, 239, 240, 241, 244.
Écouves (la forêt d'), Orne, 317.
Égypte, 95, 100.
Elbe (l'île d'), 180, 353, 403.
Erberfeld (la ville d'), Prusse rhénane, 48, 58.
Elbeuf (duc d'), titre donné au prince

420   TABLE DES NOMS.

de Lambesc après la Restauration, 46.
Élisabeth (Madame), sœur de Louis XVI, 13, 28, 29, 32, 33, 34, 340.
Eloerdinghem (la rue d'), à Ypres, 225.
Emery, 344.
Enghien (le duc d'), 21, 100, 110, 111, 114, 123, 334.
Épaney (village et terre d'), Calvados, 301, 302, 303, 316.
Époisses (château d'), 125, 128, 132 à 135, 150, 152, 323, 327.
Erlach (la baronne d'), 70.
Erlangen (la ville d'), en Bavière, 342.
Ermitage (le château de l'), Belgique, 47.
Ermitage (propriété de l'), Versailles, 8.
Escaut (la rivière d'), 227, 250.
Espagne (le comte d'), 37.
Espagne (l'hôtel d'), à Bruxelles, 236, 237, 238.
Espagne (l'armée d'), 131.
Essarts (des), page à la petite écurie, 357.
Essen (la ville d'), Prusse rhénane, 36, 48, 49, 54 à 67, 393.
Essling (le prince d'). Voir Masséna, 184.
Essonnes (la ville d'), 155.
Estaires (le village d'), 212, 221, 222.
Estourmel (d'), 320.
Esy (d'), 140.
Étain (le village d'), Meuse, 41.
Étampes (hôtel d'), 150, 157.
Étampes (Mlle d'), dame de Coriolis, 157.
Étampes (Mlle d'), dame Henri de la Bédoyère, 275.
Ettenheim (la ville d'), grand-duché de Bade, 111.
Eure (le département de l'), 186, 307.
Eure-et-Loir (le département d'), 407.
Évreux (la ville d'), 34, 89, 178, 182, 192, 307, 308.
Exelmans (le général), 218.

F

Fages (de), page aux écuries de la comtesse d'Artois, 358.
Falaise (la ville de), 129, 183, 301, 302.
Faur (du), page à la grande écurie, 360.
Favrade (de), 171, 172.
Favras (M. et Mme de), 21.
Fayel (le château du), 11, 33, 34, 38, 67, 68, 75, 82, 96, 98, 394, 396.
Fécamp (la ville de), 180.

Feltre (Clarke, duc de). Voir Clarke, 210, 227, 229, 238, 239, 242, 245, 247, 257.
Fénelon (Mme de Campigny, née de), 127.
Ferlet (de), page aux écuries de la comtesse d'Artois, 361.
Ferrand (le comte), 167, 219, 264, 276, 288 à 291, 299.
Ferrand (Mme), dame de Ligniville et de Thuisy, 291.
Ferrette (le bailli de), 340.
Ferrette (Mlle de), dame de Thomassin de Puellemontier, 338, 339.
Fersen (de), 86.
Fesch (le cardinal), 75, 201.
Feugerets (le château des), 295, 313, 314, 322.
Feuillants (la terrasse des), 29.
Fialin de Persigny, 333.
Fidélité (rue de la), à Paris, 175.
Fitz-James (le duc de), 158, 159, 266, 267, 268, 401.
Fitzpatrick, auteur cité, 84.
Flandre (la province de), 70, 93, 364, 596.
Flandre (la porte de), à Ypres, 225.
Flandre (le régiment de), 23, 25.
Flaugergues (de), député de la Chambre à Louvres, en 1815, 264, 266 à 269.
Fleury. Voir Joly (de).
Flore (le pavillon de), 29.
Foissac-Latour (le général), 301.
Foix (le café de), au Palais-Royal, 126.
Folleville (Mlle de), dame de Vitrolles, 79.
Folleville (Mlle de), dame Béraud de Courville, 62.
Fontaine (de), page de la reine, 360.
Fontaine (de), page à la grande écurie, entré après la réforme, 360.
Fontaine, employé à la citadelle de Lille, 374 à 390.
Fontaine (de), page à la grande écurie avant la réforme, 350, 359.
Fontaine (château de), 241.
Fontaine-l'Evêque (la terre de), 248.
Fontainebleau (la ville de), 13, 154, 155, 171, 184, 187, 189, 353.
Fontenay. Voir Devin (de).
Fontenay (de), page de la chambre de Monsieur, 358.
Fontillaye (de), page à la grande écurie, 356.
Forbin-Janson (de), 140.
Forges de Chateaubrun (de), page aux écuries de la reine, 360.

Foucault (de), page à la petite écurie, 357.
Foucault (de), 306.
Fouché, duc d'Otrante, 2, 7, 8, 9, 100, 107, 108, 116, 117, 118, 122, 195, 214, 265, 267, 270 à 278, 370, 377, 381, 385.
Fouler (de), page à la petite écurie, 357.
Foulon du Bosque, page aux écuries de Monsieur, 358.
Fouquier-Tinville, accusateur public, 340.
Fournès (M*me* de), née de Broglie, 49.
Fraguier (de), commandant d'une légion de la garde nationale en 1814, 161, 195, 402.
France (de), notaire à Louvres, 267.
Francfort (la ville de), 44, 75, 83 à 87 363, 394, 395.
Franche-Comté (la province de), 145.
Francmesnil. Voir de Vente (de).
Franqueville (de), page à la grande écurie, 35, 36, 357, 359.
Franqueville (M*me* de), 35.
Frébourg (de), 35, 47, 58, 75, 81, 89, 90, 91, 361, 382, 394, 395.
Frementel, premier aide de camp du duc de Wellington, 247, 249.
Fribois (de), page à la grande écurie, 356.
Frohsdorf, 20, 333.
Frotté (famille de), 83, 92.
Frotté (Jean de), seigneur de Couterne, chancelier de Henry d'Albret, 92.
Frotté (Pierre-Henry de), maréchal de camp, époux de Marie de Clérambault, 92.
Frotté (Marie-Anne de), vicomtesse de Chabot, 92.
Frotté de la Rimblière (Pierre-Jean de), 92.
Frotté de la Rimblière (comte Louis de), général royaliste, 86, 88, 92, 93, 100 à 108, 123, 343, 344, 364, 365, 394, 396, 400.
Frotté (M*lle* de), dame de Perdriel, 83.
Froulay de Tessé (de), premier écuyer de la reine, 357.

G

Gain de Montagnac, 157, 159, 160, 356.
Galeazzini, commissaire de police à Rouen, 181.
Galitrelle (le château de), 35.

Gand (la ville de), 7, 212, 226 à 256, 263, 270, 284.
Ganteaume (l'amiral), 185.
Gardanne (le général), 162.
Garre, chirurgien en chef des pages, 15 et suiv.
Geertruidenberg (la ville de), 44.
Geestgerompont (village de), Belgique, 259.
Gênes (la ville de), 84, 323, 325, 327, 328.
Genevières (de), page à la grande écurie, 356.
Georges. Voir Cadoudal.
Geslin (de), 132, 136, 158, 162, 163, 189, 190, 194, 199, 202, 204, 205, 400.
Gillerond (Prudent-Joseph), 77.
Girardin (de) préfet de Rouen, 180.
Giverville (de), page à la grande écurie, 360.
Glandevèze (marquis de), 280.
Glandevèze (M*me* de Sainte-Marguerite, née de), 280.
Goltz (de), ministre de Prusse à Bruxelles, 233, 245, 246, 253.
Gonesse (village de), 264, 266.
Gontaut-Biron (duc de), 192.
Gontaut-Saint-Blanquart (marquise de), 195.
Goumont (le champ de), 259.
Gourcy (de), page à la grande écurie, 350.
Goussencourt (de), page de la reine, 357.
Gouvion-Saint-Cyr (le maréchal), 271.
Goyon de Vorouhault, 100, 114 et suiv.
Goyon de Marcé, 118 et suiv., 360.
Goyon de Matignon (M*me* de), 118.
Goyon de Matignon (M*me* de Montmorency, née de), 118.
Gramont (duc de), 255.
Grancey (comte de Mandat), 127, 342, 344.
Grancey (comtesse de Mandat), née de Pâris, 60.
Grancey (bourg et château de), 151.
Grand-Fresnoy (le bourg du), Oise, 96, 97, 98.
Grand-Trianon (le), près Versailles, 309.
Grandville (la ville de), 319, 321, 322.
Grave (de), page à la grande écurie, 360.
Gratheim (le château de), 64, 66, 73, 75, 80.
Gray (la ville de), 140.
Grenelle (la plaine, de, la conjuration de), 81, 122, 273, 274, 275.

Grenelle Saint-Germain (rue de), 176.
Grenoble (la ville de), 282.
Griffolet (de), page à la grande écurie, 359.
Grimouville (de), 178, 183.
Grisons (canton des), 184.
Grivegnée (faubourg de), près Liège, 36, 43, 44.
Grossard de Virly (Mme de Courville, née), 76.
Grossard de Virly (Mme de Muiron, née), 76.
Grouas (la place des), à Mamers, 1.
Grouchy (le maréchal de), 23, 227, 241, 252, 253, 254.
Gué-de-Longroi (village du), 295, 312.
Gueffier, imprimeur, 162, 182.
Guéhéneuc (le chevalier de), page de la chambre du Roi, 355.
Guernon Ranville (Martial, comte de), ministre sous Charles X, 318.
Guerry (de), Maubreuil. Voir Maubreuil.
Guerry de Beauregard (de), 199.
Guibraie, faubourg de Falaise, Orne, 129.
Guiche (Mme de), 85.
Guidal (le général), 100 à 103.
Guilhem de Sainte-Croix (de), page aux écuries de Monsieur, 358.
Guilleminot (le général), 298.
Guise (Claude de), duc de Lorraine, 46.
Guitaut (Athanase de Peichpeiroux de Comminges, comte de), 128, 134, 150, 275, 327.
Guitaut (comtesse de), née Henriette de Thomassin de Bienville, 152, 156, 337.
Guitaut (comte Achille de), 133, 134, 135, 227, 250, 255, 256.
Guitaut (comtesse Achille de), née de Meyronnet, 135.
Guitaut (Mme Loup de Virieu, née de), 139.
Guizot, 231, 235, 287, 322, 409.
Guntzerodt (village de), Prusse rhénane, 393.
Guy, chef d'institution à Versailles, 11.
Gyulay (le maréchal), 125, 137, 152, 153, 154, 398, 401.

H

Haguenau (ville de), en Alsace, 266.
Hall (la porte de), à Bruxelles, 236, 237.
Ham (le fort de), Somme, 370 à 390.

Hamaouy, commandant au corps des mameluks, 167, 171, 172.
Hambourg (la ville de), 69, 92, 307, 378.
Hamelinaye (le général), commandant à Orléans en 1814, 187, 188.
Hardenberg (Charles-Auguste, prince de), ministre de Prusse, 146.
Hartwell (château de), comté de Buckingham, Angleterre, 125, 130, 131.
Hatainville (village de), Manche, 115.
Hatzfeldt (princesse de Béthune, née de), 67.
Hautbouté (de), page aux écuries de Madame, 358.
Hautefort (Gustave de), 402.
Hauterive. Voir Blanc (d').
Haute-Saône (le département de la), 145.
Hauteville (d'), page à la grande écurie, 356, 359.
Hauteville (le marquis et la marquise d'), 315, 316.
Hautpoul (d'), page de la chambre du comte d'Artois, 358.
Havre (la ville du), 180, 181.
Havrincourt (Mme d'), dame de Bouvet de Louvigny, 67.
Hédon, notaire à Paris, 176.
Hédouville (le général), commandant les 1re, 15e et 16e divisions militaires en 1799, 370, 377, 381, 385.
Heindrix, habitant d'Ypres, 225.
Helder (la rue du), à Paris, 13.
Helvétie (l'), 376.
Henri IV, 1, 132, 175, 176, 182, 185.
Henri IV (la statue de), 390, 391.
Henry d'Albret, roi de Navarre, 92.
Héricy (Mme Walsh de Serrant, née d'), 31.
Hesse-Hombourg (le prince de), commandant pour les alliés à Dijon, 133.
Hesse-Cassel (le landgrave de), 84.
Hesse-Rottenbourg (la princesse Clémentine de), abbesse d'Essen, 60.
Hézecques (le comte d'), page à la chambre et à la grande écurie du Roi, 32, 355.
Heude, avocat à Rouen, 35.
Hivert, chef du bureau de la gendarmerie au ministère de la guerre, en 1814, 162.
Hoche (le général), 14, 82, 83.
Hoche (le père du général), 14.
Hocquart, domestique de l'auteur des *Mémoires*, 86, 87, 88.

Holy-Rood (château de), à Édimbourg, 323, 324, 325.
Hompesch (le régiment de), 162.
Hotman, page de la reine, 357.
Huet, 82.
Hulot (le général), 321.
Humbert (le général), 378.
Humbert, avocat à Nancy, dit Michaélis, 75, 87, 94, 364, 398.
Huntschberg (Mᵐᵉ), gouvernante des enfants du prince palatin, à Dusseldorf, 44.
Huttes (des), garde du corps massacré dans la journée du 5 octobre, à Versailles, 27.
Huy (la ville de), Belgique, 80.
Hyde de Neuville (le baron), 257, 258.

I

If (le château d'), prison à Marseille, 185.
Ille-et-Vilaine (le département d'), 101.
Indre (le département de l'), 241.
Invalides (l'hôtel des), 43.
Isoré, conventionnel, 96, 98.
Italie (campagne d'), 184.

J

Jacqueminot, membre du Conseil des Anciens, 87.
Jaucourt (le comte de), membre du gouvernement provisoire en 1814, 167, 169, 190, 229, 271.
Javerlhac (de), page à la grande écurie, 356, 359.
Jerphanion (de), préfet de Chaumont, 347.
Jerphanion (de), curé de la Madeleine, 346, 351.
Jersey (l'île de), 114, 142, 182.
John Falt, nom pris par Armand de Chateaubriand, 115 et suiv.
Joly de Fleury (ancien ministre des finances, et famille), 3, 11, 12, 13, 19, 113, 117, 126, 128.
Joseph, domestique de l'auteur des mémoires, 65.
Joséphine (Madame), de Lille, 389 à 390.
Joséphine (l'impératrice), 11, 17, 18, 31, 48, 79, 119, 122.
Jouan (le golfe de), 214.
Jourdan (le maréchal), 178, 180, 181, 273, 402.

Joybert (Mᵐᵉ de), née de Thomassin de Bienville, 337.
Julters (la ville de), Prusse rhénane, 45.
Jupille (le comte de), 102.
Jurien, juge à Paris, 93, 95, 389.

K

Kœtten (le régiment de), 84.
Kastricum (la bataille de), Hollande, 373.
Kentziger (le baron de), colonel d'état-major, secrétaire militaire de Monsieur, 245.
Kerguesec (de), page à la grande écurie, 356, 359.
Kérognon (de), un des principaux naufragés de Calais, 92.
Kettwig, village de Westphalie, 58.
Kirchberg (le village de), près Coblenz, 393.
Korff (le baron de), commandant d'un corps d'armée russe, 348, 398, 402.
Korten, maire d'Essen, 60.
Ky (le banc de), sur la côte est de la Manche, 115.
Kynsky (le régiment autrichien de), 50.

L

La Barre (de), page à la grande écurie, 356.
Labarthe (de), page aux écuries du comte d'Artois, 361.
La Bédoyère (le colonel Charles de), 264, 274.
La Bédoyère (Mᵐᵉ Charles de), née de Chastellux, 274, 275.
La Bédoyère (Henri de), 275, 359.
La Bédoyère (Mᵐᵉ Henri de), née d'Etampes, 275.
La Béraudière. Voir Péraud (de), 358.
La Besnardière, 266.
La Bigne (de), écuyer ordinaire à la grande écurie, 356.
La Biochaie (de), page à la grande écurie, 356.
La Boissière (Mᵐᵉ de), belle-sœur du général Bordesoulle, 242.
La Boissière (Perrine de), dame de Récalde, 2.
Laborie (de), 359, 360.
Laborie. Voir Roux.

TABLE DES NOMS.

La Bouillerie (de), ministre de la maison du Roi, 189, 191, 200, 201, 300.
La Bourdonnaye (de), 228, 234, 250, 278, 283.
La Brosse (château de), près Villeneuve-la-Guyard, Yonne, 125, 154, 155.
La Bruyère, nom pris par la fille Schumacher avant son mariage avec Maubreuil, 287.
La Bussière (de), page aux écuries de Madame, 361.
La Chapelle (faubourg de), à Paris, 69.
La Chevallerie (de), page de la reine, 357.
La Davière (château de), près Bonnétable, Sarthe, 12, 359.
La Délivrande (pèlerinage de Notre-Dame de), près Caen, Calvados, 315, 316.
Laeken (château du roi des Belges, à), 252.
La Faille (de), page aux écuries du comte d'Artois, 358.
La Fayette (le général de), 266.
La Fère (la ville de), Aisne, 159.
La Ferté-Bernard (ville de), Sarthe, 281.
La Ferté-Mun (de), 167, 402.
Laffitte (le banquier), 293, 305.
Lafolie, conservateur des monuments publics en 1818, 176.
La Force (la prison de), 408.
Laforest, un des commissaires envoyés par la Chambre au quartier général des alliés, en 1815, 266.
La Forest (de), page à la grande écurie, 359.
La Fresnaye-sur-Chédouet, Sarthe, 82.
La Garde (de), page aux écuries de Monsieur, 361.
La Gastine (terre et château de), près Mamers, Sarthe, 2, 11, 33, 42, 52, 67, 75, 82, 86, 89, 292, 295, 303, 314, 322.
La Girouardière (de), page aux écuries de Monsieur, 361.
La Giroudière, terre appartenant à une branche des Semallé, 52.
La Gorgue, village à la frontière belge, 221.
La Goupillère de Dollon (Mme de), dame de Bouvet de Louvigny, 67.
La Grange (Paul-Jérôme-Hippolyte Desfieux-Beaujeu, marquis de), 157, 162, 163, 164, 167, 178, 185, 187, 188, 189, 200, 201, 202, 227, 244, 245.

La Guibraie (foire de). Se tient dans le faubourg de ce nom, à Falaise, 129.
La Harpe (de), 122.
La Haye (ville de), Hollande, 36, 49, 54, 75, 84, 233, 234.
La Haye Piquenot, village du Calvados, 343.
La Heuze (la marquise le Cordier de), 35.
Lainé, ministre de l'intérieur sous la Restauration, 175, 391.
Laistre (de), 307.
Laleu (village et marais de), à la frontière belge, 221, 226.
Lallemand (les généraux frères), 212, 214.
Lally Tollendal (le comte de), gouverneur des Indes françaises, décapité en 1766, 14.
La Londe (le président Lecordier de), 35.
La Loupe (ville de), Eure-et-Loir, 313.
La Madeleine (église et rue de), Paris, 108, 157, 172, 177, 200.
La Madeleine de Ragny (M. et Mme de), 128, 149, 150, 151, 337.
La Maisonfort (le marquis de), 178, 208, 209, 390, 400.
La Marlière (de), page aux écuries de Monsieur, 360.
La Martinière (Mme de), 295, 309.
Lambesc (Charles-Eugène de Lorraine, prince de), colonel du Royal-allemand, grand écuyer de France, fait duc d'Elbeuf par Louis XVIII, feld-maréchal autrichien, etc., 3, 15, 22, 36, 45, 46, 47, 355, 392.
Lammerville (de), 312.
La Motte (de), page à la petite écurie, 357, 359.
La Motte (Mme de), de l'affaire du Collier, 45.
La Motte-Houdancourt (Mlle de), dame de Rouhault-Gamache, 33.
Lançon (de), écuyer commandant à la grande écurie, 355.
Landais, professeur à Mortagne, 2.
Landorthe (le chevalier de), page à la grande écurie, 356, 359.
Langeron (le comte de), officier aux gardes-françaises, puis commandant d'un corps d'armée russe en 1814, 47, 157, 163, 187, 348, 398, 402.
Langres (la ville de), 149.
Languedoc (la province de), 178.

Laon (la ville de), 159.
La Planche (le chevalier de), page à la grande écurie, 356.
Laporte (de), page de la reine, 357.
Laqueille (de), commissaire des princes pendant l'émigration, 62, 82.
La Queue (le bourg de), Seine-et-Oise, 95, 311.
La Rimblière (la terre), à la famille de Frotté, 92.
La Rivière. Voir Alcary (de).
Larmandie (de), page à la grande écurie, 359.
La Roche-Aymon (de), 225.
La Roche du Rouzet (de), page à la grande écurie, 356.
La Rochefoucauld (le baron de), 167.
La Rochefoucauld (Sosthène de), 167, 270, 402.
La Rochejaquelein (Henri du Verger, comte de), chef vendéen, 228, 230, 273, 274, 287, 310.
La Rochejaquelein (Mlle de), dame de Guerry de Beauregard, 199.
La Rochejaquelein (les grenadiers de), 221, 255.
La Roque (de), page aux écuries de Madame, 358.
Laroque (de), 32.
La Salle (le chevalier de), 133, 145, 190, 239, 272.
La Sicotière (de), auteur cité, 343.
La Spezia (la ville de), Italie, 325.
Lastic (de), page à la grande écurie, 19, 48, 357, 359.
Lastic (le comte de), 340.
Lastic (Mlle de), dame de Lastic, 48.
Lastours (de), page à la grande écurie, 26, 356, 359.
Latil (l'abbé de), 145.
La Tour (le comte de), 48.
La Tour (le régiment autrichien des dragons de), 46, 259.
La Tour (de) et Mme, la fameuse Oliva du collier, 45.
La Tour du Pin La Charce (de), 401.
La Tourette (de), chargé de la police militaire au ministère de la police, 264, 281, 282, 283, 288 à 291.
La Tour-Maubourg (le chevalier de), officier aux gardes du corps, 23.
La Tude (de), page à la grande écurie, 359.
Launay, fondeur des bronzes de la colonne Vendôme, 173, 174, 175, 390, 391.

Laurens (de), page à la grande écurie, 356.
Lauriston (le général de), 221.
Laval (le duc de), 52, 393.
Lavallette (Marie-Joseph Chamans, comte de), 242, 264, 276, 277, 278.
Lavallette (Mme de), née de Beauharnais, 276.
Lavalette Morlhon (le comte de), 234.
Lavardac (de), page à la grande écurie, 356.
La Varenne (de), page aux écuries de Madame, 358.
La Vieuville (de), page aux écuries de la comtesse d'Artois, 359.
Lavoisier (le courrier), 125, 135, 136, 147, 151, 345.
Laya, 117.
Léaumont (de), page à la petite écurie, 357.
Le Bas du Plessis (Adèle), femme d'Antoine Galiot de Mandat, 337.
Lebeau, membre du conseil municipal de Paris en 1814, 166.
Leblanc, huissier du palais de justice, 108.
Lebon (Joseph), conventionnel, 2, 36, 72.
Le Breton (Auguste), chouan, 344.
Le Camus de Pontcarré, 330.
Le Clerc (M. et Mme), 94, 95.
Leclerc (Mme), née de Peyrac, 127.
Le Comte (les frères), 264, 281, 282, 283, 407.
Lecomte, conventionnel, 2.
Le Cordier. Voir La Londe et La Heuze.
Le Douarin, page à la grande écurie, 360.
Le Doulcet de Pontécoulant, officier aux gardes du corps, 23, 266.
Leeuwarden (la ville de), en Frise, 57.
Lefèvre (le général), 303.
Lefèvre (le maréchal), duc de Dantzig, 85, 86, 87, 104.
Lefebvre-Desnoettes (le général), 212, 214.
Leforestier de Coubert (MM.), 329, 330.
Lefort, notaire à Paris, 176.
Leipzig (la ville et la bataille de), 149.
Le Mans (la ville de), 3, 281, 303, 311, 378, 407.
Le Merchier de Boishurin, page aux écuries du comte d'Artois, 358.

Lemercier, banquier, homme de lettres, 6.
Lemoine, un des maires de Paris, 109.
Lemps (de), page à la petite écurie, 357.
Lépée (le perruquier), à Bruxelles, 36, 65, 66.
Lepelletier (section), 77.
Lepelletier de Mortfontaine, 125, 127, 136, 150, 157, 158, 159, 167, 200, 345, 401, 402, 405.
Lepelletier de Saint-Fargeau, constitutionnel, 13, 125, 126, 127, 128.
Lepelletier de Saint-Fargeau (Mlle de), dame Lepelletier de Mortfontaine, 125, 127.
Lepelletier de Saint-Fargeau (Mme), née Leclerc, 127, 401.
Lépine, commissaire des guerres à Beauvais, 97, 98, 365.
Lépinois (le général), 277.
Lescalle (de), page à la petite écurie, 357.
L'Escale (de), 331.
L'Espine (de), page à la grande écurie, 360.
Letourneur (le marquis), major des gardes du comte d'Artois, 112, 231, 238, 274.
Létourville (de), page à la petite écurie, 357, 359.
Leudeville (de), 107, 108.
Le Vaillant, page à la grande écurie, 359.
Levayer, 360.
Lévis (le duc de), 167, 194, 207, 352.
Liechtenstein (le prince de), commandant d'un corps autrichien en 1814, 125, 132, 152, 154, 398.
Liège (la ville de), 36, 42 à 48, 62, 64, 87, 97, 159, 363, 393, 394.
Ligne (le régiment de), 46.
Ligneris (de), 215.
Ligniville (Mme de), née Ferrand, 291.
Lille (rue de), à Paris, 113, 277.
Lille (la ville de), 49, 92 à 101, 220, 221, 225, 364 à 390, 395.
Lillers (la ville de), 221.
Lindon (Mme), 37.
Lionne (de), page à la petite écurie, 357, 359.
Lionne (le chevalier de), page à la grande écurie, 360.
Lis (la décoration du), 178, 196.
Litteau (de), page à la grande écurie, 359.

Livaie (le village de), 295, 317.
Livry (bourg et château de), 196, 353.
Lobau (le général), 262.
Loisel (l'abbé), 49.
Lombard de Langres, ambassadeur de France auprès de la république batave, 84.
Loménie de Brienne (le cardinal de), 14.
Londres (la ville de), 43, 75, 84, 90, 109, 110, 242, 257, 264, 286, 320, 323, 332, 344, 364, 400.
Longueval (de), page à la grande écurie, 360.
Longueville (de), 356.
Lopin de Montmaur, 325.
Lorraine (la maison de), 3, 45.
Lostanges (l'abbé de), 160.
Lot (le département du), 273.
Lot-et-Garonne (le département du), 183.
Louis (l'abbé baron), 190, 229, 264, 271.
Louis XIV, 3, 46.
Louis XV, 9, 46, 92.
Louis XV (la place), 164, 165, 218, 340, 349, 351.
Louis XVI, 2, 8, 9, 12, 15, 16, 17, 24, 25, 27, 44, 46, 118, 122, 126, 135, 168 à 180, 191, 194, 208, 209, 278, 287, 324, 334, 338.
Louis XVII, 351.
Louis XVIII, 5, 6, 8, 28, 37, 46, 79, 83, 124, 130, 145, 164, 171, 175 à 180, 183, 186, 191, 207, 208, 211, 213, 225 à 230, 234, 243, 244, 246, 248, 255, 258, 260, 264, 266, 268, 271, 273, 275, 276, 278, 288, 289 à 296, 347 à 353, 392, 404.
Louis le Grand (la rue), 196.
Louis-Philippe, 6, 324, 335, 409.
Louvigny (le château de), par Mamers, 67.
Louvigny (Voir Bouvet de).
Louvre (le palais du), 164, 292, 304, 305, 306, 324.
Louvres (le bourg de), Seine-et-Oise, 264, 266, 269.
Louzes (le village de), Sarthe, 315.
Lubis, historien de la Restauration, 8.
Lucy-le-Bois (le château de), Yonne, 134, 135, 137.
Luppé (de), page aux écuries de Monsieur, 358.
Lusignan (de), colonel du régiment de Flandre, 27.
Lux (de), page aux écuries du comte d'Artois, 358.

TABLE DES NOMS. 427

Luxembourg (la ville de), 42.
Luxembourg (le palais du), 274, 298.
Luzerel (le village de), Indre, 241.
Lyon (la ville de), 141, 142, 151, 152, 184, 213, 214, 236, 244.

M

Madame Royale, plus tard duchesse d'Angoulême, Marie-Thérèse-Charlotte, fille de Louis XVI, 11, 20.
Maëstricht (la ville de), Limbourg hollandais, 62, 73.
Magnac (de), page aux écuries du comte d'Artois, 361.
Magnos (de), page aux écuries de Monsieur, 360.
Maillan (de), page à la grande écurie, 356.
Maille, avocat à la Cour de cassation, 195.
Maillé (le duc de), 232, 250.
Mailly-Nesle (le marquis de), 86.
Mailly-Nesle (la marquise), née Odoard, 86.
Maine (la chaussée du), 28.
Maine (la province du), 1, 3, 12, 33, 42, 52, 55, 88, 354, 395, 397, 400.
Maine-et-Loire (le département de), 101, 407.
Maisières (de), page à la grande écurie, 356.
Maison (le général), 212, 216, 217, 321.
Malaise, directeur général de la police à Bruxelles en 1815, 233, 234, 238.
Malesherbes (de), défenseur de Louis XVI, 19.
Malet (Claude-François de), général, condamné à mort en 1812, 5.
Malines (la ville de), Belgique, 227, 250, 251, 252, 255.
Mallet (de), page à la grande écurie, 12.
Malou (le sénateur), 333.
Malou (comtesse de Semallé, née), 225.
Malte (l'ordre de), 378.
Mamers (la ville de), Sarthe, 1, 89, 91, 292, 295, 301, 302, 303, 313, 314, 315, 322.
Manche (le département de la), 101, 301, 317.
Mandat (la maison de), 294, 337, 342.
Mandat-Grancey. Voir Grancey.
Mandat (Antoine-Jean Galiot de), commandant la garde nationale de Paris et massacré le 10 août 1792, 9, 34, 127, 338.

Mandat (le chevalier Charles de), petit-neveu du précédent, 128, 150, 337, 343, 344.
Mandat (Antoine Galiot de), mari d'Adèle Le Bas du Plessis, 337.
Mandat (Martial de), aide de camp de Frotté, frère des deux précédents, 337, 343, 344.
Mandat (Alexandrine-Claudine-Félicité de), sœur des précédents, épouse d'Alexandre de Thomassin de Bienville, mère de la comtesse de Semallé, 338.
Mannheim (la ville de), grand-duché de Bade, 266.
Mannoury (de), page aux écuries de la comtesse d'Artois, 359.
Manuel, syndic des agents de change en 1814, 170.
Marbon, notaire à Paris, 176.
Marcieu (Mme de), née de Broglie, 49.
Mare Bonneval (la terre de la), appartenant aux Semallé, 2.
Maret, duc de Bassano, 380.
Mareuil (Mme de), 266.
Margaron (le général), 87.
Marguerite, 244.
Marie-Antoinette (la reine), 46.
Marie-Louise (l'impératrice), 125, 146, 181, 186, 187, 188, 346, 406, 407.
Marigny (de), page aux écuries de Madame, 358.
Marigny (marquise de), née de Choiseul, 30, 31, 32, 34, 68.
Marion, 90, 91.
Marivaux, auteur de pièces légères, 360.
Marles (de), intendant de la généralité d'Alençon sous Louis XIV, 3.
Marmier (Mme de), née de Choiseul, 93.
Marmont (le maréchal), duc de Raguse, 241, 274, 348.
Marolles (de), page aux écuries de Monsieur, 358.
Marquessac (de), page aux écuries de Monsieur, 358.
Marsac (le comte de), 244.
Marsan (le pavillon de), 29, 189 191, 271, 279.
Marseille (la ville de), 184, 185.
Massa (la ville de), en Toscane, 323 à 328.
Massa Carrara, les carrières de marbre de Carrare, près Massa, Italie, 327.
Masséna (le maréchal), prince d'Essling, 162, 185, 372. Voir Essling.

Masson (Frédéric), auteur cité, 73.
Mathilde (la princesse), 334.
Mathusalem (le patriarche), 384.
Maubreuil (Armand de Guerry, marquis d'Orvault, marquis de), 178, 198 à 206, 227, 236 à 240, 264, 280 à 287, 406 à 409.
Maubreuil (M⁰ᵉ de Ménardeau de). Voir Ménardeau.
Maulevrier. Voir Colbert (de).
Maumigny (le chevalier de), page à la grande écurie, 358.
Maumont (de), page à la grande écurie, 356, 359.
Maupeou (la famille de), 12.
Maupeou (Mᵐᵉ de), 360.
Maure (l'hôtel du), à Alençon, 103.
Maurice, avocat général à Douai, 199.
Maury (l'abbé Jean-Siffrein), 11, 33 et suivantes.
Mayence (la ville de), 87, 92, 101.
Mayenne (le département de la), 315.
Meautry (de), page aux écuries du comte d'Artois, 361.
Meaux (la ville de), 178, 194, 195, 196, 278, 352.
Méduse (la tête de), 153.
Mellionat (de), 140.
Mellon (le tapissier), 196.
Ménardeau de Maubreuil (Mᵐᵉ de), 198.
Menin (la ville de), Flandre belge, 225.
Menus-Plaisirs (le théâtre des), 12.
Méré (de), page aux écuries de Madame, 358.
Méritens (de), page à la petite écurie, 357.
Merlin de Douai, membre du Directoire, 91 à 94.
Mersan (le chevalier de), 166.
Mesdames Tantes (filles de Louis XV), 13, 29.
Mesnard (le chevalier de), 227, 250, 251, 260, 325, 328, 356.
Mesnil-Simon (de), 45, 402.
Messine (la ville de), Sicile, 378.
Metternich (le prince de), 130, 132, 145, 146.
Meudon (le château de), 21, 24.
Meulan (le général), 231.
Meyronnet (Mᵐᵉ de), née de Thomassin de Puellemontier, 135, 337.
Meyronnet (Mˡˡᵉ de), dame Achille de Guitaut, 135.
Meyronnet (Mᵐᵉ de), née Dupuits de Marconneix, 67.

Michaelis, nom pris par M. Humbert, 75, 88, 94, 364, 396.
Michaud (les frères), imprimeurs, 8, 163, 284.
Michaud aîné, rédacteur au journal *la Quotidienne*, 163, 166, 331.
Michel (les frères), banquiers, 88, 163, 164, 165.
Migot (de), page aux écuries du comte d'Artois, 361.
Milan (la ville de), 78.
Milleville (de), page aux écuries du comte d'Artois, 361.
Mirabeau (le marquis de), 11, 14, 22.
Miron (de), commissaire des princes pendant l'émigration, 44, 83.
Mittau (la ville de), en Courlande, 338.
Modène (le duc de), 326.
Moismont (de), page aux écuries de la comtesse d'Artois, 358.
Molans (de), page de la chambre du Roi, 355.
Mollot (le colonel Hughes), 178, 184, 245.
Moloré (de), 315.
Moncey (le maréchal), duc de Conégliano, 273.
Monciel. Voir Terrier (de).
Mondion (de), page à la petite écurie, 357.
Monet, chef de division à la préfecture de la Seine en 1814, 164.
Monk, général anglais sous Charles Iᵉʳ et Charles II, 110.
Mons (la ville de), Belgique, 35, 228, 234, 235, 248, 263, 264, 306.
Montagnac. Voir Gain (de).
Montaigne (l'avenue), à Paris, 112.
Montaigu (le chevalier de), page à la petite écurie, 357.
Montauban (la ville de), 184.
Mont-aux-Malades, village de la Seine-Inférieure, 362.
Montbadon. Voir Dumas (de).
Montbard (la ville de), Côte-d'Or, 138, 139.
Montbel (de), ministre sous Charles X, 301.
Montbéliard (M. et Mᵐᵉ de), 138, 139.
Montboissier (le marquis de), 38.
Montchal (le chevalier de), page à la petite écurie, 357.
Montdort, page à la grande écurie, 11.
Montélimart (la ville de), 244.
Montesquiou (l'abbé de), un des membres du gouvernement provisoire de 1814, 48, 169, 192, 193.

Montesson (Mme de), 13.
Montgardot (le général de), 311.
Montgon (Mme de), née Dupuits de Marconneix, 67.
Monti (le marquis de), 330.
Montlaux (de), page de la chambre du Roi, 355.
Montlezun (de), page à la grande écurie, 360.
Montluc (MM. de), 86.
Montmartre (la butte de), 157, 163, 346.
Montmaur. Voir Lopin (de).
Montmorency (le chevalier de), un des naufragés de Calais, 92, 94, 365 à 390.
Montmorency (MM. de), 157, 160.
Montmorency (Adrien de), 159.
Montmorency (Matthieu de), 158.
Montmorency (le duc de), 158, 159.
Montmorency (baron et baronne de), 86.
Montmorency (Mme de), née de Matignon, 119.
Montmorency de Mortemart (Mme de), 380.
Montmorency de Bonnétable (Mlle de), dame Sosthène de La Rochefoucauld, 270.
Montmort (de), 141.
Montreuil, faubourg de Versailles, 26.
Montsauge (Mme Étienne de Durfort, née de), 79.
Mont-Saint-Jean (village de), sur le champ de bataille de Waterloo, 259.
Montsort, faubourg d'Alençon, 55.
Montureux (Mme de), née de Thomassin de Puellemontier, 337.
Moraves (les frères), 38.
Moreau (le général), 82, 100, 109, 110, 111, 307.
Morbach (village de), Westphalie, 393.
Moret (la ville de), Seine-et-Marne, 155, 401.
Morgan, 72.
Morgan (Mme de), née de Béthune, 72.
Morin, ancien secrétaire de Masséna, 157, 162 à 166, 181, 212, 227, 234, 235, 277, 278.
Morin, fils du précédent, 329, 331.
Mortagne (la ville de), Orne, 1, 104.
Mortemart (Mme de Montmorency de), 378.
Mortemart (de), 140.
Mortfontaine. Voir Lepelletier (de).
Morvan (la chaîne du), 140.
Moscou (la ville de), 199, 397.
Moulins (la rue des), 69.

Muiron (de), fermier général, 62, 75.
Muiron (Mme de), née Grossard de Virly, 76.
Muiron (Jean-Baptiste de), fils du précédent, aide de camp de Bonaparte, 75, 76, 77, 96, 110.
Muiron (Mme Jean-Baptiste de), née de Béraud de Courville, 75.
Muntzelfeld (village de), Westphalie, 393.
Muraire, premier président de la Cour de cassation en 1814, 192.
Muraire (Mme), dame Decazes, 272, 279.
Murinais (de), commandant d'une légion de la garde nationale de Paris en 1814, 161, 195, 402.
Musnier-Desclozeaux, neveu de M. Réal, auteur cité, 5.

N

Nampon (Mme), 81, 82.
Namur (la ville de), Belgique, 228, 234, 235, 247, 249.
Namur (la porte de), à Bruxelles, 250.
Nancy, 87, 148, 149, 152, 158, 383, 396, 404.
Nansouty (de), 140.
Nantes (la ville de), 181, 311, 323, 329, 330, 331, 406.
Nantes (l'édit de), 82.
Napoléon Ier, 9, 43, 73, 93, 114, 144 à 150, 171, 180, 201, 206, 214, 227, 241, 245, 248, 251 à 256, 266, 275, 281, 345, 348, 353.
Napoléon (la statue de), 157, 173, 176, 200, 390, 391.
Napoléon II, 407.
Napoléon III, 409.
Napper-Tandy, agent irlandais au service du Directoire, 378.
Nattes (de), page à la petite écurie, 357.
Navailles (de), page à la grande écurie, 356.
Navarre (le régiment de), 35, 90, 394.
Navarre (le royaume de), 92, 183.
Necker (Jacques), ministre des finances sous Louis XVI, 11, 16.
Necker (Mlle), dame de Staël, 16.
Nesselrode (le comte Robert de), diplomate russe, 80, 148, 157, 167, 191, 402.
Neuchâtel (le prince de). Voir Berthier, 225.
Neuf départements réunis (hôtel des),

à Paris, nom donné à la Belgique après son annexion à la France, 72, 108, 364.
Neuilly (le pont de), près Paris, 307, 308.
Neuve des Capucins (rue), 31.
Neuve de Luxembourg (rue), 288.
Neuve-Église (village de), près la frontière française, 212, 223, 225.
Neuvilie (de), page à la petite écurie, 357.
Neuville. Voir Hyde (de).
Neuwied, chef-lieu d'une principauté dans la Prusse rhénane, 36, 38.
Nexon (de), page aux écuries du comte d'Artois, 358.
Ney (le maréchal), duc d'Elchingen, prince de la Moskova, 227, 244, 253, 254, 264, 273, 274.
Ney (la maréchale), 274.
Nivelles (la ville de), près Waterloo, 258, 259, 263.
Nivernais (la province du), 347.
Noaillan (de), page de la chambre du Roi, 355.
Noailles (Alexis de), 133 à 144, 158, 273, 296, 400.
Noblet (de), page à la petite écurie, 357.
Nocé (le bourg et seigneurie de), Orne, 52.
Nogent (de), page aux écuries de la Reine, 360.
Noppener, habitant de Nivelles, 259.
Normandie (la province de), 1, 12, 35, 95, 96, 107, 108, 178, 180, 182, 395, 400.
Notables (l'assemblée des), 17, 19.
Notre-Dame (l'église), à Paris, 172, 178, 196, 353.
Notre-Dame (l'église), à Mamers, 2.
Notre-Dame des Victoires (la rue), 306.
Nully (le village et le château de), Haute-Marne, 337, 342.

O

Odart de Rilly, page aux écuries du comte d'Artois, 358.
Odilon Barot, 321.
Odoard, 86.
Odoard (Mlle), marquise de Mailly-Nesle, 86.
Oilliamson (Guillaume d'), 89.
Oise (le département de l'), 96, 241.
Oliva, l'héroïne de l'affaire du collier. Voir La Tour, 45.

Onnaing (le village d'), près Valenciennes, 36, 45.
Orange (le prince d'), 36, 227, 249, 253, 256, 257, 258.
Ordières (d'), premier page à la grande écurie, 22, 356, 359.
Orfèvres (le quai des), 109.
Orléanais (la province d'), 160.
Orléans (la ville d'), 159, 178, 183 à 189, 200, 201, 289.
Orléans (la maison, la famille d'), 13, 21, 23, 86, 137, 300, 332.
Orléans (le duc d'), Égalité, 2, 11, 13, 25, 26, 29, 126, 137.
Orléans (le duc d'), Louis-Philippe, 248, 324, 327, 328.
Orléans (la duchesse d'), épouse de Louis-Philippe, 327, 328.
Orne (le département de l'), 81, 101, 182, 301, 362, 407.
Orsay (d'), 85, 86.
Orvault (le marquis d'). Voir Maubreuil, 198, 287.
Orvault (la marquise d'), née Schumacher, 287.
Osiris (l'aviso l'), 373.
Ostende (la ville d'), 225, 226, 364, 379.
Ouvrard, fournisseur de l'armée, 295, 298.

P

Pages de Beaufort (de), page aux écuries du comte d'Artois, 358.
Paillart, auteur cité, 383.
Palais-Royal (le théâtre du), 31, 69.
Pallavicini (le général baron), 224, 226.
Palmerston (lord), 332.
Pardieu (de), page à la grande écurie, 360.
Paris (l'avenue de), à Versailles, 25, 27.
Pâris, garde du corps, 126.
Pâris (marquis de), 154.
Pâris (Mlle de), comtesse de Grancey, 127, 342.
Pâris (Mlle de), dame de Crénolles, 60.
Parlan (de), page à la grande écurie, 356.
Parny (de), page aux écuries du comte d'Artois, 358.
Pasques (inspecteur de la police), 113.
Pasquier (le baron), préfet de police en 1814, 160, 173, 174, 177, 271, 390.
Pastoret (de), 299, 331, 334.
Patrix (de), page aux écuries de la comtesse d'Artois, 361.

TABLE DES NOMS.

Pattu (les frères), entrepreneurs de voitures publiques à Alençon, 104.
Paul I*er*, empereur de Russie, 378.
Paultre de Marigny (M*me*), née de Choiseul. Voir Marigny.
Payzac (M*lle* de), marquise de Rastignac, 21.
Pellingen (le camp de), près Trèves, 393.
Péraud de la Béraudière, page de la chambre du comte d'Artois, 358.
Perche (la province du), 52.
Perdriel (M*me* de), née de Frotté, 83.
Pérignon, membre du conseil municipal de Paris en 1814, 166.
Périgord (Archambault de Talleyrand-), 268.
Périgord (Bozon de Talleyrand-), 207.
Perrochel (la famille de), 2.
Perrochel de Combres (de), 3.
Perrochel des Grands-Champs (de), 2, 3, 89.
Perrochel de Saint-Aubin (de), 2.
Perrot de Chazelle, garde du corps de Monsieur, 216.
Perrot de Chazelle (Pierre), nom pris par le prince de Polignac, 315, 318, 319, 320.
Perseigne (l'abbaye et la forêt de), près Mamers, Sarthe, 52, 314.
Persigny. Voir Fialin (de), 333.
Pertat, membre du district de Saint-Dizier, 340.
Péruwelz, ville du Hainaut belge, 36, 47, 48.
Pétiet (le général), 82.
Pétion, maire de Paris, 338.
Petit, commissaire de police à Saint-Malo, 116.
Petit-Val (la famille de), 88.
Peyrac (M*me* Leclerc, née de), 127.
Peyronnet (de), ministre de Charles X, 301, 318.
Philippe-Égalité. Voir duc d'Orléans, 126.
Picardie (le régiment de), 403.
Picardie (la province de), 93, 364, 394, 396.
Pichegru (le général), 82, 100, 110, 111, 182, 394.
Picot (la fille), à Angers, 406, 407.
Pie de Bavière (le prince), 246.
Piémont (le roi de), 325.
Pille (le général), 94, 98, 99, 370 à 390.
Pinot, notaire à Ducey, 318, 319.
Piré (le général), 149.

Pitt (William), homme d'État anglais, 84.
Plessis-Bellière (de Rougé du), 334.
Plotho (le général prussien baron), 157, 164.
Plumket (M*lle*), comtesse de Chastellux, 134.
Poérier (du), page à la grande écurie, 359.
Poissy (la ville de), 287.
Poix (de), page aux écuries de la Reine, 357.
Polignac (Armand, duc de), 109, 125, 134, 138 à 144, 157, 158, 167 à 194, 210, 215, 245, 271, 272, 273, 295, 299, 303, 321, 390, 400, 405.
Polignac (Jules, prince de), 145, 295 à 310.
Polignac (Melchior, comte de), 138, 141, 145, 190, 321.
Pompadour (M*me* de), 8.
Pons (de), page à la petite écurie, 357.
Pontavice (le chevalier du), page de la chambre du comte d'Artois, 358.
Pontcarré. Voir Le Camus (de).
Pontécoulant. Voir Le Doulcet (de).
Pont-Neuf (le), à Paris, 175.
Pont-Rouge (le village du), à la frontière belge, 224.
Pont-Sainte-Maxence (le bourg de), 33, 68, 71, 97.
Port-Bail (village de), Manche, 115.
Poret de Boisandré (le marquis de), premier écuyer du duc d'Orléans, 2, 13.
Portalis, 299.
Porte-Saint-Honoré (la), à Paris, 156.
Potocka (la princesse), 150.
Poulain, 406 à 408.
Poux, un des commissaires royaux en 1814, 178, 183, 403.
Pozzo di Borgo (le général), ministre de Russie à Bruxelles, 131, 233, 234, 251, 253, 256, 286.
Praslin (de), page à la grande écurie, 356.
Preigne (de), page aux écuries de la comtesse d'Artois, 359.
Pressigny (de), 328.
Prouvaires (la rue des), 323, 328.
Provence (le comte de), plus tard Louis XVIII, 210.
Provence (la rue de), à Paris, 178, 217.
Prugnon, défenseur des naufragés de Calais, 283, 284.

TABLE DES NOMS.

Puch (du), page aux écuries de Monsieur, 358.
Pully (le général de), 170, 402.
Puerto-de-Santa-Maria, Espagne, 297.
Pyramides (la place des), 29.
Pyrénées (les), 296.

Q

Quelen (de), page à la grande écurie, 359.
Quiberon (la presqu'île de), 43.
Quintal (matelot), 115.

R

Racine, 403.
Racine (le poète Jean), 360.
Radziwill (la princesse), 125, 149, 152, 157.
Raguse (Marmont, duc de). 295, 304, 306, 307, 308, 321.
Rainneville (de), 36, 58, 59, 61.
Rambouillet (la ville de), 26, 295, 311, 312.
Rambures (marquise de Sablé, née de). Voir Sablé.
Ramfreville (de), page à la petite écurie, 357.
Rapp (le général), 264, 293, 294.
Rastignac. Voir Chapt (de).
Raymond (le général), 321, 322.
Réal, préfet de police pendant les Cent-jours, 5, 6, 175.
Réaux (le marquis des), 237, 238.
Récalde, 47, 58, 310.
Récalde (Henri-Raymond de), 2, 38, 49.
Récalde (Marie-Louise-Henriette de), dame de Semallé, 1, 92.
Reclesne (de), page à la petite écurie, 357.
Régnard (le poète), 360.
Reims (la ville de), 293.
Reine (la) Marie-Antoinette, 17, 21, 24, 27, 28, 29, 30, 31.
Rémalard (le bourg de), Orne, 313.
Rémusat (Mᵐᵉ de), 122.
Rémy, employé du palais de Saint-Cloud, 281.
Renaud de Beauregard; page aux écuries de Monsieur, 358.
Repaire (le chevalier du), 398.
Repaire (du), garde du corps, 28.
Resbecq (Mᵐᵉ de), 376, 377, 378.
Reste (de), page aux écuries du comte d'Artois, 361.

Révery (Hardouin). magistrat à Mamers, 89.
Révolte (avenue de la), à Saint-Denis, 220.
Rhin (le fleuve du), 44, 63, 252.
Rhin (l'armée du), 85.
Richard Lenoir, 352.
Richelieu (la rue de), 77, 157, 351.
Richelieu (le duc de), 36, 47, 271.
Rickholdt (le baron de), 36, 58, 59, 62, 80, 84.
Rickholdt (le château de), 64, 72, 73, 80, 394.
Rico (la), pièce de théâtre, 31.
Riencourt (le château de), 68.
Rigny (le colonel de), 264, 265.
Rilly. Voir Odard (de).
Ripert (de), page à la petite écurie, 357.
Ripert (de), page aux écuries du comte d'Artois, 358.
Rivière (de), 110, 111.
Rivoire, 281.
Rivoli (rue de), 29, 305.
Robert, commissaire royal à Rouen en 1814, 178, 180, 181, 182.
Robertfort (de), page aux écuries de la comtesse d'Artois, 361.
Robespierre, 80, 342.
Rocheblave (de), page aux écuries de Monsieur, 358.
Rochechouart (le comte de), 174, 229, 277, 278, 390.
Rodez (la ville de), 124.
Rodohan (Mˡˡᵉ de), marquise de Brancas, 218.
Rohan (le prince Louis de), 85.
Rohan-Rochefort (Marie-Louise-Constance de), comtesse de Brionne, 3.
Rollat (de), page à la petite écurie, 357.
Romainville (du Drüt de), gouverneur des pages de la grande écurie, 12, 356.
Rome (le roi de), 268.
Roquefeuille (de), page à la grande écurie, 359.
Roquelaure (de), évêque de Senlis, 22.
Rosencourt (de), page de la chambre de Monsieur, 358.
Rosnivinen (Marie-Marguerite de), dame de Barville de Nocé, 53.
Rotterdam (la ville de), en Hollande, 84.
Rouen, 125, 151.
Rouen (la ville de), 31, 68, 69, 75, 81, 82, 86, 88, 89, 91, 113, 178, 180, 181, 285, 294, 362, 383, 394, 395.

TABLE DES NOMS.

Rouhault-Gamache (le marquis de), mari de Mlle de la Motte-Houdancourt, 33.
Rouhault-Gamache, fils de Mme de la Motte-Houdancourt, 23 et suiv., 68, 82, 394, 396.
Rouhault-Gamache (la marquise), née de la Motte-Houdancourt, 33.
Rouhault-Gamache (la marquise), née de Choiseul, 32, 37, 67, 68.
Rouhault-Gamache (la famille de), 11, 276.
Rouhault-Gamache (Mlle de), dame de Boisgelin, 34.
Roule (la barrière du), 218, 281, 407.
Roustan (le mameluk), 201, 202.
Roux-Laborie, 147, 231, 232, 233, 235.
Rovigo (Savary, duc de), 5, 136, 161, 244. Voir Savary.
Roy (du), page aux écuries de la comtesse d'Artois, 361.
Royal-Allemand (le régiment), 46.
Royale (place), à Bruxelles, 249, 252.
Royale (rue), à Paris, 398.
Royal-Marine (le régiment), 89.
Roye (le bourg de), 67, 97, 266, 268.
Royer-Collard, 83.
Ruilly (Mme de), 254.
Rumilly (de), 151, 158.
Ruremonde (la ville de), Belgique, 62, 63, 80, 394.
Russie (la retraite de), 129.

S

Sablé (la marquise de), née de Rombures, 128, 276, 277.
Sacken (le général baron de), gouverneur de Paris en 1814, 164, 174, 186, 187, 188, 204, 205.
Saignes (de), page à la grande écurie, 359.
Sailly (de), page aux écuries de la reine, 360.
Saint-Aulaire (de), page aux écuries de la reine, 357.
Saint-Brieux (la ville de), 43.
Saint-Chamans (de), 305.
Saint-Chamans (marquise de), née Boula de Montgodfroy, 231, 342.
Saint-Christophe (auberge de), à Chartres, 313.
Saint-Cloud (avenue), à Versailles, 27, 208.
Saint-Cloud (la ville et le château de), 18, 209, 281, 295, 303, 307 à 310.

Saint-Cyr, 3, 275, 311.
Saint-Denis (la ville de), 22, 36, 69, 70, 218, 219, 220, 264, 269, 270, 287, 399.
Saint-Denis (la porte), 69, 165, 348.
Saint-Dizier (la ville de), 278, 337, 339, 340, 341.
Sainte-Colombe (de), page à la petite écurie, 357.
Sainte-Croix (de), page aux écuries de Monsieur, 358.
Sainte-Hermine (de), page de la chambre du roi.
Sainte-Marguerite (Mme de), née de Glandevèze, 280.
Sainte-Marguerite (le curé de), à Paris, 177, 403.
Saint-Fargeau (Lepelletier de), 234, 235, 237, 247, 295, 319, 322. Voir Lepelletier (de.)
Saint-Florentin (la rue de), 30, 80, 148, 270.
Saint-Germain (le faubourg), 187, 192, 275.
Saint-Germain des Prés (l'abbaye), 219.
Saint-Germain-en-Laye (la ville de), 81, 307, 308.
Saint-Hilaire-du-Harcouet (village de), Manche, 318.
Saint-Honoré (la rue), 29, 80, 270, 347.
Saint-Jacques du Haut-Pas (le curé de), 177.
Saint-Jean-d'Acre (la ville de), 43.
Saint-Jean-le-Thomas (le port de), 295, 319, 322.
Saint-Laurent (la fonderie), 175.
Saint-Laurent-de-Cuves (la terre de), 318, 319.
Saint-Lazare (la rue), 30.
Saint-Leu (la duchesse de), 122.
Saint-Lô (la ville de), 295, 319, 320, 321.
Saint Louis, roi de France, 24.
Saint-Louis (le quartier), à Versailles, 11.
Saint-Malo (la ville de), 114.
Saint-Maurice (la terre de), 299.
Saint-Maurice (le bourg de), 89.
Saint-Mauris (de), page à la petite écurie, 357.
Saint-Meymy (de), page à la petite écurie, 357.
Saint-Omer (la ville de), 220.
Saint-Ouen (la ville de), près Paris, 353, 399.
Saint-Ours (de), premier page à la grande écurie, 356.

Saint-Pardou (de), écuyer de Madame Royale, 20 et suiv.
Saint-Paterne (de), 315, 316.
Saint-Pern, page aux écuries de la reine, 357.
Saint-Pierre (la tour), à Lille, 365.
Saint-Pol (le chevalier de), page à la grande écurie, 360.
Saint-Pol (de), page à la grande écurie, 356, 359.
Saint-Pol (ville de), Pas-de-Calais, 220, 223.
Saint-Roch (l'église de), 13, 69.
Saint-Sauveur (de), page à la petite écurie, 357.
Saint-Symphorien (le village de), Manche, 318.
Saint-Thomas d'Aquin (l'église de). 127.
Saint-Thomas d'Aquin (le curé de), 403.
Saint-Vincent (de), nom pris par M. de Vitrolles, 146.
Salgues, 166.
Salvert (de), page aux écuries de la reine, 360.
Salvert (le marquis de), écuyer de la reine, 84.
Sambre-et-Meuse (armée de), 363.
Saônois (la baronnie du), 2.
Sarrazin (de), page à la grande écurie, 360.
Sarthe (le département de la), 67, 82, 207, 280, 292, 295, 301, 303, 362, 407.
Sarthe (la rivière de la), 55, 316.
Satory (le bois de), à Versailles, 15.
Saulty (de), 299, 311.
Saunhac (de), page à la grande écurie, 359.
Saur (le prince de), commissaire aux frontières françaises en 1815, 228, 234.
Savary (le maréchal), duc de Rovigo, 159, 345. Voir Rovigo.
Savignac (de), page à la grande écurie, 359.
Savonnière (de), commandant les gardes du corps le 5 octobre, 26.
Sceaux (l'avenue de), à Versailles, 27.
Sceaux (la ville de), 77, 78.
Scheveningen (le village de), Hollande, 54.
Schonen (de), 321.
Schuvalof (le général comte), 187.
Schúmacher (la fille), marquise d'Orvault, 287.

Schwarzenberg (le prince), 398.
Schwarzenberg (la princesse), 130, 132.
Sebastiani (le général), 266.
Sedan (la ville de), 45.
Seez (la ville de), 316.
Séguier (Auguste de), page à la grande écurie, 323, 356.
Séguin, 62, 75.
Séguins (de), page aux écuries de la reine, 357.
Ségur (M. et M⁰ᵉ de), 134, 135, 136.
Seine (le préfet de la), 173.
Seine-Inférieure (le département de la), 362.
Semallé (la paroisse de), près Alençon, Orne, 1, 8, 295, 299, 316, 317, 322, 346.
Semallé (Léonard de), 52.
Semallé (René de), 4.
Semallé (Abraham de), 2.
Semallé (Jean-René de), 1, 3.
Semallé (Jacob de), 2, 3.
Semallé (Jean-René-Pierre, comte de), auteur des Souvenirs, 1, 2, 3, 5, 6, 8, 12, 87, 97, 143, 152, 172, 174, 178, 179, 186, 196, 197, 207, 208, 211, 223, 230, 231, 234, 238, 240, 245, 255, 256, 257, 263, 267, 272, 284, 289, 296, 304, 318, 344, 345, 346, 348, 349, 352, 353, 354, 356, 359, 363, 365, 366 à 390, 392, 404.
Semallé (comtesse de), née de Thomassin de Bienville, auteur du fragment de mémoire cité, 135, 151, 156, 161, 166, 172, 177, 194, 237, 280, 299, 308, 314, 322, 397.
Senur (la ville de), 125, 128, 134, 137, 138, 139, 150, 153.
Senlis (la ville de), 22, 214.
Sens (la ville de), 125, 152, 154, 155, 398, 401.
Serrant (le château de), 30.
Serreau de Courcillon (Gabriel du), 403.
Serreau de Courcillon (Achille du), 403.
Serrent (le duc de), 131.
Servan (le chevalier de), sous-gouverneur des pages de la grande écurie, 11, 14, 22, 356.
Sévigné (M⁰ᵉ de), 328.
Sèvres (la ville de), 28, 308, 309.
Sèze (de), défenseur de Louis XVI, 160, 178, 196, 346.
Sicard, 117.
Siffrein (prénom de l'abbé Maury), 33.

TABLE DES NOMS.

Soignes (la forêt de), près Waterloo, 251, 253.
Sombreuil (de), gouverneur des Invalides, 43.
Sotin, préfet de police, 88 à 91.
Souham (le général), 155, 241.
Soult (le maréchal), duc de Dalmatie, 89, 178, 186, 245.
Souvorov (le général), commandant un corps d'armée russe, 372.
Staël (Mme de), née Necker, 16.
Steerenbach (le général), 49.
Steerenbach (la légion de), 36, 48, 393.
Stuart (Sir Charles), ambassadeur d'Angleterre à Gand en 1815, 257, 270.
Suède (le roi de). Voir Bernadotte, 159.
Sullivan (Mme), 86.
Sur-Meuse (rue), à Liège, 45.
Survilliers (comte de), nom porté par Joseph Bonaparte, 201.
Swinburn (Sir Henry), page à la grande écurie, 31, 32, 360.

T

Tabarié, 297.
Taitbout (la rue), 13, 158.
Talleyrand (Charles-Maurice de), prince de Bénévent, 6, 8, 9, 79, 100, 111, 112, 125, 147, 148, 157, 159 à 162, 167 à 172, 181, 189 à 192, 197, 202, 207 à 209, 213, 227, 232, 233, 236, 244, 265, 268, 271, 287, 353.
Tallien (Mme). Voir Cabarrus, 13.
Talmont (le prince de), 207.
Talon, 250, 256, 305.
Tardif de Pommeroux de Bordesoulle. Voir Bordesoulle.
Tarente (la ville de), 378.
Tarn-et-Garonne (le département de), 183.
Taumen, village près Coblenz, 393.
Temple (la tour et la prison du), 108, 111.
Terrier de Monciel, 178, 208, 209, 279, 400.
Tertre (du), page aux écuries de Madame, 361.
Tertu (de), 396.
Terves (de), page à la grande écurie, 356.
Tessier (le baron de), 244.
Teste (le général), 223.
Theil (du), page à la grande écurie, 356.

Theil (le chevalier du), sous-gouverneur des pages de la grande écurie, 14, 15, 16, 27, 356.
Théodose (le roi, à Venise), nom d'une pièce de théâtre, 17.
Thérèze (la rue), à Paris, 69.
Théroigne de Méricourt, 11, 30 à 32.
Thierry de Ville-d'Avray, 207, 208.
Thionville (la ville de), 39, 43.
Thomassin de Bienville (Maurice-Jean-Baptiste de), 337.
Thomassin de Bienville (Mme), née de Beurville, 337.
Thomassin de Bienville (Alexandre, comte de), grand bailli d'épée de Saint-Dizier, 338.
Thomassin de Bienville (Mme de), née de Mandat, 338.
Thomassin de Bienville (Claudine-Marie-Zoé de), comtesse de Semallé, 125, 127, 338, 342.
Thomassin de Bienville (Henriette de), comtesse de Guitaut, 128, 337, 338.
Thomassin de Bienville (Louis-Jean-François-Adrien de), 338, 339.
Thomassin de Bienville (Louis-Maurice, marquis de Thomassin, comte de Bienville), époux de Mlle de Brienne, 337 à 342.
Thomassin de Bienville (Mme de), née de Brienne, 338, 341.
Thomassin de Bienville (Sophie), dame de Joybert, 338.
Thomassin de Puellemontier (Louis-Jean-François-Adrien de), 128, 337, 341.
Thomassin de Puellemontier (Mme), née de Ferrette, 337, 339, 340, 342.
Thorn (la ville de), Prusse septentrionale, 394.
Thuisy (Mme de), née Ferrand, 291.
Tilly (de), officier au régiment de la reine, auteur des mémoires, 42.
Tilly (de), garde du corps, blessé au 10 août, 42.
Tilly (Jacques-Louis-François-Delaistre de), général, 26, 36, 42, 44, 64, 77, 82, 83, 85, 87, 93 à 97, 117, 119, 170, 217, 287, 363 à 390, 395, 402.
Tilly (la générale de), 18, 19, 26, 43, 44, 77, 78, 81, 84, 97, 396.
Tilly (Édouard de), 43.
Tilly (Virginie de), dame de Bonnemains, 43.
Tilly (Caroline de), dame Dumouriez du Perrier, 43.

Tirlemont, ville du Brabant septentrional belge, 241, 280.
Titon, 85, 86.
Tonnerre (la ville de), 150.
Toulon (la ville de), 76, 184, 185, 245.
Toulouse (la ville de), 186, 245.
Toulouze-Lautrec (de), page à la grande écurie, 17, 18, 356.
Toulouze-Lautrec (la chanoinesse de), 17, 18.
Tournay, régisseur du prince de Béthune, 67, 68, 72.
Tournay (la ville de), 36, 66, 67, 72, 87, 224, 394.
Tournelles (la rue des), 218.
Tours (la ville de), 3.
Tours (l'hôtel de), à Paris, 68, 80.
Tourzel (marquis de), 214.
Tramecourt (de), 403.
Traversière Saint-Honoré (rue), 306.
Trémault (de), 403.
Trémoille (le prince de la), 192.
Trèves (la ville de), 393.
Trieste (la ville de), 323.
Trogoff (de), 86, 133, 190, 197, 228, 237, 238, 249, 255, 272, 273, 309, 395.
Tropbriant (de), page aux écuries du comte d'Artois, 361.
Troyes (la ville de), 146.
Tryon (de), page à la petite écurie, 357.
Tryon (de), page à la grande écurie, 356.
Tuileries (palais et jardin des), à Paris, 3, 29, 30, 31, 33, 46, 178, 181, 189 à 191, 196, 206, 207, 211, 214, 217, 264, 271, 274, 279, 280, 288-289, 292, 294, 301, 306, 390.
Tuncq (le général), 383.
Tuomelim (de), page de la chambre du roi, 355.
Turin (la ville de), 327.

U

Utrecht (la ville d'), 48, 51, 52, 53, 393.
Uzès (le duc d'), 34, 36, 37.

V

Valadi (de), officier aux gardes-françaises, 30.
Valadi (Mᵐᵉ de), née de Vaudreuil, 30-31, 49.
Val-de-Grâce (l'abbaye de), 21.
Valence, 266.

Valence (ville de), 184, 185.
Valenciennes (la ville de), 35, 45, 46, 87.
Valin (le général), 297.
Vallée (voir Lavallette), 276.
Valmy, auteur cité, 40.
Vantaux (de), 132, 136, 158, 162, 163, 189, 190, 194, 197, 199 à 206, 400.
Vantaux (Mᵐᵉ), née de Geslin, 206.
Vareilles (de), 86.
Varicourt (de), garde du corps, 27.
Vassal (de), page aux écuries de Madame, 358.
Vatimesnil (de), procureur du roi, 284, 285.
Vaucresson (village de), près Saint-Cloud, 264, 281, 283, 284.
Vaudeleau (de), page de la vénerie, 357.
Vaudemont (le prince de), 3.
Vaudreuil (la famille de), 49, 393.
Vaudreuil (Mˡˡᵉ de), dame de Valadi, 49.
Vaudreuil (de), officier au régiment de Laval, 52.
Vaugirard (le cimetière de), 122.
Vaugiraud (de), page à la grande écurie, 359.
Vauquelin (de), page à la grande écurie, 360.
Vauvineux (de), 359, 401.
Vendée (la province de), 37, 227, 229, 245.
Vendôme (la ville de), 2, 72, 117, 272, 280, 392.
Vendôme (la rue de), à Paris, 117.
Vendôme (la place), 173, 174, 200, 347, 390.
Vente de Francmesnil (de), 178 à 182.
Verdière (le général), 383.
Verdun (la ville de), 41.
Verdun (du), officier de Frotté, 100 à 104, 396.
Vergennes (le pavillon de), à Versailles, 25, 26.
Verne (le chevalier du), page aux écuries du comte d'Artois, 358.
Verneuil (la ville de), 100, 104 à 106.
Vernon (la ville de), Eure, 365.
Versailles (la ville de), 8, 10, 12, 15, 16, 21 à 25, 29, 42, 77, 162, 307 à 309, 311, 333, 348, 407.
Verte (la rue), à Paris, 277.
Vesoul (la ville de), 5, 124, 133, 140 à 145, 151, 152, 160, 172, 181, 188, 192, 194, 209, 279, 345, 353, 397, 401, 404.
Veuves (allée des), à Paris, 112.
Vey (le golfe et rivière du), Manche, 321.
Vibraye (le marquis de), 92, 94, 365 à 390.
Vichy (la ville de), 409.

TABLE DES NOMS. 437

Vienne (le congrès de), 232, 235, 246, 248, 286.
Vienne (la ville de), Autriche, 46, 79, 93, 324, 407.
Vieux Augustins (la rue des), 68, 80.
Vieux Colombier (la rue du), 195.
Vigny (de), page à la petite écurie, 357.
Ville-d'Avray (le village de), près Saint-Cloud, 17, 18, 308, 309.
Villefranche (la ville de), 184.
Villeheuse (de), 261.
Villèle (de), 278, 283.
Villeneuve (de), page à la petite écurie, 357.
Villeneuve d'Arifat (de), 167, 188, 189, 207, 214, 217, 398, 402.
Villeneuve-la-Guyard, Yonne, 154, 155.
Villequier (le duc de), 33, 34, 36, 393.
Villers-la-Faye (de), page à la grande écurie, 356, 359.
Vincennes (le fort de), 110, 123, 232.
Vincent (de), ministre d'Autriche à Bruxelles en 1815, 233, 251, 253, 258.
Vioménil (le maréchal de), 325.
Vire (la ville de), Calvados, 343.
Virginie (hôtel de), 204.
Virieu (Gustave de), 125, 130 à 134, 138 à 141, 144.
Virieu (Loup de), 134, 139, 141, 156.
Vitrolles (d'Arnaud de), 75, 78, 79, 125, 145, 146 à 149, 161, 178, 196 à 198, 204, 205, 309.
Vitry (le château de), 88.
Vittoria (duc de), titre du duc de Wellington, 235.
Vivens (de), page à la petite écurie, 357.
Vivienne (rue), à Paris, 81, 82.
Vivier (le général), 264.
Voltaire, 27.
Voncq-en-Ardennes (le bourg de), 40.
Vouziers (la ville de), 40, 41.
Voysin de la Noieraye, intendant de la généralité de Tours, 3.
Vomarillon (Edme-Claude-Brice-Gautier), 77.

W

Wagram (le prince de). Voir Berthier, 246.
Wagram (la bataille de), 184.
Wahl, 39.
Wall (de), 225, 304.
Wals (de), 133.
Walsh de Serrant (de), 30, 31.
Walsh de Serrant (Mᵐᵉ de), née de Vaudreuil, 30, 31, 49.
Waterloo (la bataille de), 7, 227, 241, 253, 260, 306.
Weissemberg (de), 149.
Wellesley, voir Wellington, 235.
Wellington (Arthur Wellesley, duc de), duc de Ciudad Rodrigo et Vittoria, 131, 227, 235, 247 à 251, 256 à 260, 264 à 270.
Wesel (la ville de), 63, 73, 75, 80, 84, 240, 394.
Westphalie (la province de), 48, 62, 75, 90, 293.
Westphalie (la reine de), princesse Catherine de Wurtemberg, femme de Jérôme Bonaparte, 178, 198, 283, 284, 286. Voir Wurtemberg.
Wildermath (de), 125, 145 à 147.
Williamson (Mˡˡᵉ), dame de Cornulier-Lucinière, 330.
Wilson, 408.
Wimpffen (le général de), 40.
Witt (de), 126.
Witt (Mᵐᵉ de), née Lepelletier de Saint-Fargeau, 126.
Wolkonsky (le prince), 159, 164.
Wurtemberg (le prince Paul de), 149.
Wurtemberg (la princesse Catherine de), femme de Jérôme Bonaparte, reine de Westphalie, 205, 208, 406, 408. Voir Westphalie.

Y

Yonne (le département de l'), 94.
Ypres (la ville d'), dans la Flandre belge, 212, 221 à 226, 248, 333.
Ysabeau, conventionnel, 2.

Z

Zurich (la ville de), 372.
Zuyderzée (le), 36, 55, 56, 393.

TABLE DES MATIÈRES

Avant-Propos. I

Chapitre premier. — Les Pages. — Entrée aux pages. — Je suis présenté au Roi. — Comédies. — M. Joly de Fleury. — Service des pages. — Suppression de la petite écurie. — Accident grave et bonté du Roi à mon égard. — Retour de Necker. — Hiver 1788-1789. — « Les nouveautés. » — Réunions politiques chez M. Joly de Fleury. — Suppression de la fauconnerie. — Service de Madame Royale. — Maladie et mort du Dauphin. — Ouverture des États généraux. — M. de Servan et le marquis de Mirabeau. — Fête des gardes du corps, le 1er octobre 1789. — Journées des 5 et 6 octobre. — Retour du Roi à Paris. — Voyage du duc d'Orléans en Angleterre. — Les tricoteuses et Théroigne de Méricourt. — Dangers courus dans Paris. — Je me rends à la Gastine; au Fayel. — La famille de Rouhault-Gamache et l'abbé Maury. — Je pars pour l'émigration . . 11

Chapitre II. — Émigration. — Séjour à Bruxelles. — Formation des corps d'émigrés à Coblenz. — Les « chevau-légers et les gendarmes réunis » à Neuwied. — Campagne de 1792. — Licenciement. — Séjour chez M. de Tilly, à Grivegnée. — Retraite sur Düsseldorf. — Je reviens à Liège et à Bruxelles. — Le prince de Lambesc à Onnaing. Le duc de Richelieu à Peruwelz. — Essen. — La légion de Steerenbach. — Voyage émouvant d'Essen à Delft. — La Haye; embarquement du prince d'Orange. — Amsterdam. — Je traverse le Zuyderzée et reviens à Essen. — Le colonel Breit. M. de Rainneville. — Retour en Belgique avec le baron de Rickholdt. — Émigrés recherchés à Bruxelles. — Le perruquier Lépée. — Vérification des passeports à Ath. — La princesse de Béthune à Tournay. — Le Fayel. — Arrivée à Paris. — Le 13 vendémiaire. — Comment je m'échappe par Saint-Denis. — Exécution de Joseph Lebon à Amiens. — Retour en Belgique 36

Chapitre III. — Du 13 vendémiaire au consulat. — Constitution du Directoire. — Je reviens à Paris. — Mme de Courville et sa fille. — Muiron et Bonaparte. — Mariage de Muiron; sa mort et celle de sa femme. — Retour en France de MM. de Courville et de Vitrolles. — Barali, barbier, puis gérant de l'hôtel de Tours. — Nouveau voyage à Gratheim. — Les certificats de non-émigration : M. de Frébourg, revenu en France, en obtient un à Rouen. — Je me rends à Paris. — La police cherche à arrêter le « sieur Dujardin. » — Je pars pour Rouen et y obtiens un certificat de résidence, puis un passeport à Alençon, sous mon nom véritable. — Mécontentement des principaux généraux contre le Directoire. — Les « doctrinaires. » — Je suis chargé de faire parvenir à Londres les adhésions des généraux, et de porter à Francfort des passeports pour faire rentrer des émigrés. — Séjour à la Haye. — Voyage par Wesel et Cassel. — Séjour à Francfort. — Retour par Rouen avec M. Humbert (Michaëlis). — Préparation du 18 fructidor. — Je suis recherché à la Gastine. — J'arrive à Paris. — M. de Frébourg est arrêté et traduit devant une commission militaire. — Je parviens à le sauver. — Procès des naufragés de Calais. — Mon arrestation au Fayel. — Je suis relâché à Beauvais et je regagne Paris 75

Chapitre IV. — Royalistes sous le Consulat et l'Empire. — Bonaparte prend la direction des affaires. — La chouannerie. — Envoi de généraux dans l'ouest. — Capitulation de Bourmont et de d'Autichamp. — Frotté envoie MM. du Verdun et de Commarque au général Guidal. — Il se rend lui-même à Alençon avec huit de ses officiers. — Ils sont arrêtés. — Leur voyage d'Alençon à Verneuil. — Leur jugement par une commission militaire. — Leur exécution. — Je retourne à Paris. — Mon voyage dans la diligence avec les membres de la commission militaire. — L'opinion publique. — M. de Bruslart est désigné pour souscrire la capitulation de l'armée de Frotté. — Ses inquiétudes. — Sa lettre au Premier Consul. — Son départ pour l'Angleterre. — Interrogatoire et arrestation de M. de Bourmont. — Procès de Georges et de Moreau. — Mon assiduité à ce procès attire sur moi l'attention de la police. — Mon opinion sur cette conspiration. — Comment Bonaparte accepta les avances des révolutionnaires et trompa l'attente des royalistes. — La crainte des révélations, que Pichegru pouvait faire au cours de son procès, amena sa fin tragique. — L'alliance de Bonaparte et des Jacobins fut scellée par le sang du duc d'Enghien. — Rôle de Talleyrand. — Détails peu connus sur lui. — Chateaubriand. — Arrestation de son cousin, de M. de Goyon, de MM. de Boisé Lucas et d'un matelot. — Leur transfert à Paris. — Leur jugement. — Leur exécution. — Chateaubriand refuse l'audience impériale, envoyée trop tard. — Je suis moi-même arrêté et interrogé par Fouché. — Haine de Chateaubriand pour le « Corse. » — Je quitte Paris pour me rendre chez mes parents 100

Chapitre V. — Le comte d'Artois a Vesoul. — Lepelletier de Saint-Fargeau. — Sa fille, Mᵐᵉ Lepelletier de Mortfontaine. — Mon mariage avec Mˡˡᵉ de Thomassin de Bienville. — Présages de la chute de Napoléon. — — Lettre du comte des Cars. — Les princes quittent Hartwell. — Mon départ avec le vicomte de Virieu pour Époisses. — Tentative de mouvement royaliste à Dijon. — Lavoisier, courrier du sous-préfet d'Avallon. — Signal envoyé à Paris. — Mᵐᵉ de Chastellux. — Dangers courus à Semur. — Réunion royaliste à Dijon. — Mon voyage à Vesoul avec M. de Polignac. — Conversation avec le comte d'Artois. — Je reçois à Dijon les pouvoirs de Monsieur. — M. de Wildermeth au grand quartier général.

TABLE DES MATIÈRES. 441

— Il y rencontre M. de Vitrolles. — Mission de ce dernier, envoyé par Talleyrand. — Il tombe aux mains des soldats français. — Je me rends à Châtillon. — Projet de voyage avec la princesse Radziwill. — État des négociations des alliés avec Bonaparte. — M. Rouen transmet de mes nouvelles à Paris. — Le prince de Liechtenstein m'arrête à Auxerre. — Le général Gyulay me retient à Sens. — Nuit au château de la Brosse. — Rentrée à Paris par Fontainebleau. 125

CHAPITRE VI. — LE 31 MARS 1814. — Conversation avec la princesse Radziwill. — Je fais prévenir les royalistes de mon arrivée. — MM. de Montmorency. — Voyage de M. Gain de Montagnac. — Visites aux chefs des principaux corps. — Talleyrand se fait arrêter à la barrière et rentre dans Paris. — Comité royaliste pendant la nuit du 30 mars. — M. de Langeron à Montmartre. — Impression des proclamations. — Le marquis de Lagrange et le général Plotho. — M. Morin censeur de la presse. — Le 31 mars. — Entrée des alliés dans Paris. — Déclaration des souverains. — Réunion chez M. de Mortfontaine. — Notre délégation reçue par le comte de Nesselrode. — Visite à Talleyrand : je refuse ses propositions. — Arrivée de M. de Polignac. — M. Anglès vient nous voir de la part de Talleyrand. — Envoi de commissaires royaux dans les provinces. — Constitution du gouvernement provisoire. — Consolidation de la dette publique. — Offres du mameluk Hamaouy. — Les mameluks reconnaissent Louis XVIII. — *Domine salvum* à la Madeleine, le dimanche des Rameaux. — Descente de la statue de Napoléon. — Souscription pour les pauvres 157

CHAPITRE VII. — LES COMMISSAIRES ROYAUX. — Pouvoirs donnés aux commissaires royaux. — M. de Vente de Francmesnil et M. Robert, à Rouen. — Ils obtiennent l'ordre du jour du maréchal Jourdan. — Ils sauvent aussi les planches des cartes de Cassini. — M. de Charencey à Alençon ; M. Poux en Languedoc ; M. de Conseil à Évreux ; MM. Alexis Dumesnil et de Grimouville en basse Normandie ; le colonel Mollot en Provence. — Ordre du jour du maréchal Augereau. — Le colonel marquis de la Grange envoyé à Soult. — Comment il rencontre le trésor impérial à Orléans et le ramène à Paris. — Désaccord parmi les royalistes. — Demande de lettres de grâce pour des magistrats régicides. — Je vais à Meaux les signer auprès de Monsieur. — Le 12 avril, entrée de Monsieur à Paris. — La décoration du Lis. — *Te Deum* à Notre-Dame. — Le drapeau blanc est hissé sur les Tuileries. — Rencontre de M. de Sèze et de M. de Vitrolles. — Fin de mes pouvoirs. — Maubreuil. — Histoire des caisses manquant au trésor impérial. — Sous prétexte de les chercher, Maubreuil dépouille la reine de Westphalie. — Arrestation de Maubreuil et de Dasies. — Fuite de ce dernier. — Entrée du roi. — Ma réception par Louis XVIII. — M. Terrier de Monciel quitte le cabinet de Monsieur. — Maisons militaires du Roi et de Monsieur. — Je suis nommé colonel dans celle du comte d'Artois 178

CHAPITRE VIII. — 1815. — DÉPART DU ROI ET DES PRINCES. — Débarquement de Bonaparte. — Précautions pour éviter une surprise. — Défection du général Lefebvre-Desnoettes et des frères Lallemand : ils envoient à Paris un colonel pour surveiller la cour. — Je suis chargé de l'arrêter et de le conduire au général Maison. — Départ du Roi et de Monsieur. — Comment j'arrive à sortir de Paris. — Monsieur, que je rejoins à Clermont-sur-Oise, me confie le commandement de l'avant-garde. — Rencontre avec des troupes impériales sous les murs de Béthune. — On décide la retraite sur Ypres par la route d'Estaires. — Nous sommes embourbés dans les marais. — Adieux des princes à la frontière belge. — Arrivée à Neuve-Église. — Je vais en éclaireur jusqu'à Ypres. — Le commandant permet aux princes et à leur suite l'entrée dans la ville. — M. de Blacas empêche Louis XVIII de se rendre en Angleterre. — La ville de Gand est assignée aux royalistes comme point de réunion 212

CHAPITRE IX. — LA COUR DE GAND. — Je suis nommé à Bruxelles commissaire du Roi, sous l'autorité du comte de Dillon. — Difficultés de ma situation : je veux partir pour la Vendée. — Je deviens indépendant de M. de Dillon. — Passage à Bruxelles de M. de Talleyrand. — Dîner donné dans cette ville par le roi des Pays-Bas. — Correspondances avec la France par M. Morin, resté à Paris. — Menées pour soulever la Belgique : MM. de Maubreuil et de Brosses envoyés à Bruxelles pour attenter à la vie du duc de Berry. — J'arrête Maubreuil. — Il m'est ordonné par le Roi de le remettre au gouvernement néerlandais. — Maubreuil est délivré par des hommes masqués. — Le général de Bordesoulle et le marquis de La Grange à Gand. — Rapport sur la mort du maréchal Berthier. — Sécurité imprudente de Wellington. — Correspondances secrètes du duc de Feltre. — L'armée française envahit la Belgique. Je l'apprends dans un bal. — Paniques provoquées dans Bruxelles par M. de Mesnard. — Retraite du duc de Berry derrière l'Escaut. — M. de Bourmont. — Le prince de Condé se retire sur Malines. — Prise de deux aides de camp envoyés à Grouchy. — Comment j'assiste à la bataille de Waterloo. — Charges de Ney. — Retraite de Napoléon. — Le soir j'envoie M. de Guitaut porter des nouvelles. Le lendemain j'arrive à Gand. — Le Roi me confie des lettres pour le prince d'Orange et pour Wellington. — Je retourne à Bruxelles et vais visiter le champ de bataille. — Récit d'un blessé du 10ᵉ de ligne. — Wellington me retient à souper. — Il m'accorde la libération des prisonniers appartenant au 10ᵉ de ligne. — Le prince de Condé obtient celle des prisonniers de son ancien régiment. — Générosité des habitants de Bruxelles pour les blessés. — Je suis invité à suivre le Roi en France 227

CHAPITRE X. — LOUIS XVIII ET M. DECAZES. — A Mons, la police me remet M. de Rigny, neveu de l'abbé Louis. — Reddition d'Arras. — Je pars avec Monsieur pour Gonesse, quartier général de Wellington. — La députation de la Chambre. — Conférences de Monsieur avec le duc de Wellington. — Mes rendez-vous avec M. de Flaugergues. — La députation est obligée de quitter Louvres pendant la nuit. — Nous arrivons à Saint-Denis, d'où Monsieur m'envoie à Paris prendre des informations. — J'engage le Roi à y rentrer de suite. — Le 8 juillet, le Roi retourne aux Tuileries. — Par qui M. Decazes fut désigné pour la préfecture de police. — Procès du maréchal Ney, et précautions pour son exécution. — Sentiments du colonel La Bédoyère. Son procès. — Évasion de M. de Lavallette, concertée par Decazes. — Projet de loi d'amnistie. — Faveur de Decazes : je m'abstiens de paraître chez lui. — Suite des intrigues de Maubreuil. — Sous le nom d'Armand Durand, il conspire contre le Roi. — Les frères Lecomte le dénoncent. — Il est arrêté à Vaucresson. — M. de Courcy-Montmorin a recours à moi pour avertir les princes. — Adresse du marquis de Brosses à la Chambre des députés. — Maubreuil est traduit en police correctionnelle. — Procédures contre lui. — Il s'évade et se réfugie à Londres. — Ses lettres et ses pamphlets. — M. de La Tourette me montre des pièces accablantes contre Decazes. — Le comte Ferrand veut en informer le Roi, mais sans succès. — Je me retire à la campagne. — Assassinat du duc de Berry. — Louis XVIII me promet la pairie. — Charge de cour confiée aux généraux Rapp et Curial. — Mort de Louis XVIII. 264

CHAPITRE XI. — CHARLES X ET M. DE POLIGNAC. — Sacre de Charles X. — Mes démarches antérieures pour servir sous le duc d'Angoulême en Espagne. — Je suis appelé comme témoin dans le procès contre Ouvrard. — Constitution du ministère Polignac. — Je suis nommé gentilhomme honoraire de la chambre du Roi. — Agitation. Incendies en Normandie. — Les élections. Le Roi me demande d'appuyer le général Coutard dans la Sarthe. — Le général échoue à Mamers; mais, au grand collège, j'obtiens sa nomination. — J'apprends, à la Gastine, que les ordonnances de 1830 ont été rendues. Je me rends à Saint-Cloud, d'où le Roi m'envoie près du duc de Raguse. — Calme apparent dans Paris. — L'insurrection éclate. — Je suis envoyé en Normandie pour rappeler les régiments de la garde. — Difficultés que j'éprouve pour revenir à Saint-Cloud, où le Roi s'est retiré. — Le Roi et sa maison arrivent au Grand-Trianon. — Charles X me charge de conduire en lieu sûr le prince de Polignac. — Sortie de Versailles avec le prince. — On nous avertit, à Rambouillet, que Chartres est insurgé. — Conflit, à la poste du Gué de Longroi, avec des courriers de l'insurrection. — Nous tournons Chartres et venons dîner près de Bellême, au château des Feugerets. — Traversée de Mamers la nuit et arrivée à la Gastine. — Incident à Alençon, où j'étais allé chercher un passeport. — Notre valise est saisie au pont de Courteilles. — Passage à Semallé, à Livaie, chez MM. de Bâmont et du Bourgblanc.. — Nous gagnons Ducey, où un habitant croit reconnaître M. de Polignac. — Mmes de La Martinière et de Saint-Fargeau promettent de le faire embarquer à Saint-Jean-le-Thomas. — Arrivée du Roi à Saint-Lô. — Ses inquiétudes sur l'esprit des populations. — J'apprends, à Argentan, l'arrestation de M. de Polignac. — Attitude du nouveau sous-préfet de Mamers . 295

CHAPITRE XII. — DERNIERS SOUVENIRS D'UN LÉGITIMISTE. — Rencontre de M. Auguste Séguier, du duc de Choiseul. — Charles X à Holy-Rood. La duchesse de Berry le quitte et se rend en Italie, accompagnée du duc de Blacas. — Mon voyage à Gênes. La princesse me mande près d'elle à Massa. — Ses projets et ses espérances. — Sur mon conseil, elle ajourne toute tentative dans le Midi. — Je reviens à Paris par Époisses. — Affaire de la rue des Prouvaires. — La duchesse de Berry à Nantes. — Comment j'apprends qu'elle y est en danger. — Je cherche vainement à lui procurer les moyens de sortir de France. — Elle est arrêtée. — Charles X revient sur son abdication. — Dès lors je reste à l'écart de la politique. — Comités royalistes. — Je contribue à l'évasion du roi d'Espagne. — Révolution de 1848 : velléités de rapprocher de France le comte de Chambord. — Rentrée de Louis Bonaparte. — Ses propos devant l'abbé Daure. — Aveuglement des royalistes, dont il s'approprie les voix. — Résumé de ma vie 323

Extraits des récits de la comtesse de Semallé 337

Appendices.

    I. Liste des pages de 1787 à 1790 355
        1° Avant la réforme (1787) 355
        2° Après la réforme (1788) 359
   II. Jugement acquittant M. de Frébourg 361
  III. Mémoire du général de Tilly 363
  IV. Affaire des naufragés de Calais 366
        1° La duchesse de Choiseul au duc (Paris); 27 janvier 1799 . 369
        2° Le duc de Choiseul à M. de Semallé (Lille); 26 septembre 1799. 368
        Le duc à la duchesse (par M. de Semallé) (Lille); 30 septembre 1799. 369
        3° M°° Joséphine à M. de Semallé (Lille); 3 octobre 1799 . . 370
        Le duc à M. de Semallé (Lille); 8 octobre 1799 371
        Le duc à M. de Semallé (Lille); 9 octobre 1799 374
        Le duc à M. de Semallé (Lille); 9 octobre 1799 (soir). . . 374
        4° Le duc à M. de Semallé (Lille); 24 octobre 1799 . . . 736
        Le duc à M. de Semallé (Lille); 25 octobre 1799. 377
        Le duc à M. de Semallé (Lille); 27 octobre 1799. 379
        Le duc à M. de Semallé (Lille); 27 octobre 1799 380
        Le duc à M. de Semallé (Lille); 27 octobre 1799 (soir) . . 381
        Le duc à la duchesse (par M. de Semallé (Lille); 30 octobre 1799 382
        5° Pétition de la duchesse pour les naufragés (Paris) . . . 385
        La duchesse à M. de Semallé (Paris); 29 décembre 1799 . 387
        La duchesse à M. de Semallé (Paris); 9 janvier 1800. . . 388
   V. Affaire de la statue de Napoléon. — M. de Semallé au ministre de l'intérieur; 22 août 1818. 390
  VI. État des services de M. de Semallé; 9 juin 1814 392
 VII. Rapport de M. de Semallé à Louis XVIII; Paris, 29 juin 1814. 399
VIII. M. de Semallé à la « Revue britannique; » Paris, 6 novembre 1826. 403
  IX. Affaire Maubreuil. — M. Decazes au baron Pasquier, garde des sceaux; Paris, 21 février 1817. 406

    Table des noms 411

ERRATA

Page 2 : Isabeau, *lisez :* Ysabeau.

Page 5, avant-dernière ligne : Mallet, *lisez :* Malet.

Page 20, avant-dernière ligne, et page 21, ligne 2 : Saint-Pardon, *lisez :* Saint-Pardou.

Page 33, troisième alinéa, ligne 3 : Siffrein. Il manque une note expliquant que Siffrein était le prénom de l'abbé, plus tard cardinal Maury.

Page 42, avant-dernière ligne : Barville, *lisez :* Récalde.

Page 89, ligne 10 : Bernès, *lisez :* Bernetz.

Page 113, premier alinéa, ligne 6, et deuxième alinéa, première ligne : Berthier, *lisez :* Bertier.

Page 213, première ligne : Desmarets, *lisez :* Desmarest.

OUVRAGES

PUBLIÉS PAR LA SOCIÉTÉ D'HISTOIRE CONTEMPORAINE

En vente à la librairie A. PICARD ET FILS, rue Bonaparte, 82,
au prix de 8 fr. le volume :

Correspondance du marquis et de la marquise de Raigecourt avec le marquis et la marquise de Bombelles pendant l'émigration, 1790-1800, publiée par M. MAXIME DE LA ROCHETERIE, 1 vol.

Captivité et derniers moments de Louis XVI. Récits originaux et Documents officiels, recueillis et publiés par le marquis DE BEAUCOURT, 2 vol.

Lettres de Marie-Antoinette. Recueil des lettres authentiques de la Reine, publié par MM. MAXIME DE LA ROCHETERIE et le marquis DE BEAUCOURT, 2 vol.

Mémoires de Michelot Moulin sur la chouannerie normande, publiés par le vicomte L. RIOULT DE NEUVILLE, 1 vol.

Mémoires de famille de l'abbé Lambert, dernier confesseur du duc de Penthièvre, aumônier de la duchesse douairière d'Orléans, sur la Révolution et l'émigration, 1791-1799, publiés par M. GASTON DE BEAUSÉJOUR, 1 vol.

Journal d'Adrien Duquesnoy, député du tiers état de Bar-le-Duc, sur l'Assemblée constituante, 3 mai 1789-3 avril 1790, publié par M. ROBERT DE CRÈVECŒUR, 2 vol.

L'invasion austro-prussienne (1792-1794). Documents publiés par M. LÉONCE PINGAUD, 1 vol. avec héliogravure et carte.

18 fructidor. Documents pour la plupart inédits, recueillis et publiés par M. VICTOR PIERRE, 1 vol.

La déportation ecclésiastique sous le Directoire. Documents inédits publiés par M. VICTOR PIERRE, 1 vol.

Mémoires du comte Ferrand (1787-1824), publiés par M. le vicomte DE BROC, 1 vol. avec héliogravure.

Collectes à travers l'Europe pour les prêtres français déportés en Suisse, 1794-1797. Relation inédite publiée par M. l'abbé L. JÉRÔME, 1 vol.

Mémoires de l'abbé Baston, chanoine de Rouen, publiés d'après le manuscrit original, par M. l'abbé Julien LOTH et M. Ch. VERGER, tome Ier.

Souvenirs du comte de Semallé, page de Louis XVI, publiés par son petit-fils, 1 vol. avec héliogravure.

Le prix de la cotisation annuelle est de 20 fr.
Les nouveaux sociétaires peuvent acquérir les volumes des exercices précédents au prix de faveur de 6 fr. 50 le volume.
Adresser les adhésions à M. le Trésorier de la Société d'histoire contemporaine, rue Saint-Simon, 5, à Paris.

BESANÇON. — IMP. ET STÉRÉOT. DE PAUL JACQUIN.

www.ingramcontent.com/pod-product-compliance
Lightning Source LLC
Chambersburg PA
CBHW051825230426
43671CB00008B/834